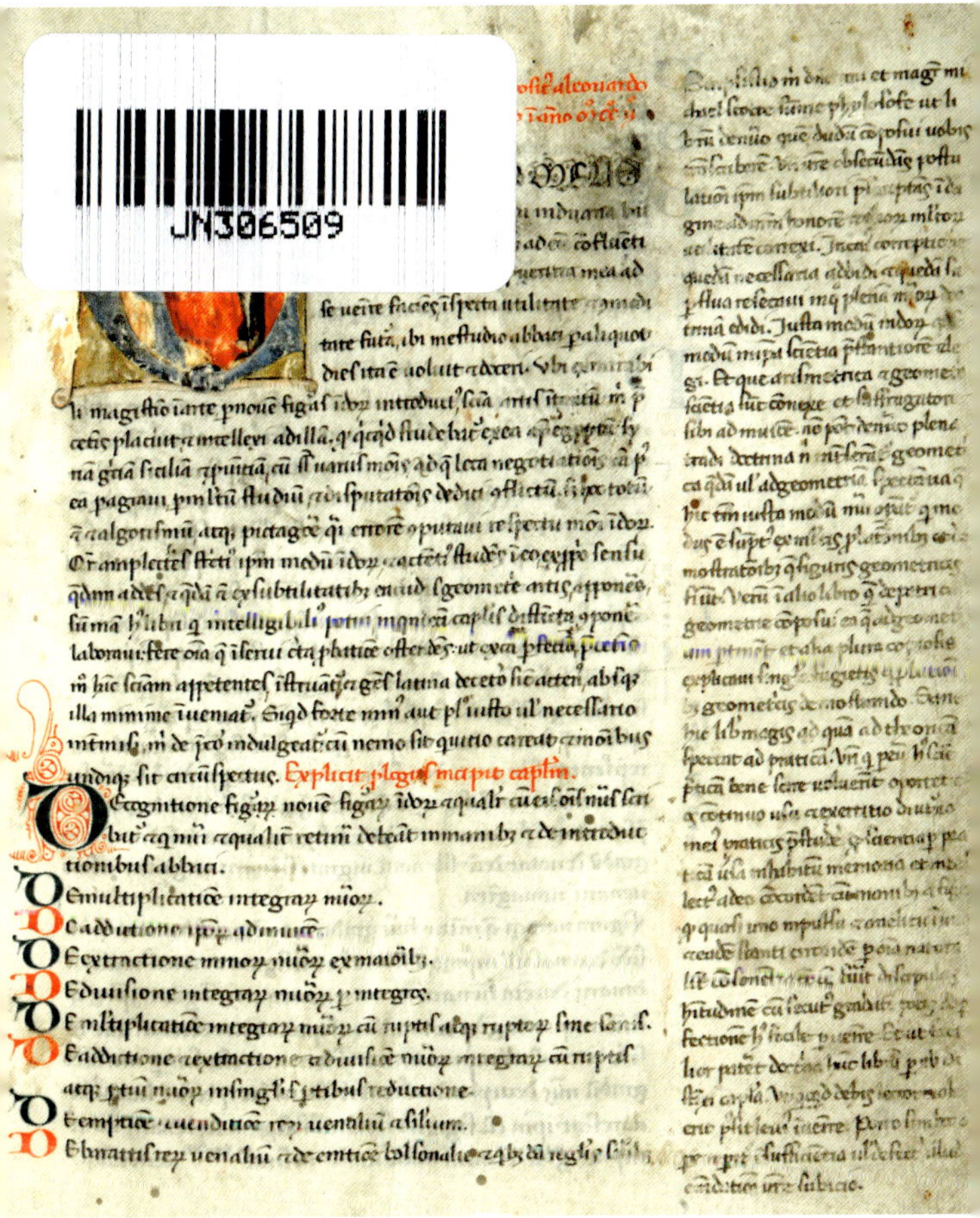

レオナルド・フィボナッチが1202年に著した『算盤の書』。インドやアラビアで使われていた数字や演算の方法をヨーロッパに導入したことによって、利子の計算などが容易になり、金融上の難問解決に貢献した
(Ministero per i Beni e le Attivita Culturali, Italy, Biblioteca Nazionale Centrale Firenze)

（上）ボッティチェリの「マギの礼拝（東方三博士の礼拝）」。キリストの生誕を描いたこの名画に集う主な面々は、メディチ一族の名士である銀行家たちの顔を模している　(Alinari)

（右）ネイサン・メイヤー・ロスチャイルド。19世紀はじめの債券市場を牛耳り、「金融界のナポレオン」とも呼ばれる
(N. M. Rothschild & Sons)

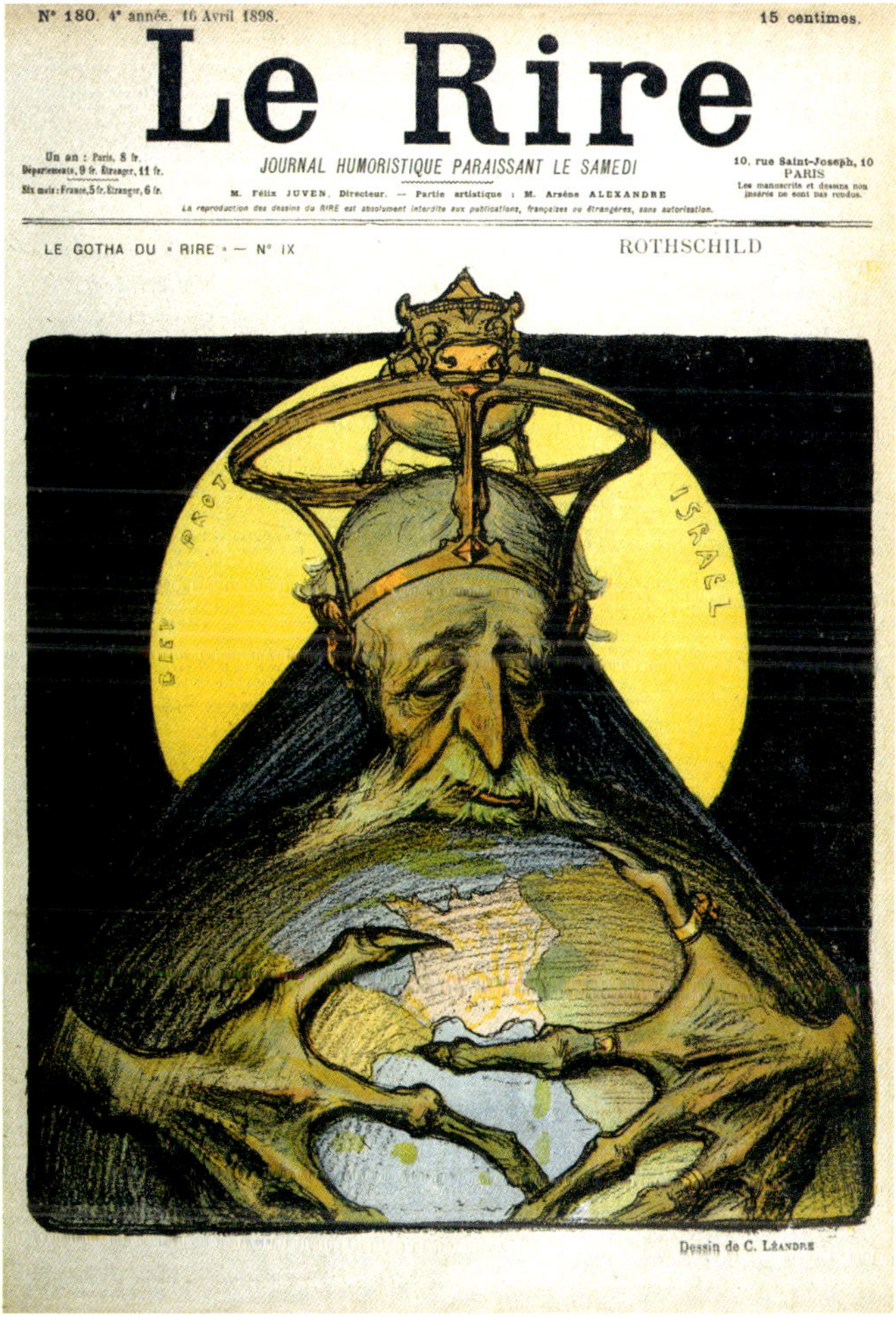

フランスの風刺雑誌「ル・リール」(1898年)の表紙に掲載された、ロスチャイルドの戯画。反ユダヤ感情を露骨に示している　(Mary Evans Picture Library)

アメリカ南北戦争の決戦場の一つ。ミシシッピ川に沿ったヴィックスバーグで、北軍の戦艦が猛火を浴びせている　(Museum of the Confederacy)

オランダ帝国の東インド会社が、初期のころインド洋からアジア地域にかけて保有していた貿易拠点を示す地図　(Dutch National Archives)

オランダの画家ヨブ・ベルクヘイデが 1670 ～ 1690 年ごろに描いた、アムステルダム証券取引所の風景。世界で最初の本格的な証券取引市場で、ここで東インド会社の株も売買された（Rijksmuseum Amsterdam）

ジョン・ローの肖像。彼は決闘による殺人罪で投獄されたこともあるが、金融の理論を打ち立て、やがて世界ではじめて株式市場のバブルをもたらした　(Louisiana State Museum)

（上）アメリカ・ルイジアナの地図。フランス・ミシシッピ会社の宣伝によると、豊かな土地で、多大な利益をもたらすはずだった　(Louisiana State Museum)
（下）ミシシッピ会社に投資した人びとに向けて描かれたルイジアナのイメージ
(Louisiana State Museum)

ミシシッピ会社の崩壊によって、投資家たちは大損した。それを自ら嘲笑するオランダ製の皿。上は、「なんとまあ、オレの株はみんなオシャカだ」。下は「不良株や、風まかせの貿易などクソくらえ」と書かれている

1923(大正12)年に、東京など関東一帯を襲った関東大震災の光景。日本の保険産業に大打撃を与えた災害の一つ

（上）「不正行為訴訟のキング」と呼ばれたリチャード・“ディッキー”・スクラッグスは、ハリケーン・カトリーナによって大打撃を受け、パスカグーラの海岸にあるオフィスで茫然自失　（New York Times）

（右）シカゴを本拠とするヘッジファンド「シタデル」の創設者で、ＣＥＯのケン（ケネス）・グリフィン。現代のリスクマネジメントの旗手ともてはやされた　（Citadel）

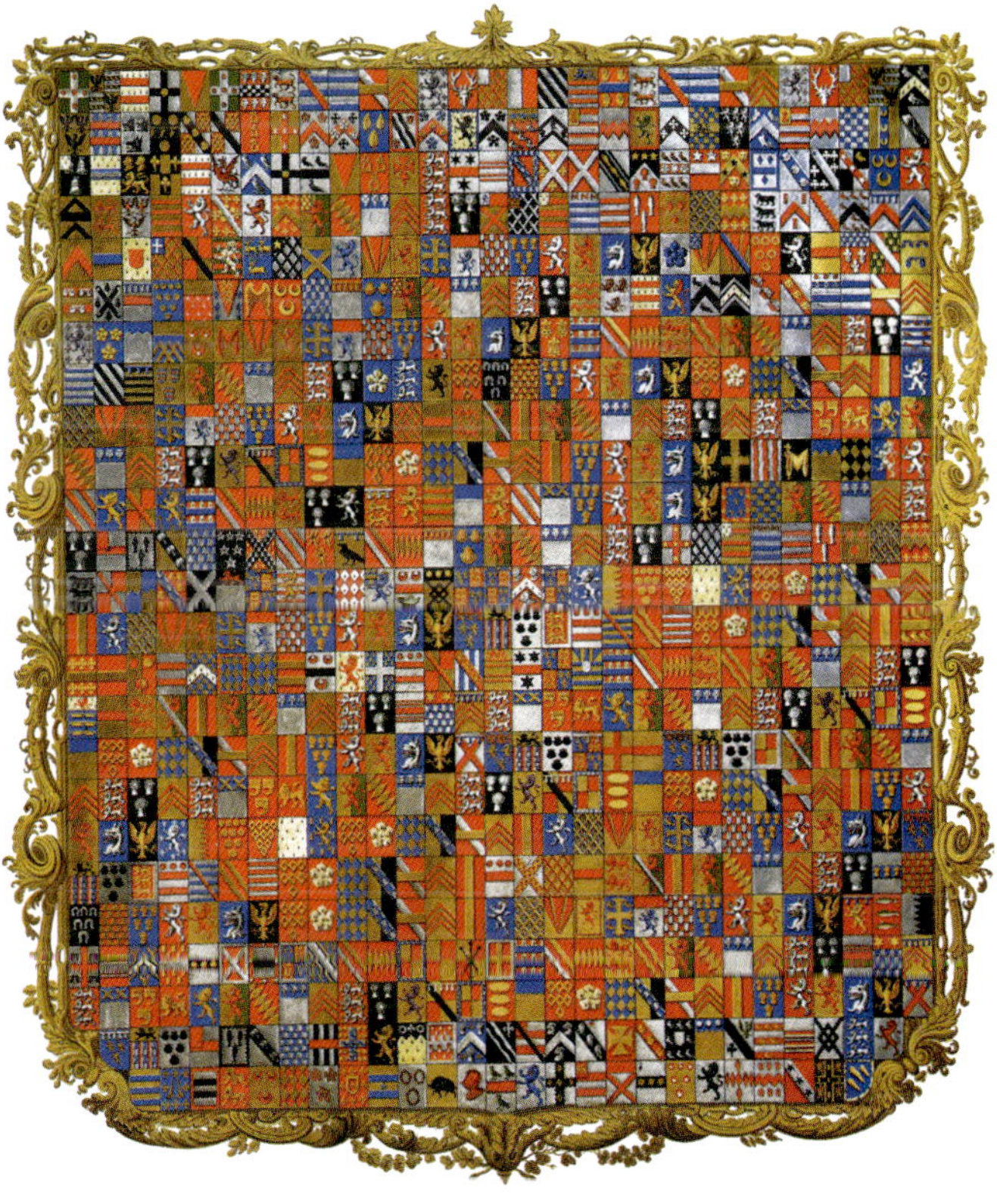

グレンヴィル家の二つ折り書板。2代目バッキンガム公爵時代の、一族の719家の紋章を集めたもの。どれほど莫大な資産を受け継いでも、多額の負債により遺産は失われていく一方だった

（上）自動車の町デトロイトのイメージを、メキシコの共産主義の画家ディエゴ・リベラのコンセプトで描いたデトロイト美術館の庭園北側の壁画　(Detroit Institute of Arts)
（右）同じく、南側の壁画（部分）　(Detroit Institute of Arts)

チャールズ・ダロウが最初に作った「モノポリー」の一部分で、舞台は高級リゾート地ニュージャージー州アトランティックシティになっている

不動産の二つの顔。オリジナルのミスター・モノポリー（右）と、「刑務所へ入れ」のマス（左）

経済発展が始まる以前の中国・重慶の風景　(G. H. Thomas)

経済発展を遂げたあとの重慶

ハヤカワ文庫 NF
〈NF448〉

マネーの進化史

ニーアル・ファーガソン
仙名　紀訳

早川書房
7664

THE ASCENT OF MONEY

A Financial History of the World

by

Niall Ferguson

Translated by
Osamu Senna
Published 2015 in Japan by
HAYAKAWA PUBLISHING, INC.
This book is published in Japan by
direct arrangement with
THE WYLIE AGENCY (UK) LTD.

目　次

マネーの進化史

はじめに

マネーの呼び名はさまざまで、食いぶち《ブレッド》、現金《キャッシュ》、ゼニ《ドッシュ》、余禄《ルート》、上がり《ルクル》、おアシ《ムーラー》、手持ち《レディーズ》、元手《ホエアウィソール》などの呼称があるが、貴重なものであることには変わりがない。キリスト教社会では、金銭への執着が諸悪の根源だと見なされていた時期もある。軍人にとっては戦闘を可能にするものであり、革命家にとっては労働者を縛るものだ。だが、マネーの本質とは、いったいなんなのだろうか。かつてスペインの征服者たちが考えたような、金銀財宝の山なのだろうか。あるいは、単に粘土板で作られたり、紙に印刷された代用品に過ぎないのだろうか。私たちはいつごろから、現在のようにたいていのマネーは目に見えるものではなく、コンピューターのディスプレー画面に数字で示されるだけの世の中で暮らすようになってしまったのだろうか。マネーは、いったいどこからやってきて、どこへ消えて行くのだろうか。

二〇〇七年に、アメリカ人の平均年収は三万四〇〇〇ドル弱で、その前年と比べて五パーセント近く上昇した。(1) ところが、その期間に生活費は三・五パーセント上昇しているので、平均的な「ミスター・アベレッジ」の暮らしぶりは、一・五パーセントほど改善されたに過ぎない。さらにインフレ率を勘案すると、アメリカの標準家庭では、一九九〇年から家計状況はほぼ足踏み状態で、年収は一八年間で七パーセント伸びたにとどまっている。ではこのミスター・アベレッジの収入を、投資銀行ゴールドマン・サックスの最高経営責任者（CEO）ロイド・ブランクファインの場合と比較してみよう。二〇〇七年のブランクファインの年収は、給与、ボーナス、株式報酬をひっくるめて七三七〇万ドルだった。前年と比べて、二五パーセントも増えていて、ミスター・アベレッジの約二〇〇〇倍になる。この年のゴールドマン・サックスの純収益は四六〇億ドルで、次に列挙するような一〇〇あまりの国ぐにの国内総生産（GDP）を上回る。たとえば、クロアチア、セルビア、スロヴェニア、ボリビア、エクアドル、グアテマラ、アンゴラ、シリア、チュニジアなど。ゴールドマン・サックスの資産総額は、同社の年次報告によると、はじめて一兆ドルを超えた。ウォールストリートで名高い大手企業のCEOも相当な収入を得ているが、驚嘆するほどの額ではない。「フォーブス」誌によると、リーマン・ブラザーズのリチャード・S・ファルドの年収は七一九〇万ドル、JPモルガン・チェースのジェイムズ・ダイモンが二〇七〇万ドル、バンク・オブ・アメリカのケン・ルイスが二〇一〇万ドル、そのすぐ後を追っているのが、シティグループのチャールズ・O・プリンス（一九九〇万ドル）、モルガン・スタンレーのジョン・マック（一七六〇万ドル）、メリルリンチのジョン・セイン（一五八〇万ドル）などだ。だがロイド・ブランクファインの二〇〇七年の年収は、財界一の高額所得者とはほど遠い。

カントリーワイド・ファイナンシャルのアンジェロ・R・モジーロは、一億二八〇〇万ドルを得ている。それでも、ヘッジファンドの大物たちの前では影が薄くなる。投機家のジョージ・ソロスは二九億ドルもの年収があるし、シタデルを運営するケネス・グリフィンも二〇億ドルを超える実入りがある。二〇〇七年にアメリカ金融業界のなかで最も収入が少なかったCEOは、ベアー・スターンズのジェイムズ・E・ケインの六九万七五七ドルで、その前九年間の二億九〇〇〇万ドルから急落した。その一方で、一日に一ドルを得るために四苦八苦している人びとが、世界には一〇億人近くも存在する。(2)

いまから振り返ってみると、一九二九年から始まった大恐慌以後で最大の金融危機が世界を見舞う兆しは、二〇〇七年に芽生えていたことが分かる。金融業界で働く人は、とくにリスクマネジメントなどにおける特殊な技能を持つため、潤沢な報酬を受け取るのは当然だとされていたが、そのような主張が笑い草になるようなできごとが、わずか一年あまりの間で相次いで起こった。ベアー・スターンズは倒産こそ免れたがJPモルガンに買収され、バン

＊1　正確にいえば、一人当たりの可処分所得の増加を意味する。時期は二〇〇六年の第3四半期から、二〇〇七年の第3四半期まで。それ以後はほとんど変動がなく、二〇〇七年三月から二〇〇八年三月にかけては増加していない。二〇〇八年の「大統領の経済報告」から（http://www.gpoaccess.gov/eop/）。

＊2　ポール・コリアー『最底辺の10億人——最も貧しい国々のために本当になすべきことは何か？』（中谷和男・訳、日経BP社）

ク・オブ・アメリカがメリルリンチとカントリーワイドを買収した。リーマン・ブラザーズは、破綻した。シティグループは二〇〇八年に一八七億ドルの損失を出し、二〇〇五年から蓄積してきた利益をあらかた吐き出してしまった。メリルリンチも三五八億ドルもの損失を出し、一九九六年からの累積黒字を帳消しにした。ゴールドマン・サックスとモルガン・スタンレーはともに、投資銀行から銀行持ち株会社に転換せざるを得なくなった。これは一九三〇年代から持続してきたビジネスモデルが終わりを告げる、象徴的なできごとだった。生き延びたすべての銀行が、不良資産救済プログラムによって、アメリカ財務省から資本注入を受けた。だが政府から支援を受けたにもかかわらず、株価は下落する一方で、いくつかの組織は遠からず国有化されるのではないか、という憶測も生まれた。たとえばシティグループの株価は、二〇〇七年六月時点の五五ドルから、二〇〇九年三月には二・五九ドルまで暴落した。

銀行ばかり救済されるのは不公平だ、と怒る人がいるかもしれない。「太ったネコ」の資本家や、何十億ドルものボーナスをもらう銀行マンなど許せない、という人がいてもおかしくない。「持てる者」(あるいは「ヨットを持つ者」)と「持たざる者」の広がる格差に憤慨する者が出るのも不思議ではない。西洋文明の歴史を概観すると、金融業や金融業者を敵視する風潮がつねに存在していた。あの連中は、農業や製造業などの実業的な経済に寄与するのではなく、人にカネを貸して儲ける寄生虫だ、という嫌悪感が根源にある。敵視する理由は、三つある。まずたいていは債務者の数が債権者より多く、借り手はたいてい貸し手にいい感情を持たないからだ。次に、金融危機やスキャンダルが起こると、金融業は繁栄よりも貧困、安定よりも不安をもたらす存在のように見えるからだ。さらに何世紀にもわたる歴史を振り返ると、金融業を牛耳っているのは人種的または宗教的に少数派である場合が多かった。そのようなマイノリティは地主になったり政府の重要な役職に就いたりできないため、逆に結束が強まって身内の信頼感も高まり、金融業で成功することが多かった。

「汚いゼニ」に対する嫌悪感は強かったものの、マネーは進歩を生む助けになってきた。ジエイコブ・ブロノフスキー（イギリスBBCのテレビ・ドキュメンタリー・シリーズ「人類《アセント》の進化《オブ・マン》」のナレーターを務めた科学者。一九〇八～七四。科学の進歩を扱ったこの番組に、少年時代の私は熱中して見入ったものだ）のタイトルをもじると、マネーの進化《アセント・オブ・マネー》は、人類の進化には不可欠な要素だった。人間の生き血を吸うヒルのように債務者の家族からも過酷に貸しを取り立て、未亡人や孤児の貯蓄まで奪おうとするというイメージとは裏腹に、金融システムが進歩したおかげで、庶民の暮らしは「みじめな自給自足生活」を脱し、多くの人たちは現在のようにキラキラ輝く「豊かな物質文明」を満喫できるようになった。さまざまな技術革新と同様、信用《クレジット》や債務《デット》などのシステムの進化も、古代バビロニアから現代の香港にいたるまで、さまざまな文明の勃興に重要な役割を果たした。銀行や債券市場の誕生が、イタリア・ルネサンスに見られる栄華の物質的な素地を作った。オランダやイギリスの帝国が覇権を唱えるうえで、企業金融という基盤は欠かせなかった。二〇世紀になってアメリカがのし上がってきた背景には、保険、住宅ローン金融、消費者信用（たとえば、カード決済）が普及してきたという状況がある。ところがこのような仕組みが逆に世界的な金融危機を生み、アメリカの優位を揺るがす原因になりつつあるのかもしれない。

世界史に残るような大変動が起こった場合、その底流には必ず金融面における秘密が隠されている。この本では、そのように歴史上でとりわけ重要な事例に焦点を当てていく。たとえば、ルネサンス期のイタリアでは、美術や建築のマーケットでブームが沸き起こった。メディチ家など大手の金融業者は東洋の算法を用いて大きな財産を築いた。オランダがハプスブルク王朝より優位に立てたのは、世界で最初の株式市場を確立したためで、それは世界最大の銀鉱山を保有するより、金融面では有利な条件だった。フランスの君主制は革命でしか解決しないような問題を抱えていた。なぜかといえば、脱獄した殺人犯のジョン・ローというスコットランド人が、世界で最初の株式市場におけるバブルを引き起こし、フランスの金融システムを混乱させたためだ（第3章で詳述）。ウェリントン公爵がワーテルローの戦いでナポレオン軍を敗北させたことは事実だが、ネイサン・ロスチャイルドもそれに匹敵するほどの貢献をしている（第2章で詳述）。アルゼンチンは一八八〇年代には世界で六番目に豊かな国だったのだが、一九八〇年代になると、ハイパーインフレに悩まされる国になり下がってしまった。その原因は金融面における大失敗にあり、債務不履行と為替レート切り下げの繰り返しによって、自己崩壊したためだった（第2章で詳述）。

世界で最も安全な国に住んでいる人間が、一見すると矛盾するように見えるが、なぜ最も多くの保険を掛けられているのか、この本を読めばお分かりになるはずだ。英語圏の人びとはどうして、いつごろから、ひんぱんに家を売り買いしたがるようになったのか、その特異な性癖も、本書をお読みになれば理解できるはずだ。だがおそらく最も重要な点は、金融のグローバリゼーションによって、先進国と新興国のマーケットの区別があいまいになったことだろう。中国は、アメリカの銀行になった。具体的に言えば、共産主義者が債権者に、資本主義者が債務者になった——。これは、画期的な大変革だ。

　マネーの進化は、もはや止められないように見えることもある。二〇〇六年における世界全体のGDP合計は、四八兆六〇〇〇億ドルだった。世界中の株式市場の時価総額は、五〇兆六〇〇〇億ドルで、GDPより四パーセントほど多い。世界の債券市場の規模は六七兆九〇〇〇億ドルで、四〇パーセントも多い。金融という惑星は、地球自体よりも大きく膨れ上がろうとしている。しかも金融の自転スピードは、地球の自転より速まっている。外貨市場では毎日、三兆一〇〇〇億ドルが取引されている。株式市場では毎月、五兆八〇〇〇億ドルが売買される。連日、どの瞬間を取っても、だれかがどこかで市場での取引をおこなっている。しかも、金融市場はつねに新たな展開を見せている。たとえば、二〇〇六年におけるレバレッジド・バイアウト（LBO＝買収先の資産や収益を担保に資金調達して買収すること）の額は、七五三〇億ドルに達した。「セキュリタイゼーション（金融の証券化）」が激増し、住宅ローンなど個々の債務が「トランシェ」に切り分けられ、ふたたび束ねられて売りに出される。住宅ローン担保証券、資産担保証券、債務担保証券（CDO）などを合わせると、年間の発行額は三兆ドルを超えた。すべての金融派生商品《デリバティブ》、つまり、金利スワップやクレジット・デフォルト・スワップ（CDS）など、既存の金融商品から派生した取引の成長率はさらにいちじるしく、二〇〇六年末までに、店頭デリバティブ（公開市場を介さず取引される）の総額は、四〇〇兆ドルを超えた。一九八〇年代以前には、このような取引はほとんど知られていなかった。新たな金融機関も、続々と登場した。ヘッジファンドがはじめて登場したのは一九四〇年代だが、このハイリスク・ハイリターンのファンドを扱う組織は一九九〇年には六一〇社にも達し、三八九億ドルの資金を動かしていた。二〇〇六年末には九四六二社に急増し、運用額も一兆五〇〇〇億ドルに跳ね上がった。非上場企業に投資するプライベート・エクイティ・ファンドも、雨後のタケノコのように林立した。銀行も、証券化を前提にした「導管体《コンデュイット》」や「ストラクチャード・インベストメント・ビークル（SIV）」と呼ばれる、数々の運用会社を新設した。それらを通して、貸借対照表《バランスシート》には記載しにくい、リスク含みの資産を運用するためだ。まるで、新たなシャドーバンキング・システムが出現したかのようだ。要するに、人類四〇〇〇年史の間に考えるヒトは進化したが、最近では銀行マンがとりわけいちじるしい進化を見せている。

一九四七年の時点で、アメリカのGDPのなかで金融部門が占める割合は二・三パーセントというわずかなものだったが、二〇〇七年になると、金融部門の貢献度はGDPの八・一パーセントまで跳ね上がった。言い換えれば、アメリカでは従業員に支払われる約一三ドルのうちの一ドルが、金融関係の人件費に充てられていることになる。イギリスでは金融部門の比重がさらに高く、二〇〇六年にはGDPの九・四パーセントを占めていた。大学卒業生の就職先としても、金融業界には人気が出ている。私が教えているハーヴァード大学で、一九七〇年に金融界を選んだ学生はわずか五パーセント前後だった。だが一九九〇年になるといっきょに一五パーセントに増え、[3]二〇〇七年にはさらに増えた。学内紙「ハーヴァード・クリムゾン」によると、二〇〇七年の卒業生のうち、男子の二割あまり、女子の一割が最初の就職先として銀行を希望している。そうなるのも、無理はない。東部の名門大学群であるアイヴィーリーグを卒業した場合、ほかの業界に就職するよりも、金融業界に進めば三倍も給与がいいのだから。

二〇〇七年の卒業生が巣立ったころ、世界金融業界の上昇機運はとどまるところを知らないかに思われた。ニューヨークやロンドンが、テロの襲撃に遭っても、金融業界の勢いは止まらなかった。中東での戦争も、気候変動も、どこ吹く風だ。二〇〇一年から〇七年までの間に、世界貿易センタービルなどへの同時多発テロはあったし、アフガニスタンとイラクに対する米軍による軍事侵攻があり、異常気象が頻発するようになったが、金融面では拡大傾向が持続していた。たしかに9・11のテロ直後には、ダウ平均株価が一時的に一四パーセントも下落した。だが二か月あまりで、9・11以前の状態に持ち直した。アメリカにおける株の投資家にとって、二〇〇二年は失望の年だったが、その後には市場に上昇気流が戻り、二

＊3　金融界を選ぶ女子学生の比率は二・三パーセントから三・四パーセントに増えただけだった。金融を志すのは男子の方が女子より圧倒的に多いようだ。

〇〇六年の秋には前回のピーク時（ドットコム・バブル）を超えた。さらに二〇〇七年一〇月のはじめには、ダウ平均株価は五年前に記録した最安値の二倍に達しそうな勢いだった。アメリカだけが好調だったわけではない。二〇〇七年七月末までの五年間の年間統計を見ると、世界中の株式市場では、二か所の例外を除き、年率換算でふた桁の利回りを計上している。新興市場債券も伸び、不動産市場も、とくに英語圏ではいちじるしく上昇している。投資家たちは、コモディティ、美術品、ヴィンテージもののワイン、外国の資産担保証券などすべて、資金を投じれば、間違いなく利益を上げることができた。

　一時期このように好調だった理由は、どう説明できるのだろうか。ある学説によると、このところ金融業における技術革新が進んだため、世界的な資本市場では基本的に効率が改善され、リスクはそれを負う能力のあるもののところに集まる、と言われていた。「気まぐれな変動など、もう過去のものになった」と断言するエコノミストさえいた。自信満々の銀行マンたちは、「卓越性の進化」と名づけた会議を開いたほどだ。二〇〇六年一一月、私はバハマのライフォード・キイという豪華なリゾート施設で開かれたそのような会議に出席した。私は講演のなかで、いまのところ国際的な金融システムには潤沢な流動性があるが、いつそれが急激に低下しないとも限らないし、いい時代が永遠に続くと期待してはいけない、と述べた。聴衆は、明らかに感服した様子ではなかった。私の論旨は、杞憂だとして問題にされなかった。あるベテラン投資家は、会議の事務局に提出した文書のなかで、「来年の会議には外部からわざわざ講師など招《よ》ぶのはやめて、『メリー・ポピンズ』のように楽しい映画でも上映したほうがマシだ」とまで直言した。だがそこで私は、少年時代に見たこの永遠のミュージカル映画（一九六四）のことを思い出した。歌手ジュリー・アンドリュースのファンであれば筋を覚えておいでかもしれないが、映画が作られた一九六〇年代には、この筋立てはすでに時代遅れの感があった。銀行経営が破綻して、人びとが預金を引き出して取り付け騒ぎが起きる。そのような事態は、ロンドンでは一八六六年以来、起こっていなかった。

メリー・ポピンズを家庭教師として雇うのは、その名もバンクス家。主人のミスター・バンクスは、名前にそむかず銀行マンだ。彼はドーズ・トウムズ・マウスリー・グラッブス・フィデリティ・フィデュージアリー銀行の中堅社員。バンクスの二人の子どもたちは、父親に連れられて父の勤務場所である銀行にやってくる。経営者であるドーズ・シニアは、バンクスの息子マイケルが手にしている小銭（二ペンス）を預金するよう勧めて預かる。だがマイケル坊やはこの二ペンスで、銀行の外にたむろしているハトにやるエサを買いたいと思い、「おカネを返して。ボクのおカネなんだから」と叫ぶ。銀行に来ていた客たちがそれを耳にして、たちどころに自分たちの預金をこぞって引き出そうとする。銀行はすぐに払い戻しを停止し、ミスター・バンクスは当然ながらクビになり、働きざかりの年齢で失職し破滅したと嘆く。ところが二〇〇七年九月には、この物語に類似したことが、イギリスにあるノーザンロック銀行のCEOだったアダム・アップルガースの身に起きた。複数の同行支店で、預金を引き出そうとする客が列をなした。ノーザンロック銀行が、イングランド銀行に「流動性支援の供与」を要請した、というニュースが流れたためだった。

二〇〇七年の夏に欧米を襲った金融危機は、金融史のなかで繰り返し起こっている現象だ。遅かれ早かれ、バブルははじける。弱気になった売り手の数が、強気の買い手を上回る時期が、やがてやってくる。貪欲さが恐怖に転じるときが、いずれ訪れる。私がこの本をまとめるための調べものを終えた二〇〇八年のはじめごろ、アメリカ経済が景気の後退に陥りそうな気配が明確に感じられてきた。その一年後、私がペーパーバック版のためにこの「はじめに」を書き直している段階では、一九八〇年代以来で最悪の不況に陥っていることが明らかになった。しかも、長期の大不況に落ち込む懸念も強かった。これは、アメリカの企業がすぐれた新製品を作り出せないためなのだろうか。あるいは、技術革新のペースがにわかに鈍化したのか。いや、そのような状況はない。二〇〇八年から〇九年にかけての経済の縮小は、もっぱら金融の問題だ。もう少し具体的に言えば、信用システムが発作を起こしたためだ。それは、サブプライム住宅ローンという婉曲的な表現をされている債務の不履行が増加したために起きた。世界の金融制度は、きわめて複雑な仕組みになっている。アラバマ州からウィスコンシン州に至るまで、アメリカ全土の割に貧しい層の人びとはそのような仕組みは知らなくても住宅を買うことができたし、複雑なローンに借り換えることも可能だった。それらのローンはほかの似たようなローンとともに債務担保証券（CDO）というパッケージにくくり直され、ニューヨークやロンドンの銀行から、たとえばドイツの地方銀行やノルウェーの地方自治体に売却される。買い手はいわば、住宅ローンの貸し手になる。これらのCDOは細分化されているため、最初の借り手からの利子収入は、アメリカの一〇年国債の運用と同じくらい安定していると主張することも可能だった。したがってトリプルＡのランクが付けられて、もてはやされた。金融業界では、まるで鉛を金に変える、高度で新たな錬金術のように受け取られた。

ところが、住宅ローンの契約をして最初の一、二年の「お試し期間」が過ぎ、金利が引き上げられると、借り手の支払いはしだいに滞る。このようにして、アメリカの不動産業界でバブルがはじけ、住宅の価格は一九三〇年代以来の安値に暴落した。そこから連鎖反応が広がり、ゆるやかながら壊滅に向かって進行した。資産担保証券は、たとえサブプライムローンに関連していなくても、価値が大きく下落した。銀行が設立したコンデュイットやＳＩＶは甚だしい苦境に追い込まれた。銀行がこのような証券を引き取るにつれて、自己資本比率は低下して、状況は悪化の一途をたどった。欧米の中央銀行は、市中銀行の負担を軽減するために金利を引き下げ、短期の有担保貸出を用立てた。だが銀行が借り入れられる融資の金利は、コマーシャル・ペーパー（企業が発行する約束手形）を振り出すにしても、社債を売るにしても、銀行間貸出で資金を融通するにしても、政策金利の誘導目標をかなり上回っていた。企業買収のためのプライベート・エクイティへの貸付金も、二束三文でしか売却できなかった。アメリカやヨーロッパの大手銀行の多くは大幅な損失を出し、準備金を補強するため、欧米の中央銀行に短期の支援を要請するばかりでなく、自己資本増強のためアジアや中東の政府系ファンドからの投資を求めた。だが二〇〇八年の初頭になると、投資家たちは下げ一方の銀行株を買う意欲を失った。

いまから振り返ると、サブプライム住宅ローンの危機から全面的な世界金融危機への移行過程は、スローモーションで進んでいたように思える。アメリカにおける不動産価格の下落は早くも二〇〇七年一月には始まっていたのだが、株価の上昇は同年の一〇月まで続いた。二〇〇八年五月になっても、スタンダード・アンド・プアーズ五〇〇種株価指数（S&P500）は、前年のピーク時と比べてまだ一〇パーセント下がっただけだった。全米経済研究所（NBER）は、不況は二〇〇七年一二月に始まったとしているが、アメリカの消費者はその時点ではまだ下り坂の気配を感じ取っておらず、消費を抑えて買い控えに転じるのは、二〇〇八年の第3四半期に入ってからだった。やがて二〇〇八年九月という運命の転換点を過ぎると、「大沈滞」という言い逃れは影をひそめ、アメリカの危機はグローバリゼーション下の全面的な危機へなだれ込んだ。アジアやヨーロッパからの輸出は激減し、商品市場のバブルがはじけて、石油価格は一バレル当たり一三三ドルあまりという高値から、一気に下落した。

いったい、どうしてこのようなことが起こったのだろうか。何千万ドルを儲けた者が、なぜ何百億ドルも失うことになったのか。共和党政権は、いったいなぜ、連邦住宅抵当公社（ファニーメイ）、連邦住宅貸付抵当公社（フレディマック）、大手保険会社のアメリカン・インターナショナル・グループ（AIG）を国有化しなければならなかったのだろうか。そして最大の疑問は、アメリカで起こった住宅ローンのつまずきが、なぜアメリカ国内だけにとどまらず、世界全体の不況につながっていったのか、という点だ。これらのナゾに答える

ために は、国際金融の現象には、少なくとも次の六つの疑問点が相互に絡み合っていることを理解しておく必要がある。

①欧米の銀行の多くが、どうしてこれほどまでバランスシートのレバレッジを拡大したのか。言い換えれば、なぜ自己資本に不釣り合いなほど大きな借り入れをして貸し出すようになったのか、という疑問がある。

②住宅ローンやクレジットカードを含めてさまざまな負債があり、それらが「証券化」され、束ねたうえで分割され、別の債券のような形にされるようになったのはなぜか。

③各中央銀行の金融政策が狭義のインフレにこだわりすぎるようになり、株価のバブルがはじけることを十分に警戒せず、やがて不動産価格の崩壊につながっていく危険性に顧慮しなかったのはなぜか。

④大手のＡＩＧを筆頭とする保険業界は、どうして本来のリスク保障業務に加えてさまざまなデリバティブに手を出し、不確定なリスクを抱え込んだのだろうか。

⑤欧米の政治家たちは、なぜ住宅ローン市場を活性化する数々の施策によって、持ち家の比率を増やそうとしたのだろうか。

⑥なぜ中国を中心とするアジア諸国は、何兆ドルもの外貨準備を積み上げて、アメリカの経常赤字を補塡しようとしたのだろうか。

どれもとっつきにくい問題だと思えるかもしれない。だが銀行が保有する資産に対する自己資本の割合は、学術的な興味以上の意味がある。それというのも、銀行史で最悪だと言われる一九二九年から三三年までの大恐慌は、アメリカの銀行システムにおける「大収縮」によって引き起こされたとされるからだ。

この本の目的の一つは、金融、とくに金融史になじみの薄い方のために、入門書の役割を果たすことだ。英語圏の人たちの圧倒的多数が、金融に関して無知であることはよく知られている。二〇〇七年におこなわれたある調査によると、クレジットカードを持っているアメリカ人一〇人のうち四人は、最もひんぱんに使うカードの請求額に対し、毎月、全額は払っていないという。翌月以降に返済を繰り越すと、かなり高率の延滞利息をカード会社に取られるというのに返済しない。三分の一に近い（二九パーセント）人が、自分のカードの延滞利息がどれほど生じるのかさえ知らない。約三分の一が、一〇パーセント未満だと思っているかもしれないが、実際には大多数のカード会社が一〇パーセントをはるかに超える延滞利息を課している。回答者の半数あまりは、学校で金融については「あまり学ばなかった」、あるいは「まったく習わなかった」と答えている。二〇〇八年の調査では、アメリカ人の三分の二は、「複利」とはどのようなものかを理解していなかった。ニューヨーク州立大学バッファロー校の経営学部が高校三年生を対象にしておこなった調査では、個人の資産管理や経済に関する質問の正解率は五二パーセントにとどまったという。一八年間、株を保有していれば、アメリカの国債を持っているより高額の利益が得られる可能性が高いことを理解できたのは、わずか一四パーセントだけだった。預金の利子に対し所得税が課されることを知っていたのは、二三パーセントたらずだった。五九パーセントもの人が、企業年金と社会保障、あるいは401（k）プランの違いを知らなかった。[4]

ただしこのように嘆かわしい状況は、アメリカだけの現象ではない。二〇〇六年にイギリス金融サービス庁が国民の金融リテラシー（熟知度）を調査したが、インフレ率が五パーセントになり、利率が三パーセントであった場合、貯蓄の価値がどうなるのか、まったく見当のつかない人が、五人に一人いた。また二五〇ポンドするテレビが値下げになる場合、三〇ポンド引きになるのと一割引きになるのとではどちらが得か、という設問にも、一〇人に一人が正解できなかった。これらは、かなり基礎的な設問だ。まして、プット・オプション（一定期間内に特定の価格で売る権利）とコール・オプション（一定期間内に特定の価格で買う権利）の区別を説明できる人となると、調査対象のうちごくわずかの人だけに違いない。CDOとCDSの字面《じづら》は似ているがまったく別ものであると説明できる人となると、きわめて少数だろう。

政治家や中央銀行のお偉方、ビジネスマンたらは、一般の人びとが経済に疎《うと》いことを、つ

＊4　401（k）プランは、一九八〇年に導入された確定拠出型年金制度。401（k）は、アメリカ歳入法の条項番号を借用したもの。企業の従業員は、給与の一部を退職後のために積み立て、運用商品を選択できるし、利益分については、おおむね非課税の特典が与えられる。

ねに嘆いている。そう考えるのも、当然だ。多くの人は自らの税引き後の収入や支出に責任を持たなければならず、自分の家を持つことを期待され、退職後のためにどれほどの預金を残しておくべきかも、健康保険に加入するかどうかに関しても、個人の裁量にゆだねられている。賢明な家計の将来図を作っておくことも期待されている。だが現実には、今回の危機も、人びとが金融の歴史に無知だったことがかなり大きな要素だった、と私は信じている。それは、一般の国民だけではない。「世界の支配者」と謳われた金融マンたちも、過去の歴史からあまりにも学んでいなさすぎるし、彼らが信仰した高度な数理モデルは、「インチキ神さま」に過ぎなかったからだ。

現在の複雑な金融システムや専門用語を理解する第一歩は、その根源にさかのぼって調べてみることだ。金融システムや金融商品の起源を知っていれば、現時点における役割が容易に理解できる。したがって、現在の金融制度がどのようにして確立されてきたのか、その要点を時系列に沿って紹介していきたい。第1章では、マネーの歴史や信用制度の発達過程。第2章では債券市場。第3章は株式市場。第4章は保険。第5章は不動産市場。第6章は国際金融市場の興亡について詳述する。各章のなかで、歴史上の画期的な事態を概観する。たとえば、マネーはいつ金属から紙に移行したのか。だがその双方とも消え去ろうとしている現状は、いつごろから始まったのか。債券市場が長期金利を決定していて、世界経済を動かしているというのは本当なのだろうか。株式市場でバブルが生じたりはじけたりしたときに、中央銀行はどのような役割を果たすべきなのだろうか。自らをリスクから守る最善の方法は、必ずしも保険であるとは限らないのはなぜか。不動産に投資することのメリットは誇張されすぎているのだろうか。中国とアメリカが経済的に依存し合う状況は、国際金融を安定させているのだろうか、それとも、そのような錯覚を起こしているだけなのだろうか。はるか紀元前の古代メソポタミア時代から現代のミクロ金融の時代まで、すべてをカバーしようというのは不可能に思える作業だ。思い切った省略や単純化も必要だ。だが現在の金融制度を正確に把握したいという読者の関心にかなうのであれば、努力も報いられるに違いない。

私もこの本の執筆過程で、大いに学んだ。そのなかでも、三つの点が際立っていた。第一点。貧困は、強欲な金融業者が搾取した結果として生じたものではない。むしろ、金融機関が不足していたため、つまり銀行が存在したからではなく、逆に銀行が身近に不在だったために貧しさが助長されてきた、といえる。マネーの借り手が効率のいい形の信用を供与されてはじめて、高利貸しから逃れることができる。また信頼できる銀行に預金できれば、のほほんと暮らす金持ちのカネが、勤勉な貧しい者に流れる仕組みができる。これは、世界の貧しい国ぐにに適用できるだけではない。先進国と思われている国ぐにの、貧しい地区にも当てはまる。このような「内なるアフリカ」は、私が生まれたスコットランドのグラスゴーの低所得者向け住宅でも見られた。貧しい家庭では、歯磨きから交通費まで一日六ポンドでなんとかやりくりしていたが、高利貸しから借りると、金利は年率に直すと最高で一一〇〇万パーセントも払わなければならなかった。

　二つ目に私が学んだことは、平等が存在するのかしないのか、という問題だ。もし金融システムがなんらかの欠陥を内包しているとすれば、それは人間の性質をはっきり映し出し、誇張すらしてしまうところだと言えるだろう。行動ファイナンスという分野における数々の研究によってはっきりしたのは、金銭がらみの状況で、私たちは過剰に反応しやすい傾向がある、という点だ。つまり好調のときは有頂天になるが、事態が悪い方向に陥ると深く沈み込む。バブルとその崩壊は、根源的には私たちの気分のゆらぎに基づくことが多い。金融の一つの特性は、幸運で賢い者と、不運であまり賢くない者との差を拡大する傾向だ。金融がグローバル化したため、これまでの三〇〇年あまりにわたって図式化されてきたような、豊かな先進国と貧しい途上国の区分があいまいになってきた。国際金融市場が一本化されるにつれて、その分野の知識を持つ人間であれば、たとえどこに住んでいても、儲けるチャンスは増大する。その反面、金融知識が乏しい者は、損をするリスクが大きくなる。収入の分配という意味で、地球は決してフラット化していない。投資に対する見返りは、非熟練労働者や半熟練労働者の労働対価に比べて、格段に高くなったからだ。「情報収集」の成果が、いまほど大きい時代はない。金融知識が乏しければ、成果はまるきり望めない。

　最後の第三点は、金融危機の時期や規模を正確に予測することは、すべての予言のなかでおそらく最も困難だろう、ということだ。なぜかといえば、金融システムはきわめて入り組んでいてひと筋縄ではいかない、ある意味では混沌とした状況にあるためだ。マネーの進化は、決してスムーズに進んできたわけではない。新たな難問に直面するたびに、銀行マンや金融界の人びとは対応策を講じてきた。金融史の変遷を見ると、一方的な上り調子で推移してきたわけではなく、アンデス山脈の稜線のように、不規則で鋭角の山あり谷ありの連続だった。別のたとえを使えば、金融史は典型的な進化の過程を経てきたのだが、自然界の進化と比べると、はるかに短期間に凝縮されている。アメリカのアンソニー・W・ライアン財務次官補は、二〇〇七年九月に、議会で次のように述べた。「自然界で絶滅する種があるように、新たな金融技術のなかにも、成功するものとしないものとがある」。このようなダーウィン的な淘汰過程の事例が、これからの本文で何回も出てくる。

地球の歴史においては、種の大量絶滅という事態が、繰り返し起こっている。たとえば、ペルム紀の末期には、地上の種の九割が姿を消した。また白亜紀第三紀には、大変動が起こって恐竜が姿を消した。私たちは、そのような状況に似た金融界の「大絶滅」前夜にいるのだろうか。多くの生物学者がデータを目の前にして危惧しているように、人為的に引き起こされた気候変動が、地上の生物生息環境を破壊し尽くしてしまうのだろうか。だが、金融システムが大絶滅するとなると、もう一つの人為的な大惨事が起こるわけで、それはゆっくりながら、全地球規模の惨禍を引き起こしかねない。金融界の大ベテランであるアメリカ連邦準備制度理事会（ＦＲＢ）のアラン・グリーンスパン元議長やヘンリー・ポールソン元財務長官などを含め、多くのエキスパートたちが、このたびの金融危機は「一〇〇年に一度」の規模だと語っている。たしかに一九三〇年代以降、これほどのスケールで多くの金融機関が存亡の危機に立たされたケースはない。だからと言って、今回の危機を予測できなかったことの言いわけにはならない。歴史をひもとけば、大きな危機はしばしば一世紀に複数回の頻度で起こっていることが分かる。

このような理由から、家計の収支を合わせることに苦労する人にしても、巨大マネーゲームの王者を目指して邁進している人であっても、マネーの進化に精通していることがいまほど必要な時代はない。もし本書が、金融の知識とそのほかの知識を隔てている壁を打破するうえで役立つとすれば、私の執筆努力は無益でなかったことになる。

第１章　一攫千金の夢

マネーのない世界を、想像してみていただきたい。もう一世紀あまりもの間、共産主義者や無政府主義者《アナキスト》など、それに言うまでもなく極端な反動主義者や宗教原理主義者、ヒッピーなども、カネとは無縁の世界を夢想した。フリードリヒ・エンゲルスやカール・マルクスは、カネは資本家が労働者を搾取するための方便であって、家族などの人間関係までもダメにして「金銭的なしがらみ（キャッシュ・ネクサス）」で縛りつけてしまう、と喝破した。マルクスはのちに『資本論』（一八六七）で、貨幣とは労働の商品化であり、汗を流して得られる剰余価値だと考えた。その貨幣は、資本家階級が貪欲な蓄財欲を満足させるために占有され、物象化される。このような見方は、根強く残った。一九七〇年代になっても、ヨーロッパの共産主義者のなかには、金銭などない社会を夢見る者がいた。月刊誌「ソーシャリスト・スタンダード」は、一九七九年七月号で、ユートピアの姿を次のように描いていた。

カネなどというものは、姿を消すだろう。……レーニンの意向にしたがって金《きん》は保存されるが、それは人民のトイレを作るための基金だ。……共産主義社会においては、必要とするものはいくらでも、タダで手に入る。社会組織の末端に至るまで、金銭は不要だ。……やたらに消費したい、蓄財したいなどという願望は姿を消す。モノを貯め込みたいなどという欲望は、ナンセンスだと見なされるに違いない。ポケットに入れるカネなどはなくなるし、カネを稼ぐために雇用される人間もいなくなる。……新しい世界の人びとは、狩猟や採集に明け暮れていた先祖の生活に近くなる。いくらでも必要なだけ、自然が無料で与えてくれるから、明日のことを思い煩うには及ばない。

だが共産主義国では、北朝鮮でさえ、カネのない社会は現実的に切り回せないと悟っている。[1]また、いにしえの狩猟採集社会を考えてみただけでも、カネを廃した社会は実に暮らしにくかったことが推察できる。

二〇〇三年、南米コロンビアのサンホセ・デル・ガビアーレのアマゾン熱帯雨林に住むヌカク・マク族の数人が、長いこと隔離されていたジャングルから文明社会にさまよい出た。彼らが食べていた食料は、捕獲して殺したサルと野生のくだものだけで、カネという概念がなかった。興味深いことに、「将来」という観念もない。現在、彼らは町に近いジャングル開墾地で暮らし、政府の補助金で生き延びている。ジャングルでの生活に戻りたいか、と尋ねられると、彼らはニヤリと笑う。かつては連日、食べるものを求めてジャングルをさまよっていたのだが、それまで顔も知らなかった連中が必要なものをなんでも与えてくれ、なんら見返りを要求しないのだから、これほどラクなことはない。

狩猟採集生活の人びとについて、近世のイギリスの哲学者トマス・ホッブズは、次のように記している。「彼らは孤独で、貧しく、汚れていて、野蛮で、背も低い」。このような連中にとっては、ジャングルを歩き回ってサルを捕らえるほうが、生活のためのきびしい農作業よりも好ましい部分もあっただろう。だが文化人類学の専門家たちによると、現代まで生き延びた狩猟採集民族は、ヌカク族のようにおとなしい人びとばかりだとは限らないようだ。たとえばエクアドルのヒバロ族では、男性の六割が戦闘によって死ぬという。ブラジルのヤノマモ族では、男性の四割近くが戦闘で死ぬそうだ。このように原始的な部族同士が出くわすと、たいてい乏しい資源（食べものとか、妊娠可能な女性）の略奪が起きるもので、物々交換が始まるわけではない。狩猟採集部族は、交易をしない。奪うだけだ。食べものは見つけた時点で消費してしまい、貯蔵もしない。したがって、カネなどは必要としない。

＊1　マルクスとエンゲルスも、社会からカネを追放せよ、と教えているわけではない。彼らは『共産党宣言』のなかで、「国家が国営銀行を通じて信用を中央集権化して一手に握り、中央政府が独占する」よう推奨した。

カネの山

ヌカク族よりもう少し進んだ社会でも、マネーなくして機能していた例がある。五〇〇年ほど前、南米で最も文明が進んだインカ帝国でも、金銭は使用していなかった。インカの人びとは潤沢な貴金属を所有していて、珍重していた。金は「太陽の汗」であり、銀は「月の涙」だと考えられていた。インカ帝国では、モノの価値は労働量で決められていた。これはのちの共産主義社会における価値観と一致しているし、経済もおおむね厳格な中央集権のもとにあり、強制労働が課せられた。だが一五三二年、クリストファー・コロンブスのように貴金属を探し求めてやってきたヨーロッパ人によって、インカの国運は傾いた。[2]

スペイン軍大佐の非嫡出子だったフランシスコ・ピサロは、財宝を求めて一五〇二年に大西洋を渡って新大陸にやってきた。彼はパナマ地峡を横断して太平洋に達した初期のヨーロッパ人の一人で、一五二四年には三回の遠征のうち最初の隊を率いてペルーに入った。地形はきびしく、食料不足に悩まされ、最初に出くわした地元民は敵対的だった。だが二回目の遠征では、トゥンベス地域の住民から「太陽の子どもたち」として歓待された。したがって、ピサロと仲間たちは勇気づけられた。いったんスペインに帰国したピサロは、カスティーリャ王国[3]の海外領土を作る承認を得て、「ペルー総督」の称号を受けた。ピサロは三隻からなる艦隊を仕立て、二七頭の馬、一八〇人の遠征要員、銃や機械仕掛けの石弓など、最先端の兵器を装備した。この第三次遠征では、一五三〇年一二月二七日にパナマを出航した。一行は、二年のうちに目的を達成した。まず、死去したばかりのインカ王ウアイナ・カパックの跡目争いをしていた二人の息子のうち、アタウアルパと対決した。ピサロに同行していた修道士のビンセンテ・デ・バルベルデ師は、アタウアルパにキリスト教への改宗を強要したが、アタウアルパはバルベルデの聖書を地面に投げつけた。

改宗を拒否したアタウアルパは、スペイン人たちが馬に乗り（インカには馬がいなかった）、原住民を惨殺していく様子を、呆然と眺めるしかなかった。現地勢の戦闘員数は圧倒的に多かったが、電撃的な攻撃には太刀打ちできなかった(4)。

アタウアルパはピサロが何を求めているのかをすぐに推察し、自分が軟禁されている部屋をいっぱいにするほどの金、二部屋分をいっぱいにするほどの銀を与えると申し出て、自らの自由をあがなおうとした。数か月のうちに、ピサロはインカに二二カラット金六トンあまりと、純銀を一一・八トン集めさせた。ピサロはそれでもあきたらず、捕らえていたアタウ

＊2　「コンキスタドル」と呼ばれる征服者たちは、金と銀を漁った。コロンブスが最初の居留地にしたのはイスパニョーラ島のラ・イサベラ（現ドミニカ共和国）で、ここを拠点にして金を調達した。銀も発見したと思っていたが、スペイン本国から持参した銀の鉱物標本だった。

＊3　アラゴン王太子のフェルディナンドと結婚したイサベラが一四七四年に即位してから一八世紀に至るまで、アラゴンとカスティーリャの二つの王国が連合してスペインを形成していた。

アルパを、一五三三年八月に絞首刑に処した。クスコは陥落し、スペインの無差別な略奪によってインカ帝国は崩壊した。一五三六年にマンコ・カパック二世に率いられた小規模な反乱はあったもののスペインの支配は揺るがず、リマに新首都が築かれた。インカ帝国は、一五七二年に正式に消滅した。

ピサロはそのすさまじい生きざまにふさわしく、仲間の征服者の一人と争って一五四一年に刺殺され、壮絶な生涯を閉じた。だが彼がスペイン王国に残した遺産は、最終的には彼の野望をはるかに超えたものになった。征服者たちは黄金郷エルドラードの伝説に刺激され、かの地の王は祭事の際には全身に金粉をまぶす、と信じていた。ピサロの部下たちが「北部ペルー」と呼ぶ、霧に閉ざされた荒涼とした山岳地帯は、標高が高くて登るには呼吸も困難になるほどだが、その労苦が報われるほどの財宝が眠っていた。標高四八二四メートル、不思議な対称形をした山セロ・リコ（豊かな丘）は、富の概念を具現化したような銀山だった。現地人ディエゴ・ガルパが一五四五年に五本の大きな銀鉱脈を発見し、世界の経済史を一変させることになった。

インカの人びとは、ヨーロッパ人が金銀になぜそれほどまで目の色を変え、あくまで追い求めたがるのか、見当もつかなかった。マンコ・カパックは、こう評している。

「アンデス山脈に降り積もる雪がすべて金に変わったとしても、彼らはまだ満足しなかったに違いない」

ピサロの一行にとって、銀が単に光って装飾用に使える以上の価値を持っていることが、インカの人びとには不可解だった。だがヨーロッパでは、金銀は貨幣となり、それは勘定の単位であり、持ち運びできる力なのだった。

やってきたスペイン人たちは、最初のうち、近くの村々から動員して鉱山で採掘に従事する者に報酬を支払っていた。だが労働条件は劣悪で、一六世紀の末からは強制労働《ラ・ミタ》が導入された。一六の地区に住む一八歳から五〇歳までの男性が年に一七週、働かされた。鉱山労働者の死亡率はきわめて高かったが、それは戸外で製錬する作業が一つの原因だった。銀鉱石を砕いて水銀との合金を作り、そのあと水銀を分離するために水洗いしたり熱したりする際に、気化する水銀を吸って中毒を起こしたからだ。また、地下二〇〇メートルあまりの深い坑道の採鉱現場では空気中に有毒ガスが充満し、長時間におよぶ作業を終えたあとは、重い鉱石を背負い、足場の悪い坑道を四つん這いになって登らなければならなかった。落石により命を落としたり、手足が不自由になるケースも後を絶たなかった。ポトシの町（現ボリビア）は、「シルバー・ラッシュ」のにわか景気に沸いた。一六世紀の修道士ドミンゴ・デ・サント・トマスは、こう描写している。

「ここは地獄への入り口で、スペイン人の『神』のために、きわめて多くの人びとが毎年、

＊4　征服者の第一の目的は、金を取得することだった。フランシスコ・ピサロの弟エルナンド・ピサロが、サント・ドミンゴの王立司法機関に宛てた報告でそう述べている。一八七二年にロンドンで刊行された、『ペルー発見報告』に収録。

ここに入っては犠牲になっている」

スペイン人修道士のロドリーゴ・デ・ロアイサは、鉱山は「地獄の穴」で、「月曜日に健康なインディオが二〇人、鉱山に入ったとすると、土曜日には半数が怪我人になって戻ってくる」と記している。聖アウグスチノ会の修道僧アントニオ・デ・ラ・カランチャは、一六三八年に次のように書き記している。

「ポトシで鋳造されるコイン一枚につき、一〇人のインディオが犠牲になっている」

現地の労働力だけでは足りなくなると、アフリカから何千人もの奴隷を連れてきて、「人間ロバ」として酷使した。いまセロ・リコの坑道や隧道《トンネル》を見学しても、窒息しそうな地獄の様相が垣間見られる。

ポトシは強制労働者の墓場だったが、そのおかげでスペインは豊かな国になった。一五五六年から一七八三年の間に、「豊かな丘」セロ・リコから産出された四万五〇〇〇トンの純銀は、延べ棒にされたり、造幣所で硬貨に鋳造されたりして、本国のセビリアに運び出された。ポトシは高地のため空気が希薄で気候もひどいところだったが、たちまちスペイン帝国にとって重要な都市になった。最盛期には人口が一六万から二〇万人ほどに膨らみ、当時のヨーロッパの大都市と比べても遜色がなかった。「ポトシほどの価値《バレル・ウン・ポトシ》がある」というスペイン語の表現が、「ひと財産の価値がある」という意味でいまでも使われている。ピサロによる征服は、スペイン帝国にとって「一攫千金の夢」をはるかに上回るものだった。

ポトシのセロ・リコ（豊かな丘）。スペイン帝国の財宝の山（Sergio Ballivian）

貨幣とは、物品を取引する際の仲介手段だ、と認識されてきた。これは、物々交換よりも効率がいい。勘定の単位であり、計算を容易にする。価値が一定不変であれば、長期間にわたって通用するし、遠く離れた土地でも使える。これらの機能を果たすには、貨幣は手に入りやすく、破損しにくく、交換しやすく、運びやすく、信頼性が高くなくてはならない。金・銀・銅などの金属はそれに適した特質を備えているため、貨幣の理想的な素材として、数千年にわたって珍重されてきた。はじめてコインがお目見えしたのは、紀元前六〇〇年ごろと思われ、エフェソス（現トルコ、イズミルの近く）にあるアルテミス神殿の遺跡で、考古学者たちが発見した。リディア王国で発明されたこのいびつな楕円の硬貨は、エレクトラムという金と銀の琥珀色の合金でできていて、ライオンの頭部が刻印されている。これは、のちのテトラドラクマ銀貨と呼ばれる古代ギリシャの通貨のさきがけだと考えられている。こちらは、片面に女神アテナの像、もう一方の面にフクロウ（アテナが備えている知性の象徴）が描かれている。古代ローマ時代になると、コインに使われる金属は、金・銀・青銅《ブロンズ》の三種類になった。価値も、資源の希少価値に基づいて、この順にランクされる。デザインのパターンは決まっていて、片面にときの統治者である皇帝の肖像、裏面にローマ帝国の伝説のシンボルであるロムルスとレムスのオオカミ像が描かれていた。古代に硬貨が使われていたのは地中海周辺だけではないが、この地域で世界最初に導入されたことは間違いない。中国で標準的な青銅硬貨が使われ出したのは、紀元前二二一年に秦の始皇帝が即位して以降だ。いずれの場合も、高価な金属を使った硬貨を流通させられるのは、強力な権力を持った君主が、国家の財源として造幣を独占できる状態になったことを示している。

古代ローマの通貨様式は、ローマ帝国そのものよりも長い生命力を保った。フランク王国のシャルルマーニュ（カール）大帝（在位七六八～八一四）の時代にも、古代ローマと同じデナリウスという単位が使用されていた。だが問題は、大帝がローマ教皇から西ローマ帝国皇帝の戴冠を受けた八〇〇年の当時、西欧では銀がつねに不足していたということだ。活発な通商が展開されている地中海南部や中東などを支配しているイスラム帝国では、貨幣の需要が高まっていたため、もっと遅れていたほかのヨーロッパ諸国から貴金属が調達された。そのころデナリウス銀貨はかなり貴重になっていたため、二四枚もあればウシが一頭、買えた。ヨーロッパの一部では、コショウやリスの毛皮が通貨の代用にされたところもあった。私有財産の多寡が金銭ではなく、所有する土地で判断される地域も見られた。ヨーロッパでは、貴金属不足の状況を打破するために二つの方策を考えた。一つは、労働と製品、つまり奴隷と木材を輸出することで、バグダッドで銀を、コルドバやカイロではアフリカの金を入手する方法だ。もう一方は、イスラム社会に戦争を挑んで貴金属を略奪するやり方だ。繰り返しおこなわれた十字軍の遠征やそれに引き続く征服のための戦いは、異教徒をキリスト教徒に改宗させるという目的のほか、ヨーロッパの貴金属不足を克服しようという意図があった。

だが十字軍遠征は経費のかかる大事業だったから、財政上ではそれほどのメリットはなかった。中世から近代の初期にかけて、ヨーロッパ各国は「小銭という大問題」に頭を悩ませた。つまり、各種の硬貨に必要な材料をそれぞれ安定的に調達できず、少額の硬貨がとくに材料不足に陥り、価値が下落し、品質も低下しがちだったのだ。

ポトシをはじめ、新世界では各地で銀が豊富に産出した（とくに有名だったのは、メキシコのサカテカス）。したがってスペインの征服者たちは、何世紀にも及ぶ材料不足に終止符を打ったかと思われた。最大の恩恵を受けたのは、言うまでもなく遠征のスポンサーだったスペイン王室で、巨大な財源を得た。船団は――ときに一〇〇隻に及ぶこともあった――一年に一七〇トンもの銀を、大西洋を越えてセビリアの港に運んできた。精錬された銀の五分の一が王室のために使われ、一六世紀末のピーク時には、王室経費の四四パーセントをまかなっていた。スペインが新たに取得した巨万の富は、ヨーロッパの金融全体に大きな刺激を与えた。ドイツの「タレル貨」（のち「ドル」という呼称に転訛《てんか》する）を真似た、「レアル・デ・ア・オッチョ」と呼ばれ、八レアルの価値があったスペイン銀貨が、はじめての本格的な国際通貨になった。スペインはヨーロッパで長期にわたる戦争に従事したが、それを可能にしたのが豊かな財宝だった。このような状況が、アジアとの交易を急速に拡大させる原動力にもなった。

だがスペインが新世界からおびただしい量の銀を運び込んできても、オランダ共和国を従属させることはできなかったし、イングランドを支配下に収めることもできなかった。スペインの経済力に陰りが見え、王室の権威が失われていく状況にも、防ぐ術はなかった。一六世紀のスペイン国王たち――たとえば、神聖ローマ皇帝カール五世（スペイン王としてはカルロス一世）やフェリペ二世など――は、なんでも黄金に変えてしまうマイダス王のように、膨大な貴金属は幸せだけでなく呪いをも運んでくることを知ることになった。スペインは、巨額の遠征費用など征服にかかる膨大な費用をまかなうために銀を掘りまくったが、そのために銀の価値が下落した。つまり、ほかの商品を買う際の購買力が落ちてしまったのだった。ヨーロッパでは一五四〇年代から一六四〇年代の間に、「価格革命」が起こった。それまで三〇〇年間にわたって上昇傾向を見せなかった食品の価格が、いちじるしく高騰した。イギリスでは（物価統計に関しては、イギリスが最も信頼できるデータを持っている）、一六世紀からの一〇〇年間に、生活費は七倍にも上昇している。ただし年率にすると二パーセントほどなので、現在のインフレ状況と比較すれば、それほど驚くべきことではないかもしれない。だが中世の基準からすれば、パンの値段などは革命的といえるほど上がった。スペインでは銀がありあまり、「資源の呪い」に悩まされた。現代社会でいえば、石油がだぶついているアラブ諸国、ナイジェリア、イラン、ロシア、ベネズエラなどの状況に似ている。このような環境にあると、生産的な経済活動に励もうという意欲が湧かなくなり、専制君主は議会（スペインの場合はコルテスと呼ばれる王国議会）をないがしろにして、利益の追求に狂奔したがる。

スペインの過ちは、貴金属の価値が絶対的なものだと思い込んでいたところにあった。カネの価値は、それを何と交換してもらえるかによって決まる。供給が増えただけで、社会が豊かになるわけではない。通貨の発行を独占的につかさどっている政府だけが、潤うのかもしれない。ほかの条件が変わらなければ、貨幣の流通量の増大は物価高を引き起こすだけだ。

西洋では歴史的に、マネーは金属と分かちがたく結びついてきた。古代メソポタミアでは、五〇〇〇年も前から粘土製の代用貨幣《トークン》を使って、大麦などの農産物、羊毛、銀などの金属の取引記録を残してきた。銀をリング状にしたり、塊にしたり、板状にのしたりしたものも、穀物と並んで貨幣として使われていたが、粘土製のトークンもそれなりに重要で、あるいは銀以上の価値さえあった。いまでも数多くのトークンが残っていて、人類がはじめて記録を残すようになったとき、歴史や詩、哲学を記すことではなく、商取引を目的としていた史実を伝えている。このような古代の経済活動のツールを見ると、思わず感嘆の声を上げてしまう。土くれで作られたものであるにもかかわらず、ポトシの造幣所で作られた銀の通貨より長持ちしている。とくに保存状態のいいトークンで、ユーフラテス河畔のシッパル（現イラクのアブハッバ）で出土したものは、アンミ・ディタナ王（紀元前一六八三〜紀元前一六四七）の時代に作られたもので、収穫したばかりのしかるべき量の大麦と交換できる、と記されている。前王の後継者アンミ・サドゥカが作ったトークンには、「これを所持する者は、旅の終わりに一定量の銀が与えられる」と記されている。

このような制度の基本概念になじみがあるように感じるとすれば、現在の紙幣にも似たような性格があるためだ。イングランド銀行が発行するすべての紙幣に、「この紙幣を持参する者には、要求に従って以下に表示する金額の対価を支払うことを保証する」という魔法の

古代メソポタミアの粘土板の形のトークン。上は表面。下が裏面。収穫時にこの粘土板を持参した者に、アミル・ミラは330単位の大麦を引き渡す、と記されている（Trustees of the British Museum）

ような文言が記されている。紙幣（最初に導入されたのは七世紀の中国）は、紙でできているのだから、本来的には価値はない。ただ、支払いに使えるという約束ごとに基づいているに過ぎない（したがって、西洋にはじめて紙幣が導入された当初は、「約束手形」と呼ばれていた）。機能的には、四〇〇〇年前に古代バビロニアで使われていた粘土製のトークンと同じだ。アメリカの紙幣、たとえば一〇ドル札の裏面には、「われわれは神を信ず」と印刷されている。表面にはアメリカの初代財務長官アレグザンダー・ハミルトンの肖像が描かれているが、私たちはその紙幣を受け取る際、ハミルトンの後継者（執筆時点では、ゴールドマン・サックスのロイド・ブランクファインの前任者、ヘンリー・M・ポールソン・ジュニア）を信頼している。アメリカ人が商品を買ったり労働力を売ったりしていくばくかのドルを取引する際には、財務長官を信用しているわけで（その意味では、FRBの議長をも信頼している）、その財務長官は、スペインの過ちを繰り返すことなく、紙幣を刷り過ぎてただの紙切れにならないよう、注視している。

ドルの購買力はこの五〇年間ほどかなり下降線をたどっているが、私たちは紙幣や、安っぽい材料で作った硬貨にもおおむね満足している。素材としては、取るに足りない。もっとびっくりするのは、目に見えないカネさえもありがたがっている状況だ。現在の電子化したマネーは、雇用主から個々の従業員の銀行口座に振り込まれ、お気に入りの小売店に支払われ、その間、手に触れることさえない。今日のエコノミストたちが「マネーサプライ」と呼んでいるのは、このような「バーチャルな」金銭だ。平均的なアメリカ人が手にする現金は、

M_2と呼ばれるカネの流れの一一パーセントを占めるに過ぎない。現在、カネはほとんど目に見えない形で動いているが、それがカネというものの本質なのかもしれない。スペインの征服者たちは、カネとは信仰に近い信頼であることを理解できなかった。私たちにカネを支払ってくれる人を信じ、通貨を発行し小切手の換金や振り込みをおこなってくれる機関をも信じる心である。金属がカネなのではない。信用を刻印されたものがカネなのだ。しかも、素材が銀であっても、粘土板でも紙でも液晶画面でも、それほど重要ではないようだ。カネの素材は、なんでも構わない。インド洋のモルディブではタカラガイが通貨として使われたし、太平洋のヤップ島（ミクロネシア連邦）では大きな石貨が用いられた。現代の電子マネーの時代になると、カネは姿さえなくなってしまった。

カネの主な役目は、貸し手と借り手の関係を取り持つところにある。もう一度、古代メソポタミアの粘土板を見てみよう。そこには、借りた商品に対する支払いに関する文言が刻まれている。これは明らかに貸し手の手元に残された証文で、返済額と時期が明記されている（粘土の箱に収められて封印されているケースが多い）。古代バビロニアの金貸し業は、疑いなくかなり巧みに組み立てられていた。借金はだれかが肩代わりでき、したがって特定の貸し手に返済するのではなく、粘土板を持っている者に返す仕組みだった。王宮や寺院に穀物などの物品を寄進した人たちには粘土板の領収書が渡された。借り手には利子を払う義務が課せられ、利率はときに二〇パーセントにも達した（このような考え方が定着したのは、家畜の数が自然に増加するのを見てヒントを得たのではないか、と思われる）。ハムラビ王の治世（紀元前一七九二～紀元前一七五〇）当時の数学演習の記録からすると、長期の借金には複利のような形態が適用されていたのではないか、と推察される。だが基本的な概念として、借り手が返済を約束するという信頼性が底辺に流れている（英語の「credit（信用）」の語源は、ラテン語の「credo《クレド》＝私は信じる」に由来している。これは、決して偶然の符合ではない）。借り手は、一定の期間ごとに、安堵のため息をつくことができたと思われる。ハムラビ法典によると、借金は三年ごとに帳消しになったからだ。だがそのような条件があっても、官民の貸し手はひるむことなく、貸したカネは戻ってくると確信していた。したがって古代メソポタミアでは、民間の金貸し業は増える傾向にあった。紀元前六世紀ごろになると、バビロニアのエギビ家などの一族が大地主になって金貸し業にも励み、一六〇キロ南方のウルクや、東はペルシャ（現イラン）にまで活動範囲を広げていた。この時代の粘土板が何千枚も残っているが、エギビ家から借金したことのある者が相当数にのぼっていることが分かる。エギビ家が五世代にもわたって繁栄していたことから判断すると、貸したカネはおおむね回収されていたものと思われる。

だが、古代メソポタミアで信用取引が始まったとまでは言えそうにない。多くのバビロニア人たちがおこなっていたローン形態は、王室や寺社の倉庫から食料を前借りするものだった。現在のような信用取引が開始された状況は、この章でのちほど触れる。だがこのような金銭取引の動きは、重要な第一歩だった。カネを貸し借りするという基礎がなければ、私たちの経済史は動き出さない。貸し手と借り手のネットワークが絶えず拡張していかなければ、現在の国際経済は頓挫してしまう。ミュージカル「キャバレー」のなかのヒットナンバーにあるように、カネが世界を回しているわけではない。実際に回っているのは、おびただしい数の人間であり、物資であり、サービスだが、それを可能にしているのはマネーだ。

瞠目すべき点は、「信用」という概念がなかなか根づかなかった地でこそ、のちに最も効果的に花開いたことだ。

高利貸し

一三世紀のはじめごろ、イタリア北部では都市国家が群雄割拠していた。滅亡したローマ帝国の遺物として、i、ii、iii、iv……というローマ数字が使われていたが、通商はもちろん、複雑な計算をするには不向きだった。ピサの町では、別の難点にも頭を悩ませていた。なにしろ、七種類ものコインが混在して流通していたからだ。経済活動の面では、シャルルマーニュ大帝の時代と同様、カリフ制のアッバース朝（イラン周辺）や中国の宋王朝のほうがヨーロッパよりはるかに進んでいた。ヨーロッパ諸国は、それを真似るしかなかった。この点で大きな役割を果たしたのが、若い数学者フィボナッチだった。

ピサの税関吏として、ベジャイア（現アルジェリア）に駐在していた役人の息子だったフィボナッチ（別名ピサのレオナルド）は、インドとアラビアの知恵を合体した「インド式算数法」に魅せられた。彼がヨーロッパに持ち込んだ概念は、西洋の計算術に革命をもたらすことになる。彼の名は現在では「フィボナッチ数列」としてよく知られている。0、1、1、2、3、5、8、13、21……のように、前の二つの数を足した数を並べた数列では、隣り合う数字の比は、黄金比（約一・六一八）に近づいていく。このパターンは、自然界ではたとえばシダの葉や、海の貝殻の幾何学模様によく見られる。[5]

だが、一二〇二年に刊行されたフィボナッチの『算盤の書《リベル・アバチ》』に記されたオリエントの算法はこれだけではなかった。分数も説明されていたし、現在価値（将来に発生する価値を、いくらか割り引いた現在の価値に直したもの）の概念も述べられていた。だがフィボナッチの最大の貢献は、インド・アラビア数字をヨーロッパに紹介したことだった。彼は、ローマ数字よりはるかに計算に便利な十進法のアラビア数字をヨーロッパにもたらしたばかりでなく、簿記、通貨の換算、利子の計算にも応用できることを示した。『算盤の書』には、商取引の実例として、身近な毛皮、コショウ、チーズ、油脂、香辛料《スパイス》などが取り上げられている。数学と商売が巧みに関連づけられ、金貸しにも応用できるように工夫されている。たとえば、次のような問題がある。

ある男が、商人に一〇〇ポンドを、一ポンドひと月当たり四デナリウスの利子で預けた。引き出し額は、年に三〇ポンド。引き出し額と利子を考慮すると、男は何年何か月何日何時間、商人のもとに資金を預けることになるか。

フィボナッチの郷里であるピサや近隣のフィレンツェなど、イタリアの中心的な商業都市は、このような金融業を展開するには好適な場所だったが、東洋文化の影響を大きく受けているヴェネツィアは、さらに適していた。ヴェネツィアは、ヨーロッパにおける金貸し業の実験場になった。西洋文学で最も有名な金貸しの物語が、ヴェネツィアを舞台に書かれたのも偶然ではない。フィボナッチの理論を金融業で実践するうえで、何世紀にもわたって障害になっていたものを、これほど明確に描写した作品はない。その障害とは経済面や政治面のものではなく、文化的なものだった。

シェイクスピアの『ヴェニスの商人』の底本は、一三七八年にジョヴァンニ・フィオレンティーノがまとめてイタリアで発刊された短編集『イル・ペコローネ（愚か者）』という本だ。このなかに、次のような話がある。――金持ちの家のお嬢さんが、正直者の青年と結婚した。カネを必要としている青年の代わりに友人が金貸しのところに行って借金した。この金貸しが、もしカネが返せなかった場合には、抵当として生身の体から肉一ポンドをもらう

＊5　フィボナッチ数列は、ダン・ブラウンのベストセラー小説『ダ・ヴィンチ・コード』にも出てくる（暗号を解くカギがフィボナッチ数）ので、聞いた方もおありだろう。この数列について最初に言及したのはサンスクリットの学者ピンガラで、彼の著作のなかでは「マートラメール」と名づけられている。

ぞ、と要求する。シェイクスピアはこれをヒントにストーリーを組み立て直した。恋い焦がれる女性に求婚したいバッサーニオに、ユダヤ人の高利貸しシャイロックが三〇〇〇ダカットのカネを用立てる。その際、バッサーニオの友人で商人のアントニオが連帯保証人になる。シャイロックは、アントニオを「善良な男」だと評するが、その意味は、取り立てて徳が高いわけではないが、「信頼するに足る」という意味だ。ただ、シャイロックによれば、商人やその友人にカネを貸すとなるとかなりのリスクが伴う。アントニオの持ち船は、北アフリカ、インド、メキシコ、イングランドなど、世界各地に点在しているからだ。

……彼［アントニオ］の計画は、ある仮定のうえに成り立っている。トリポリに向かっている船団もあれば、西インドを目指している商船もある。取引所で聞いたところによると、三番目はメキシコに、四番目はイングランドに出向いていて、ほかにもあちこちでカネをばらまいている。船は板切れでできているだけだし、船乗りだってただの人間だ。陸上のネズミがいれば、海上のネズミだっている。海賊も、陸上の盗賊もいる。それに、荒海や暴風、岩礁だってあなどれない。

このような状況だったから、遠洋航海に際して商人にカネを貸すためには、借りた額や元金に色を付けて返済する必要がある。それを「利子」と呼ぶ。ヴェネツィアが依存していたような外国との交易は、金融業者が板切れと人間に投資するリスクの見返りがなければ成立しなかった。

では、シャイロックはなぜ肉一ポンドを要求する——つまりアントニオが約束の義務を果たせなかったら命を奪う——という凶悪な姿に描かれているのだろうか。そのわけは、シャイロックのような金貸し業者は、歴史的に見ておおむね少数民族だったからだ。シェイクスピアの時代、ヴェネツィアではほぼ一世紀近くもユダヤ人が商業における信用貸しの分野を牛耳っていた。彼らは「バンコ・ロッソ（赤い銀行）」と呼ばれる建物の前に机を置き、ベンチ《バンコ》にすわって営業していた。場所は、町の中心から外れた雑然としたゲットー（ユダヤ人居住区）だった。

ヴェネツィアの商人たちが、借金するためにユダヤ人のゲットーにやってくるのには、わけがあった。キリスト教では、カネを貸す際に利息を取ることは罪だと定めていた。一一七九年の第三回ラテラーノ公会議では、利子を取った金貸しは破門されることになった。一三一一～一二年のウィーン公会議では、高利貸しは罪でないと論じることさえも異端だとして禁じられた。キリスト教徒の高利貸しが、教会の敷地に埋葬してもらうためには、教会に寄進しなければならなかった。一二〇六年に創設されたフランシスコ修道会や、一二一六年に作られたドミニコ修道会は、とくに厳格だった（フィボナッチの『算盤の書』が刊行された直後に当たる）。この禁令が施行された影響は、決して小さくなかったが、シェイクスピアの時代には、いくらか緩和される傾向にあった。

フィレンツェの有名なドゥオモ（大聖堂）には、この地が生んだ大詩人ダンテ・アリギエーリが、自著『神曲』を手にした肖像画（ドメニコ・ディ・ミケリーノのフレスコ画）が飾られている。名作『神曲』の地獄篇一七歌には、高利貸しが行く第七圏の地獄について、次のように詳しく語られている。

悲嘆にくれ……目から［涙が］あふれ、両手はせわしなくあちらこちらを、あるいは火の粉をはたき、あるいは焦土を引っ掻いている。

ちょうど犬が夏、蚤や蜂や虻に刺されて、鼻面や脚で身をかく様にそっくりだ。

降り注ぐ苦患《くげん》の焔《ほのお》に火傷した人々の顔を、幾人か覗きこんでみたが、誰も見覚えはなかった。だが気がついてみると、誰も彼も首から財嚢《ざいのう》をぶら下げ……皆その財嚢ばかりを見つめている様子だ。

（『神曲』平川祐弘・訳、河出書房新社から引用）

ユダヤ教徒においても、利息を取って金貸しをすることは禁じられている。だが旧約聖書の申命記には、都合のいい例外規定がある。「外国人からは利息を取ってもよいが、同胞である場合には利息をつけてはならない」という文言だ。つまりユダヤ人が同胞であるユダヤ人に高利貸しをしてはならないが、キリスト教徒に対してなら許される、と解釈できる。ただしそのような姿勢を貫けば、社会的には煙たがられる。

ユダヤ人は、一四九二年にスペインから放逐され、ポルトガルでは、一四九七年の布告によってキリスト教への転向を迫られて改宗者《コンベルソ》になったが、多くはオスマントルコ帝国に逃げた。コンスタンチノープルなどオスマントルコの港で、彼らはヴェネツィアとの通商に励んだ。ユダヤ人がヴェネツィアに住みつくようになったのは一五〇九年からで、それまでは近郊のメストレで暮らしていたのだが、カンブレー同盟戦争（一五〇九〜一七）を避けてヴェネツィアにやってきたのだった。はじめのうち市の当局者たちは、難民の受け入れを渋っていたが、彼らにも課税できるし、金融サービスの面でも役立つという点にすぐ気づいた。

ヴェネツィア市当局は一五一六年、かつての鋳鉄所だった市内の一画をユダヤ人居住地に指定した。これがゲットー・ヌオーヴォとして知られる地域だ（ゲットーは「鋳造」、ヌオーヴォは「新しい」の意）。ユダヤ人は、夜間やキリスト教の休日には、ここに閉じ込められた。二週間以上ヴェネツィアにとどまるユダヤ人は、背中に黄色い「O」の字を着けなければならなかったし、黄色い（のちに赤）帽子かターバンをかぶることが義務づけられた。コンドッテと呼ばれる五年ごとに改定される規定によって、滞在期限の上限が定められていた。ルーマニアからやってきたユダヤ人たちは、一五四一年にゲットー・ヴェッキオ（ヴェッキオは「古い」の意）に居住することが認められた。一五九〇年の時点で、ヴェネツィアに住むユダヤ人の数は二五〇〇人に達していて、増加する仲間を収容するため、ゲットーには七階建ての住居がいくつもできた。

一六世紀のうちは、ヴェネツィア在住のユダヤ人には制限が課せられて不安定な立場が続いていた。そのうえ一五三七年にヴェネツィアとオスマントルコの間で戦争が勃発すると、ヴェネツィア当局はこの都市国家に住む「トルコ人、ユダヤ人、トルコ系住民」たちの財産没収を命じた。一五七〇年から七三年にわたって戦争が再燃した際には、すべてのユダヤ人が終戦まで身柄を拘束され、財産も押収された。

ユダヤ人たちは、このような状況が繰り返されてはかなわないので、今後は戦争が起きても自由の身でいられるよう、ヴェネツィア当局に請願した。幸いスペイン出身のユダヤ商人ダニエル・ロドリーガがユダヤ人の利益を代弁して奔走してくれた。そのおかげで、一五八九年の規定ですべてのユダヤ人はヴェネツィアの市民権を取得でき、レヴァント（東地中海の、現シリア、レバノン、イスラエルなどの地域）との交易に従事できるようになった。これはたいへんありがたい待遇だったたし、ユダヤ教の信仰も認められた。それでも、まだ重要な制約が残っていた。ギルドには加入が認められず、小売業にも従事できなかった。したがって金融サービスしか手がけることができなかったし、特権を享受していても、一年半の予告期間を経てこの特権は剝奪されるおそれがあった。

だが市民という公式の資格を得たユダヤ人は、ヴェネツィアの法廷でもシャイロックよりは成功を収めるチャンスが増えた。たとえば一六二三年、レオン・ヴォルテラから借金したまま姿をくらましてしまったある騎士の保証人になっていたアントニオ・ダッラ・ドンナを、ヴォルテラは告訴している。ところが一六三六年から翌年にかけて、何人かのユダヤ人が共謀して裁判官たちに賄賂を贈ったと噂されるスキャンダルが起こり、ユダヤ人を追放しようという気運が再燃した。

シャイロックの話はフィクションだが、ヴェネツィアの現実からそれほどかけ離れた話ではない。それどころか、このシェイクスピアの戯曲は、近代初期の金貸し業における二つの重要なポイントを正確に描いている。①信用市場がまだ確立されていなかった時期に、貸し手はかなり無茶な高利を要求したこと。②金融面における係争が発生した場合、暴力に訴えず法律で裁く法廷が機能していたこと。そして何よりも、③少数民族の金貸しが、それに反感を持つ多数派民族からしっぺ返しを食らうことである。それというのも、最終的にシャイロックは敗北するからだ。法廷は肉一ポンドを要求するシャイロックの契約内容は認めるものの、アントニオが血を流すことは認めない。シャイロックは外国人だから、キリスト教徒の命を狙ったかどで財産は没収され、改宗することを条件に生き延びる。シャイロック以外は、これで大団円を迎える。

『ヴェニスの商人』は、反ユダヤ主義および経済の仕組みに対する大きな疑問を投げかけている。債務者は、なぜ借金を踏み倒そうとしないのか。しかも、債権者は不人気な少数民族だ。シャイロック的な人物は、なぜ損をこうむってばかりにはならないのか。

高利貸しは、その餌食にされる貧しい層と同じく、いつの世にも存在する。たとえば東アフリカでも、この商売は繁盛している。だが、前近代的な金貸しの実態を確かめるために、わざわざ新興国まで足を運ぶ必要はない。イギリス貿易産業省の二〇〇七年報告によると、約一六万五〇〇〇世帯が、非合法な筋からカネを借りているという。借金総額は、年に四〇〇〇万ポンドにも及ぶ。だが返済額は、その三倍に達している。どこの民族の出身であっても、個人の金貸し業者には人気がないことには変わりないが、その実情は私の郷里であるスコットランドのグラスゴーを訪ねてみれば分かる。町のイーストエンドは貧しい地域で、昔から高利貸しが暗躍している。私の祖父母が住んでいたシェトルストン地区では、廃屋の窓に鉄のシャッターが下り、バスの車庫には特定の宗教や人種を攻撃するいたずら書きが見られる。かつてシェトルストンにはボイド製鉄の工場があり、その従業員の給与によって経済は潤っていた。だが現在では、経済を回すものといえば郵便局の口座に振り込まれる失業保険だけだ。このあたりの男性平均寿命は六四歳で、イギリスの平均より一三年も短く、パキスタンなみだ。つまりここで生まれる新生児は、一般的には国民年金を受け取れる年齢まで生き延びられないことになる（イギリスでは男性は四九年間、女性は四四年間、働いた場合に、年金を受け取る権利が発生する）。

グラスゴーのこのようなみすぼらしい地域は、高利貸しの温床だった。ヒリントン地区では、二〇年にもわたってジェラード・ローが最も名だたる高利貸しだった。彼はペイズリー・ロード・ウェストにあるアーゴシーというパブを仕事場にしていた。ただし、彼は酒を一滴も飲まなかった。ローのやり口は、単純なものだ。彼から融資を受けようと思えば、失業保険通帳か郵便局のキャッシュカードを手わたすだけでよかった。ローは自分のノートに、

逮捕された高利貸し。イギリス・グラスゴーで不法な金融業務をおこなっていたジェラード・ローが、警察当局に連行される（Mirrorpix）

貸付条件を記入する。給付金が入金された時点でローは通帳を借り手に返し、入金された給付金のなかから利子分をもらう。彼の帳簿もおおざっぱなもので、二〇人から三〇人ほどの常連利用客の名前やニックネームと金額が順番に記されているだけ。たとえば、「ビアディ・アル　一五」「ジッバー　一〇〇」「バーナデット　一五〇」「ウィー・キャフィー　一二〇」などという具合だ。ローが課す一般的な利率は、なんと週に二五パーセント。たとえばビアディが一〇ポンドを借りると、一週間後に利子つきで一二・五ポンドを返さなければならないことになる。このあたりの人びとは一日にわずか五ポンド九〇ペンスで暮らしているが、期日までに返せないケースが少なからずある。そうなると借り足すことになり、人によっては何百ポンド、ときには何千ポンドに達する場合もある。あっという間に借財がかさむし、週二五パーセントの利率は、複利にすると年率は驚くなかれ一一〇〇万パーセントを超える。

長期的に見ると、ヨーロッパでは利率が下がる傾向にある。それにもかかわらず、どうしてイギリスでは少額の借金を八桁もの法外な利率で返済している人たちがいるのだろう。こうした借金は非合法で、真面目に返済する必要などない。ローの顧客のなかには、たしかに知的障害者もいた。だがそうでない顧客でさえ、この利率はべらぼうだとして返済を拒否しなかったのはなぜか。地元の新聞「スコッツマン」によると、ローに報復されることを恐れたからだ、という。もっとも、不払いのままだった場合、ローが暴力に訴えるようになったかどうかは分からない。だが高利貸しが、シャイロックの場合にも見られるように、脅迫手段に出るおそれは十分に考えられる。

高利貸しは道徳に反する、と非難することはたやすいし、事実これは犯罪だ。ジェラード・ローはやがて、一〇か月の実刑判決を受けた。だが彼の行為に見られる経済的な背景は、理解しておかなければならない。まず、まともな主流の金融機関であれば、シェトルストンの失業者などは相手にしてくれない。第二点。ローが相手にしている借り手たちは、返済不能になる公算が強いため、貪欲で無慈悲な利率を設定しなければならない。高利貸し事業の基本的なむずかしさは、規模が小さく、したがって低金利ではリスクが大きい、ということにある。ところが、利率を上げれば、返済不能に陥るケースがさらに増え、支払いを督促するには脅しをかけなければならなくなる。金貸し業者としては、二律背反のこの状況をどのようにしたら克服できるのか。お人好しであれば、カネは儲けられない。だが強面《こわもて》一方だと、ジェラード・ローのように警察に訴えられる。

その解決策は、事業規模を拡大し、力を備えることだ。

銀行の誕生

債権者には弱みがあり、とくに外国人である場合にはそれが顕著に現れるが、その点を思い知らされる経験をしたのはシャイロックだけではない。一四世紀のはじめごろ、イタリアの金融界は、フィレンツェの御三家、バルディ、ペルッツィ、アッチャイウオーリに牛耳られていた。ところが一三四〇年代に、王家への貸し倒れが原因で三家とも没落した。主な借り主は、イングランド国王のエドワード三世とナポリのロベルト王だった。この三家は、金貸しの弱点を如実に示す例かもしれないが、その後に台頭してきたメディチ家は大違いで、金貸しは強大な権力を持ち得ることを示している。

メディチ家はルネサンス期の歴史に大きな足跡を残したが、これほど大きなインパクトを歴史上の一時期に与えた一族は、おそらくほかにない。メディチ家からは二人の教皇（レオ一〇世とクレメンス七世）を出しているし、二人がフランスの王妃（アンリ二世の妻カトリーヌと、アンリ四世の妻マリー）、三人が公爵（フィレンツェ、ヌムール、トスカーナ）になった。政治思想家で権謀術数を旨とするニコロ・マキアヴェリが、メディチ家の歴史をまとめたのも納得がいく。メディチ家は芸術や科学のパトロンとして、ミケランジェロからガリレオまで多くの天才を援助した。彼らが残した壮麗な建造物の遺産は、フィレンツェを訪れる人びとを魅了する。ヴィラ・カファッジョーロ、サンマルコ修道院、サンロレンツォ教会、コジモ・デ・メディチ公が一六世紀の半ばに使っていた数々の宮殿――旧ピッティ宮殿、改築したヴェッキオ宮殿、アルノ川につながる庭を備えた市庁舎ウフィッツィ（現在は美術館）などを眺めただけでも、それが分かる。だが、このような栄華をもたらした原点は、どこにあったのだろう。たとえば、サンドロ・ボッティチェリの傑作「ヴィーナスの誕生」ができ上がるまでの経費は、どこから捻出されたのだろうか。端的に言えば、メディチ家は外国通貨との両替商で、アルテ・デル・カンビオという名称の両替商ギルドの会員だった。彼らはやがて、バンキエリ（銀行家）と呼ばれるようになった。彼らもヴェネツィアのユダヤ人たちと同じように、街頭にテーブルを置いてベンチ《バンコ》に腰掛けて商売をおこなっていたからだ。この「屋台」が最初のメディチ銀行だった。場所はフィレンツェ羊毛市場に近く、現在のポルタ・ロッサ通りとアルテ・デッラ・ラナ通りが交わるカヴァルカンティ宮殿の近くだ。

　一三九〇年代より以前のメディチ家は、銀行家というよりギャング一味と呼んだほうがふさわしい状況だった。取るに足りない一族で、金融業者というより、ケチな騒動を起こすチンピラの類として知られていた。一三四三年から一三六〇年の間に少なくとも五人が、金銭がらみの犯罪で死刑の判決を受けている。だがジョヴァンニ・ディ・ビッチ・デ・メディチ（一三六〇～一四二九）は、一族をまっとうなファミリーに立て直そうとした。彼は努力を

バンナにすわった屋台銀行屋。クエンティン・マセイス画「両替商とその妻」（1514）（photo RMN）

重ね、真面目な生活を貫き、慎重に計画を練り、成功を収めた。

彼の親類、ヴィエリ・ディ・カンビオ・デ・メディチがフィレンツェで金貸し業を営んでおり、ジョヴァンニは一三八五年に、そのローマ支店を任された。彼は、両替商として知られるようになった。教皇庁はさまざまな国の通貨を出納していたから、理想的なお得意さんだった。前にも触れたように、当時は各種の通貨が併用されており、金貨もあれば銀貨もあり、卑金属のコインも混在していた。したがって遠距離の交易や税金の支払いでは、換算が面倒だった。この事業に加えて、一三九七年に郷里フィレンツェに戻ったジョヴァンニは、さらに商売の好機を掴んだ。一四二〇年に実務を長男のコジモにゆだねたころ、すでにジョヴァンニはヴェネツィアとローマに銀行の支店を持っていた。また、支店網をジュネーヴ、ピサ、ロンドン、アヴィニョンにも広げた。ジョヴァンニは、さらにフィレンツェの二つの羊毛工場にも出資した。

メディチ家が金融ビジネスに乗り出したころ追い風になった重要な要素は、中世の時代が進むにつれて、商取引の資金を確保する手段として為替手形が普及していったことだった。ある商人が借金をして、数か月先まで返済できる見込みがない場合、債権者は手形を振り出す。債権者はその手形をほかの支払いに充てるか、ブローカーを通じていくらか割り引いた額で現金と交換できる。利子を取ることは教会が禁じていたが、このような形で利益を上げることはなんら問題がなかった。これがメディチ家の商売のミソだった。小切手というものはなかったから、指示は口頭でなされ、銀行の帳簿に記載された。預金に利子は付かなかったが、預金者はリスクの見返りとして、銀行の年間利益に準じて、ディスクレツィオーネと呼ぶお仕着せの配当金を受け取った。

ジョヴァンニ・ディ・ビッチ・デ・メディチが残した「秘密の本《リブロ・セグレット》(6)」は、メディチ家が台頭してきた経緯を興味深く描き出している。一つには、きわめて詳細な帳簿が付けられていたことが分かる。いまから見ると、不完全な部分も目立つ。複式簿記の方式はジェノヴァではすでに一三四〇年代には開発されていたが、メディチでは完璧には実践されていない。だが現代の研究者が見ても、メディチの帳簿が綿密で几帳面に整理されていることには驚嘆する。ほかにも、メディチ家のバランスシートも残されているが、積立金や預金は負債として一方にまとめられ、顧客への貸付や商業手形は、資産としてもう一方にまとめられている。メディチ家がこの方式を発明したわけではないが、それまでフィレンツェでここまで大規模に応用されたことはなかった。

だがメディチ家が成功した最大の理由は、規模が大きかったというよりも、事業内容が多岐にわたっていたところにある。イタリアにおける初期の銀行は多角化していなかったから、一件の焦げ付きだけでも倒産するおそれがあった。メディチ銀行は複数のパートナーシップで構成されており、パートナーとの契約は定期的に見直されていた。各支店長は本店の雇用

＊6　収入や利益とともに、重要な協約や契約内容を記した帳簿のこと。メディチ家が記帳していた帳簿としては、ほかに出納帳や債務者・債権者名簿がある。

者ではなく、利益の分け前にあずかれるパートナーだった。この分権制が、メディチ銀行の増収に貢献した。一四〇二年の時点で、資本金は約二万フローリン（フィレンツェの金貨がこの通貨名称の由来）で従業員はたかだか一七人。だが一三九七年から一四二〇年の間に、一五万一八二〇フローリンの利益を出した。年平均で六三二六フローリンを稼いだことになり、利回りは三二パーセントだった。ローマ支店だけでも、すぐに三〇パーセントを超える利回りを記録した。事業が成功していたことはフィレンツェの納税記録を見ても明らかで、何ページにもわたってジョヴァンニ・ディ・ビッチの名前が出てきて、資産総額は九万一〇〇〇フローリンを超える。

　ジョヴァンニが一四二九年に亡くなったときの遺言は、残された一族の者たちが、金融業における自分の商売感覚をしっかり引き継ぐように、という訓戒だった。葬儀に参列したメディチ姓の者は二六人で、立身出世した一門の首長《カポ》を讃えた。一四五八年に教皇ピウス二世が選出されたころには、ジョヴァンニの息子コジモ・デ・メディチが都市国家フィレンツェを牛耳っていた。教皇自身が、次のように述べている。

「政治問題は、彼の自宅で決裁される。彼が選んだ者が、公職に就く。……彼が戦争か平和かを決めるし、法も定める。……事実上の君主だ」

　フィレンツェにやってくる外国の要人も、話を進めるためには、まずコジモ・デ・メディチに面会するよう忠告を受けていた。ほかの人と話しても、らちが明かないからだ。フィレンツェ出身の歴史家フランチェスコ・グイッチャルディーニは、次のように記している。

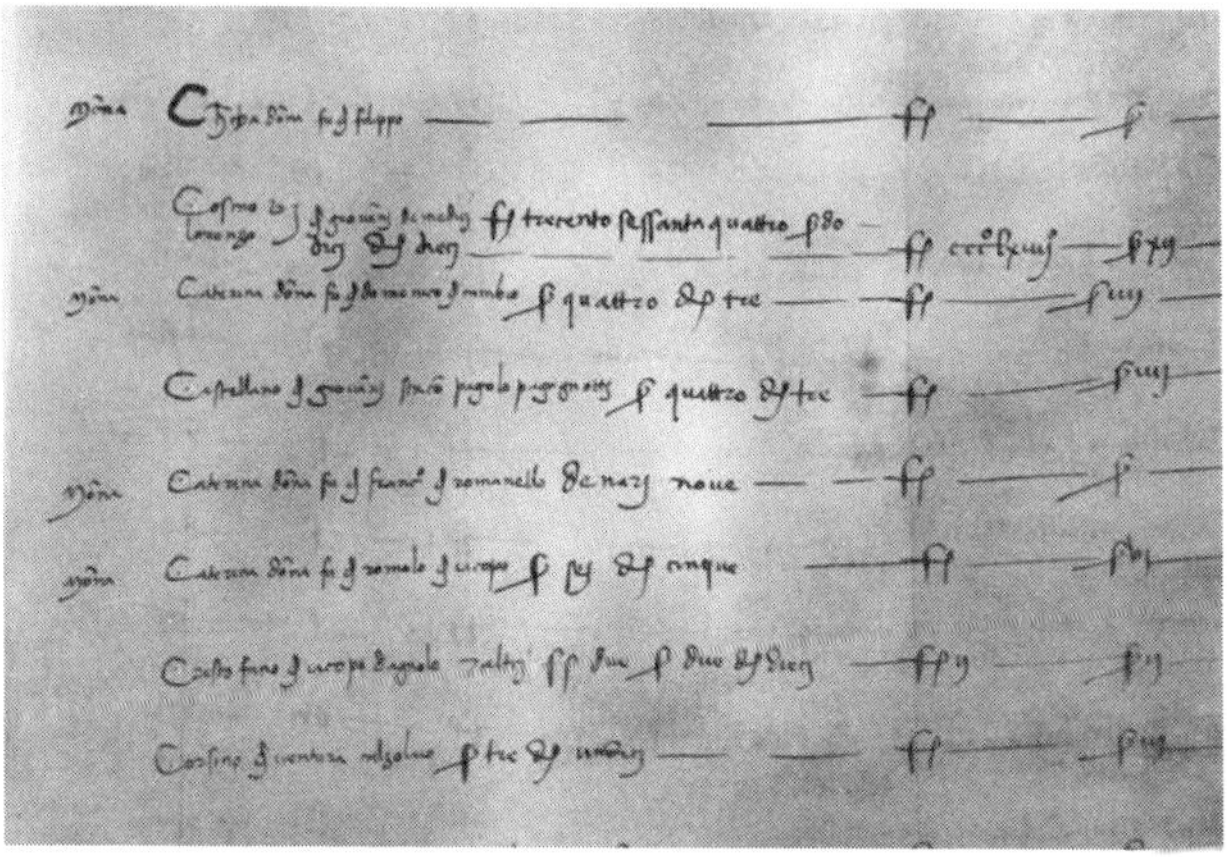

メディチ銀行の帳簿の一例（Archivc di Stato di Firenze）

「古代ローマ帝国の崩壊から今日に至るまで、民間の個人としてコジモ・デ・メディチほど名声をほしいままにした人物はいないだろう」

ボッティチェリの最も有名な肖像画のなかに、きわめてハンサムな若い男を描いた作品があるが、これは亡くなったある銀行家に捧げたものと考えられている。それは、若い男が手に持つメダルに描かれたコジモ・デ・メディチで、コジモの顔の脇に「祖国の父」とラテン語で書かれている。「偉大なロレンツォ」と呼ばれるコジモの孫が一四六九年に銀行を引き継いだころには、単なる名門一族以上の存在になっていた。それを可能にしたのが銀行業だった。

メディチ家の影響力を最も如実に描き出した作品が、ボッティチェリの「東方三博士（マギ）の礼拝」だ。詳しく見ると、三博士の顔は、いずれもメディチ家の面々だ。幼子イエスの足を洗っている老人はコジモだし、やや右手の下には二人の息子ピエロ（赤い衣装）とジョヴァンニ（白い衣装）がいる。ロレンツォ（薄青の衣装）もいるし、弟のジュリアーノは剣を握っている。この絵画は、銀行家ギルドの会長が委嘱してメディチ家に贈った作品で、いわば「メディチ家の礼拝」と名づけたほうがふさわしい。銀行家はかつてさげすまれた存在だったが、このころになると神に近い、あがめられる者に格上げされていた。

フィレンツェ共和国が、スーパーリッチな銀行一族に牛耳られるという状況に対しては、当然ながら反発が出た。一四三三年一〇月から翌年九月までの一年間、コジモおよび多くの支持者たちが、フィレンツェからヴェネツィアに放逐された。メディチ家の支配を終わらせようと図ったパッツィ家は一四七八年、ロレンツォの弟ジュリアーノを暗殺した。ロレンツォは政治にかまけて銀行業務をないがしろにしたため、営業成績が下がった。アヴィニョン支店長のフランチェスコ・サセッティや、ブルージュ支店長のトマーゾ・ポルティナーリは、本店の監督がゆるんだこともあって、権力を増大させた。銀行の方針は、しだいに預金獲得に重点を置くようになった。それというのも、交易や両替による利益が不安定になってきたからだ。巨額の返済焦げ付きも、目立ち始めた。たとえば、ブルージュ支店がブルゴーニュ公シャルル剛胆公に用立てた分、あるいはロンドン支店がエドワード四世に融資した分などが、全額までは回収できなかった。銀行を存続させたいあまり、ロレンツォは嫁入り持参金を都合し合う互助会から資金をだまし取ることまでした。だがフランスに侵略されて混乱していた一四九四年、メディチ一族はフィレンツェを追われ、財産も没収されたため銀行は破産した。ドミニコ会の修道士ジロラモ・サヴォナローラは、フィレンツェをダメにしたメディチ一族を糾弾し、贅沢品を焼き払って事態を浄化する「虚栄のかがり火」を呼びかけ、それに応えた暴徒がメディチ家の邸宅に押し入り、銀行関連の記録をほぼ焼き尽くしてしまった（灰になるのを免れた書類も、焦げ目がついている）。ロレンツォが一四七〇年代に作曲した歌の歌詞には、こうある。

「幸せならば、それを噛みしめよう。明日のことは、なんとも分からないのだから」

フィレンツェの裕福なエリートたちは、一時的にはサヴォナローラや暴徒化した人びとに従ったものの、すぐに豪奢なメディチ家の栄華にノスタルジアを感じ始めた。一五三七年、一七歳だった傍系のコジモ・デ・メディチがフィレンツェに呼び戻され、コジモ一世として公位に就き、一五六九年にはトスカーナ大公となった。公爵の系図は、二〇〇年ほどのちの一七四三年まで続いた。メディチ家の紋章にはコインのような丸い玉が六つ付いていて、一族の出自を象徴的に刻み込んでいる。

メディチ家より前にも似たような事業を試みた者はいたが、メディチ家は世界ではじめて、金融業における成功によって一族の高い地位と権力を手中にし、それを継承していった。それは、大切な教訓を学んだおかげだった。つまり金融の世界では、「小さいことはいいことだ」というセオリーはまず成功しない。彼らはそれまでの金融組織とは異なって、事業の拡大と多角化に邁進することでリスクを分散した。金貸し業に加えて通貨の両替に商売を広げ、貸し倒れの危険性を可能な限り防いだ。

イタリアの銀行制度は、北ヨーロッパ諸国のモデルになった。このシステムはそれから数世紀にわたって、商業面における大成功を支えた。オランダやイギリスでもうまく運び、スウェーデンも恩恵を受けた。新たに決定的な金融イノベーションが起こったアムステルダム、ロンドン、ストックホルムなどの都市では、近代的な中央銀行の制度が早い段階で誕生した。一七世紀には、三つの傑出した金融機関が出現した。機能はそれぞれ異なっているが、いずれも官民両方の金融活動を支えるものだった。まずアムステルダム為替銀行（ヴィッセルバンク）は一六〇九年の創業。そのころユトレヒト同盟を結成していた北部七州では少なくとも一四種類の通貨と大量の外国のコインが流通していて、それらを換算処理した。商人はそれぞれ自分の口座を持ち、基軸通貨に直した額を記載してもらうことができた。現在では当たり前のシステムだが、アムステルダム為替銀行は、小切手や口座引き落とし、振替などの業務を、世界ではじめて導入した。このような処理のおかげで、現金決済をせずに商取引ができるようになった。商人は自分の銀行口座から引き落とされ、相手の口座に振り込まれるように処理をすればすむ。

この制度は、預金高と銀行が保有する貴金属やコインの金額がおおむね均衡している限り、うまく運用できる。一七六〇年になってもこのバランスはほぼ保たれ、預金高は一九〇〇万フローリン弱、金属の保有高は一六〇〇万フローリン強だった。銀行の手元には潤沢な資金があったから、預金者が不安に駆られて取り付け騒ぎを起こすなどとは考えられなかった。

したがって銀行は安泰だったが、現在では銀行の中核事業になっている信用創造に踏み出す必要もなかった。

だがアムステルダム為替銀行の設立から半世紀ほど経った一六五七年、スウェーデンのストックホルム銀行で、その障害が打ち砕かれた。この銀行もアムステルダム為替銀行と同じような機能を持っていたが、そのほか融資や商業支払いの代行もおこなった。貴金属などの保有量を超える融資をしていたという点で、のちに部分準備銀行制度と呼ばれる方式の先駆けになったともいえる。つまり預金として保有している分も貸出に回して利益を増やそう、という考え方だ。預金者がいっせいに預金を引き出すことは考えにくいから、ストックホルム銀行としてはつねに準備金を全額、積み立てて保有しておく必要はない。銀行が責任を負うのは、預金高（これには利子を支払う）プラス資本金ということになる。資産は、貸出分（こちらには利子も入る）プラス準備保有高だ。

一七世紀における三つ目の大きな前進は、一六九四年にロンドンで創設されたイングランド銀行だ。当初の目標は、政府の借金の一部を銀行で株に転換して戦時経費をまかなう助けをすることだった。この銀行は特異な特典を与えられていて、一七〇九年からは唯一の株式組織の銀行として運営が認められていた（第3章を参照）。また一七四二年からは、ほぼ独占的に紙幣を発行している。これは約束手形のような形で利子は付かず、取引の双方とも当座預金がなくても処理できた。

以上、三つのイノベーションをよりよく理解するために、ハーヴァード・ビジネススクールのＭＢＡコースに入った学生は、単純化したマネーゲームを体験する。まず、教授が、政府の顧問を務めた報酬として、中央銀行から一〇〇ドルを受け取ったとする。教授は、学生の一人が経営する想定上の銀行に預金し、預金伝票をもらう。単純化するため、銀行の準備率を一〇パーセントとする（つまり、預金総額に対する準備金の比率を一〇パーセントに維持したいと考えている）。銀行は一〇ドルを中央銀行に預け、残り九〇ドルを顧客に貸し出す。借りた客は、使い道を考える間、ほかの銀行に預ける。この銀行も準備率を一〇パーセントとしているので、九ドルを中央銀行に預けて八一ドルを別の顧客に貸し出す。これを何回か繰り返したあと、貸出額の累計はいくらになったか、教授は学生たちに尋ねる。この過程で、教授は、現代の金融理論の中核を学ばせる。M_0（マネタリー・ベースないしハイパワード・マネーとも呼ぶ）は、中央銀行の負債総額であり、現金と民間金融機関が中央銀行に持つ預金の合計。M_1（ナロー・マネー）は、現金と要求払預金を合わせた額。三人の学生が受け持つ三つの銀行を経由している間に、M_0は一〇〇ドルのままだが、M_1は二七一ドル（一〇〇＋九〇＋八一）になった。単純な図式化だが、現代の部分準備銀行制度が信用を生み出し、したがってマネーを生み出すメカニズムが理解できるだろう。

教授はそこで、最初の学生に一〇〇ドル返してほしいと頼んでびっくりさせる。第一の学生は自分の積み立てから引き出したうえ、第二の学生に返済を要求する。このようにドミノ倒しが続いていき、M_1は急速に広がったのと同様、急に縮まる。これが、銀行経営にとってはリスクになりかねない。最初の銀行に預金した者は一人しかいないので、その客が預金を引き出そうとすると、その一〇倍もの返済要求がなされる。最初の銀行が生き延びられるかどうかは、債務を回収できるかどうかにかかっていることが明らかだ。客は第二の銀行から預金をすべて引き出そうとするし、これも次々に連鎖していく。銀行は融資するに当たって、いかに簡単に債務を回収できるか、つまり債務の流動性を考えるべきだった。

マネーサプライ（通貨供給量）の定義も、実際にはかなりあいまいだ。M_1のなかには、トラベラーズチェック（旅行者用小切手）も含まれている。M_2は、M_1に貯蓄預金、マネー・マーケット預金勘定、預金証など準通貨を加えたもの。M_3はさらに範囲を拡大し、オフショア・マーケット（海外市場）のユーロダラー、銀行とその他の金融機関との買い戻し条件付き取引も含める。だがここでは、それほど厳格な定義にこだわる必要はない。理解するうえでの重要な点は、①銀行内、銀行間のキャッシュレスでの取引、②部分準備銀行制度、③中央銀行による紙幣の発行の独占、の三つが西洋世界に広まることで、マネーが進化していったということだ。

現在のマネーは、一六世紀にスペイン人がイメージしていたような、地中から掘り出した貴金属をコインに鋳造したものではない。いまのマネーは、銀行が抱える負債（預貯金）だ。「信用」は、端的に言えば銀行の資産（貸付金）になる。カネの一部はたしかに現在でも貴金属の形で存在しているが、その大部分は中央銀行の金庫で眠っている。通貨のほとんどは、預金通帳などに記載されていて目に見えないカネの裏づけを受けた、紙幣ないし硬貨だ。金融革新によって、南米ポトシの銀塊は現在の金融制度に変容し、その基本形態は、銀行と呼ばれる各種の金融機関が仲介する、債権者と債務者の関係になった。主な業務は情報収集であり、リスクマネジメントだ。利益の源は、負債にかかるコストと資産から得られる利益の差をできるだけ拡大することにある。同時に、取り付け騒ぎが起きても耐えられるような準備金を確保しておかなければならない。取り付け騒ぎというのは、預金者が銀行を信用できなくなったときに起きるものだが、預金の大量引き出し、そして究極的には銀行の破産に結びつく。

重要な点だが、イタリアの銀行制度がヨーロッパ北部の金融の中心地でさらに磨きをかけられている間、一か国だけ進歩に大きく乗り遅れた国があった。貴金属を大量すぎるほど貯め込んだ強国スペインは、独自の近代的な銀行制度を生み出すことに失敗し、銀を担保にした短期の現金前貸しを、ベルギー・アントワープの商人に要請していただけだった。マネーとは金属ではなくて信用なのだという事実を、マドリードの為政者は理解できなかったようだ。スペイン王室については一五五七年から一六九六年の間に、借金の全額ないしは一部が支払えない不履行事例が、少なくとも一四回は記録されている。このような事実から判断すると、ポトシで発掘された膨大な銀も、スペインが信用面で負ったリスクを救うことはできなかったことが分かる。現代世界では、権力は銀行家《バンカー》に向かいがちで、破産者《バンクラプツ》を救う手助けにはならない。

銀行業務の進化

　経済成長の加速は一八世紀末にイギリスで始まり、やがて西ヨーロッパに広がっていき、さらにそこから北米やオーストラリアの植民地に波及していったが、その現象のどこまでが一七世紀以後に発展した銀行制度のおかげだったのか、金融史家の間では意見が分かれている。だが、産業革命に先立って金融革命が起こったことは間違いない。産業革命の突破口を開いたのは繊維産業と鉄鋼生産だったが、これらは銀行の資金にそれほど頼ったわけではない。だが産業化に対して銀行が果たした役割は、イギリスよりもヨーロッパ大陸におけるほうが大きかった。明確な因果関係を突き止めようとしても、ムダ骨に終わる可能性が高いが（高度な金融機関が成長をもたらしたのか、成長が金融の高度化を促したのか定かではない）、金融革命と産業革命は手を携え、互いに強化し合っていた可能性が高い。自然界の進化と似たような段階を経ている。突然変異が繰り返されたし（つまり技術革新）、種の形成がおこなわれたし（新しい形の企業の創出）、断続平衡が起こった（危機が発生し、生き延びる企業と死に絶える企業が選別される）。

　アダム・スミスは、次のように記している。

「賢明な銀行は、金銀を紙に変え、空中を横切る道を敷くようなものだ」

　彼が一七七六年に『国富論』を書いてから一世紀の間に、金融界では爆発的な改革が進み、ヨーロッパや北米でさまざまな形態の銀行が数多く生まれた。最も古くからあるのは、手形割引をおこなう銀行だ。国内および外国の貿易で扱われる為替手形を、依頼によって満期前に割り引いて別の金融機関に譲渡する。アダム・スミスの時代から、ロンドンではベアリングス銀行のように、大西洋をまたいで大成功した商業銀行が存在した（これによって、マーチャント・バンクという形態が確立された）。当時のイギリスの銀行には規制があったため、ほぼすべてが民間の合名会社で、金融街《シティ》におけるビジネスだけを取り扱っている銀行もあった。シティは、ロンドンの一画にある「一平方マイル」と呼ばれる狭い地域で、何世紀にもわたって商業金融の中心だった。ほかに、エリートの裕福な地主たちのためには、「地方銀行《カントリー・バンク》」があって、イギリス農業の浮沈に伴って興亡を繰り返した。

自然界の進化とは大違いで、金融の進化においては人為的な「知的意図《インテリジェント・デザイン》」が加わる。つまり、規制は人間が作るもので、神のおぼしめしではない。何回も試行錯誤を繰り返しながら、イングランド銀行はしだいに公益にかなった機能を充実させてきた。その引き換えに同行は、一八二六年から紙幣発行の独占権を確約された。全土に支店網を張り、紙幣を発行する任務を地方銀行から取り上げていった(7)。

イングランド銀行はやがて、銀行間取引の面でも重要な役割を果たすようになった。スレッドニードル通りにあるイングランド銀行の本店を通しての銀行間の決済や精算が、ますます増加した。商業手形の割引歩合を規制していた高利禁止法が一八三三年に廃止になり、イングランド銀行は押しも押されもしない、シティで最大の銀行になった。同行の基準貸付利率は、短期金融市場（おもに商業手形の割引という形での短期貸付）で最も低い金利と認識されるようになった。

それから四〇年も未解決のまま持ち越されたのは、イングランド銀行の準備高と流通紙幣との関係はどうあるべきか、という命題だった。一八四〇年代に同行の総裁を務めたJ・ホーズリー・パーマーは、全負債の三分の一に相当する額の金属を準備しておくべきだ、と考えていた。サー・ロバート・ピール首相はその考え方に疑問を持っていて、それは過剰な紙幣の発行を促し、インフレを招きかねない、と信じていた。ピール首相は一八四四年にイングランド銀行特許法（ピール銀行条例）を定め、イングランド銀行を二分割した。本来の銀行業務をおこなう銀行部と、紙幣の発行を担う発券部だ。発券部は一四〇〇万ポンドの証券を保有するほか、イギリスと諸外国との貿易収支バランスの状況によって変動する額の硬貨や金塊を持つ。いわゆる「信用紙幣（フィデューシアリー・ノート）」の発行限度は、保有する有価証券および金の保有高の合計を超えてはならない、とした。だがそれ以後、金融危機が繰り返し起こり（一八四七、一八五七、一八六六）、この基準は厳格すぎることが判明した。危機のたびにこの規制法は一時的に解除され、流動性が阻害されるのを防いだ⑻。一連の危機の最後には、ロンドンの手形割引銀行オーヴァーレンド・ガーニーが大規模な

＊7　イギリス全土とはいっても、独占権が認められたのは、正確にはロンドンから半径六五マイル（一〇五キロ）圏内。一八世紀には、民間銀行が紙幣を発行することは全面禁止ではなかった。

取り付け騒ぎに遭って倒産した。その当時「エコノミスト」誌の編集長だったウォルター・バジョットは論陣を張り、イングランド銀行は流動性の危機に対処するため、たとえ利率を上げても、「最後の貸し手」として諸銀行に積極的に貸し出すべきだと主張した。

だがヴィクトリア女王時代の金融問題は、バジョットでさえ解決できなかったことは、強調しておかなければならない。サー・アイザック・ニュートン（一六四二～一七二七）の時代に確立された金本位制度――三ポンド一七シリング一〇・五ペンスが金一オンス――に、一九世紀のバジョットも変更を加えることはできなかった。いま金本位制当時の議論を読むと、ヴィクトリア時代の人びとが、三世紀も前にスペイン征服者たちが貴金属に囚われていたのと同じ状況に陥っていた様子がうかがえる。シティの大物だったオーヴァーストーン男爵（一七九六～一八八三）は、次のように断じている。

「マネーの名にふさわしいのは、貴金属だけだ。紙幣に価値が認められるのは、貴金属の代用品と認知されているからだ。そのような約束がなければ紙幣はニセモノで、とんでもない食わせものだということになる。一人の預金者が預金を貴金属に交換できるとしても、すべての預金者が交換することはできないから、預金しているのは本当のマネーではないことになる」

この論理を推し進めていくと、イギリスのマネーサプライはイングランド銀行の金貨や金の延べ棒の保有高に連動しなければならないわけだから、一九世紀になって発見された金脈を考慮に入れても、経済発展は行き詰まることになる。イングランド銀行はあまりに紙幣の発行に慎重だったため、一八九〇年代の半ばから第一次世界大戦までは、紙幣の発行額より金保有高が上回っていた。

さまざまな形態の銀行が増え、とりわけ預金業務を主体にしたものが増加した結果、マネーも増えていった。一八五八年からは株式組織の銀行の設立が認められ、大規模な商業銀行の誕生が加速した。例を上げると、ロンドン・アンド・ウェストミンスター銀行（創業一八三三年）、ナショナル・プロヴィンシアル銀行（一八三四）、バーミンガム・アンド・ミドランド銀行（一八三六）、ロイズ銀行（一八八四）、バークレイズ銀行（一八九六）などだ。産業投資を目的にした銀行のはしりとしては、ベルギーのソシエテ・ジェネラル、フランスのクレディ・モビリエ、ドイツのダルムシュタット銀行などがある。イギリスではオーヴァーレンド・ガーニーのつまずきがあったために、設立が遅れた。これらの銀行で求められていたのは、大手企業の株を大量に買うことではなく、預金者を惹きつけ、その預金でますます貸出を拡大することだった。

＊8　非流動性とは、たとえば、ある企業が負債を返済したいと考えていても、保有資産の買い手が見つからず、現金化できない状況を指す。支払い不能とは、負債総額が資産を上回っていることを指す。この両者をどこで区分するか、実際には容易には判断できない。流動性の危機に陥った企業は、資産を売ることはできても、あまりに安値で手放すため支払い不能と同等と見なされるかもしれない。

この過程でとくに重要な役割を果たしたのが新設された貯蓄銀行で、一九世紀から二〇世紀にかけて続々と誕生した。一九一三年の時点で、イギリスの貯蓄銀行の預金残高は二億五六〇〇万ポンドに達していたが、それは国内全体の四分の一に相当した。ドイツの貯蓄銀行の総預金残高は、ドイツ国内の大手銀行、たとえばダルムシュタット、ドイチェ、ドレスナー、ディスコント・ゲゼルシャフトなどを合わせた額の二倍半あまりもあった。第一次世界大戦が始まる直前、イギリスで流通していた通貨総額が四五五〇万ポンドだったのに対し、預金残高は一二億ポンド弱だった。マネーのかなりの部分が銀行に預け入れられ、人びとの頭から消えたわけではないにしても、あまり目にしない存在になった。

中央銀行が中央集権的に金本位制のルールを守り、限られた数の大手銀行がかなりの預金を集めるという基本方式は、イギリスがおおむね世界の先進国をリードしてきた。フランス銀行が設立されたのが一八〇〇年、ドイツ帝国銀行が一八七五年、日本銀行が一八八二（明治一五）年、スイス国立銀行が一九〇七年にそれぞれ創設された。イギリスでもヨーロッパ大陸でも、銀行は寡占化傾向がいちじるしかった。イギリスの場合、地方銀行の破産が相次ぎ、一八〇九年には七五五行あったものが、一九一三年にはわずか一七行にまで減少した。

アメリカでは、金融の進化は違った道をたどった。強力な中央銀行構想に対して立法府に根強い反対意見があり、設立案は二度にわたって葬られた（第一次、第二次の連邦銀行案）。それに代わる連邦準備制度の設立案は、一九一三年になってやっと議会を通過した。アメリカではそこに至るまで銀行は野放し状態で、成り行き任せの実験が続いた。一八六四年、銀行法によって規制が大幅に緩和され、民間銀行が容易に設立できるようになった。ヨーロッパの基準に比べるとはるかに少額の資本で創業できた。だがその反面、州をまたいで営業する銀行の設立には制限があった。これらの長所と欠点がないまぜになった結果、一九世紀の末から二〇世紀のはじめにかけて、国や州が認可した銀行が数多く出現した。一八九九年には一万二〇〇〇行弱だったが、一九二二年のピーク時には三万行を超えた。資本金が少ない銀行は金融不安を生みやすく、アメリカの経済界では繰り返しパニックが起こった。その最たるものが大恐慌で、事態をさらに悪化させたのが、設立されてまだ一五年ほどしか経っていない連邦準備制度の不慣れな対応だった。一九三三年に銀行預金保険が導入され、これがアメリカの銀行経営を健全な方向に向かわせた。だが州単位の小規模な営業体制はさらに継続され、州をまたいだ営業が認められたのは、一九七六年のメイン州が最初だった。銀行の数が三六〇〇行を割ったのは、貯蓄貸付組合（S&L）による焦げ付き危機（第5章を参照）が起こった一九九三年になってからで、約一〇〇年間ではじめてのことだった。

経済学者ジョン・メイナード・ケインズは一九二四年、金本位制は「野蛮な遺物」だと喝破する有名な糾弾をおこなった。だが金銭の究極的な拠りどころは貴金属だ、という銀行の伝統的な理念が消滅するまでには、長い時間がかかった。金本位制には、たしかにメリットがある。為替交換比率が安定しているから、貿易価格にもそれほど変動がないし、取引コストも少なくてすむ。価格が安定していれば、インフレ懸念も無用だ。さらに金本位制を保っていれば、政府は健全な財政・金融政策を維持しようとするため、借入コストを抑える効果があったかもしれない。固定相場制の難点は、自由な資本移動を認めるべきか、それともその国独自の金融政策を追求すべきかを政策立案者に迫る点にある。その二兎を、同時に追いかけることはできない。

固定相場制では、短期の金利が大きく変動しかねない。中央銀行が、通貨価値を安定させておきたいと考えるからだ。もし金の供給が不足すると、デフレを引き起こしかねない（一八七〇年代、八〇年代には、金の供給は需要に比例していた）。それが、金融危機の導火線にもなり得る（たとえば、一九二九年の大恐慌ののち、金本位制を復活させた際に、そのような状況が起きた）。それと比べて、銀行預金を主体としたマネーと、変動相場制のシステムであれば、金の供給不足に左右されることはない。金本位制は長らく風前の灯になっていて、一九七一年八月一五日に、当時のリチャード・ニクソン大統領が「金の窓」を完全に閉じたとき、それを惜しむ人は少なかった。それまでは特定の条件のもとでドルを金に交換することも可能だったが、この日を最後に、何世紀にもわたって続いてきた、通貨と貴金属の絆は断たれた。

破産国家

テネシー州メンフィスはブルー・スエード・シューズで有名だしバーベキューも名高いが、

倒産が多いことでも知られている。メディチ家の後継者である現在の銀行は、全幅の信頼は寄せ切れない借り手による信用リスクの不安につねに悩まされているが、そのケーススタディとして、メンフィスは適切だ。

全米で毎年、およそ一〇〇万件から二〇〇万件の破産がある。そのほとんどが個人であり、返済できない借金に苦しむよりも破産ないし倒産を選ぶというケースだ。その件数が、テネシー州では異常に多い。ところがここではあっけらかんとしていて、一六世紀のヴェネツィアで起こったような、あるいは私の郷里スコットランドのグラスゴーの一角でいま起こっているような悲壮感はない。メンフィスにおいて借金で首が回らなくなった人たちは、夜逃げするか、一部を返済したところで踏み倒し交渉をするだけで、汚名を着ることも、肉体を傷つけるようなダメージを受けることもない。世界で最も資本主義経済が成功した国の一つアメリカで、なぜ簡単に破産できてしまうのか、大きなナゾとして残る。

私がはじめてメンフィスを訪れたのは、二〇〇七年の初夏だった。どこでもカネを簡単に借りることができ、破産も日常化していた。私は市の中心部にある通りをぶらぶら歩いたが、それだけで、この町の特質が摑めた。ショッピングモールやファストフード店がいくつも並んでいて、住民たちはこれらの施設でかなりの出費をする。近くに「税金相談」の看板があり、現金不足の人たちのために、「低収入者の税額控除」の相談に応じる仕組みになっている。ある店では車を購入するためのローンを宣伝しているし、二番抵当を専門にする会社もある。小切手を現金化できる店もあり、給与を担保にした前借りもできる（ただし、利率は二〇〇パーセント)。言うまでもなく、デパートほど大きい質屋もある。具合のいいことに、すでに所有物をすべて質入れしてしまった人のためにはレンタルセンターがあって、テレビなどを安く貸してくれる。隣には献血センターがあって、献血者には五五ドルが支払われる。現在のメンフィスでは、「血抜き」に新たな意味を与えていて、肉一ポンドを切り取られるほどの苦痛はないかもしれないが、不気味なほど似ている。

メンフィスで支払い不能に陥っても、ヴェネツィアでアントニオが死に直面した状況ほど深刻ではない。献血センターの次に、私はジョージ・スティーヴンソンの法律事務所を訪れた。彼は連邦破産裁判所のテネシー州西部地区の担当者として、破産に関するアドバイザーをやっている弁護士だ。私が訪れた当時、メンフィス周辺の破産件数は年間一万件ほどもあり、したがってこの裁判所も大忙しだった。このシステムは、じつに円滑に機能しているように思える。支払い不能に陥った個人や夫婦に弁護士がついて、債権者と話し合いをする。スピード処理のための窓口まであるが、債務が免責となる(債権者との合意が成立する)のは、五件のうち三件だけだ。

負債に押し潰されながらも、そこからふたたび立ち上がることができるのが、アメリカ資本主義の不思議なところだ。一八九八年以来、アメリカ人ならだれでも、連邦倒産法第七章(清算)および第一三章(個人再生)を申告できる。貧富の差に関係なく、アメリカ人は破産を「生存し、自由を満喫でき、幸福を追求する権利」とほぼ同等な、「不可侵の権利」だと心得ている。その根底にある理念は、法によって起業家精神を奨励しようという姿勢だ。

つまり、新たなビジネスの立ち上げに助力しようという考え方が見て取れる。そこで、計画がうまく運ばなかった場合は大目に見てあげて、リスクをものともしない者には二度目のチャンスを与えて試行錯誤の末に財産を築けるよう配慮している。つまり、いま失敗しても将来は事業に成功するかもしれない、という精神だ。

この考え方は、一見するとうまくいっているようにも見える。アメリカで大成功している起業家でも、最初は失敗しているケースが少なくない。たとえば、ケチャップ王ヘンリー・ジョン・ハインツ（一八四四～一九一九）、サーカス興行主フィニアス・バーナム（一八一〇～九一）、自動車王ヘンリー・フォード（一八六三～一九四七）なども、事業の失敗経験がある。だが、最終的には大富豪になった。彼らはふたたびチャレンジするチャンスを与えられ、やり直してうまくいったケースだ。だが子細に見ていくと、テネシー州で起こっていることはやや様相が違う。メンフィスの破産裁判所にやって来るのは、失敗した実業家ではない。請求書の支払いができない、とくに民間の健康保険に加入していなくて医療費が払えない普通の市民がほとんどだ。破産という手続きの本来の役割は、事業主を救済することかもしれない。ところが現在では、九八パーセントが事業に絡むものではないし、メンフィスにおける破産のおよそ四分の三は、連邦倒産法第一三章に規定されている「今後に生じる収入の一部ないし全額を、破産に至る前の借財返済に充てることに同意する」という条項に該当する。つまり、破産した主な原因は事業の失敗ではなく、借金の積み重ねによるものだ。二〇〇七年に、アメリカの消費者は、合わせて二兆五〇〇〇億ドルもの負債を抱えている状態だった。一九五九年の時点で、アメリカ人消費者の借入額は、可処分所得の一六パーセントだった。それがいまでは二四パーセントに達する(9)。

金融史の専門家たちがいま悩んでいる問題の一つは、個人の家計が借金まみれになっている原因は何なのか、テネシー州に見られるような破産率の上昇が各州で起きたらどうなるのか、という懸念だ。

それに対する答えを出す前に、現在の金融制度を構成するほかの重要な要素である、債券市場、株式市場、保険市場、不動産市場などに着目しなければならない。しかもこれらの市場では、この二〇年間にグローバル化が加速度的に進行している。その根本的な原因はマネーの進化にあると思われ、銀行の負債がその重要な一翼を担っている。通貨の発行と貴金属との結びつきが切れたことによって、前例がないほど通貨の流通量が増え、それに伴ってかつてないほど信用が拡大したのは、避けがたい現実であったように思える。通貨の流通量の対GDP比率で過去一〇〇年の流動性の変化を計ると(10)、一九七〇年代から急速に比率が上昇していることが分かる。先進各国では、金本位制を放棄した当時の比率は七〇パーセントだったが、二〇〇五年には一〇〇パーセントを超えた。ユーロ圏における上昇はさらに急激で、一九九〇年にはまだ六〇パーセントをわずかに超えた程度だったが、現在では九〇パーセントに迫っている。同時に、先進国の銀行の自己資本比率は、ゆっくりだが着実に下落している。ヨーロッパにおける銀行の自己資本比率は、二〇世紀のはじめごろには二五パーセントだったが、いまでは一〇パーセントを割っている。言い換えれば、銀行への預金高が増え、貸出比率が高まったことによって、自己資本の比率は下がりつつある。現在、先進国の銀行資産（つまり貸出）を合わせると、それらの国ぐにのGDP合計の一五〇パーセントほどにもなる。国際決済銀行の資料によると、二〇〇六年一二月時点で世界の銀行が保有する資産総額は約二九兆ドルで、世界のGDPの六三パーセントほどになる。

以上の点を踏まえると、金本位制度の当時と比べて貨幣価値が下がっても、不思議ではない。ドル紙幣が現在のデザインになったのは一九五七年だが、その当時と現在を比べると、インフレを考慮すれば、購買力はなんと八七パーセントも下落している。その間のインフレの年率は四パーセント強で、ポトシ銀鉱山の発掘によってヨーロッパでいわゆる価格革命が起こったころと比べると上昇率は倍増している。一九七〇年、まだ金本位制が完全に終わる前、一〇〇〇ドル出せば二六・六オンス（七五四グラム）の金を手に入れることができた。だが執筆中の時点では一オンスが一〇〇〇ドル近いから、当時の一〇〇〇ドル分を売却すれば、二万六五九六ドルを手にすることができる。

＊9　同じ期間内に、住宅ローンの負債額は、個人の可処分所得の五四パーセントから一四〇パーセントに急増している。

＊10　経済学者アルフレッド・マーシャルが考案した「マーシャルのk」という指標は、正確にいえば、マネタリーベースの名目GDPに対する比率。

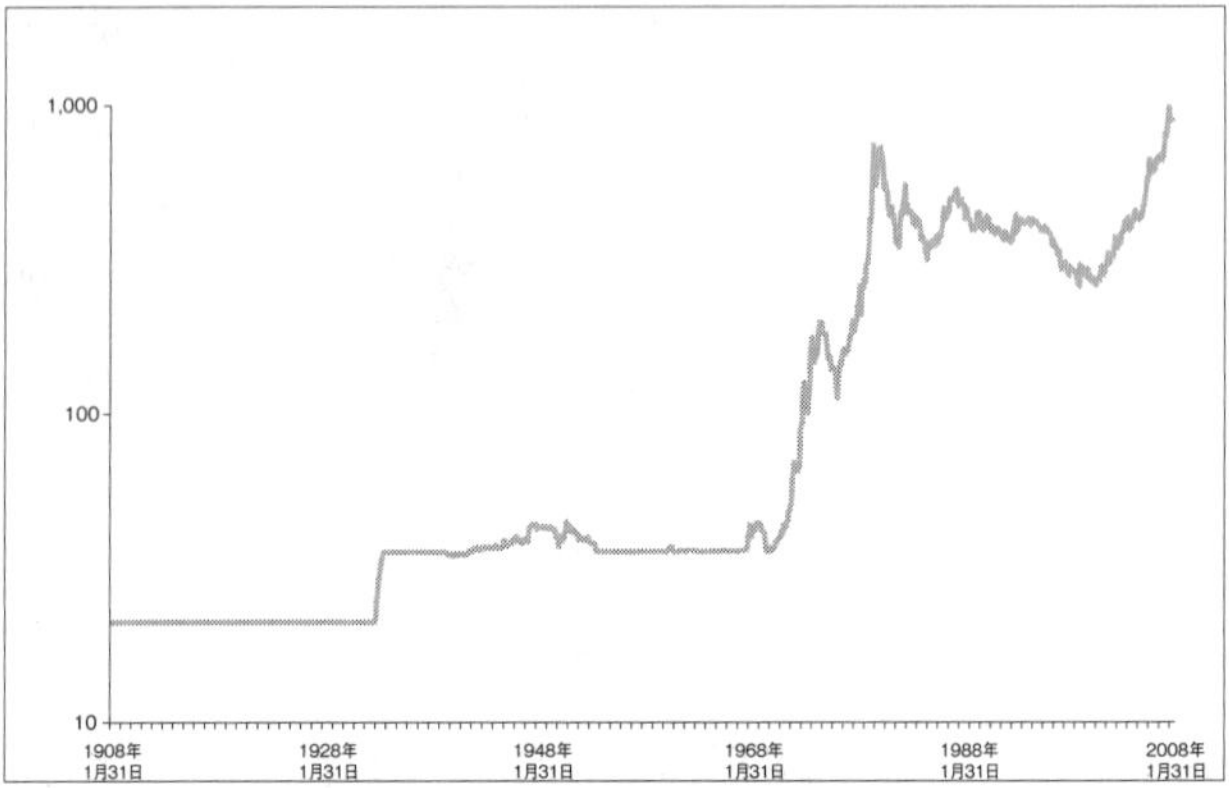

ニューヨークにおける金価格の終値の変遷
（1オンス当たりのドル、ログ・スケール）

だが、マネーのない世界になったら、状況は現在よりはるかに悪化するに違いない。『ヴェニスの商人』のアントニオのように、金貸しはすべて、生き血を吸うヒルのような劣等な人間だと考えるのは間違っている。そのような高利貸しも存在するかもしれないが、現在の銀行はメディチ家の時代と比べるとはるかに進化していて、第三代ロスチャイルド卿がいみじくも述べたように、「カネは現在のA地点から、必要とされるB地点に容易に移動させる」ために存在している。

経済発展を成し遂げるために、信用や負債は、いわば建築に不可欠なレンガのような必須素材だ。国家が富を築くに当たって、採鉱や製造、携帯電話産業のように重要だ。一方で貧困は強欲な銀行家がもたらす、とは言いがたい。貧しさの原因は、むしろ金融機関の不足である場合が多い。銀行が存在するからではなく、銀行が不在であるために貧しさが増す。グラスゴーのイーストエンドで借金せざるを得ない人にとって、効率的な信用貸しのネットワークがあれば、高利貸しの魔手から逃れることができる。信頼できる銀行に預金者が集まれば、眠っているカネが勤勉な人たちに回ってくる（あるいは、倹約家から浪費家のところに回る場合もある）。

したがって、マネーが進化するためには、まず銀行が進化することが必須だといえる。二〇〇七年八月に始まった金融危機は、銀行本来の貸出業務にはそれほどの影響は与えずにすんだし、倒産件数も増えなかった（法律が改正されたため、二〇〇七年にはむしろ減少している）。金融危機の最大の原因は、「証券化された債務」の台頭と失墜なのだが、それは最初に銀行が手がけた融資を、さらにまとめ直して転売したものだ。それが可能になったのは、銀行の興隆に引き続いて、現代の金融システムで第二の大きな柱ともいえる、債券市場が進化してきたためだった。

第2章　人間と債券《ボンド》の絆

ビル・クリントンが大統領に就任してまもないころ、彼のキャンペーン・マネジャーだったジェイムズ・カーヴィルが「ウォールストリート・ジャーナル」紙に語った次のことばは、よく知られている。

「以前は、生まれ変われるとしたら大統領かローマ教皇、大リーグの四割バッターになりたいと思っていたものだけれど、いまは違う。変身して債券市場《ボンドマーケット》に生まれ変わりたい。すべての人間を、おじけづかせることができるから」

そのカーヴィルもいささか驚いたかもしれないが、債券市場はその前年（一九九二年）一一月の大統領選挙の結果を受けて値上がりしていた。しかもこれは、クリントン大統領が連邦政府の赤字を削減すると約束するスピーチをおこなう前のことだ。当時の財務長官ロイド・ベンツェンは、こう語っていた。

「投資市場は暴れ馬だ。大統領は本当に赤字削減を進めるのだろうか。新政権はその方向で後押ししてくれるつもりなのか。ともかく、市場はそのようになると判断したに違いない」

アメリカ連邦準備制度理事会（FRB）のアラン・グリーンスパン議長（当時）は、こう発言した。

「もし債券価格が上昇を続けるとしたら、それは私が想像し得るなかで、最も強力な景気の刺激剤になるに違いない」

いわば政府が発行した借用書に過ぎない債券に関して、政府の高官たちはなぜこれほど畏怖の念を持って語るのだろう。

銀行が信用貸しの制度を考案したあと、マネーの進化史において、債券の誕生は二番目の革命的なできごとだった。政府（それに大企業）は、銀行よりもさらに広範囲の人びとや機関から資金を借りる目的で債券を発行する。日本政府が発行する一〇年債を例に上げてみよう。この一〇年債は額面は一〇万円で、一・五パーセントの固定金利あるいは「利札《クーポン》」が付いているとする。この一〇年債は、大部分が一九八〇年代から日本が積み上げてきた八三八兆円（二〇一四年末時点では一〇三〇兆円）という巨大な負債のごく一部に過ぎない。この国債は次の一〇年間、一〇万円の一・五パーセントを持ち主に払い続けることを日本政府に義務づけている。国債の購入者は自分の好きなときに、市場の趨勢による時価で債券を売ることができる。ちなみにこの本の執筆時には、この債券の価格は一〇万一三三三円だ。なぜかといえば、強大な債券市場がそう評価づけているからだ。

約八〇〇年前、イタリア北部の都市国家でささやかに誕生した債券市場は、巨大な規模に

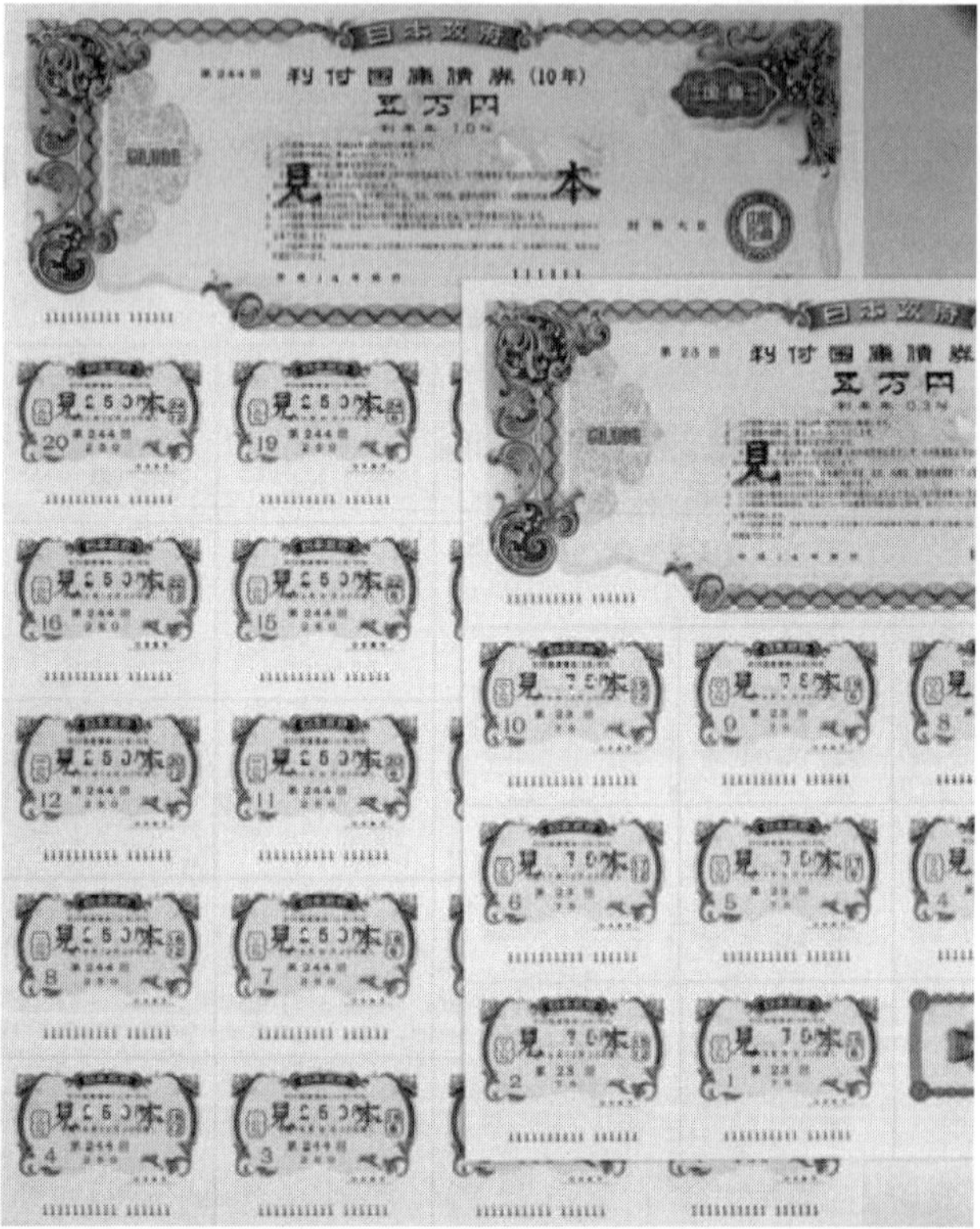

利札が付いた日本の 10 年物国債（Embassy of Japan in the UK）

膨れ上がった。今日、国際的に取引されている債券総額は、約一八兆ドルにのぼる。国債の国内での取引量（たとえば、日本人の投資家が買う日本の国債）は、実に五〇兆ドルという巨額だ。私たちはすべて（大多数は知りもしないが）、好むと好まないとにかかわらず、次の重要な二点で債券市場の影響を受けている。まず、私たちが老後に備えた銀行預金の大部分が、債券市場につぎ込まれている。二番目に、規模が大きいことと、大国の政府が借り手として最も信用できる相手だとみなされるために、経済全体の長期金利を決定するのは債券市場だ、という点だ。債券の価格が下落すれば金利は上昇し、多くの借り手は苦しくなる。たとえば、一〇万円を貯金したいと考える人がいる。一〇万円の日本国債を購入することで、買い手は、元本は損なわずに一定の利率が保証される。具体的に言えば、一・五パーセントの固定金利あるいはクーポンが支払われるとなると、額面が一〇万円の国債に一年で一五〇〇円を受け取ることになる。だが、市場における利率あるいは直接利回りは、クーポンを市場価格、つまり一〇万二三三三円で割って決定される。つまり、一五〇〇÷一〇万二三三三＝一・四七パーセント。[1]次に、債券市場が日本政府が抱える巨額の財政赤字におじけづいた場合のシナリオを想定してみよう。投資家たちが、日本政府が設定した年ごとの利率の支払いが不可能になるかもしれない、と心配し始めるとしよう。もしくは、投資家たちが「円」

＊1　これを、最終利回りと混同してはならない。最終の利回りは、満期まで債券を保有した場合の年率の利回りを指す。

という通貨の安定性に疑いを抱くと仮定してみよう。国債は円建てで、利息も円で支払われる。このような状況になると、神経質な投資家たちが自分たちの日本国債を手放し始めるから、国債価格は下落する。円の下落もしくは日本の債務不履行のリスクに見合う低価格になって、やっと買い手がつくだろう。そこでこんどは、この債券の価格が八万円に下落したと想定しよう。利率は、一五〇〇÷八万＝一・八八パーセントになる。日本経済全体の長期金利は、一・四七パーセントから一・八八パーセントに、つまり〇・四パーセントも一気に跳ね上がることになる。市場が動く以前に、退職に備えて国債に投資した人びとは、債券価格が下落した分、資産が減るので、資産は二二パーセントも減ったことになる。また市場が動いてから、たとえば住宅ローンのような抵当貸付を受けようとする人びとは、一年に少なくとも〇・四一パーセント多く支払うことになる（市場の業界用語でいえば、四一ベーシスポイント。一ベーシスポイントは、〇・〇一パーセント）。世界で最も大規模な債券運用会社パシフィック・インベストメント・マネジメント（ＰＩＭＣＯ）を創業したビル・グロスのことばによると、「債券市場が強大な力を持っているのは、これがすべての市場の基礎だからだ。借入コスト、（債券指標銘柄の）利率などは、株式や住宅などすべての資産の価格を決定する」ことになる、という。

政治家の立場からすると、債券市場が大きな力を持つ理由は、一国の財政・金融政策に対し、債券市場が日ごとに信頼度について判断を下しているからだ。しかも、国債の金利が上がれば、政府は苦しめられることになる。利率がわずか〇・五パーセント上昇するだけでも、赤字に苦しんでいる政府にとっては痛手になる。すでに膨らんでいる多額の歳出のうえに、返済額が上乗せされるからだ。カネの貸し借りにおいてはよくあることだが、ここでもフィードバック・ループが生じる。利率が高くなれば、負債はさらに増大する。債券市場は、ますます不信感を抱く。債券はさらに売られ、利率はまた上がる。その繰り返しだ。遅かれ早かれ、政府はいやおうなく、三つのきびしい選択肢のどれかを選ばざるを得なくなる。一つは債券市場が最も恐れること、つまり債務不履行に陥るか。それとも債券市場をなだめるために歳出を削減し、有権者や既得権者の怒りを買うか。あるいは、赤字を削減するために増税に踏み切るか、という選択肢だ。国債市場はもともと、政府の借入を促進するために誕生したものだ。だが危機が生じると、政府の政策を左右するようになる。

ではいったいなぜ、このミスター債券《ボンド》は、イアン・フレミングが創り出した007のジェームズ・ボンドよりパワフルになったのだろう。そしてなぜ、どちらのボンドも「殺しのライセンス」、つまり相手の生殺与奪の権利を握るようになったのだろうか。

負債の山

古代ギリシャの哲学者ヘラクレイトスは、こう語っていた。

「戦争は、すべての事物の生みの親だ」

たしかに、債券市場も戦争が生み出した。一六世紀のオランダの画家ピーテル・ファン・

デル・ヘイデンのすばらしい銅版画「金銭の戦い」では、貯金箱、貨幣を入れた袋、金貨が詰まった樽、宝箱など――そのほとんどが、剣やナイフ、槍などで武装している――が無秩序な乱闘のなかでお互いに攻撃し合っている。この銅版画の下に彫られたオランダ語の詩には、こう記されている。

「このような戦いや乱闘ざた、それらはすべて金品のため」

だがこの詩には、次のような含蓄もある。

「このような戦いに参加できるのは、それだけのカネを使える者だけ」

政府が債券を発行して戦争資金を調達する方策は、マネーの歴史に登場するほかの現象と同じく、イタリア・ルネサンス期に発明された。

一四世紀から一五世紀のかなりの期間、トスカーナ州の都市国家――フィレンツェ、ピサ、シエナ――は、お互いに争い、あるいはほかのイタリアの都市と交戦状態にあったが、数々の戦争を遂行させたのは、戦闘員の力だけでなく富の力でもあった。市民たちに戦争という汚れ仕事を押し付ける代わりに、各都市は「コンドッティエーリ」と呼ばれる傭兵を使った。これら傭兵たちは、隣接する都市に侵攻し、ライバル都市国家の財宝を略奪して回った。傭兵のなかに、一三六〇～七〇年代にかけて、同輩たちに比べてひときわ抜きんでていた英雄がいた。彼の堂々たる姿は、フィレンツェにあるドゥオモの壁画で見ることができる。この壁画は、彼の功績に感謝したフィレンツェ市民が「比類なき指導力」を称えて発注したものだ。ところが意外なことに、この傑出した傭兵は、イギリス・エセックス州シブル・ヘディ

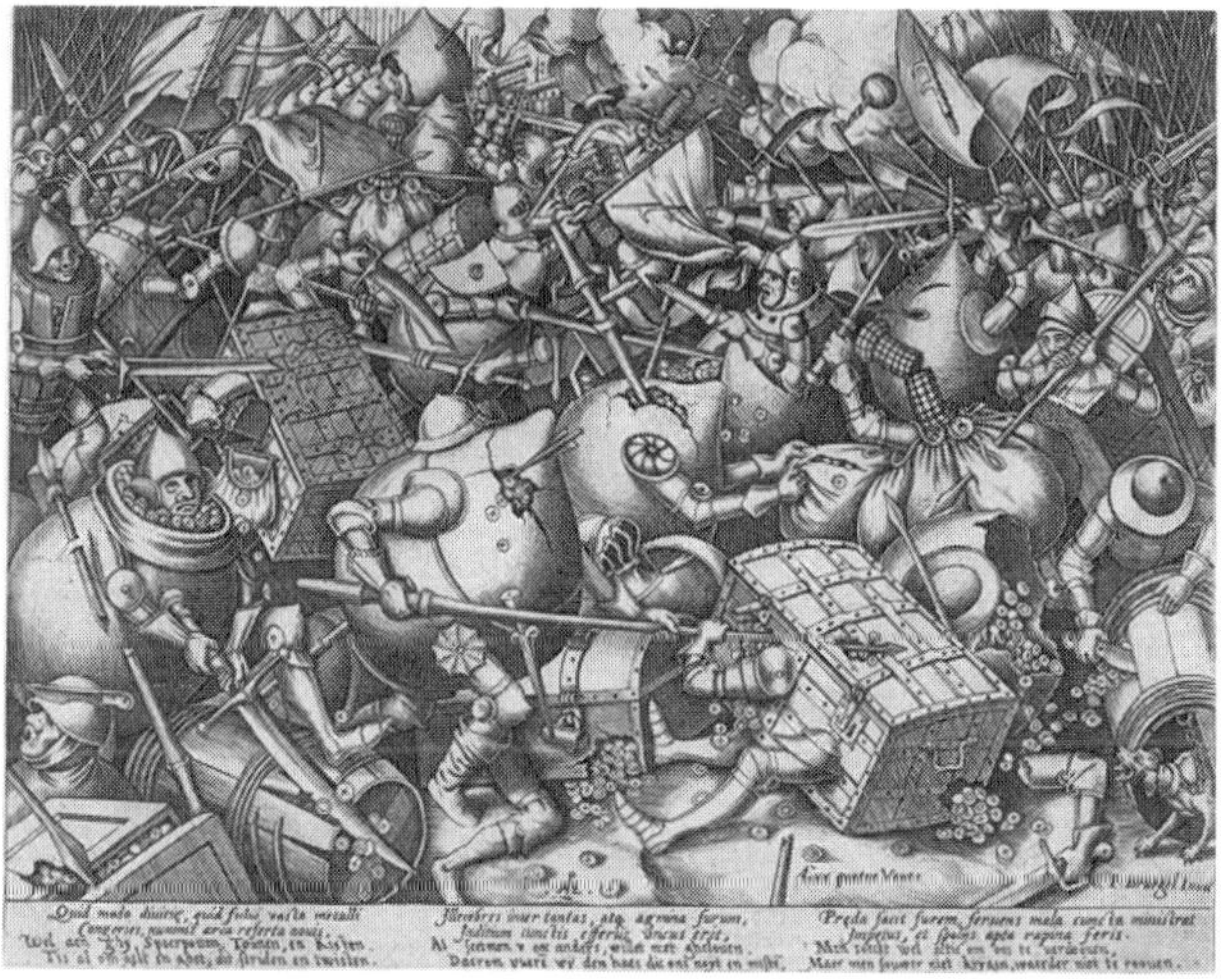

ピーテル・ブリューゲル（父）のスケッチに基づいたピーテル・ファン・デル・ヘイデンの銅版画「金銭の戦い」（1570 年以降）。下部のオランダ語の説明は「このような戦いや乱闘ざた、それらはすべて金品のため」とある（Metropolitan Museum of Art）

ンガムに生まれ育った男、サー・ジョン・ホークウッドだ。彼はイタリアのために目ざましい戦いぶりを見せたため、イタリア人たちは彼を「鋭いジョン《ジョヴァンニ・アクート》」と呼んだ。フィレンツェ郊外にあるモンテッキオ城は、彼の功績に対してフィレンツェが与えた数々の不動産の一つだ。だがホークウッドは、報酬を払ってくれる者であれば、ミラノ、パドヴァ、ピサのどこであろうと、あるいは教皇のためでも、傭兵として働くつもりがあった。フィレンツェのヴェッキオ宮殿にある壮麗なフレスコ画は、一三六四年、ホークウッドがピサ側の傭兵として参加していたピサとフィレンツェの戦闘を描いている。だがその一五年後、彼はフィレンツェ側に加担し、その後の軍人としてのキャリアをほぼフィレンツェに捧げた。なぜかといえば、フィレンツェには財力があったからだ。

絶え間ない戦乱のために、イタリアの都市国家は財政危機に瀕し、平和時の出費でさえ税収の二倍に達していた。やがてホークウッドのような傭兵への報酬の支払いなどがかさんで、フィレンツェは首が回らなくなってしまった。トスカーナ州の古文書を見ると、フィレンツェの債務額は一四世紀の初頭には五万フローリンだったが、一四二七年には五〇〇万フローリン、つまり一〇〇倍にも膨れ上がったことが記されている。それは文字どおり、山のような負債だった。その名称は、実際「モンテ・コムーネ」と呼ばれ、「公共の負債の山」を意味した。一五世紀初頭には、市の歳入の七割を借金が占め、その「山《モンテ》」はフィレンツェ経済の年間生産高の半分あまりに達していた。

フィレンツェはいったい、どこからそれほど巨額の資金を借りることができたのだろうか。その答えは、彼ら自身の内部からだ。裕福な市民たちは、固定資産税を払う代わりに、自分たちの市政府にカネを貸すことが義務づけられていた。このような「強制公債《プレスタンツェ》」の見返りとして、彼らは利子を受け取った。この強制公債は法的な拘束力を持っており、高利貸しとは言えなかった（前述したように、教会は高利貸しを禁じていた）。したがって利子の支払いは、義務的な投資から生じた、実際の、ないし想定される支出に対する補償だとみなされて、教会法には抵触しなかった。イタリア・スサの教会法学者ホスティエンシス（エンリコ）は、一二七〇年ごろ、次のように語っている。

もし、商取引や通商を通じ、そこから利益を上げ続けてきたある商人が、金銭を強く必要としている私に対し、慈善の目的を持って、商売をするための金銭を貸した場合、私には彼に利子《インテレッセ》［利子ということばが使われていることに注意］を支払う義務が生じる……

フィレンツェ式システムの重要な特色は、投資家が当座の資金が必要になった場合、公債を譲渡できた点だ。言い換えれば、流動資産にかなり近いものだった。たとえ、当時の「債券」が、革表紙の帳簿に記された数行のことばに過ぎなかったにしても。

つまりフィレンツェは、自らの市民を最大の投資家に仕立てたのだった。一四世紀の初頭までに、全世帯の三分の二がこのシステムで公的負債をまかなううえで貢献した。資金の大部分は、数千人の富裕な市民から調達されていた。当時の「強制公債のリスト」を見れば、メディチ家の富がいかに大きかったか、そして都市国家の財政に彼らがどれほど寄与していたかがよく分かる。このシステムがこれほど有効に働いた理由の一つに、メディチ家を含む富裕な数家族が、行政府とその財政をコントロールしていた点が上げられるだろう。この寡頭政治的な権力構造のおかげで、債券市場は強い政治力を持った。債権者に対する支払いを独断で停止するなど、予測できない行動を取りがちな歴代の君主と違い、フィレンツェの債券購入者は、それを発行した人びととほぼ一致していた。したがって債権者たちが自分たちに支払われる利子に強い関心を抱いたのも当然だった。

そうは言っても、このように非生産的な戦争を継続することには限界があった。イタリアの都市国家が抱える負債が大きくなるにつれて、彼らはさらに多額の債券を発行せざるを得なかったし、債券が数多く発行されれば、債務不履行の危険は高まった。ヴェネツィアはフィレンツェより早く、一二世紀の後半には公債の制度を発達させていた。蓄積したこれらの公債は、「古い山《モンテヴェッキオ》」として知られているが、一四世紀にヴェネツィアがジェノヴァなどのライバルの都市国家と戦争を繰り広げる資金を調達するうえで、重要な役割を果たした。その後トルコとの戦争が一四六三年から七九年まで延々と続いたため、「新しい山《モンテヌオーヴォ》」と呼ばれる多額の負債が新たに発生した。投資家たちは、年率五パーセントの利息を受け取ったが、これはヴェネツィアのさまざまな物品税（塩のような消費物資にかけられた）から、一年に二度、支払われた。フィレンツェのプレスタンツェと同じく、ヴェネツィアのプレスティティも強制公債だったが、債券所有者が別の投資家に現金で債券を売ることができる二次市場があった。だが一五世紀の後半になると、ヴェネツィアが何回も軍事的敗北を喫したため、強制公債の市場はいちじるしく軟化した。ヴェネツィアの公債価格は、額面を一〇〇とすると、一四九七年には八〇だったものが（それでもすでに額面を二〇パーセント割っている）、一五〇〇年には五二にまで下落し、一五〇二年末には七五まで持ち直したものの、一五〇九年には一〇二から四〇に暴落した。一五〇九年から一五二九年での底値では、「古い山」は三、「新しい山」は一〇という数値だった。

　現代では、戦時中に国債を購入するとなれば、明らかにリスクを覚悟のうえだ。国家が利子を支払えない状況になるかもしれないからだ。だが反面、この利子は、国債の「額面」に応じて支払われることを忘れてはならない。利率五パーセントの国債をもし額面の一〇パーセントで購入できたなら、なんと五〇パーセントの利回りを得ることになる。つまり、リスクに見合う利益を受け取れる可能性もある。同時に、これまで見てきたように、経済界全体の利率を決定するのは債券市場だ。もし国債の利回りが五〇パーセントに達したら、信頼し得る事業主が借り入れる際にも、「戦時プレミアム」として高い金利を支払わなければならなくなる。一四九九年、ヴェネツィアがオスマントルコを相手に、陸上ではイタリア北部のロンバルディアで、そして海上でも戦闘していたとき、債券の価格が暴落し、利率が急上昇する経済危機に陥ったが、これは決して偶然のなりゆきではない。それと同じく、一五〇九年に起きた債券市場の暴落も、イタリア北部のアニャデッロにおけるヴェネツィア軍の敗北が直接もたらした影響だった。どちらのケースも、同じ結果をもたらした。つまり商取引がいちじるしく停滞した。

　債券市場の興隆に貢献したのは、イタリアの都市国家ばかりではない。北ヨーロッパにおいても、都市の統治組織は、教会と衝突せずに自分たちの債務を処理する問題に取り組んでいた。この地域ではまた別の解決法が編み出された。利子の徴収は禁じられていたが、そのルールは「センサス」と呼ばれる中世に由来する契約には適用されなかった。センサスの下では、ある人物が別の人物から、年賦を受け取る権利を買うことができる。一三世紀には、ドゥエーやカレーなどフランス北部の都市や、ゲントなどフランドル地方の都市によってこのような権利が販売された。市民は、以下の二つのシステムのうちどちらかを選択できた。つまり、購入者が自らの相続人に遺贈できる無期限債券と、もう一つは購入者の死と同時に無効になる債券だ。いずれも、元金を支払うことによって償還できるのは買い手ではなく売り手だけだった。一六世紀の半ばになると、この年賦を売却した歳入は、オランダ地方の歳入の約七パーセントを占めるほどになっていた。

フランスとスペインの王室は、どちらも同じ方法で資金を獲得しようとしたが、そのためには都市を媒介とする必要があった。フランスでは、君主のためにパリの市庁が税を徴収し、スペインでは王室国債はジェノヴァにある、市税を徴収する権利を買い取ったサン・ジョルジョ銀行や、アントワープにある、現代の株式市場の先がけである証券取引所《ブール》を通じて取引されていた。だが王の債務に投資した者は、警戒を怠るわけにはいかなかった。都市国家は寡頭支配型の統治形態で、その都市国家の住民が債権者だったため、債務不履行に陥らないよう気をつけるインセンティブがあったが、絶対王制の君主たちにはなかった。第1章で述べたように、スペイン王室は一六世紀の終わりから一七世紀にかけて深刻な財政赤字に悩み、一五五七年、一五六〇年、一五七五年、一五九六年、一六〇七年、一六二七年、一六四七年、一六五二年、一六六二年と、ひんぱんに債権者への支払いを完全に、もしくは部分的に停止する事態に陥った。

スペインが財政危機に陥った要因の一つとして、ネーデルラント北部の反抗的な諸州を鎮圧するのに手こずり、膨大な費用がかかった点が上げられる。スペインに対するこれらの反逆は、政治史ばかりでなく金融史の面でも大きな分岐点になった。共和国型の法制度を持っていたユトレヒト同盟諸州は、都市国家の利点を民族国家なみの規模で備えていた。彼らは、自分たちが始めた戦争を、さまざまな新しい債権制度を網羅した新興市場としてのアムステルダムを発展させることによって支えた。アムステルダムでは、終身債券や無期限債券ばかりでなく、くじ付債券（確率は低いが、大きな利益が期待できる債券）までが取り扱われていた。一六五〇年ごろには、六万五〇〇〇人もの投資家が誕生した。彼らは自分たちの資本をこれら債券類に投資し、オランダが独立を維持するための戦いを財政面で支援した。オランダが自己防衛から帝国主義の勢力拡大に転じた過程で、オランダが抱える負債は莫大な額に膨れ上がった。一六三二年に五〇〇〇万ギルダーだった負債は、一七五二年には二億五〇〇〇万ギルダーにのぼっている。ところが、オランダ公債の利回りは下降し続けた。一七四七年には二・五パーセントという低水準にまで落ちたが、これはユトレヒト同盟諸州の財政が潤沢だったためであり、オランダが債務不履行を起こすという懸念がほとんどなかったことを示している。

一六八八年のイギリス名誉革命で、カトリック教徒の国王ジェイムズ二世が退位し、オランダのプロテスタント教徒オレンジ公ウィリアムが即位すると、それに伴って、さまざまなイノベーションがアムステルダムからイギリス海峡を越えてロンドンに広がった。イギリスの財政システムは、すでに大陸の君主制下の国ぐにとは大幅に異なっていた。当時のスペイン、フランス、ドイツで議会の力が衰えつつあった時期に、イギリスでは王室が所有する領土がどの国よりも早く売却されて、議会が王室の出費を統制する力が強まっていた。またイギリスでは、公金を横領するのではなく、給与を得ることで生活する公務員が誕生しつつあった。名誉革命は、この転換を加速させたといえる。それ以後、債務不履行は繰り返されなくなり（一六七二年に起きた「国庫支出の一時停止」、つまり多額の債務を抱えたチャールズ二世が、債務の一時的な不払いを宣言した事件は、ロンドンの投資家たちの記憶に鮮明に残っていた）、とくに一七一七年に金本位制が導入されて以降、貨幣価値が下がることもなくなった。また王室の財政も、議会によって精査されるようになった。スチュアート王朝が長年の間に積み重ねたさまざまな負債を整理する仕事が残されていたが、その結果として生まれたのが一七四九年にサー・ヘンリー・ペラム首相が設立したコンソル基金だった。(2)

このような過程は、フランスで取られた財政上の措置とは大きく異なっている。フランスでは繰り返し債務の不履行が起こり、公務などお構いなしに金策のために国有財産が売却され、税の徴収業務は民営化あるいは業務委託され、予算はないも同然だった。全国三部会（フランスにおける最も議会に近いもの）は招集されず、歴代の財務総監は、投資家たちにきわめて有利な条件で国債《ラント》や「トンティン」（ある集団のなかで、生き残った者に受け取りが移転される仕組みの年金）などの公債を発行し、資金を得る努力を続けていた。一八世紀半ばのロンドンでは、にぎわう債券市場で政府のコンソル公債がさかんに取引され、債券は流動的で——言い換えれば売却が容易で——海外、とくにオランダの投資家たちを惹きつけていた。ところが、パリにはそのようなものは存在しなかった。この英仏の金融による違いは、やがて深刻な政治的な差異をもたらすことになる。

ここでちょっと立ち止まって、これまでに発行された公債のなかで、最も成功したのではないかと思われるイギリスのコンソル公債について詳しく見てみよう。コンソル公債に関しては、一八世紀の後半には、利率が三パーセントのものと、五パーセントのものの二種類の債券があった。どちらも無期限債券で、決められた満期はなく、市場価格が額面と並ぶか、それを上回った場合にはじめて、政府によって償還されると決められている。次ページの写真は、典型的なコンソル公債で、印刷された部分と手書きの部分があり、投資額、額面、投資者の名前、日付が以下のように記されている。

一七九六年一月二二日、一〇〇ポンドの投資または株式に対し五パーセントの利息を支払うことの対価として、ミセス・アンナ・ホーズより一〇一ポンドを受領したことを証する。一七八五年七月六日に契約締結。……イングランド銀行において、譲渡が可能。

……

＊2　「コンソル公債」と呼ばれるイギリスの公債はこれに由来する。

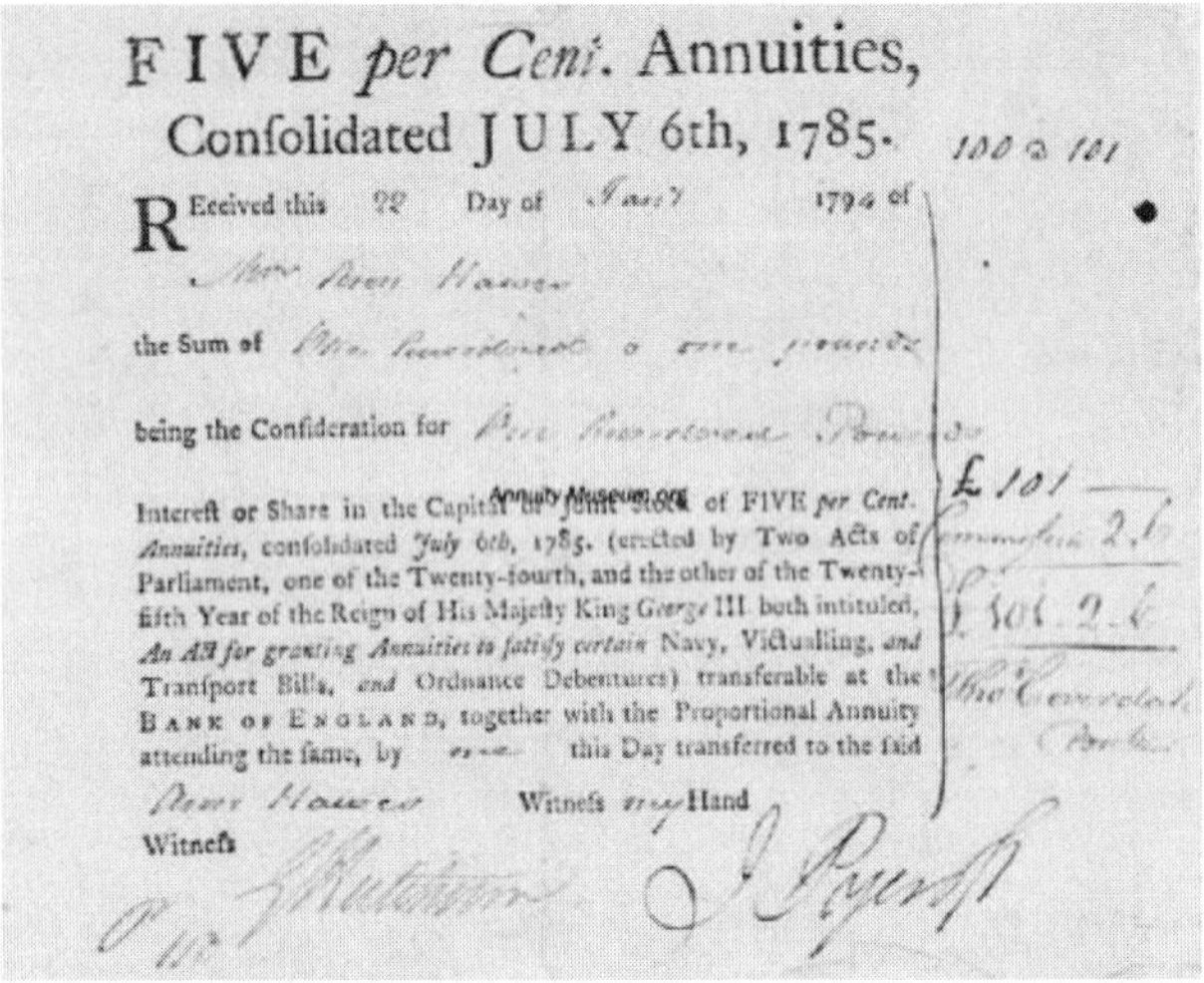

FIVE *per Cent*. Annuities,
Consolidated JULY 6th, 1785. 100 @ 101

Received this 22 Day of Jany 1794 of
Mrs Ann Hawes
the Sum of One hundred & one pounds
being the Consideration for One hundred Pounds
Interest or Share in the Capital or Joint Stock of FIVE *per Cent. Annuities*, consolidated *July 6th*, 1785, (erected by Two Acts of Parliament, one of the Twenty-fourth, and the other of the Twenty-fifth Year of the Reign of His Majesty King *George* III. both intituled, *An Act for granting Annuities to satisfy certain* Navy, Victualling, *and* Transport Bills, *and* Ordnance Debentures) transferable at the BANK OF ENGLAND, together with the Proportional Annuity attending the same, by me this Day transferred to the said
Ann Hawes Witness my Hand
Witness

£101

1796年にアンナ・ホーズが購入した、利子5パーセントのコンソル公債
（Hersh L. Stern, Annuity Museum）

ホーズ夫人は、額面一〇〇ポンドの公債に一〇一ポンド支払ったのだから、投資に対して年間四・九五パーセントの利息を保証されたことになる。だがこれは、とくにタイミングのいい投資だとはいえなかった。この一七九六年の四月、コルシカ島出身の若い司令官ナポレオン・ボナパルトに率いられたフランス軍が、イタリアのモンテノッテで最初の勝利をおさめ、さらに五月にはロディでも勝利した。ナポレオンはそれから二〇年間、ヨーロッパの平和を乱したばかりでなく、大英帝国の安全と財政にとって、ハプスブルク家とブルボン家の双方を合わせたよりも大きな脅威であり続ける。彼を打ち破ろうとする戦いのおかげで、イギリスにはまた新たな負債の山が築かれた。

そして負債が増大するにつれ、個々のコンソル公債の価格は下落していった。イギリスの戦況が思わしくないときなどは、じつに三〇パーセントもの下落率を記録した。

　この小柄なコルシカ人が、やがてフランス皇帝、そしてヨーロッパ大陸の支配者に上り詰めるなどとは、一七九六年の時点ではアンナ・ホーズ夫人はもちろん、だれにも予測できなかった。だが、同じくらいあっという間に権力の座を勝ち取った人物がいる。ナポレオンより注目に値し、より永続的な影響を残した男だ。ナポレオンがワーテルローの戦いで敗北して数年後、フランクフルトの薄暗いゲットーで育った一人の男が、いわば金融界のナポレオン、債券市場の支配者にのし上がり、さらにヨーロッパの政治を動かすまでになったとも言われる。その人物は、ネイサン・ロスチャイルドだ。

金融界のナポレオン

　無限の富を有する彼は、自分こそ平和と戦争の調停者だと自負し、諸国の信用は自分の一存で決定される、と豪語している。彼が用いる情報員は膨大な数に達し、彼のもとで暗躍する密使の数は、諸公や絶対王制の君主たちのそれをしのぐ。彼は、国家の大臣たちの給与まで支払っている。そしてヨーロッパ大陸諸国の内閣で最高の権力を握っており、わが内閣をも手中に収めようという野望を抱いている。

これはイギリスの急進派の下院議員トマス・ダンスコムが、一八二八年におこなった発言だ。彼が言及している男の名は、ネイサン・メイヤー・ロスチャイルド。一九世紀を通じて、世界で最大の銀行のロンドン支店を創立した人物だ。(3) ロスチャイルド一族を裕福にしたのは、債券市場だった。その富のおかげで、彼らはヨーロッパ各地に四一もの壮麗な邸宅を建てたが、そのなかの一つはイギリスのバッキンガムシャーにあるワデスドン・マナーハウスで、ネイサンから数えて六代目の第四代ロスチャイルド男爵によって、当時の豪奢なたたずまいに忠実に修復されている。ロスチャイルド卿のことばによれば、彼の高名な先祖は「背が低くて太っていて、執念深いが、きわめて聡明で、大変な集中力の持ち主で……取引の相手として、決して付き合いやすいタイプではなかろうと思われる」人物だった。彼のいとこであるイヴリン・デ・ロスチャイルドも、同じ意見だ。イヴリンはロンドンのセント・スウィジン通りにあるN・M・ロスチャイルド銀行のオフィスで、ネイサン・ロスチャイルドの肖像画に見下ろされながらこう語った。

「彼は大いなる野心家で、毅然とした人物だったようです。愚か者に対する忍耐力など、持ち合わせなかったでしょう」

ロスチャイルド家の人間たちはきわめてまめに手紙を書いたにもかかわらず、ネイサンが兄弟たちに宛てた手紙のなかで現存しているものは、それほど多くない。だが、彼の人物像をはっきりと物語る一ページが残っている。一族のほかの書簡と同じく、ほとんど読み取れないようなユダヤ式ドイツ語（ヘブライ文字で書かれたドイツ語）のこの手紙は、ユダヤ的な職業倫理とも呼べるものに加え、彼ほど鋭敏でない兄弟たちに対するいらだちを綴っている。

あなたたちに手紙を書くことが面倒ながら私の義務だと思うからこそ、自分の意見を伝えようとこれをしたためている。……私はあなたたちの手紙を、一度どころか、おそらく一〇〇回あまりも読み返している。分かってもらえると思うが、夕食のあと、私にはすることが何もない。本は読まないし、カードもしないし、劇場にも足を運ばない。ただひとつの楽しみは、ビジネスだ。だからアムシェルやサロモン、ジェイムズやカールの手紙を読み返している。……［もっと大きな邸宅をフランクフルトで購入する件について記された］カールの手紙は……すべてがナンセンスだ。われわれが儲かるビジネスを営み、金持ちである限り、だれもがへつらうし、われわれから利益を得ることに興味のない連中は嫉妬するだろう。サロモンは何に対しても、だれに対しても、人当たり

＊3　さらに詳しく知るにはニーアル・ファーガソン『世界の銀行家――ロスチャイルド家の歴史（*The World's Banker: The History of the House of Rothschild*）』、ハーバート・H・カプラン『ネイサン・メイヤー・ロスチャイルドと名門一家の創設――決定的な年代、一八一〇‐一六（*Nathan Mayer Rothschild and the Creation of a Dynasty: The Critical Years, 1806-1816*）』を参照。ともに邦訳なし。

も愛想もいいから、おべっか使いがささやくのを聞いただけで、人間はすべからく高潔な心を持っていると思い込んでしまう。だが現実には、人間はだれもが、自分の利益のために動いている。

彼の兄弟たちがネイサンを「最高司令官」と呼んだのも、不思議ではない。一八一五年一〇月二九日、サロモンはネイサンに宛てた手紙のなかで、うんざりした調子でこう書いている。「あなたの手紙は、これとあれを支払え、これとあれを送れ、そんなことばかりだ」。だがこのなみはずれた活力こそが、金融に関する生来の天才的な能力とあいまって、ネイサンをフランクフルトのユダヤ人居住区の名もない存在から、ロンドン債券市場の支配者へと押し上げた原動力だった。だが金融界における革新をもたらした動機は、またしても戦争だった。

一八一五年六月一八日の朝、ウェリントン公爵に率いられた六万七〇〇〇人のイギリス、オランダ、ドイツ連合軍の兵士たちが、ブリュッセルからさほど遠くないワーテルローの平原を見渡していた。相対するフランス皇帝ナポレオン・ボナパルト率いるフランスの軍勢も、ほぼ同数だった。ワーテルローの戦いは、二〇年にわたってフランスとイギリスの間で断続的に続けられた衝突の天王山だった。だがそれは両国の軍事対決であるとともに、対立する二つの金融システムの覇権争いでもあった。つまりフランス・ナポレオン治下で略奪（被征服者に対する課税）に基盤を置くシステムと、イギリス側の負債に基づくシステムの対峙だ。

軍事的な対立を支えるために、これほど多額の債券が発行された前例はなかった。一七九三年から一八一五年にかけて、イギリスが抱える負債は三倍に増え、イギリス経済の年間GDPの二倍あまり、七億四五〇〇万ポンドにまで膨れ上がった。この公債の発行が、ロンドン市場に重大な影響を与えないわけがなかった。一七九二年二月からワーテルローの戦いの前夜にかけて、年率三パーセントの一〇〇ポンド・コンソル公債は、九六ポンドから六〇ポンドまで値を下げた。一七九七年には五〇ポンドを割ったこともある。前述したアンナ・ホーズ夫人のような人びとにとっては、試練の時期だった。

長く語り継がれている伝説によると、ロスチャイルド一族がその巨富の最初の数百万ポンドを築いたのは、イギリス国債の値段が戦争の帰趨によってどのように変動するかを俊敏に見抜いたネイサンの手腕によるものだった。この伝説にまつわる裏話の一つによれば、ネイサンは実際にワーテルローの戦いを目撃し、嵐の英仏海峡を越え、ウェリントンの勝利が公表される前にロンドンに戻り、価格が高騰しないうちに大量の債券を購入して、二〇〇〇万ないし一億三五〇〇万ポンドの儲けを手にしたという。この伝説は、のちにナチスによって尾ひれをつけて語られた。ナチスの宣伝相ヨーゼフ・ゲッベルスは、一九四〇年に映画「ロスチャイルド一族」の公開を承認した。この映画には、口の達者なネイサンが、ウェリントン公爵の勝利を確実なものにするために、賄賂を贈ってフランスの将軍をまるめこみ、イギリス国債のパニック売りを引き起こそうとして、戦いの帰趨に関するニセ情報をロンドンに伝える様子が描かれている。だが真実は、これとは大きく異なっていた。ウェリントン公爵の勝利で大儲けをするどころか、ロスチャイルド一族はもう少しで破産するところだった。彼らの財産は、ワーテルローの戦いによってではなく、この戦いにもかかわらず築かれたと言うほうが正しい。

いくつかの調停が失敗に終わったため、イギリス軍は一八〇八年八月から、大陸でナポレオンを相手に戦い続けていた。当時、陸軍中将サー・アーサー・ウェルズリーだったウェリントン公爵は、前年にフランスが侵攻したポルトガルに遠征隊を率いて駐留していた。それから六年の間、イベリア半島に向けて人員や物資を輸送する必要がひんぱんに生じた。国民に債券を売り出したため、イギリス政府には多額の現金が流れ込んだが、離れた戦地では紙幣など役に立たなかった。兵隊たちに食糧を供給し、フランスと対抗する同盟軍に支払うため、ウェリントンには国際的に通用する貨幣が必要だった。問題は、債券市場で得た資金を金貨に換え、それを必要な場所まで運ぶ方法だった。戦時中にギニー金貨をロンドンからリスボンに輸送するのは費用もかさむし、危険だったが、ポルトガルの商人たちはウェリントンが申し出た為替手形による支払いを拒否したため、金貨を輸送する以外に手段はなかった。

ある程度は成功したフランクフルトの骨董商で為替仲買人でもあった父を持ったネイサン・ロスチャイルドがイギリスに渡ったのは、一七九九年のことだった。それから一〇年間、彼は工業化が進行していたイングランド北部で、もっぱら繊維製品を購入してはドイツに運んでいた。彼がロンドンで銀行業務を始めたのは、一八一一年になってからだ。では、イギリス政府はなぜ、財政難の際に彼に頼ったのだろうか。それはネイサンが、イギリスとヨーロッパ大陸間の貿易を妨害する目的で発令されたナポレオンの大陸封鎖令をかいくぐり、金をヨーロッパ大陸に密輸する経験を豊富に積んでいたからだ（ただ、フランスの官憲は、単に重商主義的な信条から、イギリスから金が流出すれば戦力が弱まると判断して、この違反行為に目をつぶりがちだった）。一八一四年一月、蔵相は兵站総監のジョン・チャールズ・ヘリーズにこう命じた。「この紳士［ネイサン］に、二か月以内に、ドイツ、フランス、オランダにおいて、六〇万ポンドの限度内でフランスの金貨および銀貨を極秘で調達するよう内密に依頼せよ」。これらの貨幣はイギリスの船に積まれて、オランダのヘレフーツリュイス港を出て、すでにピレネー山脈を越えてフランスに侵攻していたウェリントンに送られる手筈だった。この途方もなく壮大な作戦が成功するかどうかは、ロスチャイルド兄弟の海峡を越えた信用ネットワークと、金塊を大規模に輸送する能力にかかっていた。彼らはこの使命をみごとに果たしたため、ウェリントン自身が「豊富な……金銭の供給」に対する感謝の念をわざわざ書き送ったほどだった。ヘリーズは「ロスチャイルド氏は、課せられた使命のすべてを、驚くほど巧妙に遂行してみせた。ユダヤ人ではあるが［原文のまま］、われわれは彼をかなり信頼している」と記している。一八一四年五月までに、ネイサンは彼に命じられた額の二倍に当たる約一二〇〇万ポンドを、イギリス政府のために調達した。

戦争の末期でも、これほど大量の金を動かすことは疑いなく危険な行為だった。だがロスチャイルド家からみると、彼らに約束された巨額の手数料はその危険を償ってあまりあるものだった。彼らがこの責務をこれほど巧みに遂行できたのは、ロスチャイルド家の五人兄弟が一族で銀行業務のネットワークを形成していたためだった。ネイサンはロンドン、アムシェルはフランクフルト、ジェイムズ（末弟）はパリ、カールはアムステルダム、そしてサロモンはネイサンが必要とみなした場所を渡り歩いた。五人兄弟は、ヨーロッパのさまざまな都市で、地域の市場ごとの価格や為替相場の違いを利用して利益を上げた。たとえばロンドンよりパリで金が高値をつけていたら、パリにいるジェイムズが金を売って為替手形を購入し、ロンドンへ送り、それを受け取ったネイサンが、売った分より多くの金を購入する「サヤ取り」のやり方だ（いまで言う、裁定取引）。ヘリーズのために彼らが手がけた取引は額が大きく、それがもたらす価格変動もまた、彼らのビジネスに利益をもたらした。ロスチャイルド一族はさらに、イギリスのヨーロッパ大陸における同盟国に支払う大口の補助金まで扱った。ヘリーズの計算によると、一八一四年六月までに彼らが処理した金額は、一二六〇万フランにのぼった。当時のイギリス首相リヴァプール卿は、こう述べている。

「ロスチャイルド氏は、きわめて役に立つ友人になった」

またリヴァプール卿は、外務大臣のカースルレイ卿にはこうも語っている。

「ロスチャイルドなしでは、われわれは途方に暮れていただろう……」

そのころネイサンの兄弟たちは、彼を「証券取引所の支配者」と呼ぶようになっていた。

ナポレオンは、一八一四年四月に退位を迫られたあと、イタリアの小島エルバ島に流刑になったが、そこでもミニ帝国の支配者のようにふるまい続けた。だがエルバ島は、彼にとって小さすぎた。一八一五年三月一日、以前のヨーロッパの秩序を回復するためウィーン会議に結集していた君主や大臣たちは仰天したのだが、ナポレオンは自らの帝国を復興するため、エルバ島から脱出してフランスに戻った。これを受けて、大陸軍《グランド・アルメ》の将校たちも彼の配下に再結集した。ネイサン・ロスチャイルドはこの「不愉快なニュース」を聞くと直ちに金の購入を再開し、自分と兄弟たちで片っぱしから金の延べ棒や貨幣を買い集め、ヘリーズからウェリントン公爵への輸送を助けた。ロスチャイルド一族は総額で二〇〇万ポンドの金貨を提供したが、これは八八四の木箱と五五の大樽を満杯にするほどの量だった。ネイサンは同時に、ヘリーズに対し、大陸の同盟者たちに支払う補助金を届ける、と申し出た。彼とヘリーズの間で動いた金額は、一八一五年には九八〇万ポンド近かった。これらの取引に付随する手数料は二〜六パーセントだったから、ナポレオンの復位はロスチャイルド一族をさらに裕福にした。だが、ネイサンが過小評価していたリスクがあった。これほど大量の金を集めた彼は、それまでのナポレオンの戦争と同じように、今回の戦乱も長引くだろうと予想していた。だがこの読み違えは、もう少しで彼に致命的な打撃を与えるところだった。

　ウェリントン公爵がワーテルローの戦いを、「わが人生における最もきわどい勝利」と語った話は有名だ。猛攻撃と反撃、英雄的な防戦が繰り広げられた一日の終わりに、プロイセン援軍が遅ればせに到着し、戦いの帰趨を決定づけた。ウェリントン公爵にとっては輝かしい勝利だったが、ロスチャイルド一族にとってはそうともいえなかった。ネイサンはたしかに、ヘンリー・パーシー少佐が内閣にウェリントンの公式報告を送り届ける四八時間も前に、

コンソル公債（イギリスの無期限債券）の価格（ポンド、1797～1823年）

密使からナポレオン敗北の報せを早々と受け取ったことには満足したに違いない。だがどれほど早く届こうと、ネイサンにとってそれは歓迎できないニュースだった。決定的な事態がこれほど早く到来するとは、予想していなかったためだ。彼ら兄弟は、いまやだれにとっても無用の金貨の山の上にすわっているのも同然だった。そのカネが必要とされる戦争は、終わってしまったからだ。平和が訪れれば、ナポレオンに応戦した軍隊は不要になり、連合軍も解散する。したがって兵士の給料も、イギリスの盟友諸国に支給する予定だった金も支払われなくなる。戦時中に高騰した金の価格が暴落することは、目にみえていた。いまやネイサンは、伝説で語られているように莫大な利益を手にするどころか、巨大でしかも増え続ける損失に直面することになった。

だがロスチャイルド一族には、突破口を開けるかもしれない可能性が一つだけ残されていた。自分たちが保有する金を利用して、債券市場で途方もない賭けに出るという選択肢だ。一八一五年七月二〇日、ロンドンの「クーリエ」紙の夕刊は、ネイサンが「多額のイギリス国債」を購入したことを報じた。ネイサンは、イギリスのワーテルローにおける勝利と、それに伴う政府借入金の減少によって、イギリス国債の価格が高騰することに賭けた。ネイサンはさらに国債を購入し、コンソル公債が読んだとおりに値上がりすると、さらに買い続けた。兄弟たちはその国債を売り抜けて儲けるよう口説いたが、ネイサンはさらに一年間、辛抱づよく保有していた。そして一八一七年の末、債券市場が四〇パーセントあまり値上がりした時点で手放した。経済成長やインフレによるイギリス・ポンドの購買力の伸びを考慮に入れると、彼が手にした利益は、現代の価値に換算して六億ポンドに相当する。これは、ナポレオンの軍事的な敗北を利用して利益を上げた、金融史のなかで最も大胆不敵な金融取引の一つだった。ナポレオンとネイサンの類似点は、同時代人にとっても明らかだった。ロスチャイルドの強力なライバルで、ベアリングス銀行のある経営者は、こう語っている。

「私は、ネイサン・ロスチャイルドのように大胆な取引をする神経を持ち合わせていないことを、率直に認めざるを得ない。彼の計画は綿密に練られ、きわめて賢明かつ巧みに遂行される。金融面における彼の才覚は、軍事面におけるナポレオンのごとく天才的だ」

ドイツの作家ルートヴィヒ・ベルネは、ロスチャイルド一族を単刀直入に「金融界のナポレオン」と呼んだ(4)。さらに、少しばかり皮肉を込めた、もっと大胆なことばでこの一族を形容する人びともいた。一八四一年三月、ドイツの詩人ハインリヒ・ハイネは次のように断定した。

「金銭こそわれらの時代の神であり、ロスチャイルドはその預言者だ」(5)

今日の基準から見てもやや驚かされるのだが、ワーテルローの戦いのあと、ロスチャイルド一族は半世紀もの長期にわたって、国際金融市場を支配した。これは、彼らの同時代人にとってもきわめて異例だと思われたようで、一族の支配力を神秘的な表現で説明した人びともいた。一八三〇年ごろから流布されたある風説によれば、ロンドン支店の創設者ネイサン・ロスチャイルドが「ヨーロッパ金融市場における勢力者《リヴァイアサン》」にのし上がったのは、彼が所有している神秘的な「ヘブライの護符」のおかげだそうだと噂された。またロシアのユダヤ人強制居住地区でも、似たような逸話が一八九〇年代になっても語られていた。これまで見てきたように、ナチスはロスチャイルド一族の興隆を、株式市場に関する情報操作など抜け目ない活動のせいにしたがった。このような神話は、現代でも信じられている。中国でベストセラーになった宋鴻兵《ソンホンビン》の『ロスチャイルド、通貨強奪の歴史とそのシナリオ――影の支配者たちがアジアを狙う』(河本佳世・訳、武田ランダムハウスジャパン)によると、ロスチャイルド一族は、連邦準備制度に対する影響力を通じて世界の金融システムをコントロールしているという。

現実はそれほどファンシーではなく、もう少し平凡だった。ロスチャイルド一族は、ナポレオン戦争の末期に、国際的な影響力を増しつつあったロンドンの債券市場を通じて、徐々に支配的な役割を獲得していった。彼らの成功の鍵は、彼らのライバルだったベアリング一族が及びもつかないほどの規模の自己資本と、優れた情報ネットワークを作り上げたところにある。一八一五年から五九年の間に、ロスチャイルド銀行のロンドン支店は、額面総額にして四三〇〇万ポンド近い一四種類もの国債を発行した。この金額は、ロンドンの全銀行が発行した債券額の半分を超える。イギリス政府の国債が主力商品だったが、フランス、プロイセン、ロシア、オーストリア、ナポリ、そしてブラジルの国債まで含まれていた。さらに一八三〇年から、ロスチャイルドは、ベルギー政府の国債を一手に引き受けた。彼らの通常のやり方は、新しい国債の一部を各国政府から直接に買い上げ、これらをヨーロッパ中のあちこちにいるブローカーや投資家たちのネットワークに手数料を取ってばらまき、買い手からすべての支払いを受けてからはじめて、当該政府に資金を送るというものだった。たいていの場合、ロスチャイルド家が君主や政府などの借り手に支払った額と、投資家たちに要求した額との間には、かなりの開きがあった（最初の公募からさらに「上乗せ」することがしばしばあった）。もちろん、これまで見てきたように、とくにジェノヴァ、アントワープ、アムステルダムなどでは、国際的な国債の発行が以前から大規模におこなわれていた。だが一八一五年以降のロンドン債券市場で特筆すべき点は、ロスチャイルドが新しい借り手のほ

＊4　ハインリヒ・ハイネ『ルートヴィヒ・ベルネ覚書』
＊5　ハインリヒ・ハイネ『ルテーチア――フランスの政治、芸術および国民生活についての報告』（木庭宏・訳、松籟社）

とんどに、それぞれの国の通貨ではなく、ポンド建てで債券を発行させ、利子の支払いをロンドン、あるいはロスチャイルドが支店を持つヨーロッパのいずれかの市場でおこなうように要求したところにある。この新方式は、一八一八年に彼らがプロイセンの五パーセント公債を公募したときから始まった。そこに至るまでには長い交渉があり、難航もした[6]。だが決着したあとは、ロンドンばかりでなく、フランクフルト、ベルリン、ハンブルク、アムステルダムでも発行された。ドイツの法学者ヨハン・ハインリヒ・ベンデルは著書『国債の取引について』(一八二五)のなかで、次の点こそ、ロスチャイルド一族が取り入れたなかで最も重要な金融革新だ、と断じている。つまり「政府が発行した国債の所有者はだれでも……いくつかの異なった場所で、労せずに利子を受け取ることができる」という仕組みだ。もちろん、ロスチャイルド一族が関わった事業は、債券の発行だけではなかった。彼らは債券の売買や通貨の裁定取引もおこなっていた。また金の延べ棒を売買し、資産管理サービスも提供し、保険や鉱山、鉄道にも投資していた。だが長期にわたって彼らの資産の中核をなしたのは、やはり債券市場だった。彼らよりマイナーな競争者たちと違い、ロスチャイルド一族は、いまで言う「投資適格債」だけを取り扱うことにプライドを持っていた。一八二〇年代の半ばにラテンアメリカで起きた累積債務危機(それに続く一連の危機の始まり)にもかかわらず、彼らが一八二〇年代に発行した債券は、一八二九年まで債務不履行に陥ることがなかった。

成功したおかげで、富はさらに増大した。ネイサンが一八三六年に死んだとき、彼の個人資産はイギリスの国民所得の〇・六二パーセントに匹敵する額になっていた。一八一八年から五二年にかけて、五つのロスチャイルド一族の「支店」（フランクフルト、ロンドン、ナポリ、パリ、ウィーン）が保有する資産総額は、一八〇万ポンドから九五〇万ポンドに増えた。一八二五年の時点で、彼らの資産合計は、ベアリングス銀行とフランス銀行の資産を合わせた額の九倍に達していた。一八九九年に資産は四一〇〇万ポンドに膨らみ、ドイツで最も大きな五つの株式銀行の資産を合わせたより多かった。ロスチャイルド家が経営する金融

＊6　プロイセン財務省の責任者クリスチャン・ローターが、契約が締結されたあとで条件を変更しようとしたとき、ネイサンは怒りを爆発させた。

「親愛なる友人よ、私は神と、プロイセン王と財務大臣のフォン・ローター氏に対する義務を果たし、約束した金額をベルリンであなたのもとへ届けました。……次に義務を果たすのは、あなたの番です。責任を果たし、新しい話は持ち出さず、私たち人間同士が交わした約束は、きちんと守っていただきたい。私は代金を支払いましたし、約束を履行していただくことを期待していま す。金銭と権力を手にしたN・M・ロスチャイルド相手には、そちらの陰謀などは無力です。プロイセン王、ハルデンベルク宰相、ローター大臣は、多額の金銭を送り、プロイセンの信用を増すことに助力したネイサン・ロスチャイルドに満足し、感謝すべきでしょう……」

フランクフルトのゲットーで生まれたユダヤ人が、プロイセンの高官に対し、このような文言の手紙を送ったことは、ネイサンと彼の兄弟たちが実現した社会革命がどのようなものだったかに関して、多くを物語っている。

業は、しだいに経営者の大家族の資産を管理する多国籍の資産運用会社のような性格に変質していった。何世代かを経て、一族の構成員が増え続けるにしたがい、内部の結束を維持するため、五家族間の契約は定期的に更新されるようになり、いとこ同士とかおじと姪などの血族結婚も強化された。一八二四年から七七年に祝われた一族の婚姻を見ると、ネイサンの父マイヤー・アムシェル・ロスチャイルドの子孫を含むものは二一組あるが、うち少なくとも一五組は彼の直系の子孫同士の結婚だった。それに加えて、ほかのユダヤ系の名家が棄教したり異教徒との結婚に踏み切っていた時期に、ロスチャイルド一族に共通するユダヤ教の信仰が、アイデンティティーを共有し、「白人の「ユダヤ系」貴族」としての意識を強めるうえで役立った。

かつてマイヤー・アムシェルは、五人の息子たちに繰り返しこう諭したものだった。

「もし人びとから愛されることができないのであれば、恐れられる存在になれ」

はたして、債券市場の支配者として一九世紀半ばの金融界に君臨するようになってから、ロスチャイルド一族は、愛されるより恐れられる存在になっていた。右派の反動主義者たちは、ヨーロッパの貴族たちが所有する領地よりも、はるかに利益を生み出しやすく流動化しやすい新たな形態の富が勃興したことを嘆いた。ハインリヒ・ハイネが感知したように、ロスチャイルド一族が創出しつつある金融システムには、何か深い意味で革命的な点があった。彼は、次のように書いている。

紙でできた債券というシステムによって……人びとはどこに住んでも、働かなくても、持ち運びできる財産、つまり債券の利子で生活できるようになる。そのようにして彼らは寄り集まり、大都会で真の権力構造を形作っていく。さまざまなエネルギーが手をたずさえて、知識と社会的権利がこれだけ集中すると何が起きるかを、私たちはすでに知っている。

ハイネの目には、ロスチャイルドはいまや「古い貴族制度をしだいに絶滅に追い込んだ三人のテロリスト」として、リシュリュー、ロベスピエールと並ぶ存在になっていた。リシュリューは封建貴族層の権力を破壊し、ロベスピエールはそのデカダントな遺物であるルイ一六世をギロチンにかけた。そしていまロスチャイルドは、ヨーロッパにおける新たな社会的エリートを次のような形で生み出していると思えた。

……政府が発行する国債のシステムに絶対的な力を持たせ……そうすることによって、かつては土地が持っていた権威を、金銭に与えることになった。たしかに、彼はそのような形で新たな特権階級を生み出したが、それはあらゆる事物のなかで最もあてにならない金銭に基盤を置いている……［金銭は］水よりも流動的で、空気より捉えがたい……(7)

かたや左派の急進派たちは、政治の分野に新たな勢力が登場し、それが政府の財政に拒否権を発動し、したがってほとんどの政策の決定に権勢を振るうことになった点を嘆いた。ロスチャイルド一族がオーストリア、プロイセン、ロシアにおける国債発行に成功したあと、ネイサンは「空疎な同盟」を取り仕切って自由主義的な政治の潮流からヨーロッパを守ろうとする保険ブローカーとして戯画化された。ネイサンは一八二一年に、「外国勢力と結束し、とりわけヨーロッパの自由主義勢力からオーストリアを守ろうとする目的で、政府に援助を与えた」ので暗殺するという脅しまで受ける始末だった。リベラルなフランスの歴史家ジュール・ミシュレは、一八四二年の日記にこう記している。

「ロスチャイルド氏は、ヨーロッパのすべての皇太子、証券取引所のすべての廷臣と知り合いだ。国王や廷臣の口座の預金残高をすべて頭に入れており、帳簿をあらためて調べなくても彼らと語り合える。たとえば『そのような人物を総理大臣に任命なさったら、閣下の預金残高は赤字に転落いたします』といった調子で」

予想できたことだが、ロスチャイルド一族がユダヤ人だったという事実が、深く根をおろしていた反ユダヤ的な偏見にはずみをつけた。一八三〇年にロスチャイルド一族がアメリカにも影響を与え始めるとすぐ、ミシシッピ州知事は「ロスチャイルド男爵」を「ユダやシャイロックと同じ血が血管に流れ……彼らふたりの性質を合わせ持った人物」だと非難した。また一九世紀末、人民党を支持する政治家で文筆家でもあったウィリアム・〝コイン〟・ハーヴェイは、ロスチャイルド銀行を世界中に八本の触手を伸ばす巨大な黒いタコとして描いた。(8)

だが、最も憤慨の声が上がったのは、ロスチャイルド一族は自由自在に戦争を始めたり阻んだりしている、とみなされた点だった。一八二八年には、ポーランドのピュックラー＝ムスカウ侯爵が「ロスチャイルドの援助なしに、戦争を始めることのできる国など、ヨーロッパには存在しない」と述べているし、二〇世紀初頭には、ある学者が以下のような的確な問いを発している。(9)

＊7　ハイネ『ルートヴィヒ・ベルネ覚書』

＊8　R・ホーフスタッター『改革の時代――農民神話からニューディールへ』（清水知久ほか訳、みすず書房）

＊9　この問いを発したのは『帝国主義論』（一九〇二）の著者、J・A・ホブソン（矢内原忠雄・訳、岩波書店）。彼は帝国主義に対してきわめて早い時期から自由主義的な批判者として知られていたが、金融に関しては古典的な反ユダヤ主義の立場を、次のように明言した。「金融界の大立て者たちは、大量の株を動かし、企業を上場させ、価格の変動を操作することによって利益を手に入れる。このように巨大な事業――銀行、仲買、勘定の割引、債券の発行、会社の設立など――は、国際的な資本主義の中枢をなしている。組織として最も強靭な絆で結ばれ、お互いに絶えず緊密に、かつ敏速に結びつき、どの国家においてもビジネスの中心都市に居を構えている。ヨーロッパに関する限り、そこは何世紀にもわたって金融業の経験を持つ特別な一族によって支配されており、彼らは各国の政策を決定できる特異な地位を占めている」

ロスチャイルドとその一族が結びついた勢力が反対したなら、ヨーロッパの各国が大きな戦争を始めたり、国の大規模な借款が可能になるなど、本気で想像する者がいるだろうか。

ロスチャイルド家は戦争を欲している、と推察することも可能だった。現実に、ネイサン・ロスチャイルドが大勝負で巨万の富を手に入れた舞台は戦争だったのだから。戦争がなければ、一九世紀の諸国家には国債を発行する必要などほとんどなかったに違いない。だが戦争は、一六世紀のヴェネツィアの例のように、債券価格に直接的な影響を与え、債務者である国家が敗れて領土を失った場合には利子が未払いになる危険を増大させるおそれがあった。一九世紀の半ばになると、ロスチャイルド家はトレーダーからファンド・マネジャーへ転身し、一族が保有する膨大な国債を慎重に運用するようになった。いったん富を手にした彼らは、戦争によって得るものより失うもののほうが多くなった。イタリアやドイツの統一をめぐる紛争に対し、彼らが終始一貫して冷淡な立場を取ったのはそのためだった。アメリカが国を二分する戦争に突入して疲弊する状況を、不安げに見守っていたのも、同じ理由からだ。ロスチャイルド一族は、イギリスを財政的に支援することで、ナポレオン戦争の勝敗を決定づけた。そしてこんどは、傍観者としての立場を取ることによって、アメリカ南北戦争の行方を定めようとしていた。

南部連合の敗退

一八六三年五月、アメリカが南北戦争に突入して二年後、ユリシーズ・S・グラント将軍はミシシッピ州の州都ジャクソンを制圧し、ジョン・C・ペンバートン将軍が率いる南部連合軍を、西方のミシシッピ河畔ヴィックスバーグまで追い詰めた。北軍の艦砲射撃を背後から受けて包囲されながら、ペンバートンが率いる南軍は二回にわたって北軍の攻撃を退けたが、執拗な包囲攻撃についに屈した。七月四日の独立記念日に、ペンバートンは降伏し、ミシシッピは北部の手に委ねられることになった。南部は、文字どおり二つに引き裂かれた。

ヴィックスバーグの陥落は、南北戦争を決定づける大きな転回点の一つだとつねにみなされている。ところが財政的な側面から見ると、これは決して決定的な要因ではなかった。それより一年あまりも前に、さらに重要なできごとが、ヴィックスバーグから三二〇キロほど下流、ミシシッピ川がメキシコ湾にそそぐ場所で起きていた。一八六二年四月二九日、北軍の艦隊司令官デイヴィッド・ファラガットは、フォート・ジャクソンやフォート・セント・フィリップを制圧して、ニューオーリンズへ進軍した。これは、ヴィックスバーグの包囲ほど血なまぐさいものではなく、長期におよぶ包囲戦でもなかった。だが南部にとっては、ヴィックスバーグの包囲と同じく、破滅的な結果をもたらした。

南部連合の財政状況いかんでは、アメリカの歴史はまったく異なる道を進んでいたかもしれない。なぜかといえば、最終的には、南部連合の軍事的な努力が実らなかった背景には、工業生産力と人力の不足だけでなく、深刻な資金不足があったからだ。戦争の初期には中央集権的な課税システムがなかったため、発足したばかりの南部連合財務局は、兵士たちの給与を支払うために一五〇〇万ドルと一億ドルという巨額の債券を二度にわたって発行し、市民に売却した。だが自給自足の農場や小規模の町が多い南部の流動資産には、限界があった。のちに流れた風説によると、南部連合は戦争に勝利するため、世界で最も強大な金融界の名門一家が北部に対する勝利を支援してくれることを期待して、ロスチャイルド家を頼ったとされている。ウェリントンがワーテルローでナポレオンを打破するのを助けたのと同じように。

このエピソードは、まったく現実味に欠けるとも言えなかった。ニューヨークではロスチャイルドの代理人オーガスト・ベルモントが、アメリカが内戦に向かって突っ走る状況を恐怖とともに見守っていた。彼は民主党の全国委員長として、一八六〇年の大統領選でエイブラハム・リンカーンの対抗馬だったスティーヴン・A・ダグラスを熱心に支持した。ベルモントは、リンカーンの「致命的な財産没収政策と、強引な奴隷解放案」を声高に批判していた。またジェイムズの三男サロモン・デ・ロスチャイルドも、開戦前に、故郷に宛てた何通もの手紙のなかで、南部を支持する心情を表明している。北部の識者のなかにも、ロスチャイルド一族は明らかに南部支持派だ、と言明する者もいた。「シカゴ・トリビューン」紙は一八六四年に、「ベルモント、ロスチャイルド一族、そしてユダヤ人たちは……南部が発行した公債を買いあさっている」と弾劾した。あるリンカーン支持者は、「ユダヤ人、ジェファーソン・デイヴィス［南部連合の大統領］、そして悪魔が、邪悪な三位一体を形成して、北部に立ち向かおうとしている」と批判した。ベルモントは、一八六三年にロンドンを訪れた際、ライオネル・デ・ロスチャイルドに対して「まもなく北部は占領されるだろう」と語った（南部連合の国務長官であり、イギリスを南部側に引き入れようと画策していたと疑われたジュダ・ベンジャミン自身がユダヤ系だったことも、疑惑のタネをまくことになった）。

だが結果的には、ロスチャイルド一族は南部への支援を思いとどまった。これはなぜだろうか。彼らが奴隷制度に対し、心の底から嫌悪感を抱いていたためかもしれない。だが南部連合は信用リスクの面で劣ると判断した点も、同じくらい重要だったのではあるまいか（なにしろ南部連合の大統領ジェファーソン・デイヴィス自身が、アメリカ上院議員時代に、公的債務の支払い拒否を公然と提唱していたくらいだから）。この不信感は、ヨーロッパ全体にも広く浸透していたようだ。南部連合が従来型の公債をヨーロッパ市場で売りに出そうとしたとき、投資家たちはほとんど興味を示さなかった。だが南部人たちは、実に巧妙な奥の手を袖の中に隠し持っていた。それは（彼らの洋服の袖と同じように）綿花を使ったものだった。そのころ綿花は南部連合の経済の要であり、群を抜いて最大の輸出品だった。南部は、綿花を輸出収入のためばかりでなく、債券の担保にしようと目論んだ。知名度の低いフランスのエミール・エルランジェ銀行が、南部のために綿花を担保にした公債を発行し始めたとき、ロンドンやアムステルダムの市場では割に好意的に受け取られた。このポンド建ての公

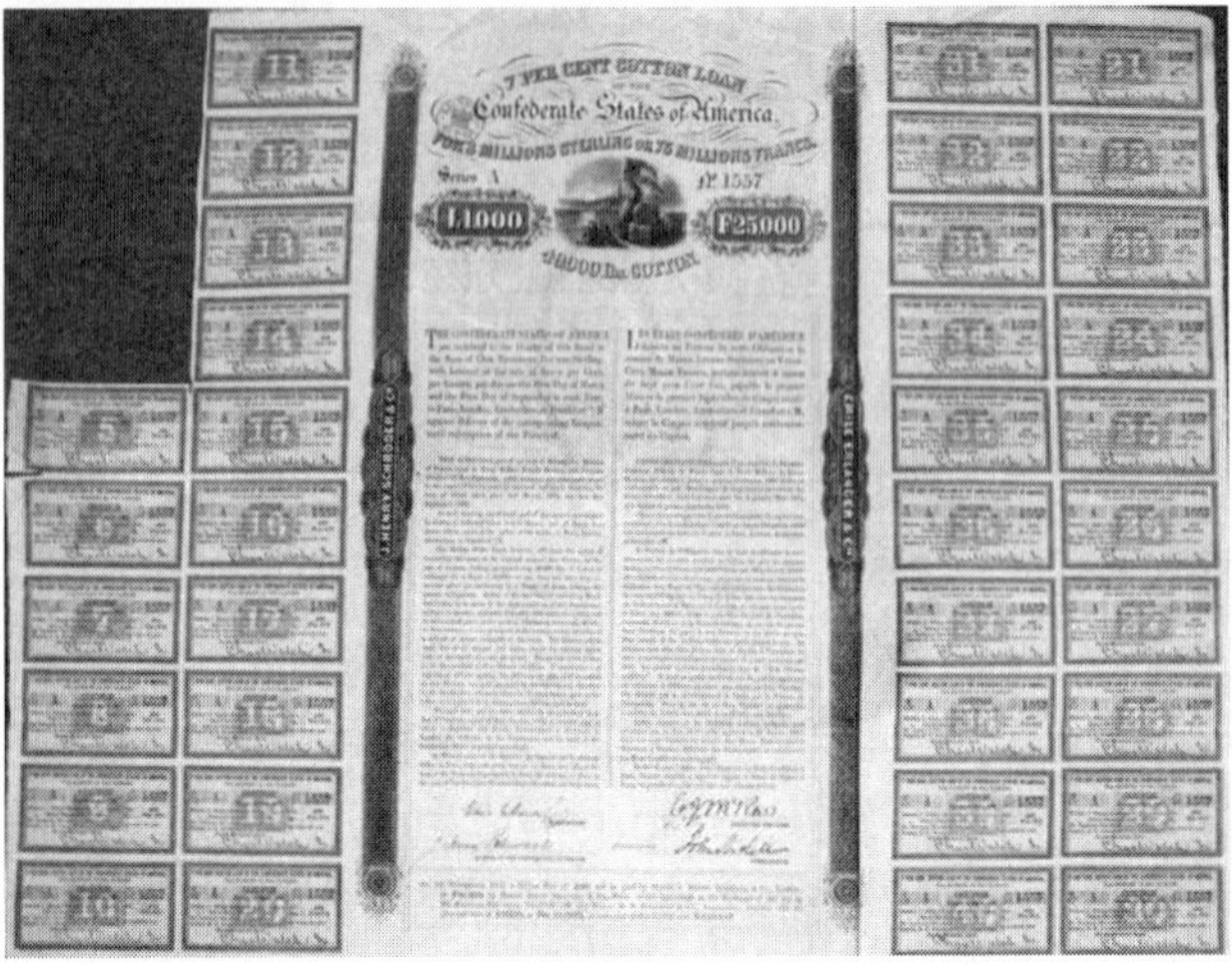

利札がついた南部連合のコットン・ボンド（綿花債）。最初の４枚だけが支払われて、切り取られている（Michael Vidler）

債は七パーセントの利札《クーポン》付きで二〇年の満期保証だったが、最も魅力的なのは、戦前の価格と同じ六ペンスで重量一ポンドの綿花と引き換えが可能な点だった。南部が軍事面で押されっぱなしだったにもかかわらず、その公債は戦時中、ほぼ価値を保ったが、それは戦争で綿花の需要が高まっていたために、裏づけになる綿花の価格が上昇していたという単純な理由からだった。たしかに、綿花価格が急騰したために、南部連合のゲティスバーグおよびヴィックスバーグにおける敗北にもかかわらず、公債の値段は一八六三年一二月から六四年九月の間に二倍になった。さらに南部は、綿花の供給に制限を加えることによって、値段を釣り上げることができるという、願ってもない立場にあった。

　一八六〇年、イギリスのリヴァプール港は輸入綿花をイギリス各地の繊維産業に供給する主要な動脈になっていた。当時この繊維産業は、ヴィクトリア朝イギリスの主力産業だった。これら綿花の実に八〇パーセントあまりが、アメリカ南部から船で送られていた。したがって南部連合の指導者たちは、この綿花がイギリスを自分たちの味方につける有力な要因になると考えていた。その圧力をさらに強めるため、彼らはリヴァプール港に向けた綿花をすべて通商禁止にした。その結果、壊滅的な事態が生じた。南部からの輸入は、一八六〇年には二六〇〇万梱だったが、一八六二年には七万二〇〇〇梱弱に落ち込んだ。マンチェスター市の南部に位置するスタイアルに、典型的な紡績工場が当時のまま保存されている。ここではだいたい四〇〇人程度の従業員を雇っていたが、これはランカシャー州でキング・コットン社に雇用されていた綿花関連の従業員三〇万人のほんの一部だ。綿花がなければ、それら労働者にはなんの仕事もなかった。一八六二年の末には、従業員の半数が一時解雇され、ランカシャー州の人口の四分の一ほどが貧民救済措置に頼ることになった。当時の人びとはそれを「綿花飢饉」と呼んだが、これは人為的な災厄だった。だがそれを誘発した側は、当初の目的を達成しかけていた。通商停止措置は、失業者や飢餓、暴動をイングランド北部に発生させただけではなかった。綿花不足のため価格が急騰し、綿花を担保とした南部公債の値段も釣り上がった。したがって綿花債《コットン・ボンド》は、イギリスの政界エリートにとっても、抗しがたいほど魅力的な投資先になった。のちにイギリス首相になるウィリアム・ユーアート・グラッドストンや、

南部連合が発行した、「グレイバック」と呼ばれる紙幣。ルイジアナ州の５ドル札（Louisiana State Museum）

「タイムズ」紙の編集長ジョン・ディレインも、この公債を購入した。

だが債券市場を操作する南部の力は、ある決定的な要因によりかかっていた。つまり、もし南部が利子の支払いを滞らせた場合、債権者たちは綿花を手にすることができる、という条項だ。担保制度は、債権者が実際にそれを手にすることができてはじめて効力を持つ。したがってそれこそが、一八六二年四月の北軍によるニューオーリンズ征圧がアメリカ南北戦争の転回点となった理由だ。南部の綿花を手に入れようとするイギリスの投資家たちは、北軍の海上封鎖という難関を往復で二度も突破しなければならなかった。ミシシッピ川やその周辺に北軍の海軍が勢力を伸ばしているだけに、これは決して望ましい状況ではなかった。

もし綿花が収穫されてヨーロッパに送られるまで南軍がニューオーリンズを死守できていたら、ロンドンで三〇〇万ポンドを上回る公債が売却できたかもしれない。リスクに対して拒否反応を示すロスチャイルド一族でさえ、手を出した可能性もある。だが実際には、ロスチャイルドは、エルランジェ銀行が扱う公債に対し「あまりにも投機的な色彩が強く、無謀な投資家たちが手を伸ばす気配がある。……尊敬に値する人びとがこれに手を出すという話は耳に入ってこない……」という理由で購入を見送った。南部連合は、強気の勝負に出過ぎた。綿花の供給を一時的に止めたものの、供給を再開するすべを失ってしまった。一八六三年になると、ランカシャーの紡績工場は、綿花の新しい供給源として中国、エジプト、インドを確保していたし、投資家たちは、綿花に支えられた南部の公債への信頼を急速に失い始めた。その結果、南部連合の経済は壊滅的な状況に陥った。

債券市場は疲弊し切っていたし、二つの外国からの借入も微々たるものだったため、南部連合は戦争などの出費をまかなうために、裏づけのないドル紙幣を一七億ドルほど乱発した。南部、北部の双方とも、紙幣を増刷する必要があったことは事実だ。だが戦争の末期になると、北部が発行した「グリーンバック」ドル紙幣は金に換算して五〇セントの価値を保っていたが、南部の「グレイバック」は、一八六四年に断行した通貨改革も虚しく、一セントの価値しかなくなっていた。南部の各州や自治体が、独自に紙幣を印刷できたこと、グレイバック紙幣は印刷が雑で簡単に偽造できたため、ニセ札が横行したことも、状況を悪化させた。乏しい物資を買うためにより多くの紙幣が必要になり、爆発的なインフレが起きた。南北戦争の間に、南部における物価上昇率は四〇〇〇パーセントに達したが、北部では六〇パーセントにとどまっていた。一八六五年四月に南部軍は降伏したが、それ以前から敗北の前兆であるハイパーインフレが起き、南部経済は崩壊になだれ込んだ。

ロスチャイルド一族の判断は、正しかった。戦争に勝った北部が南部の負債を救済することを拒んだため、南部の公債に投資した者たちは大損した。結局、南部の戦費をまかなうには紙幣を乱発する以外になかった。債券市場に逆らおうとすることが、破滅的なインフレと屈辱的な軍事的敗退に終わるのは、歴史上、これが最後ではなかった。

利子生活者《ランティエ》の安楽死

一九世紀の間に、南部公債に投資して大損をした人びとと似たような体験をした者は、決して珍しくない。南北アメリカ大陸で債券市場の投資家を落胆させた政府は、南部連合だけではなかった。ただここが、最北に位置していたというだけだ。リオ・グランデ川の南では、債務不履行や通貨の下落はほぼ日常茶飯事だった。一九世紀にラテンアメリカで起きた事態は、さまざまな意味で、二〇世紀の半ばに世界規模で起きた問題の前兆だった。これは部分的には、債券市場に最も投資しがちな社会層――信頼できる通貨による迅速な利払いを求める人びと――が、世界中のどの場所と比べても弱体だったことが原因だ。また債券保有者の多くが外国人であれば、債務不履行がそれほど痛みを伴わないことに、ラテンアメリカ諸国がいち早く気づいたことも一因だろう。ラテンアメリカにおける最初の累積債務危機が、一八二六年から二九年という早い時期に起きたのは、決して偶然ではない。そのときペルー、コロンビア、チリ、メキシコ、グアテマラ、アルゼンチンなどの国ぐにが、ロンドンでほんの数年前に発行されたばかりの公債に対し、債務不履行に陥った。

さまざまな点で、債券市場が強大だという見方は正しかった。一九世紀の後半になると、負債のため債務不履行に陥った国ぐには、経済制裁を科されたり、外国政府に財政政策を握られてしまう可能性があった。少なくとも五つのケースでは、軍事的な介入まで受けた。もしエジプト政府が、イギリス首相をも含むヨーロッパの債権者たちに対し、返済を拒否すると匂わせなかったら、グラッドストン首相が一八八二年にエジプト侵攻を命じたかどうかは疑わしい。「新興市場」を大英帝国の庇護下に置くことは、政治危機の懸念がないことを投資家たちに印象づけるうえで、最も確実な方法だった。大英帝国以外の国でも、債務不履行に陥った場合には砲艦による威嚇を受ける覚悟が必要だった。たとえば一九〇二年のベネズエラは、イギリス、ドイツ、イタリアによる多国籍艦隊によって一時的にいくつもの港を封鎖された。アメリカは、中央アメリカやカリブ諸国における債券保有者の利益を守るのに熱心で、しかも効果的にやってのけた。

だがある決定的な一点で、債券市場には潜在的な弱点があった。一九世紀を通じ、国際的に最も大規模な金融市場だったロンドンの金融街《シティ》の投資家たちは、富裕だったが、人数は多くなかった。一九世紀の初頭、イギリス国内の債券所有者は、人口の二パーセントに満たない二五万人弱だったが、彼らの富の総額はイギリス国民所得の二倍もあり、収入は国民所得の約七パーセントに達していた。一八二二年、彼らの収入である国債の利子は政府支出の約半分にのぼったが、税収入の三分の二あまりは間接税で消費財に課せられていた。一八七〇年になっても、この比率は、それぞれ三分の一と二分の一あまりだった。つまり多くの人びとが必要とする製品に課税した分で、ごく少数の金持ちたちのための利子を支払っていたわけで、これ以上ないほどの逆累進課税だ。ジャーナリストのウィリアム・コベットなどの急進派が腹を立てたのも無理はない。彼は自著『農村騎行』（一八三〇）のなかで、こう宣言した。

「国の債務や付随する徴税や投機などは、少数の利益のために……富を大衆から奪い、巨大な塊に集積するという生来の傾向があるらしい」

さらに彼は、政治的な改革が断行されない限り、イギリス全土が「この怪物的なシステムを維持するために……金貸しや株式仲買人……ユダヤ人や税金を無駄使いする連中」の手に落ちてしまう、と警告した。

だがこのような手きびしい非難があっても、フランスで「利子生活者《ランティエ》」として知られた社会層――国債《ラント》など政府が発行する公債の利子で生活する人びと――を弱体化するには至らなかった。それどころか、一八三〇年からの数十年は、ヨーロッパの利子生活者にとっては黄金時代だった。債務不履行はほとんど起こらなかったし、金本位制のおかげで通貨はますます信頼できるようになった。[10] この利子生活者の勝利は、選挙権が拡大しつつあるなかで、特筆すべきものだった。たしかに、貯蓄銀行の誕生（国債をおもに取り扱う義務を課せられることが多かった）は、間接的に、社会の新しい層を債券市場に取り込むことになった。だが利子生活者は基本的に、ロスチャイルド一族、ベアリングス銀行、グラッドストン首相など、社会的・政治的に、そして何よりも経済的に利害の絡み合ったエリートたちに限られていた。彼らの支配を終わらせたのは、民主主義や社会主義の勃興ではなく、彼ら帝国のエリートたちもその一翼を担った財政および金融上の悲劇、つまり第一次世界大戦だった。

経済学者のミルトン・フリードマンによる、有名なインフレーションの定義はこうだ。「インフレーションは、いついかなる場合も通貨の現象だ。生産高より通貨の量が増えない限り、この現象は起きない」

第一次世界大戦の交戦国が戦後に襲われた事態は、この定義が正しいことを証明している。高度インフレは、次の五段階を通じて起きた。

①戦争が商品不足を引き起こした。
②政府が中央銀行から短期融資を受けた。
③それは実質的に負債を現金化するため、通貨供給量が増大した。
④国民はインフレを予感し、現金の需要は下落した。

＊10　マルチェロ・デ・チェッコ『国際金本位制と大英帝国――1890-1914年』（山本有造・訳、三嶺書房）

⑤その結果、物価が上昇した。[11]

だが、なぜ特定の国だけでインフレが急激に進行するのか、純粋な貨幣理論だけでは説明がつかない。また、インフレの帰結が国によって大きく異なる点も説明できない。主な交戦国の一九一四年から一八年にかけての公共支出額を足してみると、イギリスはドイツより多いし、フランスはロシアより多額の支出をしていることが分かる。ドルで表すと、一九一四年四月から一八年三月にかけて、イギリス、フランス、アメリカの公的債務は、ドイツの額よりも大きくなっている。実際、一九一三〜一八年の間、流通通貨量の増加率は、ドイツ（一〇四〇パーセント）はイギリス（七〇八パーセント）やフランス（三八六パーセント）を上回ったが、ブルガリアは一一一六パーセント、ルーマニアは九六一パーセントに達している。[12] 卸売物価の上昇率は、一九一三年に比べ、一八年までにイタリア、フランス、イギリスがドイツの数字を上回った。ベルリンにおける生活費指数は、一九一八年には戦前の二・三倍になっていたが、ロンドンでも似たようなものだった（二・一倍）。ではなぜ、ドイツだけが第一次世界大戦後にハイパーインフレに見舞われたのだろう。そしてなぜ、マルク紙幣は紙くず同然になったのだろう。そのカギは、戦中と戦後における債券市場が果たした役割の違いにある。

大戦に参加した国ぐにはすべて戦時国債を発行し、熱心に宣伝して、それまで国債を購入した経験のない小口の投資家たちの愛国心を煽った。だがドイツは、イギリス、フランス、イタリア、ロシアとは異なり、大戦中には国際市場で国債を売ることができなかった（当初はニューヨークの市場に加盟することを拒否し、その後は締め出された）。連合国は、アメリカや資本の潤沢な大英帝国内で国債を売ることができたが、同盟国（ドイツ、オーストリア＝ハンガリー、トルコ）は、自国内で売るしかなかった。たしかに、ベルリンとウィーンは重要な金融の中心地だったが、ロンドン、パリ、ニューヨークなどの金融街ほどの懐の深さは持っていなかった。したがって、国内の投資家たちの欲求が満たされて一巡してしまうと、ドイツとその同盟国には、それ以上、戦時公債を売ることがむずかしくなった。ドイツとオーストリアの政府は、イギリスよりも早く、そしてさらに大規模に、自国の中央銀行から短期融資を受けるようになった。中央銀行が保有する短期国債の量が増えることは、インフレの前兆だ。なぜかといえば、国民に国債を売る場合と違い、これらの証券を現金化するとなると、貨幣の供給を増やすことにつながるからだ。戦争末期には、ドイツ帝国が抱えている負債の約三分の一は「流動的」、つまり短期借入金で、過剰流動性が発生していた。だが戦時中の価格統制のおかげで、かろうじてひどいインフレになることを防いでいた。

＊11　経済用語でいえば、この関係はMV＝PQという数式で表すことができる。Mは流通している貨幣量、Vは流通の速度（取引の頻度）、Pは価格、Qは総取引量（供給量）。
＊12　ブライアン・R・ミッチェル『ヨーロッパ歴史統計――1750-1993』（中村宏、中村牧子・訳、東洋書林）より算出。

敗戦そのものも、大きな傷あとを残した。どの交戦国も、納税者や債券所有者に対して、敵方に戦争の賠償責任がある、と主張していたが、最終的に請求書はドイツに回ってきた。したがって、戦後ドイツを襲ったハイパーインフレは、国家破産の一つの形態として捉えることができる。戦時公債を買った国民は勝利を期待していたが、敗北と革命は国家的な破産をもたらした。そしてその矛先を受け止める側に回らされたのは、帝国《ライヒ》の債権者たちだった。敗戦は当然ながら、一九一八年一一月から一九年一月にかけてドイツで勃発した一連の革命も、投資家たちを安心させるものではなかった。誕生したばかりのワイマール共和国に、まだ額は明示されなかったものの、賠償金を負担させることにしたヴェルサイユ講和会議も同じく不安材料だった。一九二一年に、賠償金の総額が確定し、ドイツは国民所得の三倍あまりの対外債務を課せられた。つまり一三二〇億金マルク（戦前のマルク通貨）にのぼる額の負債を背負わされたのだった。この負債額のすべてがただちに利子を加算されるものではなかったが、支払い期限内の賠償金の額は、ドイツの一九二一年と二二年の歳出額の三分の一あまりを占めていた。どのような投資家であっても、一九二一年夏の時点で、ドイツが置かれた立場を顧みれば、とうてい楽観的ではいられなかった。戦後のドイツには外国資本も流れ込んではきたが、それは投機的な短期資金《ホットマネー》で、状況が悪化すればすぐに引き揚げられるものだった。

しかし、ヴェルサイユ条約が一九二三年にドイツで起きたハイパーインフレをもたらした、と単純に決めつけることもできない。ドイツ人は言うまでもなく、そのような見方に固執した。第一次世界大戦後はずっと、彼らは次のように主張し続けた。賠償金という重荷が、支え切れないほど多額な経常収支の赤字を生み出し、資金を調達するためにはマルク紙幣を増刷するしかなく、マルクが下落した結果、インフレを招いた、という論理だ。だがこの主張だけでは、金融危機を招いたドイツ国内の政治状況を見逃すことになる。ワイマール共和国の税収は、新しい政権の正統性に異議を唱える高額所得者層が納税を拒否したため、かなり困窮していた。その一方で公共部門の組合の賃金紛争を妥結するために、公的資金が惜しげもなく使われていた。不十分な税制と過剰な支出のせいで、一九一九年と二〇年には、膨大な赤字（国民純生産の一〇パーセント以上）が生じたが、これは戦勝国側が賠償金額を提示する前のできごとだった。一九二三年、ドイツが賠償金の支払いを一時停止した年には、赤字はさらに拡大していた。さらに、一九二〇年代の前半にワイマール共和国の経済政策に携わっていた政治家たちは、二〇年代半ばに修正する機会があったにもかかわらず、ドイツの金融と財政を安定させる方向には動かなかった。ドイツの金融界のエリートたちに共通していた思惑は、マルクの価値が急落すれば、アメリカ、イギリス、フランスの製品よりもドイツ製品の輸出価格が安くなるから、連合国は賠償協定を修正するに違いない、というものだった。マルクの下落がドイツ製品の輸出を促進しているうちは、その通りだった。だがドイツが見落としていたのは、アメリカとイギリスが戦後の景気後退に陥っていた一九二〇年から二二年にかけて、インフレによって引き起こされたにわか景気が輸入の急増を促し、彼らが行使しようと考えていた経済的な圧力が相殺されてしまった点だ。このように、ドイツの

ハイパーインフレを証明する1923年発行の1兆マルク紙幣（Ron Wise）

ハイパーインフレは誤算だらけの結果だった。賠償金を支払うというドイツの表向きな公式声明とは裏腹の不誠実さに気づいたフランスは、賠償金は軍事力で回収すべきだという結論に達し、工業地帯のルール地方に進攻した。これに対し、ドイツはゼネスト（彼らは「受動的抵抗」と呼んだ）で応じ、さらに紙幣を増刷してそれをまかなった。このようにして、ハイパーインフレは最終段階に入った。

ミルトン・フリードマンが定義したように、インフレはたしかに通貨の現象だ。だがハイパーインフレは、どのような場合でも、一国の政治経済の根本的な機能不全なしには起こり得ないという点で、政治的な現象だとも言える。戦後ドイツの縮小した国民所得に対し、国内外の債権者から寄せられる矛盾した要求に対処するためには、もっと穏やかな解決策は間違いなく存在した。だがせっぱ詰まった国内情勢と、対外的な服従拒否――自分たちの帝国が叩き潰された、と多くのドイツ人が認めたがらなかったことによる――は、考えられる限りで最悪の結果を引き起こしてしまった。つまり、通貨と経済全体の完全な崩壊だ。一九二三年末には、流通しているマルク紙幣の総額はおよそ四垓九七〇〇京マルクだった。二〇〇億マルクの紙幣が日常的に使われていた。インフレ率は、ピーク時には一八二〇億パーセントにまで達し、物価は一九一三年に比べて平均で一兆二六〇〇億倍になっていた。短期的にプラス要素が働いた時期もあったことは事実だ。貯蓄を思いとどまらせ、消費を奨励したし、一九二二年の第4四半期まではインフレの高進が生産性を押し上げ、雇用を促進した。これまで見てきたように、マルクの価値が下がったため、ドイツの輸出が伸びた。だが一九二三年の経済破綻は、先延ばしされた分、より深刻な結果を呼んだ。工業生産は、一九一三年の半分にまで落ち込んだ。失業率は、ピーク時には組合加入労働者の四分の一に達し、また、加入者の四分の一は労働時間を短縮された。だが最悪だったのは、この危機がもたらした社会的・心理的なトラウマだった。ノーベル文学賞を受賞したブルガリア出身のエリアス・カネッティは、インフレが猛威を振るっているフランクフルトで過ごした青春時代を振り返って、こう書いている。

インフレーションは、言葉のもっとも厳密かつ具体的な意味において、群衆現象である。……インフレーションは、人間たちとかれらの貨幣の諸単位とが互いにもっとも強烈な影響を及ぼしあう、価値喪失の魔女の饗宴と呼ぶことができる。両者が互いに相手を表わし、人間たちは自分たち自身をその貨幣のように悪いものと感じる。そして、この貨幣はますます悪くなる。かれらはみんな、ともに貨幣のなすがままになり、ともに同じように無価値になったと感じる。

（エリアス・カネッティ『群衆と権力』〈上巻〉岩田行一・訳、法政大学出版局から引用）

「無価値」という概念こそ、ハイパーインフレの主要な落とし子だった。金銭が無価値だと感じられたばかりでなく、金銭で表される富や収入のすべてが無価値に感じられるようになった。そこには、債券も含まれた。戦前の金マルクで支払うことを求められていたドイツの対外債務はハイパーインフレによっても償却できなかった。だが、戦中戦後を通じて蓄積された国内債務は帳消しになり、まるで壊滅的な地震に襲われたかのように、債務の山が平坦になった。これは、税金——債券の所有者にとってばかりでなく、定額収入に頼る人間すべてに、同じような結果をもたらす税金——に似ている。そのため、とくに上流中産階級、つまり利子生活者《ランティエ》、上級公務員、専門職の人などの実入りは大幅に減った。ただ事業主たちだけが、製品の価格を上げ、ドルを貯え、不動産（家や工場など）に投資し、価値の下落した紙幣で債務を支払うことによって自らを防衛できた。ただし長期的に見て、ハイパーインフレがもたらした経済的な効果は、好ましいものではなかった。銀行は力を失い、インフレのリスクを反映して利率は慢性的に高くなった。だが、ドイツのハイパーインフレがもたらした最も嘆かわしい側面は、社会的・政治的な影響として表れた。一九二三年、イギリスの経済学者ジョン・メイナード・ケインズは、インフレがもたらす「ランティエの安楽死」は、デフレによる大量失業よりも好ましいと論じた。彼によるとその理由は「疲弊した社会では、ランティエを落胆させるより、失業者を生み出すほうが望ましくないから」だった[13]。だがそれより四年前、彼はインフレがもたらす否定的な側面を、以下のように生々しく描き出している。

絶えざるインフレーションの過程によって、政府は、密かに、それと知られずに、市民の富の大部分を没収することができる。この方法によって、政府は、単に没収するのではなく、恣意的に没収するのであり、この過程は多くの人びとを困窮化させる反面、一部の人びとを事実上富裕化するのである。このような富の恣意的な再分配の情景は、安全感に対してのみならず、現存の富の分配の公平性への信頼感に対しても、打撃を与える。このような仕組によって、自分たちが当然受け取るべきものを上回り、自分たちの期待や願望をすら上回る予想外の利益を受けとる人びとは、「不当利得者」となり、彼らは、プロレタリアにとってのみならず、インフレ政策によって貧しくさせられたブルジョアジーにとってすら憎悪の的となる。インフレーションが進行し……資本主義の窮極の基礎をなしている、債務者と債権者とのあいだの一切の恒常的関係が完全に混乱させられて、ほとんど無意味にな（る）……

（『ケインズ全集第二巻　平和の経済的帰結』早坂忠・訳、東洋経済新報社から引用）

＊13　ジョン・メイナード・ケインズ『お金の改革論』（山形浩生・訳、講談社）

ケインズのこの洞察は、レーニンの次のことばに基づいていた。

「ある社会の既存の基盤を、確実かつ巧妙に覆すには、その社会で通用する通貨を無価値にするに限る」

レーニンが実際にそう述べたという記録は、残っていない。だがボルシェヴィキのなかで彼の同志だったエフゲニー・プレオブラジェンスキー[14]は、紙幣印刷機を評して「ブルジョア社会の背後から銃撃を加える、人民委員会議の財政部門におけるマシンガン」と断じたことがある。

ロシアの例を見ると、ドイツだけが第一次世界大戦後にハイパーインフレに押し潰されたわけではないことが分かる。新たに独立したハンガリーとポーランド、そしてオーストリアも、一九一七年から二四年にかけてかなりひどい通貨下落に苦しんだ。ロシアのハイパーインフレは、ボルシェヴィキが帝政時代の債務に対する支払いをすべて無条件で拒否したことから始まった。第二次世界大戦後も、通貨が下落して債券市場が瓦解したドイツ、ハンガリー、ギリシャで、債券所有者たちは同じような経験に苦しむことになる[15]。

もしハイパーインフレが、世界大戦の敗北によってだけ引き起こされるのだとしたら、割に理解しやすい。だが、そうとも言い切れない。最近の例では、世界大戦ほど深刻でない事態が引き金になって、いくつもの国が――直接的には利息の支払い延期によって、間接的には債務の通貨の下落によって――債務不履行に陥っている。世界規模の戦争がなくなったにもかかわらず、なぜ地球にはいまだにハイパーインフレの亡霊が出没するのだろうか。

資産運用会社ＰＩＭＣＯの創業者ビル・グロスは、資産運用のキャリアをラスヴェガスのカジノでブラックジャックをプレーすることから始めた。彼によると、投資家が債券を購入する際には、必ずギャンブルの要素が含まれているという。インフレによって債券の年間利子が帳消しになってしまわないかどうかも、その一つだ。グロスの説明によると、「もしインフレ率が一〇パーセントに達し、固定金利が五パーセントの場合、債券所有者は基本的に、インフレに対し、五パーセント分の後れを取っていることになる」という。私たちがこれまで見てきたように、インフレが高進している際の危険は、金融資産の購買力が下がるし、支払われる利子も目減りしてしまうことだ。そのために、高度インフレの気配が最初にちょっとそよぐだけで、債券の価格を下落させる原因になる。最近の一九七〇年代でさえ、インフレが世界中で進んでいるときには、債券市場に投資するよりも、ネヴァダ州のカジノにカネをつぎ込むほうがまだ安全に思えた。グロスは、アメリカでインフレが二桁に達し、一九八〇年四月には一五パーセント弱まで進んだ時代を、鮮やかに思い出す。彼が言うように、

＊14　実際には、プレオブラジェンスキーは安楽死よりも殺人を得意とした。彼はボルシェヴィキの指導者たちのなかで、皇帝ニコライ二世とその一族の殺害に最も深く関与していた人物だ。

＊15　史上最悪のインフレは一九四六年七月、ハンガリーで起きた。物価は四一九京パーセントも上昇した。

「これは債券にはきわめて不利な時代で……それはおそらく歴史上、最悪といえるほど債券の弱気市場を生み出した」。具体的に言うと、一九七〇年代、アメリカ国債の実質年間利回りはマイナス三パーセントだった。これは、二つの世界大戦によって、インフレが進行したときと同じくらい低い数字だ。現在、一〇パーセントを超えるインフレに見舞われているのはほんのひと握りの国だけで、ハイパーインフレにあえいでいるのはジンバブエだけだ[16]。だが一九七九年には、少なくとも七つの国が五〇パーセントあまりのインフレに見舞われ、イギリスとアメリカを含む六〇か国あまりが二桁のインフレを記録していた。このような国ぐにのなかで、最も長期にわたってダメージに苦しんだのはアルゼンチンだった。

かつてアルゼンチンは、繁栄のお手本だとみなされていた。アルゼンチンという国名そのものが、「銀の国」を意味する。首都ブエノスアイレスはラプラタ川の河畔に位置していて、その名称も「銀の川」という意味だ。その由来は川の色に基づくものではなく――実際の色は泥のような茶色だ――上流に銀が埋蔵されていると思われたことから付けられたらしい。最近の概算によると、一九一三年、アルゼンチンは世界で最も裕福な国の一つだった。当時、英語圏以外の国で、一人当たりの国内総生産がアルゼンチンを上回る国はスイス、ベルギー、オランダ、デンマークの四か国だけだった。一八七〇年から一九一三年にかけて、アルゼンチンの経済成長はアメリカとドイツの両国を上回り、カナダと同じくらいの規模の外国資本が流れ込んでいた。かつて、デパートの「ハロッズ」の店舗は世界に二つ存在したが、一つはロンドンのナイツブリッジ、もう一つはブエノスアイレスの中心部アベニーダ・フロリダにあった。アルゼンチンは疑う余地なく、南半球ではアメリカと肩を並べるほどではないにしても、イギリスと同等の地位を占めることが期待されていたほどだった。一九四六年二月に大統領に選出されたファン・ドミンゴ・ペロン将軍がブエノスアイレスの中央銀行を訪れたとき、彼は自分の見たものに目を見張ってこう語った。

「大量の金塊であふれ、廊下を歩くこともできないくらいだ」

二〇世紀におけるアルゼンチンの経済史は、財政政策を誤ると、世界中の富もゼロに帰してしまうというお手本だ。とくに第二次世界大戦後、アルゼンチンは近隣諸国や世界中の国ぐにに比べてもパッとしなかった。たとえば、一九六〇年代から七〇年代にかけて成長率が伸び悩んだために、一九八八年の一人当たりのGDPは一九五九年と同じ足踏み状態だった。一九一三年にアメリカの七二パーセントの規模だったGDPは、九八年には三四パーセントに下落していた。アルゼンチンはシンガポール、日本、台湾、韓国などアジアの国ばかりでなく、さらに屈辱的なことに隣国のチリにまで追い抜かれた。何が悪かったのだろう。一つの原因は、一九四五年から五二年にかけて、さらに一九五六年から六八年、一九七〇年から七四年までの三回にわたって、二桁のインフレが繰り返され、さらに一九七五年から九〇年にかけては三桁のインフレがあり、一九八九年には五〇〇〇パーセントに達したことだ。も

＊16　本書の執筆時（二〇〇八年三月）には、ジンバブエにおける葬儀には一〇億ジンバブエ・ドルかかった。年間のインフレ率は一〇万パーセントにのぼる。

う一つの理由としては、債務の不履行が上げられる。アルゼンチンは、海外の債権者たちに対し、一九八二年、一九八九年、二〇〇二年、二〇〇四年の四回にわたって、返済不能に陥った。だが、これらの答えだけではまだ不十分だ。アルゼンチンは一八七〇年から一九一四年の間だけでも、少なくとも八年は二桁のインフレに苦しんだ。また、この期間に二度にわたって債務不履行に陥った。アルゼンチン経済の衰退を理解するには、インフレが貨幣的だけでなく、政治的な現象でもあることを、改めて考え直す必要がある。

少数の特権層である地主階級は、アルゼンチンの経済を英語圏への農産物の輸出で支えようとしたが、大恐慌時代に、このパターンは完全な失敗に終わった。大規模な移民政策はおこなったが、アメリカとは違って農地を定住地として解放しなかったために、アンバランスなほど大量の都市労働者が生まれた。これらの労働者たちは、ポピュリズム的な大衆運動にたやすくなびいていった。一九三〇年のクーデターでホセ・F・ウリブルが大統領に就任したのを手始めに、何度も繰り返された軍部の政治介入の伝統が、ペロン大統領のもとでファシズムもどきの政治に道を開くことになった。ペロンは、労働者階級には高い賃金と快適な労働環境、企業家には保護的な関税など、すべての国民になんらかの措置を約束した。一九五五年(ペロンが退陣を迫られた年)から六六年にかけて試みられた反労働派路線は、通貨切り下げによって農業従事者と工業労働者の利害を調整しようとした。一九六六年にまたもや軍事クーデターが起き、工業面における技術革新を約束したが、結局はさらに通貨を切り下げてひどいインフレを引き起こしただけだった。一九七三年にペロンは復権したが、世界的なインフレが始まった時期と重なったこともあり、大失敗に終わった。年間のインフレ率は、四四四パーセントにのぼった。新たな軍事クーデターの結果、アルゼンチンはホルヘ・ビデラ政権のもとで「国家再編成プロセス」を遂行するに当たって、何千人もの市民を恣意的に拘留したり「失踪」させたりという暴力的な弾圧の時代を迎えた。軍事政権が経済上、アルゼンチンにもたらしたのは急速に増大する対外債務だけと言ってよく、一九八四年にその数値はＧＤＰの六〇パーセントあまりにも達する額だった（それでも一九〇〇年代はじめの負債額に比べれば、半分以下だった）。インフレ危機の際によく見られる現象だが、戦争も原因の一つだった。アルゼンチンの場合、国内的には政府に対する危険分子との対決があり、対外的にはイギリスとの間にフォークランド諸島（アルゼンチンの呼び名ではマルビナス諸島）をめぐる戦争があった。だがこのアルゼンチンのケースを、崩壊した政権がインフレによって負債をうやむやにした新たな例としてだけ捉えるのは間違っているだろう。アルゼンチンのインフレをこれほど手のつけられないものにしたのは戦争ではなく、独裁政治家や将校団、利益集団や労働組合、そして下流の「デスカミサードス」（シャツを持たない者）と呼ばれる貧困層など、さまざまな社会勢力だった。端的にいえば、物価の安定に関心を持つ有力な層が存在しなかったせいだ。資本家たちは財政赤字がもたらす通貨安の恩恵を受け、労働の売り手は賃金と物価の悪循環に慣らされていった。最初のうちは、政府の負債を国内における資金調達でまかなっていたが、それを国外に移行するようになると、債券所有者を国外に求めることになる。これ以降のアルゼンチンの通貨安定策がどれも功を奏さなかった理由には、このような背景を考慮に入れる必要がある。

アルゼンチンが生んだ最も偉大な作家のホルヘ・ルイス・ボルヘスは、短編「八岐の園」のなかで、架空の中国の賢人・崔奔について、次のように述べている。

……あらゆるフィクションでは、人間がさまざまな可能性に直面した場合、そのひとつをとり、他を捨てます。およそ解きほぐしようのない崔奔のフィクションでは、彼は——同時に——すべてをとる。それによって彼は、さまざまな未来を、さまざまな時間を創造する。そして、これらの時間がまた増殖し、分岐する。……崔奔の作品では、あらゆる結末が生じます。それぞれが他の分岐のための起点になるのです。……(崔奔は)均一で絶対的な時間というものを信じていなかった。時間の無限の系列を、すなわち分岐し、収斂し、並行する時間のめまぐるしく拡散する網目を信じていたのです。

(ホルヘ・ルイス・ボルヘス『伝奇集』鼓直・訳、岩波書店から引用)

この文章は、アルゼンチンの過去三〇年の経済史の比喩と考えても、あながち的外れではない。ベルナルド・グリンスプン経済大臣が一九八〇年代に債務の償還期限を延長して、ケインズ理論に基づく需要操作をおこない、彼の後継者ファアン・ソウルイジェ大臣がアウストラル・プラン(新通貨アウストラルを導入し、財政規律の強化を図った政策)を実施し、通貨改革をおこなうとともに、賃金と物価も統制した。だが二人の大臣とも、重要ないくつもの利益集団を、自らが提唱した「分岐」路線に引っぱり込むことができなかった。公共支出が税収を上回り続け、賃金と物価の統制をいち早く終わらせるべきだ、という声が強まり、形ばかりの安定化政策は取られたものの、たちまちインフレが復活した。このようにいくつもの「分岐」が、一九八九年にはついに破滅的な形で重なり合い、東ヨーロッパにとっては解放につながる「すばらしい年《アニュス・ミラビリス》」だったこの年が、アルゼンチンにとっては「恐ろしい年《アニュス・ホリビリス》」になってしまった。

一九八九年二月、アルゼンチンは記録にある限り最も暑い夏を迎え、ブエノスアイレスの発電システムはなんとか持ちこたえようと奮闘していた。住民は、一日に五時間も続く停電に慣れっこになっていた。銀行や外国為替の取り扱い窓口は、政府がペソの為替レートの急落を食い止めるために閉鎖された。だが、それも失敗に終わった。一か月のうちに、アウストラルはドルに対して六四パーセントも下落した。

それに歩調を合わせて、世界銀行はアルゼンチンへの融資を凍結した。その理由として、膨らみ続ける公的部門の赤字に対処できていないと指摘された。民間の貸し手は投資意欲を失っていた。投資家たちは数日のうちに実質価値がインフレで相殺されるような国債に手を出したがるわけがなかった。中央銀行の準備金が底をついているという懸念が広がるにつれ、債券価格は急落した。絶望的な状況に陥った政府に残された唯一の道は紙幣を増刷することだったが、それさえも失敗に終わった。四月二八日の金曜日、アルゼンチンは文字どおり破産した。中央銀行副総裁のロベルト・エイルバウムは記者会見で「これは物理的な問題だ」

と語った。造幣局には紙がなくなったし、印刷所はストライキに入った。「どうしたらいいのか見当もつかないが、ともかくカネは月曜日には用意されなければならない」とエイルバウム副総裁は苦境を打ち明けた。

六月には月間インフレ率が一〇〇パーセントまで高騰し、国民の不満は爆発寸前だった。すでに四月には、ブエノスアイレスにあるマーケットで、全商品の値段をただちに三〇パーセント上げる、と経営者がマイクで伝えたとたん、客たちが商品を満載したショッピングカートを横転させるという事件が起きていた。六月にはアルゼンチンの二番目の都市ロサリオで、群衆が二日間にわたって暴動を起こし、商店を略奪する騒ぎのなかで少なくとも一四人が死亡した。だがかつてのワイマール共和国の例と同じく、アルゼンチンのハイパーインフレの犠牲者は、物価上昇に見合う賃金の上昇を期待できる普通の労働者ではなく、公務員や学者など固定給に頼る者たちや、貯蓄の利息で生活する年金受給者たちだった。そして一九二〇年代のドイツと同じく、その恩恵を受けたのは大口の借財を抱えた者たちだった。彼らの借財は事実上、インフレによって消滅したからだ。アウストラル建ての債務については、アルゼンチン政府も受益者だといえた。

だが、アルゼンチンのすべての債務が簡単に一掃されたわけではない。一九八三年までに、アメリカドル建ての対外債務は四六〇億ドルだったが、これはＧＤＰの四〇パーセントに相当した。アルゼンチンの通貨がどう変動しても、このドル建ての債務は変わらなかった。それどころか自暴自棄になった政府がさらにドルを借り続けたために、債務はさらに膨らむ一方だった。一九八九年までに、アルゼンチンの対外債務は六五〇億ドルを超えていたが、その後の一〇年間も増大の一途をたどり、ついに一五五〇億ドルにまで達した。国内の債権者たちは、すでにインフレのおかげで大損していた。だが、アルゼンチンを対外債務の重荷から救うには債務不履行に訴えるしかなかった。私たちがこれまで見てきたように、アルゼンチンは以前にも一度ならず、このような状況に陥ったことがある。一八九〇年、アルゼンチン政府が対外的な債務不履行に陥ったとき、ベアリングス銀行は、アルゼンチンの債券（とりわけ、「ブエノスアイレス上下水道会社」の社債発行が失敗に終わった）に投資していたために、破産の瀬戸際にまで追い込まれた。そのときベアリングス銀行の倒産は「世界におけるイギリスの通商に大きな損害を与える」と述べて一〇〇〇万ポンドを融資するようイギリス政府に働きかけたのは、昔からのライバルであるロスチャイルド家だった。結局、緊急援助資金は一七〇〇万ポンドに達した。そればかりか、問題の多いアルゼンチン経済を改善しようと集結した銀行家たちの会議で議長を務めたのも、初代ロスチャイルド卿だった。結局、将来のローンは、独立し、かつ柔軟性のないカレンシーボード制（ある国の通貨をドルなどの基準通貨に対して固定することにより、その通貨の価値を保証する方法）によって、ペソを金に連動させた通貨改革のもとで、条件付きでおこなわれることになった。だがそれから一世紀後、ロスチャイルド家はアルゼンチンの債務でなく、ブドウ畑に興味を抱くようになっていたから、結局アルゼンチンの債務不履行を避けるか、少なくともその影響を緩和する、という困難な仕事を引き受けたのは国際通貨基金（ＩＭＦ）だった。またしても救済策となったのはカレンシーボード制で、この場合はペソのレートはドルに固定された。

一九九一年、新しい「兌換ペソ」が経済大臣のドミンゴ・カバッジョによって導入されたが、それは一世紀の間にお目見えした六番目のアルゼンチン通貨だった。だが、この措置もまたもや失敗に終わった。たしかにインフレ率は一九九六年にはゼロになり、九九年にはマイナスに転じた。だが失業率は一五パーセントに達し、収入格差はナイジェリアよりかろうじて上という程度だった。また、通貨政策を導入しても財政規律策は伴わなかった。公的債務は一九九四年末にはGDPの三五パーセントだったが、二〇〇一年末には六四パーセントに膨らんでいた。これは、中央政府も地方政府も、収支を均衡させる努力をするよりも、海外の債券市場に頼った結果だった。つまり、カバッジョ経済大臣は通貨をドルに結びつけてインフレは抑えたものの、過去に何度も起きた通貨危機の根底にある社会的・制度的な問題を変革する面では失敗したことになる。アルゼンチンはまたもや債務不履行に追い込まれ、新通貨を登場させざるを得ない状況に立ち至った。IMFは一月には一五〇億ドル、五月には八〇億ドルと、二度は金融を安定させる救済に応じたものの、三度目は拒否した。二〇〇一年、この年におけるアルゼンチンの一人当たりのGDPは、前年度比で一二パーセントも落ち込んだ。政府は一二月二三日に、すべての対外債務に支払い猶予《モラトリアム》を宣言したが、そのなかには八一〇億ドルの債券も含まれていた。これは史上空前の債務不履行だった。

アルゼンチンの歴史を見ると、債券市場は見かけより脆弱であることが分かる。一八八〇年代、アルゼンチンとイギリスの国債の間には平均二・九五パーセントもの利幅《スプレッド》があったが、ベアリングス銀行のような投資機関にとって、アルゼンチンに投資するリスクを償うほどのものではなかった。一九九八年から二〇〇〇年にかけて、アルゼンチン国債とアメリカ国債の間には平均六・六四パーセントのスプレッドがあった。これは、カバッジョ経済大臣の為替レート設定が崩壊し始めるなか、債務不履行の危険をかなり過小評価するスプレッドだった。債務不履行が宣言されたとき、スプレッドは五五パーセントにまで広がり、二〇〇二年三月までには七〇パーセントを超えた。いらつくほど時間がかかった折衝のあげく（六種類の通貨建てで八か所の裁判所が管轄する一五二種類もの債券が含まれた）、約五〇万人もの債権者の大半は、一ドル当たり約三五セントで手を打つことに同意したが、これは債券史上、最も大胆な〝ヘアカット率〟だった。アルゼンチンの債務不履行の後始末はきわめてうまくいったため（債券のスプレッドは三・〇から五・〇の間に落ち着き、経済成長率も上昇している）、事態が鎮静化したあとで多くのエコノミストたちは、主権国家としては、外国の債権者たちに対する債務の履行を尊重する必要があるのだろうか、と疑問を抱いたほどだった。

利子生活者《ランティエ》の復活

これまで見てきたように、ケインズは一九二〇年代に、インフレの進行は、カネを政府の公債につぎ込んだ人びとの財産価値を減じる、と述べて「利子生活者《ランティエ》の安楽死」を予言した。だが現在、私たちは債券保有者の奇跡的な復活を目の当たりにしている。一九七〇年代のグレート・インフレーション（一九六〇年代の後半から、一九八二年まで、アメリカで年率一四パーセントのインフレが続いた時期）後の三〇年間、各国とも次々にインフレ率をひと桁に減らし続けていった（アルゼンチンでも、メンドーサ州やサンルイス州で二〇パーセントに達している、と非公式には推定されているが、公式なインフレ率は一〇パーセントを切っている）。そしてインフレ率が下落するにつれて、債券は現代史でもまれに見る強気市場に転じていった。さらに際立った現象は、アルゼンチンの劇的な債務不履行にもかかわらず――また一九九八年にロシアで起きた債務不履行を例に上げるまでもなく――新興市場の債券スプレッドは着実に下がり、二〇〇七年のはじめには第一次世界大戦前以来の低水準に落ち着いているが、これは経済の見通しにほとんど揺るぎない信頼が寄せられていることを示している。「ミスター債券《ボンド》が死亡した」という見方は、誇張だったことがはっきりした。

インフレ率が低下したのは、ある意味では、私たちが購入する衣類やコンピューターなどさまざまな生活用品が、技術革新によって、または低賃金のアジア地域への生産拠点の移転によって、低価格で購入できるようになったことが原因だろう。また一九七〇年代の後半から八〇年代の前半にかけて、イングランド銀行やアメリカFRBが実施した通貨主義者《マネタリスト》主導の短期金利の引き上げや、一九九〇年代における中央銀行の独立性強化と、明確な数値目標の普及など金融政策の世界的な転換も、インフレ幅の縮小に役立ったといえる。またアルゼンチンに見られたような、インフレをもたらす構造的な誘因のいくつかが弱まったことも同じくらい重要な点だろう。労働組合は以前ほど力を持たなくなったし、赤字の国営企業は民営化された。だが何よりも重要なのは、債券に投資して一定の利益を上げようという社会層が成長した点が上げられる。先進国では、国債などの確定利付き証券がポートフォリオの大きな部分を占めることを義務づけられている。もしくはそう期待されている個人年金ファンドやその他の貯蓄機関によって購入される額が増え続けている。二〇〇七年、先進一一か国・地域の年金ファンドの調査では、債券がその資産総額の四分の一あまりを占めていた[17]。これは過去数十年に比べれば低い数字だが、それでも相当な額であることに変わりはない。新しい年が来て退職者が増えるごとに、このような年金ファンドによる収入に頼って生活する人びとの数は増え続けている。

では債券発祥の地、イタリアに戻るとしよう。グレート・インフレーション直前の一九六五年、イタリア人のうち六五歳以上の割合は一〇パーセントだった。今日、その割合は人口の五分の一ほどに増加している。さらに国連の試算によれば、二〇五〇年までに比率は三分の一近くに達すると予測されている。このような高齢化社会にあって、確定利付き証券に対するニーズと、受け取る利息が購買力を維持できるような低インフレへの期待は高まる一方だ。さらに多くの人びとが退職し、公共部門が赤字を出し続ければ、債券市場が新しく売り出す債券にこと欠くことはあるまい。またイタリアが、自国の通貨政策の決定権を欧州中央

＊17　一一か国・地域は、オーストラリア、カナダ、フランス、ドイツ、香港、アイルランド、日本、オランダ、スイス、イギリス、そしてアメリカ。

銀行に委ねていることを考えれば、イタリアの政治家たちが紙幣を増刷してインフレの悪循環を引き起こすことはもうあり得ないと思える。

だが債券市場は、まだジェイムズ・カーヴィルが章の冒頭で述べたような意味で世界を支配しているわけではない。一九九〇年代に、彼が債券市場に望んだ統制は、クリントン大統領の後継者ジョージ・W・ブッシュのもとでは目立って少なかった。二〇〇〇年九月七日、ブッシュが大統領に選出される数か月前、ニューヨークのタイムズスクエアにある「借金時計」は停止された。その日、時計には次のように表示されていた。

「わが国の借金残高・五兆六七六九億八九九〇万四八八七ドル。一家族当たり七万三七三三ドル」

三年間の財政黒字のあと二人の大統領候補とも、国債の償却は可能であるかのように語った。CNNは二〇〇〇年七月九日、次のように報道した。

民主党の大統領候補アル・ゴアは、二〇一二年までに国の債務をゼロにする計画の概略を発表した。一方、テキサス州知事で、共和党の大統領候補のジョージ・W・ブッシュの主要な経済アドバイザーたちも、国債を償還することには賛成しているが、それをゼロにする特定の日付は明らかにしていない。

ブッシュが時期を明示しなかったことに、その後の彼の政策に関するヒントが隠されている。ブッシュが大統領だった八年間のうち七年は、赤字財政を続けた。連邦政府が抱える負債は、五兆ドルから九兆ドル強に増大した。二〇〇八年になって、連邦議会予算事務局はこの負債が二〇一七年までに一二兆ドルを超えるだろうと予測した。だが債券市場はこの面目ない状況に歯止めをかけようとするどころか、むしろ前向きに反応した。二〇〇〇年一二月から〇八年一一月にかけて、アメリカ一〇年物長期国債の利率は五・二四パーセントから三・五三パーセントに下落した。

だが、アラン・グリーンスパン元FRB議長が「謎」と呼んだこと――つまり債券の利率が、短期金利の上昇に影響されない事実――を解き明かすには、債券市場を単独で考察するだけでは不十分だ。そこで次の章では、政府の借金である債券から目を転じて、さまざまな意味でさらにダイナミックな弟分、つまり会社の株が取引される舞台、株式市場について考察しよう。

第3章　バブルと戯れて

曲がりくねった背骨のような形をしたアンデス山脈は、南北約六四〇〇キロあまりにわたって南アメリカ大陸の西側を縦断している。約一億年前に、ナスカプレートが南米プレートの下に、ゆっくりと、だが荒々しく潜り込む過程で形成された。その最高峰は、アルゼンチンのアコンカグア山で、海抜六九〇〇メートルを超える高さでそびえ立つ。アコンカグアの弟分とも呼べるチリの山脈は、白く輝く歩哨のように首都サンティアゴを取り巻いている。アンデス山脈の全貌を見渡せるのは、ボリビアの高地に登ったときだ。ラパスからチチカカ湖へ続く道路の上空から雨雲が消えると、はるか彼方に、不規則なのこぎりの刃のように山々が連なり、目もくらむばかりの絶景が望める。

アンデス山脈を見ると、自然が造り出したこれほど雄大な障壁を乗り越えることは、人間の力では不可能なように思える。だがあるアメリカの企業にとって、アンデス山脈のギザギザの稜線は、その東に広がる鬱蒼としたアマゾンの熱帯雨林より近づきやすく見えたらしい。

この企業は、ボリビアから南米大陸を横断してブラジルの大西洋沿岸まで、そしてもう一つはパタゴニア高地の頂からアルゼンチンの首都ブエノスアイレスまで、世界最長のガス・パイプラインを建設しようと試みた。

現代資本主義の大胆な野望を体現するような、このように壮大な計画を実現可能にするのは、現代社会が生んだなかで最も基本的な制度である「企業」、つまり会社だ。実際の利益を生む前に、膨大な先行投資をしなければならないリスクの多い長期計画に備え、何千人もの個人資産をプールすることを可能にしたのは、会社組織だ。この世に銀行が生まれ、続いて債券市場が誕生したあと、「マネーの進化史」の次のステップは、共同資本による有限責任を伴う会社の出現だった。「共同資本」とは、会社の資本が複数の投資家に所有されることで、「有限責任」とは、「法人」としての独立した会社組織が、その事業がたとえ不成功に終わっても、投資家たちが全財産を失わずに、限定的な役割を果たすだけの責務を負うことを意味する。彼らの責任は、会社の株に投資した範囲内に限定される。小さい企業なら、共同経営でも機能するだろう。だが、いくつもの大陸を網羅する国際的な活動を望むためには、会社という形態が必要だった。

だが、会社組織が世界経済を変容させるためには、もう一つ関連する革新が必要だった。たてまえから言えば、株式会社の経営者たちは、警戒の目を光らせる株主たちにつねに監視され、鍛えられるはずだ。株主たちは定例株主総会に出席し、直接の影響力を行使したり、あるいは非常勤の役員たちを通じて、間接的に会社に影響力を及ぼせる仕組みになっている。

だが現実には、会社に対する端的な評価は、ほとんど無数の、会社組織の小さな一片（株式、株券、エクイティなどと呼ばれる）が毎日、売買される株式市場で下される。要するに、市場で決まる株価は、将来その会社がどれだけの利益を上げるかという投資家の見通しを反映している。株を発行した会社の経営方針、商品の魅力、主要なマーケットの展望などに対し、株式市場は時間きざみで信任投票していると言ってもいい。

　だが株式市場は、それ自体が生きている。未来はきわめて不透明だから、私たちが企業の将来の利益に対して下す評価も人それぞれだ。仮に、私たちがみな計算機だったなら、手に入る限りの情報を同時に調査分析し、同じ結論にたどり着くはずだ。だが人間である以上、近視眼的な展望や気分の揺れ動きにも左右されやすい。よくあることだが、株式相場がいっせいに上昇するときには、アラン・グリーンスパン元連邦準備制度理事会（FRB）議長が「根拠なき熱狂」という印象的な表現で呼んだように[1]、投資家たちが集団で多幸症《ユーフォリア》に陥るかのような現象が起きる。反対に、投資家たちのアニマル・スピリット（野心的な意欲）が貪欲から恐れに反転した場合、彼らが抱いていた泡のような多幸症は驚くほど急激にしぼむ。言うまでもなく、動物のイメージは株式市場のカルチャーに欠かせない。楽観的で強気な買い相場は「牡牛《ブル》」と言うし、悲観的で弱気な売り相場は「熊《ベア》」と呼ばれる。現在の投資家たちは、あるときは満足げに利益をほおばり、次の瞬間には脱出しようとゲートに殺到する「コンピューターに制御された家畜の群れ」だとみなされている。株式市場はまさに、人間の心理を映し出す鏡だ。株式市場もホモサピエンスと同じく、意気消沈することも、神経衰弱に陥ってしまうこともある。だが希望――あるいは健忘症のためかもしれない――が、つねにこのような辛い体験を乗り越えさせる。

株式が最初に売買されてから四〇〇年の間に、金融バブルは何回もはじけた。株価は、とても維持できないほど高値に達しては急落する状況を繰り返した。さらにこのプロセスにおいては、無知な初心者たちから利益を奪おうと画策する破廉恥な内部関係者《インサイダー》の詐欺行為を伴う場合も多かった。バブルのパターンはおなじみのもので、五つの段階に分類して説明できる。

①異変――なんらかの経済情勢の変化によって、特定の企業に、新たに利潤追求の機会が生じる。

②多幸症あるいは過剰取引――高い利益率の予想が株価の急上昇をもたらすフィードバック・ループが生まれる。

③熱狂あるいはバブル――たやすく利益が上げられそうだと見込んで素人の投資家が飛びつき、相場師たちが素人からカネ儲けを図ろうと群がる。

④逼迫――インサイダーが、予想される利益に比較して、株価だけが先走っていると判

＊1　ロバート・J・シラー『投機バブル　根拠なき熱狂――アメリカ株式市場、暴落の必然』（沢崎冬日・訳、ダイヤモンド社）などを参照。

断し、利食いを始める。

⑤急激な反動あるいは信用の回収——株価が下がるにつれて、局外者《アウトサイダー》は必死に株を売り逃げようとしてバブルがはじける。[2]

株式相場のバブルには、ほかにも三つの周期的な特徴がある。第一は、情報の非対称性と呼ばれるものだ。インサイダー——つまりバブル会社の経営に当たっている人びと——は、アウトサイダーよりも多くの情報を持っていて、彼らにカネを手放してほしいと願っている。このような非対称性は、言うまでもなく、ビジネスには付きものだ。だがバブルの場合、インサイダーはアウトサイダーを故意に欺こうとする。[3]二番目は、国際的な問題で、バブルは、国家間で自由に資本移動する際に起こりやすい。主要な金融センターに拠点を置くベテラン投機家は、インサイダーが持つような内部情報を知り得る立場にはない。だがベテランのほうが、初心者より得てして早めに買いを入れ、バブルがはじける前に売るタイミングを心得ている。言い換えれば、バブル期においても、すべての人間が理性を失っているわけではないし、熱狂に駆られている者たちが多いなかでも、冷めている人間はいる。最後に、これが最も重要な点だが、信用がやたらに膨らみすぎない限り、真のバブルは起こらない。多くのバブル経済の原因が、中央銀行の失策または対策の欠如にあるのはこのためだ。

株式市場で繰り返し発生するバブルほど、人類が歴史から学ぶことのむずかしさを教えてくれるものはない。たとえば、「ビジネスウィーク」誌の読者が、二〇年という時間を隔てた二つの時点で、株式市場をどう捉えたかを考察してみよう。一九七九年八月一三日号の「ビジネスウィーク」誌は、株券で折られた紙飛行機を表紙に掲げ、「エクイティの死――インフレが株式市場を破壊している」という見出しを付けている。これを見た読者は、間違いなく危機の大きさを感じ取るはずだ。記事には、こうある。

かなり以前から、人びとはより高い利率とインフレ対策を求めて、株式から別の形の投資に乗り換えている。市場が最後の頼みの綱にしている年金基金でさえ、いまや株式や債券を見限り、不動産、先物、金、ダイヤに振り替えている。エクイティの死は、永遠に続くかのようだ。

アメリカ最古の株式指数であるダウ平均株価のその日の終わり値は、八七五ポイントで引けた。この数値は一〇年前とほぼ同じ水準で、一九七三年一月に記録した最高値の一〇五二ポイントと比べると一七パーセントも低くなっている。一五年間も失望が続いたあとだけに、悲観ムードは理解できる。ところが、それでしぼみきったどころか、数年後には、アメリカの株式市場にとって、現代では最大の強気市場がやってくる。一九八二年八月に七七七ポイ

＊2、3　C・P・キンドルバーガー、R・Z・アリバー『熱狂、恐慌、崩壊――金融危機の歴史』（高遠裕子・訳、日本経済新聞出版社）

ントという底値を示して以来、ダウ指数はわずか五年のうちに三倍あまりも上昇し、一九八七年の夏には二七〇〇ポイントを記録した。同年一〇月、短期間の急激な下落を経て、指数はふたたび上昇に転じた。一九九五年以降、その上昇率はさらに加速した。一九九九年九月二七日、終わり値は一万三九五ポイント弱をつけ、主だったアメリカ企業の株価が、わずか二〇年間のうちに約一二倍に跳ね上がった。その日、「ビジネスウィーク」誌の読者たちは、次のような記事を、胸を躍らせながら読んだ。

ジェイムズ・K・グラスマンとケヴィン・A・ハセットは「ダウ三万六〇〇〇時代――株式市場の今後の上昇から利益を得る新戦略」という記事（一九九九年九月二七日号）のなかで、ダウが三万六〇〇〇ポイントに達するためには、これ以上、状況が好転する必要はない、と述べている。彼らは、市場はもうすでに三万六〇〇〇ポイントの価値に達していて、投資家たちも結論しているように、これから三年ないし五年は、株価はそのターゲットに向かって上昇する、と予測する。……市場は、株価収益率が三〇という数値であっても(4)、もうけものだ。著者たちの予測と計算によれば、株価収益率が一〇〇でも「完全に理にかなった価格」だという。

この記事が発表されたのは、テクノロジー関連会社に対する過度の期待が起爆剤になって、ドットコム・バブル（ＩＴ関連株をめぐる過熱状況）が崩壊する四か月たらず前のことだ。

二〇〇二年一〇月までに、株価は一九九七年末以来の安値である七二八六ポイントにまで下落した。この本の執筆時点（二〇〇八年四月）で、株価はまだ、グラスマンやハセットが予言した数値の三分の一で取引されている。

アメリカの株式市場の実績を測る最善の方法は、配当を再投資すると仮定して、株のリターンと、国債や為替手形、財務省の短期国債などほかの金融資産のリターンとを比較するやり方だと思われる。ここに上げたなかで、最後の短期国債については、マネー・マーケット・ファンドや銀行の普通預金など短期金利の資産の代替物と見なすこともできる。スタート時点を一九六四年、つまり著者が誕生した年にしよう。もし当時、私の両親がつつましい金額をアメリカ株式に投資し、受け取る配当を毎年、再投資し続けたなら、彼らが投資した金額は二〇〇七年までに当初の七〇倍になっていたはずだ。つまり、一万ドルの投資をしていれば、七〇万ドルに膨れ上がっていたことになる。これに比べると、債券や手形などから得られる利益は、はるかに少ない。アメリカ国債なら約二三倍、各種手形だと一二倍どまりだ。言うまでもなく、このような数字は、生活費の上昇などを考慮すると――私が誕生してから現在までに、約七倍になっている――下方修正しなければならない。実質的には、株価の上

＊４　配当金を含む利益で、株価を割った比率。アメリカの、一八七一年からの長期の平均値は一五・五。一九九九年には、最高値の三二・六を記録した。執筆時点の数値は一八・六（グローバル・ファイナンシャル・データに基づいた、当時のS&P500指数から）。

昇は一〇・三倍、債券は三・四倍、手形は一・八倍といえる。もし私の両親が一九六四年に一万ドルを手形で用意したと仮定すると、息子の将来のために彼らが用意した貯えの価値は、実勢で八五パーセントも下落していたことになる。

長期的に見て、どの国の株式市場も、アメリカを凌駕してはいない。アメリカ株式市場のリターンを長期にわたって調査したある資料によれば、一九二〇年代から九〇年代にかけての平均的な年利は四・七三パーセントだった。次にランクされるのはスウェーデン（三・七一）で、三位はスイス（三・〇三）だ。イギリスは二・二八で、かろうじてベストテンに入っているに過ぎない。調査した二七か国の市場のうち六つが、少なくとも一度はかなり長期に及ぶ閉鎖に追い込まれているが、たいていは戦争か革命が原因だ。一〇か国の市場が、長期的な実質利益ではマイナスに陥っているが、ワーストの例はベネズエラ、ペルー、コロンビア、そして最下位はアルゼンチン（マイナス五・三六パーセント）だ。「株式の長期投資」は、世界的に広くお勧めできる特効薬だとはとても言えない。だが長期にわたるデータが手に入る国ならどこでも、二〇世紀のうちに株式は債券をほぼ五倍ほど上回るパフォーマンスを見せている。(5) 私たちは、この事実に驚きはしない。債券は、第2章で見たように、特定期間にわたって利子を支払い、最終的に元金を保証するという政府の約束に過ぎないのだから。これまで多くの政府が、債務不履行、あるいは通貨の切り下げをおこなってこの約束を破ってきた。それに対して、株式は利潤を上げることを目指す会社の資本の一部だ。もし会社が事業に成功すれば、配当がつくだけでなく、資本の評価増も大いに期待できる。もっとも、リスクも覚悟しなければならない。株式のリターンは、債券や手形に比べて予想がむずかしいし、変動幅も大きい。さらに言えば、平均的な主権国家が消滅するより、一般の会社が倒産し、解散する可能性のほうがはるかに高い。会社が倒産した場合、債券やその他の債権の所有者がまず救済され、普通株の持ち主の取り分はゼロになることも予想される。このような理由から、経済学者たちは、株式のリターンが大きいことを「株式のリスクプレミアム」と呼ぶ。だがいくつかのケースにおいては、このリスクは十分に見合う対価をもたらした。

あなたの持ち会社

ヴェネツィアのサン・モイゼ教会の華麗なバロック様式のファサードの裏側、この教会を訪れる何万人もの旅行客が踏みつけている足元に、注目すべき、だがほとんど気にとめられることのない、次のようなラテン語の碑文が刻まれている。

「フランス王たちの財政の最も優れた管理人であった、エディンバラ出身のジョン・ローの思い出を記念して」

＊5　エルロイ・ディムソンほか『証券市場の真実――101年間の目撃録』（山田香織ほか訳、東洋経済新報社）

株式市場のバブルをはじめて演出した男が眠る場所にしては、似つかわしくないように思える。

野心的なスコットランド人だが、有罪判決を受けたことのある殺人犯で、ギャンブル狂、そして重大な欠点を持つ金融の天才ジョン・ローは、世界で最初のバブル経済とその崩壊を引き起こしただけではない。フランスの旧体制《アンシャン・レジーム》が財政改革を成し遂げる最善の機会を粉砕して、フランス革命を間接的に引き起こしたとさえ言われている。彼の物語は、金融史のなかで最も驚くべき話だが、あまりよく知られていないエピソードだ。さらに言えば、これは私たちの時代にも十分に通用する事例だと言える。

一六七一年に、スコットランドのエディンバラに生まれたローは、繁盛している金細工職人の息子で、フォース湾の入り江に立つローリストン城の相続人だった。彼は一六九二年にロンドンに移り住んだが、リスクの多い事業や賭けごとに手を染めたために、相続した財産をまたたく間に使い果たしてしまった。二年後、放蕩男ローやその愛人と同じ建物に住むことをいさぎよしとしない隣人と決闘して、相手を死に至らしめた。ローはそのため死刑判決を受けたが、脱獄してオランダのアムステルダムに逃亡した。

ローが選んだ都会は、身を潜めるにはうってつけの場所だった。一六九〇年代のアムステルダムは、世界における金融革命の中心地だった。前章で見たように、一六世紀の末、スペインからの独立戦争を財政面で支援するために、オランダはイタリア式の公債システムを改良したものを導入した（ギャンブルの要素を加味したくじ付債券もあった）。彼らは、世界初の中央銀行といっても差し支えないと思われるアムステルダム為替銀行を設立して、通貨の改革に努めた。この銀行は、下落した通貨を、信頼できる形態の銀行通貨《バンクマネー》に仕立て直して解決しようと試みた（第1章を参照）。だがこの時期におけるオランダの最大の発明は、株式会社だ。

この会社組織は、ジョン・ローが登場する一世紀も前に、オランダの商人たちが大きな収入源になるアジア産の香辛料に目をつけ、ポルトガルやスペインから利権を奪おうとする過程で誕生した。当時のヨーロッパでは、食料を調味するだけでなく、保存のためにもシナモン、クローヴ、ナツメグ、コショウなどの香辛料を必要とした。これらの香辛料は、何世紀にもわたって「香料の道」を経由してアジアからヨーロッパへ陸路で運ばれていた。だがポルトガルがアフリカ大陸の南端、喜望峰をめぐる東インド諸島への海路を発見したため、新たにきわめて魅力的なビジネス・チャンスが生まれた。アムステルダム歴史博物館には、母国と東インド諸島を往復するオランダ船団を描いた絵画が数多く展示されている。初期のある作品には、次のような説明がついている。

「四隻の船が、香料を手に入れ、バンタム（現インドネシア・ジャワ島のバンテン）など交易拠点を建設した。その後、多くの積み荷とともにアムステルダム港に戻った。……一五九八年五月一日に出港、一五九九年七月一九日に帰港」

この説明からも分かるように、当時の航海はきわめて長期にわたり（一四か月という期間は、当時の平均よりかなり短い）、しかも危険をはらんでいた。一五九八年に出帆した二二隻のうち、無事に帰還できたのは一二隻に過ぎない。このため、商人たちは共同出資をおこなう必要に迫られた。一六〇〇年の当時、主だったオランダの港で経営される新設の東インド会社が六つほどあった。それぞれの会社では、資本が投資家たちに償還されるまでに、決まった期間――通常は航海が予定されている期間――を定めていた。このビジネスモデルは、ポルトガルやスペインが勢力を失った場合、明らかに必要な常設基地や要塞などを建設して維持するには十分でなかった。[6] このような戦略上の打算と、利益を上げたい衝動に駆りたてられ、オランダ議会、つまりユトレヒト同盟の議会は、六つの東インド会社を一つに統合することを提案した。そこで誕生したのが、連合オランダ東インド会社（ＶＯＣ）だった。この組織は一六〇二年に正式に認可され、喜望峰の東からマゼラン海峡の西に至るすべてのオランダの貿易を独占するのが目的だった。

　ＶＯＣの仕組みは、さまざまな点で新しかった。たしかに当初は、以前の組織と同じく、ＶＯＣの存続は期間限定だと思われていた。このケースでいえば、二一年間だ。ＶＯＣ定款の第七条は、一〇年が経過して、最初の収支計算書が清算されたあと、投資家たちに出資を引き揚げる権利を与えている。だがＶＯＣの事業計画は、類を見ないほど大規模なものだった。会社の株式を取得する権利は、ユトレヒト同盟州の住民すべてに認められ、会社の定款にはどれほどの金額を集めるかの上限は設定されていなかった。商人や職人、それに召使いたちまでが、ＶＯＣの株式を取得しようと殺到した。その結果、アムステルダムだけで一一四三人の出資者が集まったが、一万ギルダーを超える大口の出資者は八〇人だけで、四四五人は一〇〇〇ギルダー未満にとどまった。合わせて六四五万ギルダーが集められ、VOCはこの時代としては最大の会社にのし上がった。VOCのライバルであるイギリスの東インド会社は二年前に設立されていたが、その資本金はわずか六万八三七三ポンド——換算すると八二万ギルダー——で、出資者は二一九人に過ぎなかった。VOCは官営企業だったから、州同士のライバル意識を克服することに重点が置かれた（とりわけ、最も豊かなホラント州と、ゼーラント州の間の関係改善が大きな課題だった）。会社の資本金は、六か所の支社、つまりアムステルダム、ゼーラント、エンクホイゼン、デルフト、ホールン、ロッテルダムで、（均一にではないが）配分された。七〇人の取締役もそれぞれ大口の出資者で、彼らもそれぞれの支社に振り分けられた。彼らの仕事の一つは「一七人会」という取締役会のメンバー一七人を選ぶことだった。アムステルダム支社は資本金の五七・四パーセントを保有していたが、取締役の数は八人だけだった。創立時の取締役に名を連ねた一人に、ディルク・バスという人物がいた。彼は、利益の追求に熱心な家父長タイプで、残された肖像画の面構えから推察すると、自分の富に対して罪悪感を持つような人物ではなさそうに思える。

会社の所有権は、いくつかの行動計画ごとに分割された。株式に対する配当は分割払いで、期日は一六〇三年、〇五年、〇六年、〇七年だった。発行された証書は、現在の株券とは異

＊6　一五八〇年から一六四〇年の間、ポルトガル王家の直系が途絶えたため、スペイン国王がポルトガルの王位を兼ねた。

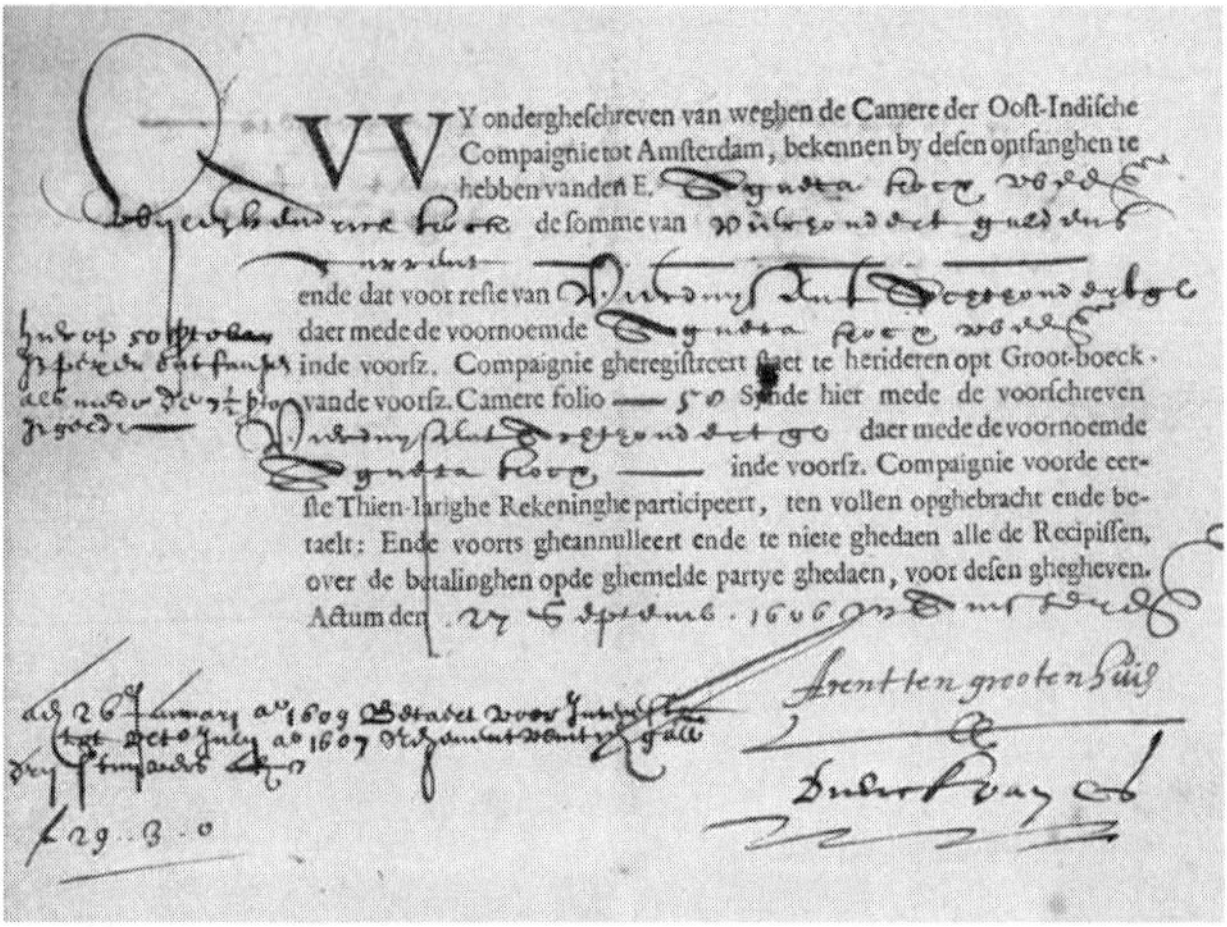
VVY ondergheſchreven van weghen de Camere der Ooſt-Indiſche Compaignie tot Amſterdam, bekennen by deſen ontfanghen te hebben vanden E. … de ſomme van …
ende dat voor reſte van … daer mede de voornoemde … inde voorſz. Compaignie gheregiſtreert ſtaet te herideren opt Groot-boeck vande voorſz. Camere folio 50 Synde hier mede de voorſchreven … daer mede de voornoemde … inde voorſz. Compaignie voorde eerſte Thien-Jarighe Rekeninghe participeert, ten vollen opghebracht ende betaelt: Ende voorts gheannulleert ende te niete ghedaen alle de Recipiſſen, over de betalinghen opde ghemelde partye ghedaen, voor deſen ghegheven. Actum den 27 … 1606 …

Arent ten grootenhuis

f 29 . 3 . 0

最古の株式証書。オランダ東インド会社の６番目の株式（厳密には株券ではなく、株の一部を支払った領収証。1606年９月27日、アムステルダム支社が発行し、アレント・テン・グローテンホイスとディルク・ファン・オスが署名している）（www.oldest-share.com）

なり、むしろ領収証に近かった。法的に意味があるのはVOCの原簿で、株主たちが株を購入した時点で名前が書き込まれた。そこには、VOCが倒産した場合にも、株主たちは出資金以外の財産を失うことはない、という有限責任の原則が示されていた。ただし、利潤がもたらされる保証もなかった。VOCの定款の第一七条は、当初資本金の五パーセントの利益が生じた場合、株主たちに支払いがおこなわれることを簡潔に記しているに過ぎない。

実際、VOCはすぐには利益を生み出せなかった。貿易のネットワークをまず整備しなければならなかったし、交易手順を確立し、安全な備蓄基地を確保することも不可欠だった。一六〇三年から〇七年の間に、三七〇万ギルダー近くを費やして二二隻の船が用意され、アジアに向けて出帆した。この航海の当初の目的は、アジアにいくつか工場を建設し（硝石の精錬所、機織り施設、倉庫など）、その製品を香辛料と交換することだった。ポルトガル人を相手にした初期の貿易が成功したため、VOCはモルッカ諸島におけるアンボイナ（現アンボン）、ベンガル湾のマスリパットナムなどに拠点を築いたが、一六〇六年、マテリーフ提督はマレー半島のマラッカの攻略に失敗し、マキアン（モルッカ諸島の別の島）への攻撃は、スペイン艦隊によって撃破された。バンダ諸島の最大のナツメグ産地であるバンダネイラの攻略も、やはり失敗に終わった。一六〇八年、スペインとの間に一二年間の休戦協定が締結されるまでに、VOCは交易よりむしろ敵の船を捕らえることで多くの利益を上げていた。主要な投資家の一人、メノー派信者のピーテル・リンテンスはVOCの好戦的な行動に幻滅し、一六〇五年に関係を断った。また、設立当時からの取締役イサーク・ル・メールも、

VOCの経営方針に抗議して辞任した。

では大株主たちは、どれくらいの権利を持っていたのだろうか。実際には、ごく限られていた。VOCの経営陣は政府に対して、一六一二年に予定されている一〇年間の収支計算書を送る義務を免除して欲しい、という請願を送り、政府はそれを許可した。したがって、収支計算書の発行と投資家たちへの償還オプションはともに延期された。株主たちにとってのささやかなご褒美は、一六一〇年に一七人会が次年度には配当を支払うと約束したことだったが、当時のVOCには現金が不足していたため、この配当は香辛料の現物支給という形でおこなわれた。一六一二年になると、当初の計画とは異なり、VOCは清算しないと公表された。つまり資本金の返還を希望する株主たちは、自分が保有する株式をほかの投資家に売却する以外、道がなくなった。

このような経緯で、ほんの数年の間隔で、株式会社と株式市場がこの世に誕生した。史上初の株式会社が、これも史上初の株式の公募を伴って誕生すると同時に、株を売買するための流通市場も出現したが、これはきわめて流動的な市場であることがすぐ明らかになった。VOCの株式の回転率は高く、一六〇七年までに、全株式の三分の一が当初の所有者から別の人間の手に渡った。さらに帳簿のチェックはそれほどひんぱんにおこなわれなかったため――購買が公式に記録されるのは、ひと月ごとか、あるいは四半期ごとだった――VOCの株式に関しては先渡し市場がまもなく誕生して、活発に取引されるようになった。このような取引は、以前からワルム通りやオウデ教会に近い野外市場で、非公式におこなわれていた。

だが、ＶＯＣの株の売買が盛んになったため、一六〇八年には市庁舎からそれほど離れていないロキン通りに屋根つきの証券取引所《ブール》を建設することが決まった。中庭や柱廊、時計台がある世界ではじめての証券取引所の建物は、中世のオックスフォード大学の学寮を思い起こさせたことだろう。だが週日の正午から午後二時までこの建物で営まれていた商業活動は、きわめて革新的なものだった。同時代のある人間は、取引が引き際にさしかかったころの立会所の雰囲気を、こう記している。

「握手が交わされたあと、怒号や罵声がいっせいに飛び交い、人びとが押し合いへし合い揉み合った」

まさに「牡牛《ブル》」と「熊《ベア》」の取っ組み合いが繰り広げられていた。心配になった見物人は「爪を嚙み、指を引っぱり、目を閉じ、四歩ほど左右に歩き、歯痛を我慢しているかのように頬に片手を当て、その間、意味もなく咳き込んでいた」という。

また、時期を同じくして、一六〇九年にアムステルダム為替銀行が設立されたのも、株式市場は効率的な金融制度が存在しなければ機能しないことを考慮すれば、決して偶然の符合ではない。オランダの銀行マンたちが、ＶＯＣの株式をローンの担保にすることを承諾したのを手始めに、株式市場と信用貸しとの絆はしだいに強化されていった。次のステップは、株式が信用買いできるよう、銀行が顧客にマネーを貸し付けることだった。企業、証券取引所、そして銀行が、新たな経済基盤をなす三角形を形作った。

かつて取締役だったル・メールのようにＶＯＣに批判的な人びとは、この新しい市場を、

VOCの経営陣に圧力を加える道具として活用しようと試みた。初期の先物取引市場で空売りをして、VOCの株価を引き下げようという連合工作は、一六一一年の配当の支払い時に阻止され、ル・メールと彼の一味は破産した。配当は、一六一二年、一三年、一八年にもつつがなく支払われた。だがVOCを批判し、異議を唱える投資家たちの不満は解消しなかった。一六二二年に出版された『必要な論考』と題された小冊子には、ある匿名の人物が、経営の不透明性について次のような嘆きの文章を寄せている。

「すべてを闇に葬っておくべきだというような、特定の役員たちによる利己的な経営手法。……われわれは推測するしかないが、会計帳簿にベーコンをなすりつけ、イヌに食べさせてしまったのではなかろうか」

批判者たちは、取締役の在任は一定期間に限ったうえ、主要株主たちにも役員を選出する権利が与えられるべきだ、と主張した。

現代ならさしずめ「コーポレート・ガバナンス」と呼ばれるような、VOCの改革を呼びかけるキャンペーンは、しだいに成果を上げ始めた。一六二二年一二月、VOCの定款は大幅に改訂された。取締役たちの任期は終身ではなく、三年に限定された。「主要な関係者」（取締役たちと同等の株式を保有する株主たち）は、今後は自分たちの仲間から「九人の人物」を選出し、「一七人会」は彼らに「重要な事項」について相談することが義務づけられた。またこの九人は、六つの支社の年次決算に目を通し、「一七人会」と合同で、将来の取締役候補を選ぶ権限を与えられた。それに加えて一六二三年三月には、この「九人会」は

「一七人会」の会合に出席し（議決権はなかった）、年ごとの買い付けを精査する権限が与えられた。主要な関係者たちはまた、オランダの議会に提出すべき帳簿を検査する監査人を任命する権限を与えられた。一六三二年には、VOCが借りるカネの利率の二倍に当たる一二・五パーセントの配当が決定したため、株主たちの怒りはかなり和らいだ。(7) その結果、これ以降はVOCの純利益の大部分が株主たちに還元されるようになった。株主たちは、株式の希薄化からも守られていた。驚くべきことに、VOCが活動していた期間を通じて、同社の自己資本は本質的にはほとんど変わらなかった。設備投資が必要になった場合、VOCは新株を発行するのではなく、社債を発行して負債をまかなった。六七〇年代までVOCの信用はきわめて良好で、ホラント州とゼーラント州の間の二〇〇万ギルダーという貸付の仲介役まで務めたほどだった。

もちろん、このような取り決めが守られたのは、VOCが一七世紀の中盤から利益を上げるようになったおかげだ。これには東インドの総督になったヤン・ピーテルスゾーン・クーンの功績が大きかった。クーンは好戦的な若者で、商業と圧力の関係についてなんの幻想も抱いておらず、こう喝破していた。

「戦争は貿易なしでは遂行できないし、貿易も戦争なしでは成立しない」

彼は競争相手たちに対しては容赦がなく、アンボイナ駐在のイギリス東インド会社の職員

＊7　配当が固定されたため、VOC株は優先株または債券に似た存在になった。

を処刑したり、土着のバンダ諸島の住民たちをみな殺しにするなど、辣腕を振るった。クーンは生まれながらの帝国建設者の典型で、一六一九年五月には、ジャカルタというジャワ島の小さな港を掌握し、バタヴィアと改称して、わずか三〇歳でオランダ領東インドの総督になった。彼とその後継者アントニオ・ファン・ディーメンは、この地域におけるオランダの勢力を着実に拡大していった。まずバンダ諸島からイギリスを追い出し、テルナテ島とティドーレ島からスペインを放逐し、マラッカからポルトガル勢力を退散させた。一六五七年の時点では、オランダはセイロン（現スリランカ）の大部分を支配しており、次の一〇年間には、インド亜大陸のマラバール海岸と、セレベス島（現スラウェシ島）まで勢力を拡大した。またコロマンデル海岸にもオランダの基地が置かれてにぎわっていた。武力と貿易が手を携え、「バタヴィア号」に代表される帆船で東インドに乗り込んできたのだった。現在、バタヴィア号のすばらしいレプリカが、オランダ北部沿岸にあるレリスタットの町に展示されている。

このような攻撃的な戦略がもたらした商業上の利益は、かなりの額にのぼった。VOCは、一六五〇年代までにクローヴ、ナツメグの交易を効率的に独占し、かなり有利な事業展開をしていた（ただしコショウの生産は広範囲でおこなわれていたために、独占できなかった）。またVOCがインド産の織物を独占的に販売するうえで、コロマンデルは重要な中継地になった。またVOCの支店は、アジアにおける貿易の中心的な港として、日本産の銀や銅をインド産の織物や中国産の金や絹と交換した。インド産の織物は、太平洋諸島産のコショウなどの香辛料と交換された。これらの香辛料で、中東の貴金属を入手できた。VOCはのちにアジアにおけるほかのヨーロッパ人たちに金融サービスを提供するようになったが、とりわけイギリスの軍人ロバート・クライヴは、インドのベンガル地方を征服して得た富の多くを、バタヴィアとアムステルダムを経由してロンドンに送った。VOCは世界ではじめての大企業として、規模の経済性を利用し、取引経費を抑え、経済学者たちがネットワーク外部性と呼ぶ、数多くの雇い人や代理人の間で情報を交換し合うことのメリットを有効に利用した。だがイギリスの東インド会社と同じく、VOCにとって最大の頭痛のタネは、支店における代理人たちの身勝手な振る舞いだった。彼らはそれぞれの任地で自分の裁量に基づいて勝手に商売し、取引でミスを犯し、本社からカネをだまし取ったりしたからだ。だがこの問題も、異例の報酬制度、つまり報酬と売上実績を連動させ、純利より出来高を優先する、という方法を取り入れたため、部分的に修正できた。VOCのビジネスは、繁栄を続けた。一六二〇年代、アジアから特産品を積んで帰港したVOCの船は五〇隻だったが、一六九〇年代になると一五六隻に増大した。一七〇〇年から五〇年の間に、オランダを出帆し、喜望峰を経由して戻ってくるオランダ船のトン数は二倍になった。一七六〇年の時点では、イギリス船の三倍に達していた。

VOCの経済的・政治的な上昇気運は、その株価がはっきり示している。アムステルダムの株式市場は、投資家たちが戦争や休戦の噂、船の沈没の風評などに敏感に反応したため、激しく上下動した。その状況は、スペイン生まれのユダヤ人でオランダに移り住んだジョセフ・ペンソ・デ・ラ・ヴェガがいみじくも名づけた著書『混乱のなかの混乱』（一六八八）に詳しく記されている。しかしVOCが設立されてから一世紀あまりの間、長期的に見れば、業績は上昇を続けた。一六〇二年から一七三三年にかけてのVOCの株価は、一六五二年から八八年の名誉革命に至るまで、好戦的なイギリスの会社と競合していたにもかかわらず、最初の額面を一〇〇とすると最高時には七八六まで高騰した。持続的な資本の評価増、定期的な配当、安定した消費者物価に支えられ[8]、ディルク・バスのような大口の株主たちはきわめて裕福になった。一六五〇年という早い時点でも、配当金の支払い総額は最初の投資額の八倍にまで膨れ上がり、年間のリターンは二七パーセントにものぼった[9]。だが驚くべきことは、オランダ東インド会社ではいっさいバブルが起こらなかった点だ。一六三六年から三七年にかけてオランダで発生したチューリップ・バブルとは違って、VOC株の上昇は、一世紀あまりにわたってゆるやかに続いた。それに比べると、株価の下降はやや急速だったが、一七九四年一二月に一二〇という指数に落ち着くまでには六〇年あまりもかかっている。このVOCの株価の上昇と下落は、オランダ帝国の興隆と衰亡の時期にぴたりと重なる。一方、表面上はVOCと類似したほかの独占貿易会社の株価は、VOCとは対照的に、数か月という短い期間で急上昇と急落を見せた。その理由を探るためには、もう一度、ジョン・ローの生涯に戻る必要がある。

反逆者のスコットランド人ローにとって、オランダの金融業界は天の啓示と思えたかもしれない。ローは、東インド会社とアムステルダム為替銀行、証券取引所の相互関係に魅了された。彼はギャンブルに熱中するタイプだったが、アムステルダムの証券取引所は、彼の目にどのようなカジノよりも魅惑的に映ったようだ。彼は否定的な噂を流すことによってVOCの株価を下げて空売りで儲けようと画策する相場師たちの狂態や、持ってもいない株を先物取引する「風の取引」の名手たちの技に目を見張った。金融革新が、至るところで目につ いた。ロー自身、オランダ政府が発行する富くじの所有者たちに、はずれを引いたときのため保険を売るという、巧妙な計画を立案したことがある。

だがローの目からみると、オランダ流の金融革新はまだ不十分だった。たとえば、市場が過熱しているにもかかわらず、東インド会社の発行株数を制限することは間違っていると思われた。アムステルダム為替銀行の保守的な体質も、ローには理解しがたかった。同行の

＊８　アムステルダム為替銀行の成功は、消費者物価の上昇が、一五五〇年から一六〇八年までは年率平均二パーセントであったのが、一六〇九年から五八年には〇・九パーセントに下落し、一六五九年から一七七九年にかけてはわずか〇・一パーセントまで落ちたことにも表れている。したがってVOCの株価が約八倍に上昇したことは、インフレ調整をした現代の株式市場と比べても遜色ない。

＊９　J・ド・フリース、A・ファン・デァ・ワウデ『最初の近代経済――オランダ経済の成功・失敗と持続力　１５００－１８１５』（大西吉之、杉浦未樹・訳、名古屋大学出版会）

「バンク・マネー」は信用されて流通していたものの、その大半は銀行の帳簿に延々と記載されているに過ぎなかった。銀行に硬貨を預けた商人たちに発行された領収証を別にすれば、カネはほとんど存在しないも同然だった。このような制度を驚異的なものに改変しようという構想が、ローの頭のなかでしだいにまとまり始めていた。彼が描いたアイデアとは、独占的な貿易権を持つ会社の資産と、イングランド銀行と同じように紙幣を発行する国営銀行の二つを合体させる、という案だった。ローはこのまったく新しい金融システムを、彼に疑いを持たないどこかの国で実践してみたくてうずうずしていた。だが、どの国が適切なのだろう。

まずジェノヴァで運だめしをすることにしたローは、ここで外国通貨や証券を商った。ヴェネツィアにも滞在し、昼は商売、夜はギャンブルをして過ごした。またアイレー伯爵と手を組み、ロンドン株式市場でかなりの株を購入した。この事実からも分かるように、ローは有名人の友人たちに恵まれていた。だが彼の行動には、つねに不名誉な評判がついて回った。バンベリー伯爵の娘レディ・キャサリン・ノウルズは既婚だったがローの妻として遇され、彼との間に二人の子どもをもうけていた。一七〇五年、ローはスコットランド議会に新たな銀行を設立する提案をした。この提案は、のちに『貨幣と商業に関する考察』として出版された。貨幣に取って代わるものとして、新銀行は利付きの銀行券を発行すべきだ、というアイデアがローの考えの核心だった。だがこの提案は、イングランドとの連合法が発布される直前に、スコットランド議会で否決された。故国に失望したローは、一七一一年にイタリアのトリノに旅行し、そこでサヴォイア公ヴィットリオ・アメデーオ二世の知遇を得た。ついに出版されなかった『ピエチンテ回想録』のなかで、ローはふたたび紙幣の必要性を説いた。貸付の唯一の基盤は信用だから、信用が伴えば紙幣は硬貨と同じ役割を果たすはずだ、というのがローの考えだった。彼は友人に宛てた手紙で、こう書いている。

「私は、賢者の石の秘密を探り当てました。つまり、紙から金を生み出せばいいのです」

これに異議を唱えたサヴォイア公は、こう答えた。

「余は、破産して平気でいられるほど裕福ではない」

最初のバブル

フランスがなぜ、ローが錬金術を試す舞台になったのだろう。フランスは、彼がどのような人物であるかを知っていたはずだ。一七〇八年当時、ルイ一四世の外相だったトルシー侯爵は、ローをプロのギャンブラー、そしておそらくスパイだろうとみなしていた。だが、当時のフランスの財政はきわめて絶望的な状況にあり、ルイ一四世が手がけたいくつもの戦争のために大幅な債務を抱え、一世紀たらずのうちに三度目の国家破産の瀬戸際にあった。王室の債務見直しがおこなわれ、その多くが棒引きされたり、削減された結果、実質的な一部債務不履行になった。それにもかかわらず、経常赤字を埋め合わせるために、ビエ・デタと呼ばれる二億五〇〇〇万リーブルもの利付き国債を発行せざるを得なかった。さらに金銀硬貨の流通量を減らしたために経済不況が起き、事態はさらに悪化した。この状況を見たローは、一連の難題をすべて解決してみせる、と豪語した。

一七一五年一〇月、公的な紙幣発行銀行の設立に向けたローの最初の案が、フランスの国王顧問会議に提出された。この銀行が王の出納係の役割を果たし、すべての税収の窓口になる、というローの大胆な案は、ノアイユ伯爵の反対にあって却下された。だが完全な民間銀行を設立するという第二案は承認された。一七一六年五月、ローの指導のもとにバンク・ジェネラール（のちにフランス王立銀行。現フランス銀行）が創立された。この銀行は、二〇年の満期で正貨（金貨または銀貨）で払い戻される紙幣を発行する権限を与えられていた。資本金は六〇〇万リーブル（五〇〇〇リーブルの株が一二〇〇株）で、うち四分の三は、いまや価値の下落したビエ・デタでまかなわれることになっていた（したがって実質的な資本金はおよそ二八五万リーブルだった）。当初は小規模な事業計画だったが、ローはもっと壮大な計画を胸に秘めていて、ルイ一五世の摂政オルレアン公にそれを売り込むつもりだった。一七一七年、ローはさらに一歩を踏み出し、税はすべてバンク・ジェネラールの紙幣で支払われなくてはならないという法令を公布した。この方策は当初、あちこちで抵抗にあったが、政府が実質的に強制した。

ローの野望は、フランス財政の信用を回復するために、オランダをモデルにした国営銀行を設立することだった。だがオランダ為替銀行と違って、こちらは紙幣を発行できた。カネが銀行に投資されれば、政府の巨大な負債は一元的に管理しやすい。同時に、紙幣という銀行券が、フランスの貿易、ひいてはフランス経済をよみがえらせる、という筋書きだった。ローは摂政のオルレアン公に、次のように語った。

「この銀行は、私のアイデアのなかで唯一のものでも、最大のものでもありません。私はヨーロッパ中を驚愕させ、なおかつフランスの有利に働く改革を練り上げます。この改革は、東インド諸島の発見より大きな変化をヨーロッパにもたらすはずです」

ローは共和制のオランダで金融を学んだが、絶対王制下のフランスのほうが、彼の「システム」をはじめて実行に移すには好都合だと読んでいた。彼は、こう書いている。

「私は、次のように確信している。どのように統治すべきか知っている絶対王制の君主のほうが、権限が制限されている君主よりも、信用を高め、必要な資金を低い利率で手に入れるうえで有利だ」

これは、絶対主義を金融に当てはめた理論であると同時に「軍事上、そして立法上の権威と同様、信用に関する最高権力もただ一人の人間に賦与されるべき」だ、というローの主張に基づいたものだった。そのカギは、戦費をまかなうために四苦八苦しながら借金を重ねていた過去に比べ、王家の信用をより前向きに利用する点にあった。ローの理想は、君主が自らの信用を軸に、「王国のすべての産品を次々に集め、それらを一つの貿易会社」に統合することだった。国家全体が「一つの実業家団体になり、王立銀行にカネを預け、すべての通商、資本、商品を合体」するのである。

オランダの例にも見られるように、ローのビジョンで大きな役割を果たすのは、帝国の存在だった。彼から見ると、フランスが海外の領土を拡大するために費やしている方策には、努力が足りなかった。そこでローは、新大陸のフランス領ルイジアナとの通商を一手に引き受けることにした。このルイジアナは、アメリカのミシシッピ川流域のデルタ地帯から中西部にまで広がり、現在のアメリカ合衆国の四分の一近くを占め、広大だがほとんど未開のまま放置されていた。一七一七年、新しく設立された「西方会社」は、それから二五年間にわたって、ルイジアナにおける貿易と、植民地の内政を独占的に統括することになった。フランスでは前例のない一億リーブルという巨額の資本金が、この会社に投じられた。株式の額面は一株五〇〇リーブルで、身分の上下に関係なく、フランス人も外国人もビエ・デタでこれらを（分割払いで）購入するよう奨《すす》められたが、このビエ・デタは償還されたあと、四パーセントの無期限債券《ラント》に転換されることになっていた。ローの名前は、会社の取締役リストのトップにあった。

ローが考案したこのシステムに対して、すぐに抗議の声があがった。サン・シモン公爵は、賢明にも次のような予測を発表した。

> このような機構は、それ自体はいいものだし、共和政体やイギリスのような君主制のもとでなら、有効に働くと推察される。すなわち財政がその資金を提供する者たちによって運営され、自分たちに必要なだけ提供する制度のもとでのみ機能する。だがフランスのように、弱体で気まぐれな、絶対王制に基づく国では、まず求められるのが安定性

だ。なぜなら国王が……銀行を転覆させることもあり得るからだ。その誘惑はあまりにも大きく、実行するのもきわめてたやすいと思われる。

この見解を裏づけるかのように、一七一八年前半に、パリの高等法院は、新任の財務大臣ルネ・ダルジャンソン（それにローの銀行）が命じた貨幣の四〇パーセント切り下げを激しく非難した。高等法院によれば、それは「大混乱を招き、かつあいまいだったため、だれにも理解できていなかった」という。その間、パリ兄弟が設立したライバル会社は、ローの西方会社よりも効率的に投資家を獲得し続けていた。だが摂政のオルレアン公は、絶対王制の支持者だっただけに、国王の特権を強硬に行使した。これは言うまでもなくローを喜ばせたし、彼の懐も潤した（ローは次のように述べた。「専制的な権力の強みとは、なんとすばらしいものだろう！　とりわけ、ある制度を発足させようとする初期段階で、それにまだ不慣れな時期に、国内に多くの反対意見が存在するときには」）。

さらに一七一八年末から、フランス政府は西方会社の株の魅力を高めるため、特権を与えた。西方会社は、八月にはたばこ税を徴収する権限を与えられ、一二月にはセネガル会社の特典も享受した。ローの地位をさらに強固にするため、バンク・ジェネラールは国王の認証を受けることになり、一七一八年一二月、フランス初の中央銀行である王立銀行《バンク・ロワイヤル》が誕生した。王立銀行が発行する銀行券の魅力を高めるために、エキュ紙幣（決まった量の銀と交換できる）か、より広く流通していたリーブル・トゥルノワ（金および銀と兌換可能）の双方と交換できるシステムが取られた。だが七月には、エキュ紙幣は廃止されて回収された。また一七一九年四月二二日に発令された布告によって、紙幣は、銀と連動した「(価格の)減額」を受けないことが明示された。このようにして、フランス経済における硬貨から紙幣への転換が始まった。

その間にも、西方会社は発展を続けていた。一七一九年五月には、東インド会社や中国会社を接収して、インド会社に改組したが、一般的にはミシシッピ会社として知られている。ローは七月には、王立造幣局から上がる利益を九年間にわたって獲得する権利を得た。八月になると、間接税の徴収を請け負う権利を前年に獲得していたライバル会社から、その権利を奪い取った。九月、ミシシッピ会社は王室の全債務の支払いに充てるため、王室に一二億リーブルを貸し付けることに同意した。一か月後、ローは直接税の徴収を一手に引き受けることになった。

ローは、自らのシステムに誇りを持っていた。彼が記しているところによると、かつて存在したものは「単なる領収証や支出記録」に過ぎなかった。それに比べて王立銀行では、「一つ一つがお互いを支え合うアイデアが、鎖のように次から次へとつながり、それらの元をなす指針をよりあらわにする」ということだった。ローが目指していたものを現代の用語で言えば、リフレーション(通貨再膨張)に当たるだろう。一七一六年から、フランス経済は景気後退に陥っていたため、ローが紙幣を増刷して貨幣の供給量を増やしたことは景気を刺激するうえで役立った。同時に、彼は(決して無分別にではなく)、ずさんに管理されて

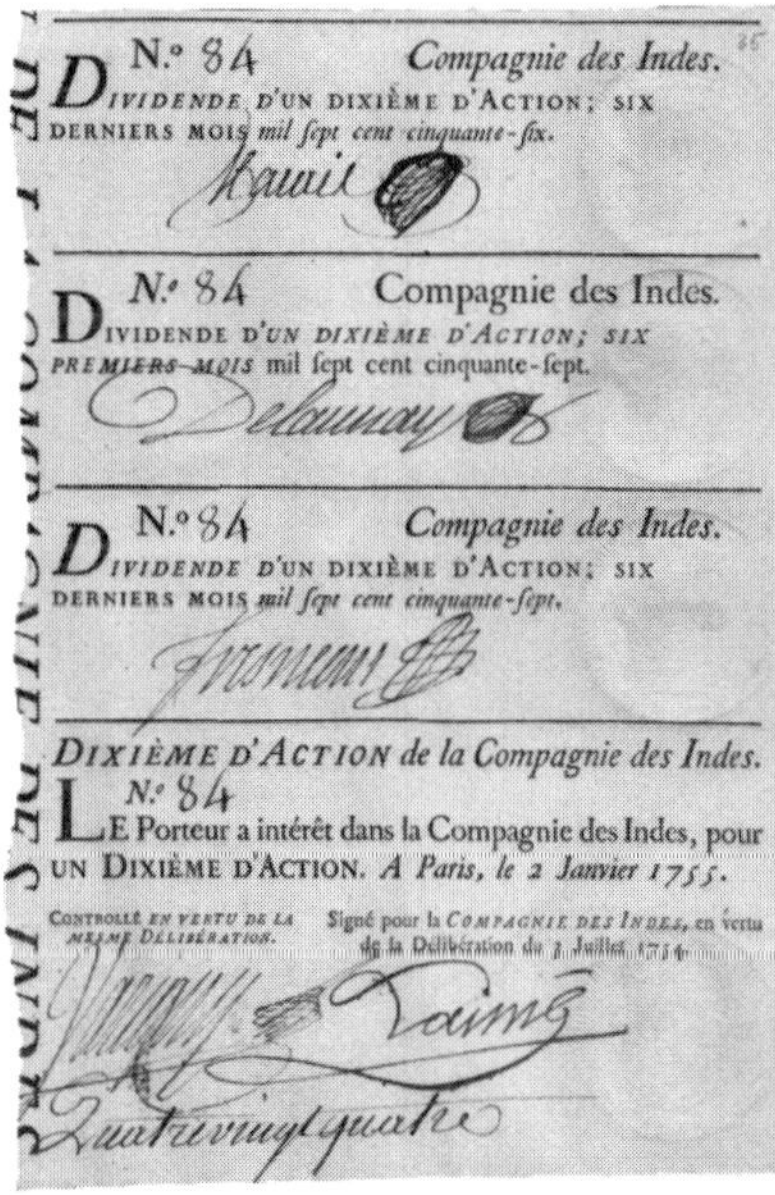
N.º 84　Compagnie des Indes.
DIVIDENDE D'UN DIXIÈME D'ACTION; SIX DERNIERS MOIS mil ſept cent cinquante-ſix.

N.º 84　Compagnie des Indes.
DIVIDENDE D'UN DIXIÈME D'ACTION; SIX PREMIERS MOIS mil ſept cent cinquante-ſept.

N.º 84　Compagnie des Indes.
DIVIDENDE D'UN DIXIÈME D'ACTION; SIX DERNIERS MOIS mil ſept cent cinquante-ſept.

DIXIÈME D'ACTION de la Compagnie des Indes.
N.º 84
LE Porteur a intérêt dans la Compagnie des Indes, pour UN DIXIÈME D'ACTION. A Paris, le 2 Janvier 1755.

CONTROLLÉ EN VERTU DE LA MÊME DÉLIBÉRATION.　Signé pour la COMPAGNIE DES INDES, en vertu de la Délibération du 3 Juillet 1754.

Quatrevingtquatre

投機の対象。インド会社（別名ミシシッピ会社）の10分の1株券
(Bibliotheque Nationale)

いた面倒な負債を、巨大な、税の徴収と貿易を独占的に処理する会社の資本にしようとした。彼が成功すれば、フランス絶対王制下における財政上の問題は解決するはずだった。

だがローは、どこまでこの方針を推し進めるべきかについて、はっきりした考えを持っていなかった。それどころか、巨大に成長した企業の大株主として、彼はさらに貨幣を拡大する方向に熱心だった。もし彼の銀行が資産バブルを引き起こせば、だれよりも彼自身が利益を得ることができる。この状況を現在のアメリ

カにたとえれば、トップ企業五〇〇社と、アメリカ財務省、ＦＲＢの運営が一人の男に集中しているようなものだった。このような人物が、自らが所有する多額な株式資産の価値を下げるリスクを冒してまで、法人税や金利を上げたりするだろうか。さらに言えば、そもそもローが考案したシステムは、バブルが起きなければ破綻する運命にあった。他企業の買収や徴税請負権の取得は、企業の利益から拠出するのではなく、新しい株式を発行することによってまかなわれた。一七一九年六月一七日、ミシシッピ会社は五万株を一株につき五五〇リーブルで発行した（だがこの株式の額面は、西方会社の以前の株と同額の五〇〇リーブルだった）。さらに発行の成功を保証するため、ローは個人的にこの株の引き受け手《アンダーライター》として署名した。いかにも彼らしいギャンブルだったが、さすがのローも眠れない夜を過ごしたらしい。さらに、株の値上がりによって彼だけが得をしている、と非難されないように、彼は西方会社の既存株主たちに新株の独占入手権を与えた（「母」と呼ばれた初期の株式に対して、新株は「娘」と呼ばれた）。一七一九年七月、ローはさらに五万株の三度目の発行をおこなっている（これは「孫」と呼ばれた）。この新株は、彼が王立造幣局に支払わなければならない五〇〇〇万リーブルを調達する必要があったため、一株当たり一〇〇〇リーブルに設定された。理論上では、株主の数が増加すれば、一株当たりの価格は下落するのが常だ。それならばなぜ、ローは額面を二倍まで引き上げることを正当化できたのだろうか。

表向きには、この株式の額面の引き上げの根拠となる「異変」（バブルの第一段階）は、ルイジアナから将来的に見込まれる利益だった。だからこそローは、この植民地を、バラ色の展望にあふれた土地に見せかけようとして最大限の努力をした。彼が美化したルイジアナは、フランスに輸出するさまざまな産物を詰め込んだ豊穣の角《コーヌコピア》を原住民が差し出す「エデンの園」のような夢の土地だった。そのような理想図に沿った貿易を実現するため、ミシシッピ川の河口に壮麗な新しい都市が作られた。その都市は、おだてに弱い摂政オルレアン公のご機嫌を取るために、ニューオーリンズ（新しいオルレアン）と命名された。この未来図はまったく絵に描いた餅ではなかったにしても、ローのバラ色のビジョンが実現するのははるか先の話だった。ラインラント、スイス、アルザスで数千人もの貧しいドイツ人が入植者として集められたが、ルイジアナに到着した不運な移住者たちを待っていたのは、うだるように暑く、虫だらけの沼沢地だった。一年もしないうちに、彼らの八割が、飢えや黄熱病などの熱帯病で亡くなった[10]。

短期的に見て、ローが支払っている四〇パーセントの配当を維持するためには、新たな「異変」が必要だったが、これは紙幣がもたらした。一七一九年の夏以来、「娘」や「孫」を取得しようとする投資家たちは、王立銀行から好条件の支援を受け、自らの株を担保に銀行からカネを借りて、新たな株の購入に充てた。予想されたとおり、株価は高騰した。最初

＊10　これら入植者で生き残った人びとの足跡は、アカディア（フランス植民地から移住してきた人びとが暮らす地域）のセントチャールズ郡、セントジェイムズ郡、セント・ジョン・ザ・バプティスト郡でいまでも見られる。

の「母」は、八月一日には一株当たり二七五〇リーブルだったが、八月三〇日には四一〇〇リーブル、九月四日には五〇〇〇リーブルとウナギ昇りだった。これに勇気を得たローは、この新しい市場価格で新たに一〇〇万株を発行した。さらに九月二八日と一〇月二日にもそれぞれ一〇〇万株、一〇月四日には二万四〇〇〇株が発行された（だがこれは一般には公開されなかった）。一七一九年の秋、株価は九〇〇〇リーブルに達し、一二月二日には一万二五リーブルという新高値を記録した。非公式の先物市場では、一七二〇年三月の受け取り分が一万二五〇〇リーブルで取引された。いまや市場のムードは急速に、多幸症から投機熱に変わっていった。

もちろん、これに警戒感を抱く者もいた。「パリではみんな、気が狂ってしまったのですか？」と、哲学者のヴォルテールは一七一九年、ド・ジェノンヴィユに書き送った。「この混乱状態は、とても理解できません」。アイルランドの銀行家で経済学者のリチャード・カンティロンは、ローが考案したシステムは必ず破綻すると確信していたため、一七一九年八月はじめに全財産を引き揚げてパリを去った。ロンドンにいた作家のダニエル・デフォーは、「フランス人たちは、単に洗練された雰囲気を出しているだけ」と評した。デフォーは次のように、ローは成り上がるステップとして新機軸を打ち出しているに過ぎない、と嘲笑した。

剣を抜いて、伊達男を一人か二人ほど刺し殺し、ニューゲート［監獄］に投獄され、絞首刑の宣告を受けたあと、できれば脱獄し――この点が重要――どこか異国にたどりついて株式仲買人になり、ミシシッピの株を発行して国内にバブルを起こせば、偉大な人物とみなされるようになるらしい。ただし、強運の持ち主であればの話だが。……

だが、多くの裕福なパリジャンがローの誘惑に屈した。自ら築き上げた財産に有頂天になっていたローは、未払いの年金の清算や前払いまで引き受けたが、これは特権階級の信用を得るうえでかなり有効な方法だった。一七一九年九月までに、何百人もの人びとが、サンマルタン通りとサンドニ通りの間の狭い道、VOC（ミシシッピ会社）の株式を発行する事務所があるカンカンポア通りに群れをなして集まった。あるイギリス大使館員は、その様子を次のように描写している。

「早朝から深夜まで、公子や公女、伯爵や伯爵夫人などの貴族……ひとことでいえば、フランス中の重要人物が集まっていた。彼らはミシシッピ会社の株を購入するため、不動産を売り、宝石を質に入れた」

また、一七一九年にパリを訪れたイギリスの詩人メアリー・ワートリー・モンタギューは次のように記している。

「……イギリス人（広い意味での）が、パリで絶大な権力を振るっているのを見て嬉しく思いました。これはロー氏のことですが、彼は伯爵などの貴族たちをひどく横柄にあしらっているのに、貴族のほうでは最上級の敬意を払って彼に接しています。かわいそうな人たち！」

「百万長者」ということばが誕生したのは、このように欲望に浮かされた時代だった（「起業家《アントレプレヌール》」と同じように、「百万長者《ミリオネア》」もフランスが生み出した単語だ）。

一二月一〇日、教会のミサにローがはじめて姿を見せたのも驚くには当たらない。彼は公的な地位に就く資格を得るため、フランスの国教であるカトリックに改宗した。ローには、大いに神に感謝する理由があった。翌年の一月、財務総監に就任したことで彼の勝利は完璧なものになり、以下に列挙されたすべてを支配する立場に就いた。

フランスのすべての間接税の徴収
フランスのすべての国債
フランスの金貨と銀貨の鋳造所二六か所
ルイジアナ植民地
たばこの輸入と販売権を独占するミシシッピ会社
フランスとカナダの間の毛皮取引
アフリカ、アジア、東インド諸島との貿易

それに加え、ローは次のような物件を所有していた。

リシュリュー通りに建つオテル・ド・ヌヴェール（現在の国立図書館）

ミシシッピ会社の事務所があったマザラン宮殿
当時「ルイ大王広場」と呼ばれたヴァンドーム広場に立つ建物の三分の一あまり
少なくとも一二か所の地方の私有地
ルイジアナのいくつかのプランテーション
ミシシッピ会社の株式、一億リーブル相当

かつてフランスの太陽王ルイ一四世は「朕は国家なり」と宣言したが、ジョン・ローが「朕は経済なり」と言ったとしても的外れではなかっただろう。

実際には、ローはお祈りよりギャンブルのほうが好きだった。たとえば一七一九年三月に、彼はブルボン公との間で、その年の冬から春にかけて、もっと氷が張るかどうかについて一〇〇〇ルイドール金貨を賭けた（ローが負けた）。また、同時に振った六個のサイコロの目の合計が友人の指定した数字にはならないと、友人との間で一万対一で賭けた（おそらく彼はこの賭けにも負けたに違いない。なぜかといえば、合計の数字は三一通りしかなく、たとえば二一が出る確率は一〇回に一回はあるからだ）。だが彼の最大の賭けは、自らが生み出したシステムそのものだった。一七一九年八月、ローの話を聞いて動揺したあるイギリスの外交官は、次のように報告している。

「ローは『毎日の談話』のなかで、自分がフランスをかつてないほどの地位に引き上げ、全ヨーロッパをフランスの意に従わせ、いつでも自分が望むときにイギリスやオランダの通商や信用を破壊することができるし、われわれの銀行や東インド会社を思いどおりに倒産させることも可能だ、と豪語しています」

このことばどおり、ローはロンドンデリー伯トマス・ピット（ウィリアム・ピット首相の叔父）と次のような賭けをした。彼は額面で一〇万ポンド相当のイギリス東インド会社の株を一年後の一七二〇年八月二五日に一八万ポンドで売る取引を交わしたのだった（これは、一株当たり一八〇ポンド、あるいは額面の八割増しの額になる。一七一九年八月末には、株価は一九四ポンドだったから、ローは一四ポンドの値下がりを予想していたことになる）。

だが、ローの自信を支えているペテンの手法は、いつまでも持続できるものではなかった。彼が財務総監に任命される前から、前述したバブル経済の五段階の徴候のうち、フェーズ4までがすでに顕在化していた。まず一七一九年一二月に、ミシシッピ会社の株価が下落し始め、一二月一四日には七九三〇リーブルになった。ローは株価を持ち直させるために、さまざまな手を打った。最初は王立銀行に新しい部局を設置し、ミシシッピ会社の株式を九〇〇〇リーブルという底値で売買させた。だがこれは、窮余の一策だった。事態を単純化するかのように、一七二〇年二月二二日、ミシシッピ会社は王立銀行の業務を肩代わりする、と宣言した。またローは、一〇〇〇リーブルの「オプション」を売り出したが、これは半年以内に、持ち主に一株一万リーブルで購入する資格を与えるものだった（これは実質、一万一〇〇〇リーブルという価格を意味した。一月八日の最高値、一万一〇〇リーブルを九〇〇リーブル上回る額だ)。このような措置のおかげで、一月の半ばまで株価は九〇〇〇リーブルあまりを保っていた(だが、底値を設定したせいで、このオプションは無価値になった。そこでローは寛大にも、一〇オプション一株と交換に応じた)。

だが株式市場の外では、危険なほどインフレが加速しつつあった。一七二〇年九月のピーク時に、パリの物価は二年前に比べて約二倍になっていたが、その大部分は過去一一か月間に上昇したものだった。これはローが流通紙幣を極端に増やしたためだった。一年ちょっとのうちに、ローは紙幣の流通量を二倍に増やしていた。一七二〇年五月までに、通貨供給量(紙幣と市民が保有する株式を合わせた量。なぜかといえば後者は、自由に換金することが可能だったからだ)は、以前に流通していた金貨・銀貨と比較してリーブル換算で約四倍になっていた。当然ながら紙幣価値の下落を予想する人びともいて、彼らは紙幣を受け取る代わりに金や銀での支払いを望むようになった。だが絶対王制支持者のローはすぐに反発して、紙幣を法定通貨に定めた。金や銀の輸出を禁じたうえ、金や銀製品の製造・販売まで禁止した。一七二〇年二月二七日には、市民が五〇〇リーブルを超える硬貨を所持することは違法になっており、この施策を徹底するため、官憲が市民の家を捜索して回った。哲学者のヴォルテールは、この措置を「これまで発せられたなかで最も不当な布告」「独裁制が生んだ最も愚劣な政策」と評して非難した。

同時に、ローは憑かれたように紙幣と金や銀の交換率を何度も変動させた。一七一九年九月から二〇年一二月までの間に、金の公定価格は二八回、銀は少なくとも三五回も改定されたが、いずれも、硬貨より紙幣を魅力的に見せようという思惑から取られた措置だった。だが互いに矛盾する法令が乱発されたために人びとは混乱し、為政者たちの有利なように経済の規則を曲げるという絶対王制の特質が浮き彫りになった。ある人物は、後にこう語った。「すべて新奇な秘密の魔術により、ことばが飛び交い、新しい布告を出すが、その意味合いはだれにも理解できない。あたりの空気は、曖昧な概念や、根拠のない空想であふれている」

金と銀の輸出が自由化された日があるかと思えば、翌日には禁じられた。またある日は、紙幣が印刷機の能力の限界まで刷られ、翌日にローが紙幣の供給を一二〇万リーブルに制限したりした。ミシシッピ会社の株価の底値が九〇〇〇リーブルに固定されたかと思うと、次の日には取り消された。二月二二日、この底値が廃止されたために、株価は予想どおり急落し、月末には七八二五リーブルまで下落した。ところが三月五日、摂政から圧力を受けたローはまたもや一八〇度の転換を見せ、九〇〇〇リーブルの底値を復活させ、該当部局を再開して、この値段で株を買い取らせた。その法令のなかで「紙幣は、価値が変動しない通貨である」と断言され、先の一二〇万リーブルの通貨供給制限にもかかわらず、これは事実上は通貨供給の制限がふたたび取り払われたことを意味した。賢い投資家たちはそのころには、喜んで一株九〇〇〇リーブルで換金するようになっていた。一七二〇年二月から五月までの間に、一般人が保有する紙幣の総量は九四パーセントも増えたが、株の保有数は発行数の三分の一以下まで落ち込んだ。遠からず、ミシシッピ会社のすべての株が売られ、紙幣の乱発とインフレが進行することは明白だった。

　五月二一日、暴落を防ごうと必死に努力していたローは、摂政のオルレアン公に通貨収縮の布告を進言した。ミシシッピ会社株の公定価格を段階的に月ごとに九〇〇〇リーブルから五〇〇〇リーブルに引き下げ、同時に流通する紙幣を半減させるという案だ。ローはまた、紙幣の切り下げはしないと保証した前言をひるがえし、切り下げを断行した。ここに至って、ローのシステムの基盤であった絶対王制下の財政の限界がにわかに露呈した。布告が出されてすぐに民衆から怒りの声が盛り上がり、発令はわずか六日後に撤回されたが、システムが失った信用はもう取り戻せなかった。しばらく小康状態が続いたものの、株価は九〇〇五リーブル（五月一六日）から四二〇〇リーブル（五月三一日）まで急落した。怒りに燃えた民衆が王立銀行の周囲に群れをなしたが、銀行側は彼らが要求する紙幣の需要には応じきれなかった。投石によって、銀行の窓が割られた。当時これを目撃したあるイギリス人は、次のように書いている。

「この国の民衆に最悪の損失が襲いかかり、すべての階級、さまざまな経済状態の人びとが被害をこうむった。彼らの驚愕や絶望がどれほど大きかったかは、筆舌に尽くしがたい。……公子たちなど地位ある人びとはみな、この事態に激怒している」

　ローは高等法院の緊急会合で、容赦なく糾弾された。摂政は、五月二一日の発令を撤回した。ローは辞任を申し出たものの、五月二九日に手荒く解任された。彼は自宅軟禁を命じられたが、彼を敵視する者たちはバスチーユ監獄に投獄しろと息巻いた。ローが牢獄に投じられて死刑の可能性に直面したのは、これが人生で二度目だった（調査委員会が、ローによる紙幣の発行は越権行為だった証拠をすぐに入手したため、起訴される可能性が十分にあった）。王立銀行は閉鎖された。

だがローは、詐欺の名人だっただけでなく、脱出の名人でもあった。この金融システムの完全な崩壊を防ぐことができる人間は、彼以外にいないことがただちに明らかになった。彼が権力の座に復帰したことで（今回は、商務監督官といういささか地味な肩書だった）、株式市場は刺激を受け、六月六日にミシシッピ会社の株価は六三五〇リーブルにまで持ち直した。だがこれは、一時的なものに過ぎなかった。一〇月一〇日、政府は国内の取引に金や銀を導入することをふたたび迫られた。それを受けて、ミシシッピ会社の株価は九月には二〇〇〇リーブル、一二月には一〇〇〇リーブルに急落した。本格的なパニックは、もう先延ばしできなかった。国民から非難され、新聞紙上で笑いものにされたローは、この時点で国外に逃亡した。彼は逃亡する前に、オルレアン公と「感動的な別れ」の場を持った。その際、ローはこう弁明した。

「閣下、私が大きな誤りをしでかしたことは認めますが、それは私が人間だからです。人間はだれしも、あやまちを犯しがちです。しかし、私の行為のなかで悪意や不誠実に基づいたものは一つもありませんし、私の行動をすべて調べ直していただいても、悪意や不誠実の証拠は認められないでしょう」

だがローが捜査の対象となっていた期間、彼の妻と娘はフランス国外に出ることを許されなかった。

　ミシシッピ・バブルは、まるで剣でひと突きされたようにはじけた。そしてそのバブルから空気が漏れ出す音はヨーロッパ中に反響した。ひどく立腹したあるオランダ人の投資家は、バブル崩壊を皮肉ることばを記した陶磁器の皿を何枚も特注したほどだ。ある皿には、こう書かれていた。「なんとまあ、オレの株はみんなオシャカだ」。別の皿の文字は、もっと率直だった。「不良株や、風まかせの貿易などクソくらえ」。アムステルダムの投資家たちから見れば、ローの会社は風よりも実質感のあるものを取り扱ったことなどなかった。香辛料や織物などの品物を取引したオランダ東インド会社とは、この点で雲泥の差だ。オランダの風刺画が描かれたビラには、以下のような詩が載っている。

株式取引で名をあげた
これぞすばらしきミシシッピ。
ペテンやいかさま繰り広げ
散りぢりになった財宝、数知れず。
みなの衆がどう思おうが、
この株は、風と煙、ただそれだけ。

ユーモラスな風刺にあふれた銅版画集が『偉大なる愚行の情景』と題されて出版された。

『偉大なる愚行の情景』から、1719年にカンカンポア通りで起きた「ショーの終わり」。この版画集は、1720年にアムステルダムで出版された（Historic New Orleans Collection）

それには、裸の尻をむき出しにした株のブローカーたちが、硬貨を食べてミシシッピ会社の株を排泄したり、発狂した投資家たちが、精神病院に入院させられる前にカンカンポア通りを疾走する場面が描かれている。ある場面では、二人の薄汚いフランス人の若者が引く馬車に乗って、空想でしかない城の脇を通るローの姿も描かれている。

ロー自身も、経済面で無傷ではすまなかった。イギリス東インド会社の株が一八〇ポンドに下落するかどうかを競ったロンドンデリー伯との賭けのせいで、フランスを出国する際にはほぼ無一文だった。一七二〇年四月の時点で、東インド会社の株価は二三五ポンドに値上がりし、投資家たちがパリの市場を見限って、より安全に思われたロンドン市場に鞍替えするにしたがい、値上がりを続けた（これはフランスの例よりかなり地味な、南海泡沫事件の端緒だった）。六月になると、株価は四二〇ポンドに達し、八月には三四五ポンドにやや下がったが、その時点でローが賭け金を払う期日が到来した。ロンドンでローの資産管理を担当していた銀行家のジョージ・ミドルトンは、ローの負債を肩代わりしたため、破産した。だがフランスの損失は、財政面だけにとどまらなかった。ローが引き起こしたバブル経済とその破綻は、フランスの金融の発展を阻害し、紙幣や株式市場の興隆を何世代も遅らせることになった。フランス絶対君主の財政危機は解決されず、ルイ一五世とルイ一六世の治世の間、王家は文字どおりその日暮らしの財政を強いられた。そして次から次へと改革に失敗したため、ついに財政が破綻して革命が勃発した。おそらく、この破局の規模の大きさを最も巧みに捉えたのは、版画家ベルナール・ピカールによる精密な銅版画「繁栄に捧げられた記念碑」（一七二一）だろう。左側には、一文なしになったオランダの投資家たちが、陰気な表情で病院や精神病院、救貧院に向かって足を引きずっている。だがパリジャンたちを描いた右側はさらに黙示録的だ。裸のフォルトゥナ（運命の女神）が、カンカンポア通りからあふれ出る暴徒の頭上にミシシッピ会社の株や証券の雨を降らせ、インディアンが引く山車の大きな車輪の下で会計士を轢きつぶし、手前では二人の男が取っ組み合いのケンカをしている。

フランスの場合と比べ、同時期にイギリスで起きた南海泡沫事件（サウス・シー・バブル）は、はるかに規模が小さく、資産にダメージを受けた人びとの数も少なかった。ローは王立銀行を支配していたが、南海会社はイングランド銀行を支配していなかったことが大きな理由だろう。イギリスでローと同じような立場だった資本家ジョン・ブラントの南海会社計画は、主としてスペイン継承戦争で生じたイギリス政府の負債を、南米におけるスペイン帝国との貿易を独占する会社の株に転換することを目的にしていた。南海会社の重役たちは、年金国債やその他の債券類の転換価格について合意していたため、年金国債の所有者たちに高い市場価格で南海会社の株を買わせることに成功すれば、その差額分の株を売りに出して利益を上げられる仕組みになっていた。その過程で、彼らはパリでローが駆使したトリックと似たような手を使って成功した。株は四回に分けて公開され、一七二〇年四月には一株三〇〇ポンドでスタートし、六月には一〇〇〇ポンドに値上がりした。分割払いも認められ、株を担保にしたローンも可能だったし、配当金もたっぷり支払われた。多幸症がしだいに熱狂に取って代わり、詩人のアレグザンダー・ポープは、次のように評した。

「（この希望と黄金の山の時代に）冒険をしないのは、恥ずべきことだ[11]」

だがローと違って、ブラントと彼の同僚たちはイングランド銀行と競わなければならず、年金国債の受取人たちに提示する条件を引き上げなければならなかった。また、これもローとの相違点だが、彼らはホイッグ党のような反対派と議会で闘う必要もあった。おかげで、ブラントとその仲間が自分たちの利益になる法案を通そうと図った場合、彼らに贈る賄賂の額が釣り上がった（たとえば、ホイッグ党の財政担当者は、取得した株から二四万九〇〇〇ポンドもの配当利益を得た）。またこれもローとは違って、ブラントたちは株式市場や金融市場で独占的な地位を築くこともできなかった。それどころか、一七二〇年には一九〇もの新しい会社が株式を公開しようとしていたため、南海会社の重役たちは、新しい会社の設立を制限することを目的とした「バブル法」を議会で通過させた[12]。また、南海会社が三度目の出資を募ったことでマネー・マーケットの現金が不足し、流動性を高めるために重役たちができる策は何もなかった。事実、南海会社の引き受け銀行である「剣の刃《ソード・ブレード》社」は、九月二

＊11　エドワード・チャンセラー『バブルの歴史——チューリップ恐慌からインターネット投機へ』（山岡洋一・訳、日経BP社）

＊12　「バブル法」は、合法的に認可されていない会社の設立を禁じると同時に、既存の会社には定款に記載されていない商行為を禁じるものだった。

四日に破綻した（イングランド銀行やフランス王立銀行と違って、その紙幣は法定通貨ではなかったからだ）。熱狂が渦巻いた五、六月が過ぎると、七月には空洞状態になり（内部関係者や、外国の投機家たちはすでに甘い汁を吸っていた）、八月になると暴落が起きた。損失をこうむった不運なポープは、こう述べた。

「多くの人びとが、この日が到来するのではないかと恐れていた。だがだれもが準備不足で、死がそうであるように、〝夜の盗賊〟が突然、襲ってくると考えた者はいなかった」[13]

だがこのイギリスのバブル崩壊は、海峡を隔てたフランスほど壊滅的なものではなかった。株の額面とピーク時の市場価格の差が、ミシシッピ会社の場合には、一九・六倍もあったのに対し、南海会社の場合は九・五倍だったし、ほかの会社（イングランド銀行と東インド会社）の株価は、もっと上昇率が小幅だった。ロンドンで株価が底を打ったとき、バブル法によって将来の株式会社設立に制限が加えられたことを別にすれば、イギリスの財政システムはそれほど永続的なダメージを受けなかったといえる。南海会社は存続したし、転換された国債が、ふたたび政府の負債として逆流することもなく、外国人の投資家たちがイギリスの証券に愛想をつかして売り逃げすることもなかった。フランス全土がローの引き起こしたインフレ危機に大きく影響されたのに対し、ヨーロッパのなかでは田舎だったイギリスは、南海バブル崩壊にもそれほど打撃をこうむることがなかった。この二つのバブルの物語で、はるかにひどい目にあったのはフランスのほうだった。

牡牛《ブル》と熊《ベア》

一九二九年一〇月一六日、イェール大学の経済学教授アーヴィング・フィッシャーは、アメリカの株価は「長期にわたる高値の安定期」に入ったようだ、と述べた。ところがそれから八日後の「暗黒の木曜日《ブラックサーズデー》」に、ダウ工業株三〇種平均は二パーセント下落した。以後の定義では、この日からウォール街の大暴落が始まったとされるが、実際には市場は九月のはじめから低落を続けていて、一〇月二三日にすでに六パーセントという高い下落率を見せていた。「暗黒の月曜日《ブラックマンデー》」（一〇月二八日）には一三パーセント、次の日にはさらに一二パーセントの大幅な下落を記録した。それからの三年間、アメリカ株式市場は実に八九パーセントという信じがたい率で暴落し、一九三二年七月に底値を記録した。結局、株価指数が一九二九年の最高値を回復したのは、一九五四年一一月になってからだった。さらに悪いことに、この株価下落は、それだけが直接の原因ではないにしても、史上最悪の不況と重なってしまった。アメリカでは、GDPが三分の一も落ち込んだ。民間労働力の四分の一あまりが失業したが、この数値は現代の定義に従えば全体の三分の一にのぼる。この不況は、世界のほとんどの国で価格や生産の下落を引き起こした世界的な破局だったが、アメリカと同じくらい

＊13　チャンセラー『バブルの歴史』

ひどい打撃をこうむったのはドイツだけだった。世界貿易は、当初の三分の一まで縮小し、各国家とも関税障壁や輸入割当制限などで自衛しようと試みたが、効果は薄かった。国際的な金融システムは、債務不履行や資本統制、通貨の下落などが交錯する混乱状態のなかで、ズタズタになった。この不況に影響されなかったのは、自給自足政策と計画経済を採用していたソ連だけだった。いったい、なぜこのようなことが起こったのだろうか。

いくつかの金融危機には、明白な原因がある。議論は分かれるかもしれないが、もっと大規模な市場の暴落は、一九一四年七月の終わりに起きている。これは第一次世界大戦の勃発が完全な崩壊をもたらしたためで、ニューヨークを含む世界中の市場はこの年の八月から年末まで閉鎖された。だがこの暴落を引き起こした原因は明らかに、青天の霹靂《へきれき》のように金融市場を襲った世界大戦だ。これに比べると、一九二九年一〇月の大暴落の原因を説明することは、はるかにむずかしい。「暗黒の木曜日」の前日、「ニューヨーク・タイムズ」紙の第一面は、フランスのアリスティード・ブリアン首相の辞任と、化学製品の輸入に課せられる関税について報じている。歴史家たちはこの大不況の原因を、第一次世界大戦のあとドイツに課せられた賠償とアメリカの保護主義だと、断定しがちだ。だが同じ紙面には、前日、東海岸を襲ったひどい嵐に関する記事が四つも掲載されている。歴史家たちは、ウォール街の大暴落を悪天候のせいにすべきなのかもしれない（これはこじつけとばかりも言えない。ロンドン金融街シティの多くのつわものたちが、一九八七年一〇月一九日の「暗黒の月曜日」が起きたときにも、前週の金曜日に、イギリス南東海岸をハリケーンのような暴風が襲ったあとだったことを、いまだに記憶している)。

この時代の人たちは、経済危機には心理学的な側面があることに気づいていた。フランクリン・D・ルーズヴェルト大統領は一九三三年の就任演説で、すべてのアメリカ人が恐れなければならないのは「恐怖それ自体」だと述べた。ジョン・メイナード・ケインズも「実体のない心の作用がもたらした過ち」に触れている。だが二人とも、この不況が金融業界の失敗によってもたらされた点は否定しない。ルーズヴェルトはウォール街の「節操のないカネの亡者たち」を非難したし、ケインズは『雇用、利子および貨幣の一般理論』のなかで、株式市場をカジノにたとえている。

この大恐慌は、一九一四年の第一次世界大戦勃発に伴う世界的な経済混乱に端を発していたとも言える。第一次世界大戦中、ヨーロッパ以外の諸国においては、農業および工業の生産高が増大した。平和が戻り、ヨーロッパの生産も復活するにつれて、一九一九年のかなり前から、一次産品の価格を下落させる原因になった慢性的な供給過剰が生じていた。これによって、多額の対外戦時負債を背負った国ぐに（膨大な賠償金を課されたドイツを含む）は、外国の債権者に利子を支払う国際決済通貨《ハード・カレンシー》を調達しにくくなった。またこの戦争は、交戦国のほとんどで組織化された労働運動の勢力を伸張させた。雇用主たちは、物価の下落に合わせて賃金をカットすることも困難になった。実質賃金が上昇して利益が圧縮されると、企業は労働者たちを一時解雇するしかなく、さもなければ破産の危機に直面した。だが不況に襲われたこの時期でも、危機の震源地であるアメリカは、経済的にさまざまな意味で良好な状況にあった。二つの大戦の間に、デュポン（ナイロン）、プロクター&ギャンブル（粉せっけん）、レブロン（化粧品）、RCA（ラジオ）、IBM（計算機）などの大企業に見られるように、生産性を向上させる技術革新は枚挙にいとまがなかった。イェール大学のアーヴィング・フィッシャー教授は、こう評している。

「アメリカに住むわれわれは、かつてないほど科学と発明を工業に応用している。したがって、将来の収入は大いに上がると期待できる」

また、ゼネラルモーターズのアルフレッド・スローン社長のような人びとによって、経営手法も大きな革新を遂げていた。

だがまさにこのような好材料こそ、古典的な株式市場バブルを引き起こすきっかけになったのかもしれない。フィッシャーの視点から見れば、分割払いで手が届くようになった車や耐久消費財などを、より多くのアメリカ家庭が購入しようとするのだから、景気が天井知らずに感じられたのも無理はない。一九二〇年代のテクノロジー関連株とでも呼べるRCA株は、一九二五年から二九年の間に九三九パーセントも飛躍的に高騰し、ピーク時における株価収益率は七三に達した。多幸症のおかげで、新規株式公開（IPO）がさかんにおこなわれた。一九二九年には六〇億ドル相当の株式が公開されたが、その六分の一は九月に集中した。株式市場ブームを当て込んで、投資信託会社という新しい金融機関が次々に設立された（ゴールドマン・サックスは、一九二九年八月八日に、ゴールドマン・サックストレーディング社という子会社を設立すると発表した。もしこれが独立した事業体でなかったとしたら、この企業の倒産によってゴールドマン・サックス本体が崩壊していたことだろう）。それと同じ時期に、多くの小口投資家（アーヴィング・フィッシャーもその一人）は、レバレッジを利用して株式市場への投資を増やしていった。仲買人貸付（銀行より企業から提供されることが多かった）を利用して信用買いをおこなうため、自己資金で負担するのはほんの一部だった。一七一九年のミシシッピ・バブルのときと同じように、一九二九年にもナショナル・シティ銀行のチャールズ・E・ミッチェル、GMのウィリアム・クレイポー・デュラントなど厚顔なインサイダーや、喜劇俳優のグルーチョ・マルクスのような無邪気な門外漢が存在した。[14] そしてこれも一七一九年と同じく、金融市場を流れるホットマネーは、ショックを伝達して拡大する役割を果たした。そしてバブルの規模とその影響の大きさを決定づけたのは、やはり国家の金融政策の責任者たちだった。

おそらくアメリカ経済史のなかで最も重要だと思われる著作『米国金融史一八六七－一九六〇』のなかで、ミルトン・フリードマンとアンナ・シュウォーツは、一九二九年の経済危機を大恐慌にまで拡大させたのはＦＲＢの責任だ、と断じている。[15] ただし著者たちは、

＊14　チャンセラー『バブルの歴史』

＊15　金融を専門にする者にとって、この著作〔*A Monetary History of the United States 1867-1960* (Princeton, 1963)〕の「大収縮」の章は必読だ。（邦訳『大収縮１９２９－１９３３「米国金融史」第7章』久保恵美子・訳、日経ＢＰ社）

ニューヨーク連邦準備銀行総裁のベンジャミン・ストロングが、金本位制を維持するというアメリカの対外的な責任と、物価の安定を維持するという国内的な責務との間で穏当なバランスを取ったとして、バブルの発生自体に関してはFRBを責めなかった。たしかにFRBは、アメリカ国内へ大量の金が流入するのを阻止したことによって（通貨供給量の増加を食い止めた）、バブルがさらに膨れ上がるのを防いだかもしれない。またニューヨーク連邦準備銀行は、大きなスケールでの（そして独断的な）公開市場操作（債券を金融セクターから購入した）を行使して、市場に流動性を注入し、一九二九年一〇月の大恐慌に適切に対処したといえる。だが一九二八年一〇月に、ベンジャミン・ストロングが肺結核で死去してから、首都ワシントンのFRBがもっぱら金融政策を主導するようになり、壊滅的な結果を生んだ。まず、銀行の危機によって引き起こされた信用収縮への対応が不十分だった。この問題は、八〇〇〇万ドルあまりの預金を持つ都市銀行が支払いを一時停止したことで、株式市場の暴落が起きる数か月前から表面化してはいた。この状況が一九三〇年一一月と一二月に限界点に達して、六〇八の銀行が倒産したが、これらの銀行の預金総額は五億五〇〇〇万ドルに達していた。このうち、ユナイテッド・ステーツ銀行の損失額が、三分の一あまりを占めていた。この銀行を救済しようという合併交渉が決裂して不首尾に終わったことは、大恐慌の歴史に決定的な影響を与えた。(16) 第二に、FRBが設立される前の一九一三年以前のシステムでは、このような危機に際して、銀行預金を金へ兌換することを制限するはずだった。だがFRBは、信用残高を減少させ（一九三〇年一二月〜三一年四月）、事態を悪化させてしまった。そのため多くの銀行が流動性を求めて必死に資産を売却し、債券価格が下落し、全体的に状況を悪化させた。一九三一年二月から八月にかけて、銀行倒産の波がふたたび襲ったころ、商業銀行の預金残高は、九パーセントにあたる二七億ドルも減少した。[17] 三番目に、イギリスが一九三一年九月に金本位制を放棄し、各国の銀行が保有するドルを金に交換しようと狂奔したとき、FRBは金利を二段階に分けて三・五パーセントに引き上げた。これによって対外流出は防げたが、より多くのアメリカの銀行を苦境に立たせた。一九三一年八月から三二年一月までの間に、一四億五〇〇〇万ドルの預金高を持つ一八六〇の銀行が倒産した。[18] だが、FRBが金の不足に困るおそれはなかった。ポンドが金本位制から離脱する前夜のアメリカの金保有高は、史上最高の四七億ドル相当で、世界全体の四割を占めていた。その年の一〇月に記録した最低期でも、FRBが保有する金は法定準備高を一〇億ドルも上回っていた。[19] 四番目に、ようやく一九三二年四月になってはじめて、大きな政治圧力を受けて、FRBは大規模な公開市場操作に乗り出した。これは流動性の危機に際し、FRBが取った最初の重要な一歩だった。だがこの方策でも、一九三二年の第4四半期に起きた銀行倒産の最後の波を避けることはできなかった。これによって、アメリカ全土で初の「銀行法定休業日《バンク・ホリデー》」、

＊16 これを教訓にして、FRBは二〇〇七年三月にJPモルガンによるベアー・スターンズ買収を迅速に、しかも強力にサポートした。

＊17、18、19 フリードマン、シュウォーツ『大収縮』

つまりすべての銀行の一時的な閉鎖が実施された。[20] 五番目に、ルーズヴェルト新政権がドルを切り下げるという噂が流れたために、アメリカ国内外で大量のドルが売られて金が買われた。FRBは金利をさらに引き上げたが、ルーズヴェルトが就任して二日後の一九三三年三月六日に設けられた銀行法定休業日のあと、二〇〇〇行が倒産した。[21]

FRBはおよそ一万行におよぶ銀行の破綻を防げなかったため、預金や株を失ったショックを消費者や株主に与えたばかりでなく、通貨や信用の供給に対しても広範な影響を及ぼした。一九二九年から三三年にかけて、国民の現金保有高は三一パーセント上昇したが、商業銀行の準備高はほとんど変わらなかった（生き残った銀行は、余分な準備金を積み立てたが）。だが商業銀行の預金高は三七パーセントも減少し、融資額も四七パーセント減った。この数字は、「大収縮」の致死的な破壊力を反映している。国民の手元にある現金が一二億ドル増えた反面、銀行の預金高は一五六億ドルも減り、銀行融資も一九六億ドル減った。後者は、一九二九年のアメリカGDPの一九パーセントに当たる。

歴史学者たちは、歴史上のできごとから学ぶことが可能だ、と主張することにためらいを覚えた時期もあった。だが経済学者たちに、この感情は理解できないだろう。なにしろ彼らは、二世代にもわたって大恐慌について論じ続け、その再来を防ぐ方策を考えてきたのだから。これらの努力から浮かび上がる最も重要な教訓は、資産価格の急激な下落が始まった際に、不適切な、あるいは柔軟性に欠ける金融政策が取られた場合、景気後退を引き起こし、それが恐慌につながるおそれもある、という点だ。フリードマンとシュウォーツは、FRB

は一九二九年以降、公開市場操作を大規模におこない、割引窓口を通じた貸出を制限するのではなく拡大させ、積極的に銀行システムに流動性を注入すべきだった、と主張する。また二人は、金の流出にはそれほど神経質になる必要はなかった、とも述べている。最近の議論では、一九三一年のヨーロッパにおける銀行や通貨危機に見られるように、世界中に危機を広めた、二つの大戦間の金本位制そのものに問題があったのではないか、という見解も注目されている。したがって、二番目の歴史的な教訓として、安定した為替レートがもたらす恩恵は、国内のデフレを補ってあまりあるほど大きくない、という点が上げられる。今日、歴史から学ぶことなどない、と考える人びとは、バーナンキ前FRB議長の学術的な著述と、金融危機後の彼の政策を比較検討してみることをお勧めする。

ファットテールの話

最も重要な歴史上のできごとは、起こらなかったできごとだと言われることもある。経済学者のハイマン・ミンスキーは、これを次のようにうまく表現している。「第二次世界大戦後の経済において、最も重要なできごとは、起こらなかったこと、つまり長期にわたる深刻な不況が発生しなかったという事実だ」

＊20、21　フリードマン、シュウォーツ『大収縮』

これは、たしかに驚くべきことだ。なぜかといえば、世界経済では「暗黒の日《ブラックデー》」がひんぱんに起こったのだから。

もし株式市場の指標の動きが人間の背丈のように統計学的に正規に分布していれば、「暗黒の日」は起こりにくい。大多数が平均値の周辺に集まり、極端に低かったり高かったりするケースはまれだ。背丈が一メートル二〇センチ以下だったり、二メートル四〇センチ以上だったりする人はそれほど多くない。私が受け持つ金融史のクラスに在籍する男子学生の身長を分布図《ヒストグラム》にしたなら、アメリカ男性の平均身長一七八センチからプラスマイナス一〇センチ前後に多くが集まり、古典的な釣り鐘形の曲線《ベルカーブ》ができ上がるだろう。だが金融市場では、このような形状にはならない。もしダウ平均株価指数の月足を表にしたら、平均値の付近に多くが集まるのではなく、最大値や最小値の両端に多くの上下変動がみられるだろう。この現象を、統計学者たちは「ファットテール」と呼ぶ。もし株式市場の変動が、人間の身長分布のような釣り鐘形の「正規分布」の形を取るのであれば、年間一〇パーセントを超える下落は五〇〇年に一度しか起きないはずだが、ダウ指数では少なくとも五年に一度は起きている[22]。また三〇センチしか背丈のない人間が存在しないように、株式市場も二〇パーセントの下落を見せることなどないはずなのだが、実際には、過去一世紀の間に、このような暴落が九回も起きている。

一九八七年一〇月一九日の「暗黒の月曜日《ブラックマンデー》」に、ダウ指数は二三パーセントという恐るべき下落を見せた。それは、一日の立会いで指標が一〇パーセント以上も下落した四日のうちの一日のことだった。翌朝、「ニューヨーク・タイムズ」紙の第一面の見出しがすべてを語っていた。「一九八七年は一九二九年の再来か？」。ピークから底値まで一直線、その下げ幅は株価の約三分の一になり、アメリカの株式は約一兆ドルの価値を失った。この暴落の原因については、当時、さまざまな議論が乱れ飛んだ。たしかにFRBは前月、金利を五・五パーセントから六パーセントに上げた。だがニコラス・ブレイディ上院議員が議長を務める特別専門調査会は、この暴落の原因は「ポートフォリオ・インシュアランス（資産価値が一定の水準を下回らないようにする投資手法）戦略を採用した少数の金融機関と、買い戻しに反応した数社の投資信託会社による、価格を無視して機械的に判断された売却」、それに「将来の株価下落を期待して売りに転じた、強引な取引をしがちな機関」のためだとした。さらに事態を悪化させた要素としては、ニューヨーク証券取引所の自動化した処理システムが故障したことが上げられる。また、株式相場が大きく変動した際に発動するサーキットブレーカーが存在せず、それがあれば先物取引やオプション・マーケットの急落を阻止できたかもしれない。だが驚くべきことは、次に起きたことではなく、起きなかったことだった。イギリス・メディア界の大物ウィリアム・リース＝モッグ卿などの予測にもかかわらず、一九九〇年代に大恐慌は発生しなかった[23]。一九八八年には、景気後退さえ起きなかった（一九九〇年から九一年にかけて、小規模な後退が見られただけだ）。「暗黒の月曜日」から一年

＊22　過去一一三年間のうち二三年、指標は一〇パーセントあまり下落している。

も経たないうちに、ダウ平均株価は以前の数値に戻った。これに関しては、中央銀行の功績がまず上げられるだろう。とくに、ポール・ヴォルカーの後任として二か月前に着任したばかりだったアラン・グリーンスパンFRB議長の手腕によるところが大きい。「暗黒の月曜日」を受けたグリーンスパンの対応策は、迅速で効果的だった。一〇月二〇日に彼が発表した、FRBが経済・金融システムを支える流動性を供給することを約束した簡潔な声明は、市場に明確なシグナルを送ったし、とくにニューヨークの諸銀行に対しては、事態がひどく悪化した場合、緊急援助を与える用意があることを伝えた[24]。FRBは公開市場で国債を買い集めるとともに必要な資金を市場に注入し続けた。そして一六日間に、FRBから借入する際の利率は二パーセント低下した。ウォールストリートは息を吹き返し、ミンスキーが危惧した事態は起こらずにすんだ。

パニックを封じ込めたのち、グリーンスパンの胸中に去来したジレンマは、将来はパニック防止のため、先手を打って行動に出るべきかどうか、という点だった。このジレンマは、一九九〇年代の半ば、古典的な株式市場のバブルが起きたときに表面化した。この場合のバブルの第一段階は、パソコンでインターネットに容易に接続できるようになり、テクノロジーやソフトウェア産業が爆発的に発展したことだった。だが、歴史上のすべてのバブルと同じく、緩和的な金融政策が後押ししたことも事実だ[25]。一九九五年六月の六パーセントを頂点として、フェデラル・ファンド金利の誘導目標は、五・二五パーセントまで下げられた（一九九六年一月〜九七年二月）。九七年三月にはいったん五・五パーセントに引き上げられたが、九八年九月から一一月にかけて、段階的にふたたび四・七五パーセントに下げられ、九九年五月、ダウ指数が一万ポイントを超えた時点まで、その水準を維持した。それ以後、金利は九九年六月まで引き上げられなかった。

ＦＲＢはなぜ、一九九〇年代に多幸症が蔓延することを許したのだろうか。グリーンスパン議長も、ダウ指数が六〇〇〇ポイントを超えた直後の九六年一二月五日から、「根拠なき熱狂」に警鐘を鳴らす必要性を感じていた。(26) 九七年三月に金利を〇・二五パーセント上げても、市場の興奮を冷ますには至らなかった。これは、グリーンスパンと彼の同僚たちが、ＩＴバブルの勢いを過小評価していたらしいことが一因だ。九五年一二月という早い時点で、ダウ指数が五〇〇〇ポイントを超えたころ、連邦公開市場委員会（ＦＯＭＣ）は、市場がピークに達したと判断した。(27) またグリーンスパン自身も、ＦＲＢは資産価格のインフレを懸念

＊23　ジェームズ・デビッドソン、ウィリアム・リース＝モッグ『大いなる代償――過去の「つけ」が生む国際経済の危機』（牧野昇・監訳、経済界）

＊24　グリーンスパンの見方については、彼の自伝『波乱の時代』（山岡洋一、高遠裕子・訳、日本経済新聞出版社）を参照。

＊25　アメリカの市中銀行同士が、連邦準備銀行に預けた準備金を貸し借りする際の翌日物金利。連邦公開市場委員会（ＦＯＭＣ）は、ＦＲＢの理事七人と、一二行ある地方の連邦準備銀行総裁のうち五人で構成されていて、定例会で目標金利を定める。ニューヨークの連邦準備銀行は、公開市場操作（ニューヨーク市場で債券を売買すること）でこの金利を実現しようとする。

するより、消費者物価のインフレを心配すべきで、後者はITブームがもたらす生産性の向上によって抑制される、と予測したためでもあるようだ。さらには、株式市場のバブルではよく起きることだが、国際的な圧力——この場合は、一九九八年八月に起きたロシアの債務不履行によって危機の発生が早まった——が、正反対の政策を要求したことも一つの原因だ。また、グリーンスパンと彼の同僚たちが、彼の四代前のFRB議長ウィリアム・マッチェスニー・マーティン・ジュニアのことばを借用するなら「(パーティが盛り上がったところで)パーティの席からパンチボウルを引っ込める」のは、もうFRBの役割ではない、と思うようになったせいもあるに違いない。[28]グリーンスパンに対して公平な見方をするなら、彼が取った「ジャスト・イン・タイム方式の金融政策」は、たしかに株式市場の暴落を防いだ。一九三〇年代の再来が避けられたばかりでなく、一九九〇年代の日本のように、中央銀行が資産価格のバブルを制御しようと試みた結果、株式市場が八〇パーセントも急落し、一〇年間にわたって経済不況に陥ったような事態も防げた。だがこの戦略には、代償がついて回った。株式市場の歴史上、はじめてではないにしても、資産価格のバブルは、熱狂ばかりでなく、不正行為が起きる格好の素地を作り出してしまった。

神経質なエコノミストたちにとって、一九九〇年代は気味が悪いほど「狂乱の二〇年代」の再来に見えた。そして事実、九〇年代の株式市場が描くトレンド曲線は、二〇年代とほとんど同じだった。そのうえさらに、いくつかの点で二世紀半あまりもさかのぼった一七二〇年代にも似ていた。一八世紀の幕開けを飾ったのがジョン・ローのミシシッピ会社のバブルなら、二〇世紀の幕引きをしたのは別の会社によるバブルだった。その企業は、投資家たちに、彼らのどんな大きな夢をも上回る莫大な利益を約束すると同時に、金融システム全体を生まれ変わらせると豪語していた。そして、申し分のない強力な政界へのコネクションをフルに利用して、強気市場の頂点にまで上り詰めることに成功した。「フォーチュン」誌で、一九九六年から二〇〇一年まで、六年連続で「アメリカの最も革新的な企業」に選ばれたその会社の名は、エンロンだ。

二〇〇一年一一月、グリーンスパンは、名誉ある賞を受けた。彼の前にこの賞を授与された人びとのなかには、旧ソ連大統領ミハイル・ゴルバチョフ、元アメリカ国務長官コリン・

＊26　これに対するグリーンスパンの説明は、いかにも彼らしくあいまいだ。「低インフレが続いていることはあきらかに、将来に関する不確実性が低下していることを意味し、それによるリスク・プレミアムの低下は、株式などの収益性資産の価格上昇を意味します。……しかし、根拠なき熱狂によって資産価格が過度に上昇したとき……どうすればそれが分かるのでしょう。……金融資産バブルの破裂が実体経済の安定、つまり生産、雇用、物価の安定を脅かすおそれがないのであれば、中央銀行が懸念することはありません。……しかし、資産市場と実体経済の関係の複雑さを過小評価すべきではないし、それについて無頓着になってはいけないのです」（一九九六年一二月、アメリカン・エンタープライズ研究所の年次総会での講演から）

＊27、28　グリーンスパン『波乱の時代』

パウエル、元南アフリカ大統領ネルソン・マンデラなどがいる。この賞の正式名は「卓越した公的活動に対するエンロン賞」だ。たしかにグリーンスパンは、この賞にふさわしい働きをしたといえる。FRB議長だった彼は、一九九五年二月から九九年六月まで、アメリカの金利を一度しか上げなかった。グリーンスパンがFRBの議長職にすわっていることは、プット・オプション（一定期間内に特定の価格で株を売る権利）のような安心感をもたらすため、トレーダーたちは、「グリーンスパン・プット」という表現を使い始めた。だが二〇〇〇年一月の半ばから、アメリカの株価は、グリーンスパンが警告していた「根拠なき熱狂」を遅ればせながら裏づけるかのように下落し始めた。一九八七年のような、特定の「暗黒の日」があったわけではない。FRBは金利を六・五パーセントから二〇〇一年八月の三・五パーセントにまで段階的に下げたため、経済はソフトランディングするように見えたし、最悪でもきわめて短期の景気後退ですむと思われた。だが、ほとんどなんの前ぶれもなく、ニューヨークに「暗黒の日」がやってきた。それは株価の暴落ではなく、周到に計画された、二機の飛行機による世界貿易センタービルへの突入だった。戦争の可能性が論じられ、一九一四年のような市場の閉鎖も取りざたされるなかで、グリーンスパンはふたたび金利を下げた。金利は三・五パーセントから三パーセントになり、二〇〇三年六月にはついに史上最低の一パーセントになった。9・11のあと、FRBからは、マンハッタンで動員されたすべての消防車が放出した水よりも多くの流動性が放出されたと言っていい。だがそれでも、エンロンを救うことはできなかった。二〇〇一年一二月二日、グリーンスパンがエンロン賞を受

エンロンのＣＥＯのケネス・レイ（写真右）とアラン・グリーンスパン FRB 議長（当時）（PA Images）

貸してわずか二週間後、エンロンは破産を申請した。

ミシシッピ・バブルの首謀者だったジョン・ローと、エンロンの最高経営責任者ケネス・レイの経歴は、控えめに言っても驚くほど似ている。ジョン・ローの「錬金術」は「紙から金を作り出す」ことだった。これに対して、ケネス・レイが試みたのは、「ガスから金を作り出す」ことだった。ローが望んだのは、フランス政府の財政を改革することだったが、ケネス・レイの目的は世界のエネルギー・ビジネスを革新することだった。この業界は、長年、実際にガスを供給する会社、つまりガスを地中から汲み上げて発電するいくつかの巨大企業に独占されてきた。マッキンゼーのコンサルタントだったジェフリー・K・スキリングから提供されたレイの壮大なアイデアは、供給側と消費者の仲介者として機能するエネルギー銀行を創設することだった[29]。ローと同じようにレイも地方出身者で、ミズーリ州の貧しい牧師の息子だった。そしてエンロンも、もともとはネブラスカ州オマハの小さなガス会社に過ぎなかった。レイはこの会社を改名し[30]、本部をテキサス州ヒューーストンに移した。ジョン・ローと同じように、レイにも高い地位の友人がいた。自らもテキサスのエネルギー産業に深くたずさわってきたジョージ・H・W・ブッシュ大統領（父）は、一九九二年、この業界の規制を撤廃し、政府の価格統制を排除する法律が制定されるのを後押しした。エンロンの政治献金六六〇万ドルの四分の三が共和党に向けられたが、そのなかにはブッシュ・ジュニアが大統領選に出馬した二〇〇〇年にレイとその妻から送られた三五万五〇〇〇ドルも含まれている。テキサス州選出のフィル・グラム上院議員（民主党から共和党に転向）は、一九九六年にエンロンの支援を受けた人びとのなかで二番目に多額の献金を受け取っており、カリフォルニア州におけるエネルギーの規制撤廃を強く提唱していた。

二〇〇〇年末までに、エンロンは全米で四番目に大きい企業に成長し、約二万一〇〇〇人の従業員を雇い、アメリカの天然ガスビジネスの四分の一を支配するようになった。エネルギー産業では世界的に民営化が進んでいたため、エンロンは世界中の資産を買いあさった。ラテンアメリカだけで、エンロンはコロンビア、エクアドル、ペルー、ボリビアで事業を展開し、大陸を横断してブラジルに至るガスのパイプラインを建設した。さらにアルゼンチンでは、ジョージ・W・ブッシュ大統領による働きかけのあと、エンロンはアンデス山脈を貫通してチリに至るガス・パイプラインを建設する契約の締結に漕ぎつけた。だが何よりも注目すべき点は、エンロンはエネルギーだけでなく、土、水、火、空気など古代からの元素すべての売買に手を染め、ネットワーク帯域幅取引にも着手したことである。映画「スティン

＊29　エンロンに関する最も優れた著書は、ベサニー・マクリーンとピーター・エルキンドの『最も頭の切れる男たち――エンロンの急発展とスキャンダラスな崩壊（*The Smartest Guys in the Room*）』（邦訳なし）。この本をもとに、二〇〇五年に映画が作られた（邦題「エンロン　巨大企業はいかにして崩壊したのか？」）。

＊30　エンロンは当初「エンテロン」と命名されるはずだった。だが「ウォールストリート・ジャーナル」紙が「エンテロン」はギリシャ語に由来する「腸」という意味の単語だと指摘したため、「エンロン」という名称に切り換えられた。

グ」のシーンを思い出させるように、銀行の金融アナリストたちは見せかけのトレードをおこなっているフロアに案内され、従業員たちがコンピューターの前でネットワーク帯域幅の取引をおこなう現場なるものを見せられた。まさにこれはジョン・ローのミシシッピ会社のやり口そのものだった。そして一七一九年と同じように、投資家たちが得るリターンは、あらがいがたい魅力だった。一九九七年から三年のうちに、エンロンの株価は五倍近くも上昇し、一株二〇ドル弱から九〇ドル強になった。自社株購入選択権で気前よく「動機づけ」されていたエンロンの役員たちの報酬は、さらに大きかった。倒産する前年度には、一四〇人のトップ役員たちは平均で五三〇万ドルを受け取っていた。高級車が飛ぶように売れ、ヒューストンの最高級住宅街であるリヴァー・オークスの不動産物件も増えた。一九九七年にエンロンの最高執行責任者（COO）に就任したスキリングは、当時こう語っていた。

「私はいろいろ考えてみたが、結局、重要なのはカネだ。……つまり、忠誠心もカネで買える。現金と比べれば、人間関係など重要ではない。カネこそ、業績を上げる原動力だ」

エンロンの副社長だったシェロン・ワトキンスは、ヒューストンにあるエンロン旧本社の前で、私と会ったとき、こう語った。

「歩合によるボーナスが年間基本給の七五パーセントだったとしても、あまり感激はしませんでした。高く評価されなかったわ、と思うだけ。ボーナスには年間基本給の二倍、三倍、四倍の金額をもらいたい、と思ったものです」[31]

一九九九年四月の多幸症のさなか、メジャーリーグのヒューストン・アストロズは、地元フランチャイズ球場の名前をエンロン・フィールドに改称した。

ただ一つの問題は、ジョン・ローのシステムと同じく、エンロンの「システム」も、市場操作と粉飾決算に基づく手の込んだ詐欺だった点だ。二〇〇四年に公表されたテープには、エンロンのトレーダーたちが、エルパソ電気会社に対して価格を維持するため生産を停止するよう頼んでいる会話が録音されている。また別の会話では「カリフォルニアのかわいそうなおばあちゃんたちから、あなた方が盗み取ったカネ」という言い回しがある。このような策謀のおかげで、エンロンの望みどおり、電力が高価になったばかりでなく、停電が頻発した。規制撤廃が実施されてわずか半年のうちに、カリフォルニア州では少なくとも三八回の停電が各地で発生した（別のテープには、カリフォルニアの森林火災のテレビ中継を見ているトレーダーたちが、電線を支える鉄塔が熱でねじ曲がり、倒壊するのを見ながら「燃えろ、ベイビー、燃えろ！」と叫ぶ声が録音されている）。このような市場の不正操作でエンロンの資産や利益の公式な報告は大幅に水増しされる一方、負債や損失は特別目的事業体（SPE）に付けられ、会社の連結財務諸表には含まれていなかった。エンロンの役員たちは、実際の損失を潤沢な利益に見せかけるため、四半期ごとにまやかしや粉飾を多用するようになっていった。スキリングは、時価会計や債務の証券化などの新しい金融上のテクニックを駆

＊31　彼女の証言は、ミミ・シュワルツとの共著『エンロン内部告発者』（酒井泰介・訳、ダイヤモンド社）を参照。

使してエンロンのトップの座についた。だが、最高財務責任者（ＣＦＯ）のアンドリュー・ファストーでさえ、いつまでも損失を利益に見せかける操作を続けることはできなかった。彼がチューコ・インベストメントと名づけられたＳＰＥなどを通じて、自分や他の役員たちの資産を増やしていたのだから、なおさらだった。それにエンロンの海外部門は、インドのマハラシュトラ州に巨大な発電所を建設する計画がキャンセルされて以来、一九九〇年代半ばまでに大きな損失を垂れ流していた。史上初のウェブを介した商品取引システム、エンロン・オンラインでは大量の取引がおこなわれたが、実際に利益を生み出したのだろうか。すでにヒューストンでは、多幸症がしぼみ始めていた。内部関係者は危機の最初の兆候を感じ取っていた。ファストーのＳＰＥは、「猛禽《ラプター》」や「鉤爪《タロン》」などの不吉な名称を付けられるようになっていた。ファストーなどの幹部は、状況がまだ堅調に見える間に、九億二四〇〇万ドルものエンロン株をひそかに売り抜けた。

投資家たちは、エンロンの株がもうすぐ一〇〇ドルに達する、と信じ込まされていた。だが意外にも、スキリングが（「個人的」な事情で）二〇〇一年八月一四日に辞任すると、株価は一気に四〇ドル以下まで下落した。その月、副社長のシェロン・ワトキンスは、エンロンが「会計上の内部スキャンダルの大波に巻き込まれる」おそれがある、と会長兼ＣＥＯのケネス・レイに告げた。まさに、そのとおりのことが起こった。一〇月一六日にエンロンが発表した営業報告では、第３四半期、六億一八〇〇万ドルの損失を出し、株主の資産が一二億ドル減少することが明らかにされた。八日後、証券取引委員会の喚問が迫るなかで、ファストーはCFOを辞任した。一一月八日、エンロンは過去五年間の利益数字を修正するよう求められた。過大申告は、五億六七〇〇万ドルにものぼることが明らかになった。一二月二日、ついにエンロンが破産を申請したとき、監査済みの貸借対照表で、同社の長期負債が二五〇億ドルも過少に申告されていたことが明らかになった。エンロンの長期負債は一三〇億ドルではなく、三八〇億ドルだった。この段階で憂慮は強い反発に転じ、引き続いてパニックに発展した。二〇〇一年末、エンロンの株価は三〇セントにまで急落した。

二〇〇六年五月、レイは起訴された一〇項目の罪状すべてで有罪判決を受けた。たとえば、共謀、虚偽申告、証券詐欺、銀行詐欺などの罪だ。スキリングは、二七の罪状のうち一八項目で有罪判決を受けた。レイは、判決を受ける前、休暇中にコロラド州アスペンで心臓発作のために死亡した。スキリングは二四年四か月の禁固刑と、エンロン年金ファンドに二六〇〇万ドルを払い戻すよう命じられた。結局、一六人がエンロン関連の告発で有罪を認め、ほかにも関与した五人が有罪判決を受けている。エンロンの監査を担当したアーサー・アンダーセンは、解散に追い込まれた。だが、この事件で最大の被害者は、一般の従業員や小口の株主たちだった。彼らの貯えは煙のように風とともに消え去り、一八世紀に、ミシシッピ会社の破産の際に失われた何百万リーブルというカネと同じく、ただの「風」になってしまった。

四〇〇年前に発明された株式会社や有限会社、そしてその株が売買される株式市場は、たしかに驚異的なアイデアだった。だが金融史を通観すると、悪徳企業や理性を失った市場がつねに存在した。実際にこの二つは、手をたずさえて機能する。なぜかといえば、「牡牛《ブル》」、つまり強気市場が暴走しているときこそ、人びとは多幸症に浮かれたおなじみの道を取りがちだからだ。だが多くの場合、決定的に重要な役割を担うのは、群れをコントロールするカウボーイとでも言える中央銀行の責任者たちだ。ジョン・ローの所業は、王立銀行の存在を抜きにしては考えられない。同じように、一九九〇年代を通じて実施されたFRBの金融緩和政策なしには、ケネス・レイとジェフ・スキリングはエンロンの株価を九〇ドルに釣り上げることさえ困難だったに違いない。その一方で、大恐慌は、株式市場が暴落した際に、過度の金融引き締め政策がもたらす危険について切実な教訓を与えてくれる。大恐慌の再来を避けるという目的で、どのような方策も正当化されるのではないか、とときに思わされる。だが史上初の株式会社であるオランダ東インド会社の歴史は、アムステルダム為替銀行から支給されたような健全な資本の注入があれば、株式市場のバブルや暴落は防げることを教えてくれる。

結局のところ、金融市場がたどる道は、私たちがそうあってほしいと願うほど、なだらかなものにはなり得ない。未来に対する人間の期待が、過度の楽観から過度の悲観――貪欲から恐れ――に転じるとき、株価は不安定になりがちだ。それは、アンデス山脈のギザギザした稜線に似ていなくもない。投資家としては、多幸症の頂点から降りなければならなくなった場合、切り立った崖ではなく、ゆるやかなスキーのスロープを降りられることを願うしかないだろう。

では私たちには、現実の、あるいは比喩的な墜落から身を守る手段はないのだろうか。次の第4章で見るように、保険の進化は、一八世紀にささやかに始まって以来、この質問に対するさまざまな答えを用意してくれた。それぞれが、金融史上の切り立った崖や、ファットテールから身を守るうえでなんらかの方策を教えてくれるに違いない。

第4章　リスクの逆襲《リターン》

カネに関する人間の本能的な行動のなかでもとくに基本的なものは、将来に備えて貯蓄する、という性向だ。なぜかといえば、未来は予測不可能だからだ。この世界は、危険に満ちている。なんの不運にも見舞われずに人生を送れる人は、それほど多くはない。なかには、一生、不運続きで終わる人もいるだろう。間の悪いタイミングで間の悪い場所に居合わせた、ということも多い。たとえば二〇〇五年八月、最後の週にミシシッピ州のデルタ地帯にいたとする。ハリケーン・カトリーナが、一度ならず二度までもこの地を襲った。最初は秒速六二・五メートルの暴風が、このあたり一帯の木造家屋を基礎のコンクリートだけを残して吹き飛ばした。その二時間後、九メートルあまりの高潮が襲い、ポンチャトレーン湖とミシシッピ川からニューオーリンズの町を守っていた三つの堤防を破壊し、何百万ガロンもの水が町に流れ込んだ。まさしく、間の悪いときに間の悪い場所で起きたできごとだ。二〇〇一年九月一一日の世界貿易センタービルにも、同じことが言える。あるいは、二〇〇三年にアメリカ軍が侵攻したあとのバグダッドの毎日。それに、サンアンドレアス断層沿いに本当に大規模な地震が発生するときに——いつかその日が来るだろうが——サンフランシスコに居合わせた場合。

「そんなことも起きるものさ《スタッフ・ハップンズ》」。サダム・フセイン政権の転覆を引き金にイラクの首都バグダッドで大規模な略奪行為が頻発したとき、元国防長官ドナルド・ラムズフェルドはこのようにのんきな発言をした。そのような災難が起きる可能性は、過去よりも現在のほうが高くなっている、と言う人もいる。その原因は気候変動かもしれないし、テロの台頭や、アメリカ外交の失策がもたらす反発《ブローバック》かもしれない。だがここで問うべきことは、将来のリスクや不確実性に私たちはどう対処していくのか、という点だ。不運に備えて身を守る責任は、個人にあるのだろうか。事態がひどく悪化した場合には、人びとの自発的な慈善行為に頼らなければならないのか。それとも、洪水に襲われたら、国が助けてくれる——要するに、私たち納税者の義務的な貢献——とあてにしてもいいのか。

リスクマネジメントの歴史は、経済的な安定を確保したい——たとえば後述するスコットランドの寡婦《スコティッシュ・ウィドウ》のように——という人間のはかない欲望と、「未来」は一つではないというきびしい現実との延々と続く闘いだ。未来はいくつもあって、予測できるものではないし、私たちを驚かせずにはおかない。

大《ビッグ》いなる不安《アンイージー》

子どものころに見た西部劇のなかで私が魅せられたのは、ゴーストタウン、つまりアメリカのフロンティアで、短期間のブームが去ったために取り残され、さびれてしまった町の光景だ。ハリケーン・カトリーナが荒れ狂ったあとのニューオーリンズに足を踏み入れたとき、私はアメリカで最初の「ゴーストシティ」が誕生したかと思えるような状況に出くわした。

「ビッグ・イージー」の愛称を持つニューオーリンズには、おぼろげながらも幸せな思い出がある。高校を卒業して大学進学を控えたティーンエージャーとして、はじめての自由を謳歌していた私は、ここがアメリカでおそらく唯一、未成年にも店でビールを出してくれる町だと知った。プリザベーション・ホールにおける老ジャズミュージシャンの演奏がやけにうまく聞こえたのも、そのせいだったに違いない。それから二五年ののち、巨大な嵐の襲来から二年近くが過ぎたこの町は、見る影もなく変わり果て、荒涼とした姿をさらしていた。セントバーナード郡は、ハリケーンの被害を最も強烈に受けた場所の一つだった。二万六〇〇〇戸あまりの住宅のうち、浸水を免れたのはわずか五戸のみだ。合わせて一八三六人のアメリカ人が、カトリーナによって命を落とした。そのうち圧倒的な数が、ルイジアナ州の住人だった。セントバーナード郡だけで、死者は四七人にのぼった。放置された家屋のドアには、家のなかで遺体が見つかったことを示す印が、いまでも見て取れる。まさに、黒死病に襲わ

ハリケーン・カトリーナが襲来したあとのニューオーリンズ。保険はこの町を守ってくれなかった（Adrian Pennink）

れた中世のイギリスを思い起こさせるような風景だ。

二〇〇七年六月にふたたびニューオーリンズを訪れると、ジョーイ・ディファッタ議員をはじめとするセントバーナード郡政府の関係者たちは、いぜんとして洪水で内部が壊れた旧庁舎の脇に置かれたトレーラー内で仕事をしていた。嵐が吹き荒れていた間、ディファッタは役所で勤務を続けたが、水位が上昇し続けたため、屋上に避難した。そして同僚たちとともに、愛する近隣一帯が茶色の泥水の下に消えていくのを、なす術もなく眺めていた。眼前の光景は、アメリカ連邦緊急事態管理局（ＦＥＭＡ）の無能さが招いたものだと憤った彼らは、失われた町を復興させようと決意した。以後、懸命に働き、かつては緊密に結びついていたコミュニティ（ディファッタをはじめ多くの住人が、カナリア諸島からルイジアナ州に移住してきた人びとの子孫だった）をふたたび築こうと努力した。だが、避難した何千人もの人びとを、セントバーナード郡に戻るよう説得するのは、容易ではなかった。二年が経っても、郡の人口はカトリーナが襲来する前の三分の一に過ぎなかった。問題の多くは、保険にあることが判明した。現在、セントバーナード郡をはじめとするニューオーリンズの低地に建てられた家屋に保険をかけることは、不可能に近い。そして建物保険に入っていなければ、住宅ローンを組むこともまた不可能になる。

カトリーナの襲来を生き延びた被災者のほぼ全員が、災害によって財産を失った。町の全家屋のほぼ四分の三が、損傷を受けた。損害保険金の請求件数は、一七五万件にものぼった。推定される保険損失額は四一〇億ドルを超え、カトリーナは現代アメリカ史上で最もコストのかかった災害になった。だがカトリーナは、ニューオーリンズを沈めただけではなかった。民間の保険会社と連邦政府が責任を分割していた保険制度の欠陥も、明るみに出した。つまり民間の保険会社は風害に対する補償を提供し、連邦政府は一九六五年のハリケーン・ベッツィーの襲来後に導入された措置に基づいて、洪水被害に対する補償を提供することになっていた。二〇〇五年のカトリーナ被災後は、ルイジアナ州からミシシッピ州にかけての沿岸地帯に、保険会社から何千人もの査定人がやってきて調査をおこなった。多くの住人の話によると、査定人たちの仕事は被災した保険契約者を助けることではなく、彼らがこうむった資産の損害は風害のためではなくて洪水のためだと主張し、支払いを拒否することだった。(1)

だが保険会社は、保険契約者の一人で、元アメリカ海軍パイロットの有名な弁護士リチャード・F・スクラッグスを甘くみていた。この男は、かつて「不正行為訴訟のキング」と呼ばれていた人物だった。

〝ディッキー〟・スクラッグスがはじめて新聞の見出しに登場したのは一九八〇年代、アスベストにさらされて肺に致命的な障害を負った造船労働者を弁護し、五〇〇〇万ドルの和解金を勝ち取ったときだ。だが、のちに彼がたばこ会社に支払わせた賠償金と比べると、これ

＊1　メキシコ湾岸の典型的な住宅所有者保険証券は、ハリケーン免責条項を設けており、「ハリケーンが原因の、もしくはハリケーンの結果として生じた、風、突風、雹、雨、竜巻、またはサイクロンによる保険対象の不動産への直接的な物的損害」に対する補償において、部分的に免責が適用される。ただしここには、除外条項が付記されている。「風によって引き起こされたか否かにかかわらず、以下のような水害……洪水、地表水、波浪、潮水、津波、静振（湖沼の波）、水の溢出、もしくはこれらすべてからのしぶき」など、「以上の事象が一つ以上存在しない場合には発生しなかったと思われるいかなる損失に対しても……われわれは補償しない」。さらに、「上記の損失に対して、以下の各項にかかわらず補償しない。すなわち、（a）除外条項に該当する事象の原因、（b）損失のほかの原因、（c）ほかの原因が除外条項に該当する事象と同時に、もしくは前後して作用し、損失が生じたか否か、（d）事象が突然または徐々に起きたか否か……」。これは、保険契約者が容易には理解できないようなやり方で、保険会社の責任に制限を加えるために作成された但し書きの典型的な例だといえる。

はほんの少額だといえる。たばこに関連する疾患により生じたメディケイド（低所得者向け医療費補助制度）の支払いに対する補償として、たばこ会社はミシシッピ州など四六州に対して二〇〇〇億ドルを超える金額を支払うはめになった。この裁判（映画「インサイダー」によって、長らく後世に伝えられることになった）のおかげで、スクラッグスは金持ちになった。たばこ集団訴訟における弁護料は時間単価で二万二五〇〇ドル、合計で一四億ドルともいわれる。彼はこのカネをもとに、ミシシッピ州オックスフォードのオフィスから短時間で通勤できる（プライベート・ジェット機で）パスカグーラのビーチ大通りに建つ海辺の家を購入した。さて、カトリーナが去った後に残された家の残骸は、コンクリートの基礎と壊れた壁だけで、あまりにも損傷がひどいため、ブルドーザーで整地するしかなかった。彼が契約していた保険会社は（賢明にも）支払いをおこなったが、スクラッグスはほかの保険契約者が受けた扱いを耳にして驚いた。彼が弁護を申し出たなかには、義理の兄弟で共和党元上院院内総務のトレント・ロットや、友人のミシシッピ州選出の下院議員ジーン・テイラーがいた。二人ともカトリーナによって家を失ったが、契約していた保険会社から誠意のある対応をしてもらえなかった。保険契約者を弁護した一連の訴訟において、スクラッグスは、保険会社（おもにステートファームとオールステート）が法的な義務を逃れようとしていると主張した。スクラッグスと彼が率いる「スクラッグス・カトリーナ・グループ」は気象学的データを詳細に調べ、パスカグーラなどの地域が受けた損害のほぼすべては、洪水が起きる数時間前に発生した風が原因だったことを実証した。さらにスクラッグスは、二人の保険査定人から内部告発の情報も得た。彼らは、被害の原因を風害ではなく洪水に転嫁するために、自社が報告書を改竄《かいざん》したことを明らかにした。二〇〇五年と〇六年に保険会社は記録的な収益を上げたが、それはスクラッグスの損害賠償にかける情熱をさらにあおった。(2) 過去に自宅が建っていた荒れ地で私が彼に会ったとき、彼はこう言った。

「この町は、私にとって半世紀もの間ずっと故郷でした。この地で、私は家庭を築いてきて、誇りに思っている場所です。だから、この光景を見ると、心おだやかではいられないんですよ」

そのころまでに、ステートファームは、いったんは保険金請求を却下されたクライアントを弁護してスクラッグスが起こした六四〇件の訴訟に対して、八〇〇〇万ドルの示談金を払って解決していた。そのほか三万六〇〇〇件の訴訟についても、検討することに同意していた。保険会社はまさに、闘わずに撤退するかのような気配に見えた。だが保険会社を相手にしたスクラッグスの作戦は、二〇〇七年一一月になって挫折した。彼と息子のザカリー、そして三人の仲間が、カトリーナ関連の弁護料をめぐる争議から生じた訴訟において、州裁判所判事を買収しようとした容疑で起訴されたからだ。(3) スクラッグスは、五年以下の実刑判決を受けている。

＊２　アメリカの損害保険会社の税引後純利益は、二〇〇五年に四三〇億ドル、二〇〇六年では六四〇億ドルだったが、それ以前の三年間は平均して二四〇億ドルに満たなかった。

これもまた、道徳観がゆるい南部の伝統を象徴するものだと言えるかもしれないし、あるいは不法行為によって生きる者は不法行為によって死す、という証なのかもしれない。だが、スクラッグスが正義の味方から重罪人に転落しようと、ステートファームとオールステートの両社が、メキシコ湾岸沿いの大半の地域を保険が適用できない「非保険ゾーン」だと判断した事実に変わりはない。天災がこれほどひんぱんに起き、しかも被災後に、保険会社がディッキー・スクラッグスのような連中と闘うはめになる場所で、ふたたびリスクを負うような保険を結ぼうとしたがらないのは当たり前だ。どうやらパスカグーラやセントバーナードのような地域の住人に対する補償は、民間企業の手にあまるものだったようだ。それでも、公的保険をさらに拡大した場合に生じる負担を、アメリカの議員たちが背負う覚悟があるのかどうかは不明だ。二〇〇五年にハリケーンがもたらした保険適用外の被害総額は、結局、災害後の援助として一〇九〇億ドルあまり、税金控除に八〇億ドル強を連邦政府に負担させることになり、これは保険損失推定額のほぼ三倍に当たる。カナダのジャーナリストであるナオミ・クラインによると、これは機能不全に陥った「災害資本主義複合体」とでも言うべき状況で、一部の民間企業には利益をもたらすが、災害の真のコストは納税者が背負わされる。(4) これほど法外な請求書を突きつけられるとなると、今後はいったいどのような方向に進むべきなのだろうか。保険がお手上げだとなれば、あらゆる自然災害をあくまでも国が補償する以外に道はないのだろうか。

もちろん、人生には危険がつきものだ。ハリケーンはたびたび襲って来るし、戦争や疫病、飢饉も絶えない。災害には、一般市民を巻き込む大規模なものもあるし、個人の小さなできごともある。毎日、男女とも病気やけがのために、突然、働けなくなったりする。だれもがみな歳を取り、日々の糧《かて》を稼ぐ力も失う。また不運にも、生まれながらに自立できない者もわずかながら存在する。だれもが遅かれ早かれこの世を去り、何人かの扶養家族を残すことも多い。重要なことは、このような災難が決して不規則に起きるものではない、という点だ。ハリケーンの発生頻度には、疾病率や死亡率と同じく、一定の規則性がある。アメリカでは

＊3 スクラッグスの仲間ティモシー・バルドゥッチは、ラッキー判事に四万ドルの提供を申し出ている会話を録音された。「私とあなた以外で、この件について話し合った唯一の人間は、私とディック（スクラッグス）だけです」とバルドゥッチはラッキーに語った。「私たちはいまお話ししたように、この件について知っている人間は、この世界で三人しかおりません。……そしてそのうちの二人がここにすわっていて、そしてもう一人、ええ、スクラッグス……彼と私は、まあ、どう言えばいいか、ここ五、六年の間にいろいろ秘密を共有してるんですよ」。二〇〇七年一一月一日に、バルドゥッチはスクラッグスに電話をかけ、判事はいま「前よりも、事実と法に関してほんの少しだけ開放的な」気分だと伝え、「あともう少し、つまり、もう一〇かそこらなんとかする」ようスクラッグスに頼んだ。スクラッグスは、「自分が取り計らう」と答えた。

＊4 ナオミ・クライン『ショック・ドクトリン――惨事便乗型資本主義の正体を暴く』（幾島幸子、村上由見子・訳、岩波書店）

一八五〇年代から、一〇年間に一～一〇個の大型ハリケーン（風速四九メートル以上、高潮は二・五メートルほどと定義）に襲われている。最近の一〇年が、一〇個の大型ハリケーンに襲われた一九四〇年代の記録を抜くかどうかはまだ分からない。だが一世紀半にわたるデータがあるのだから、ハリケーンの発生頻度や規模についての確率を予測することは可能だ。アメリカ陸軍工兵隊の分析によると、ハリケーン・カトリーナは三九六回の嵐に一回、現れるほどのスケールで、一年のうちにこれほど大型のハリケーンがアメリカを襲う確率は〇・二五パーセントだという。だが、リスク・マネジメント・ソリューションズという名称の会社による分析はかなり違う。こちらの予測によると、カトリーナが来襲するわずか数週間前でさえ、カトリーナ級のハリケーンが来襲するのは四〇年に一度だと踏んでいた。このように予測が異なるため、ハリケーンも地震や戦争と同じく、確率の高いリスクというよりも、不確実の領域に入るのかもしれない。[5] 人びとが遭遇するほかの多くのリスクのほうが、ハリケーンよりはるかに正確に確率が計算できる。ハリケーンよりもひんぱんに起きるため、統計的パターンが明確だからだ。平均的なアメリカ人が自然災害によって死亡する生涯リスクは、三二八八人に一人だと推定される。建物の火災によって死亡するリスクは、一三五八人に一人。また平均的なアメリカ人が銃で撃たれて死ぬ確率は三一四人に一人だ。だが、男女とも自殺する確率はさらに高く（一一九人に一人）、致命的な交通事故で亡くなる確率はもっと高い（七八人に一人）。なかでも最も確率が高いのは、がんによる死亡だ（五人に一人）。[6]

近代以前の農業社会では、おおむねすべての人が栄養不良や疾病、それに戦争によって早死にするリスクがきわめて高かった。当時の人びとは、のちの世代に比べ、ほとんど予防対策を講じることができなかった。それよりはるかに頼りにしていたのは、飢饉や伝染病、外敵の侵入を決定づけると信じていた多神教や一神教の神の慈悲を乞うことだった。天候や作物の収穫量、感染症にみられる規則性を重視し始めるまでには、ずいぶん長い年月がかかった。一八世紀から一九世紀にかけて、遅ればせながら人びとは降雨量や収穫高、死亡率を系統的に記録し、確率計算をやり始めた。だがそれ以前から、貯蓄の知恵は持っていた。諺にあるように（そして農業社会では文字どおり）、ひどい雨の日（万が一）に備えてカネを取っておく、という姿勢がある。多くの原始社会では、困難な時期を乗り切るため、食料などを蓄えていた。共同利用するために資源を蓄えることは合理的な対策だと、多くの部族が昔から本能的に感じ取っていた。備えあれば憂《うれ》いなし。私たちの祖先がたびたび危険にさらされていたことを考えれば当然だが、最も古い保険の形態は、おそらく埋葬組合だろう。これは、部族の構成員に相応な埋葬を約束するために、資産の一部を取っておく、という仕組みだ（アフリカ東部の一部の最貧地域では、いまでも唯一の金融機関として、このような組織が残っている）。先行き起こるかもしれない災難に備えて貯蓄することは、いまでも保険の基本理念であり、備えるべきことは死や加齢による影響、病気や事故などいろいろある。保

＊5　不確実性とリスクの違いについての考察は、「終章」を参照。

＊6　二〇〇二～〇四年にアメリカでがんによって死亡する生涯確率は、二一・二九パーセントだった。

険をうまく利用するには、どのくらい蓄えるべきか、そして蓄えたもので何をするかを理解しておくことが肝要だ。そうすれば、カトリーナに襲われたニューオーリンズの場合とは違って、災害時の損害を補塡できる十分な資金が共同積立金として用意されているはずだ。そしてその制度は、ほかでもないスコットランドで始まったとされる。

屋根の下に避難する

私たちスコットランド人は、悲観的だと評されることが多い。もしかすると、天気――陰気な雨の日ばかり――と関係があるのかもしれない。あるいは毎年、スポーツ分野で振るわずに、落胆させられてばかりいるからか。それとも、私の家系のようなスコットランドの低《ロー》地人《ランダー》は、宗教改革のときに受け入れたカルヴァン主義が尾を引いているのかもしれない。運命予定説は、あまり陽気な信仰志向とはいえない。もっとも、全知なる神は私たちのなかのだれが天国に行き（「選民」）、だれが地獄に堕ちるか（はるかに多数の救いようのない罪人）をすでにお見通しだ、と信じる点では論理的だといえるのかもしれない。どのような理由があったにしても、二五〇年あまりも前の一七四四年に、最初の本格的な保険基金を発明した功績を残したのは、スコットランド国教会の二人の牧師だった。

だがそれより以前に、すでに保険会社は存在していた。「船舶抵当貸借《ボトムリー》」――商船の「船腹《ボトム》」（船の本体）に対する保険――こそ、商業の一部門として誕生した保険の第一号だ。

一説によると、最初の保険契約は一四世紀のはじめにイタリアで成立した。そのころ、保証《セクリタス》の支払いに関する記載が、取引書類に現れ始めた。だがこのような申し合わせのごく初期のものは、現代の意味で言う保険契約というより、災難が発生した際には帳消しにできる、商人に対するひも付き融資（古代バビロニアのような）の性質を持ったものだった。『ヴェニスの商人』のなかでアントニオは、自らの「商船」に明らかに保険をかけていなかったために、シャイロックの残忍な企てに振り回されることになった。本格的な保険契約が登場するのは、一三五〇年代になってからだ。当時の保険料は保険金額の一五～二〇パーセントだったが、一五世紀になると一〇パーセント以下に低下した。商人フランチェスコ・ダティーニ（一三三五年ごろ～一四一〇年）が残した古文書に記された典型的な契約は、次のような内容だった。保険業者は、被保険物が目的地で安全に荷降ろしされるまでは「荷造りおよび関税を除き、神や海難、戦争・火災・海上投棄、または君主・都市国家・その他の者による抑留、報復的な拿捕・逮捕、または発生しかねないあらゆる損失・危険・災難・障害・悪運の」リスクを引き受けるよう定めている。このような契約はしだいに標準化され、商慣習法《レクス・メルカトリア》に組み込まれてからは、何世紀も持続して後世に継承されることになった。ただし、このような保険業者は専門業者ではなく、自らも貿易に従事する商人だった。

一七世紀の後半になると、専門の保険市場とでも言えるような形態のものが、ロンドンで誕生した。一万三〇〇〇戸を超える家屋が破壊された一六六六年のロンドンの大火によって、人びとの保険に対する関心は明らかに高まっていた。[7] その一四年後、ニコラス・バーボンが最初の火災保険会社を設立した。同じころ、ロンドンのタワー・ストリート（のちにロンバード・ストリートに移転）にエドワード・ロイドが開いたコーヒー店「ロイズ・コーヒーハウス」で、海上保険を専門とする市場が芽生え始めた。一七三〇年代から六〇年代にかけて、ロイズでおこなわれていた情報交換は日常化し、一七七四年になると、王立証券取引所内にロイズ協会が設立された。当初は七九人の終身会員でスタートし、各会員は一五ポンドの会費を支払った。それまでの独占的な貿易会社とは違って、ロイズは営利の目的ではない団体であり、市場参加者で構成される非法人の組織だった。引受人《アンダーライター》（文字どおり、保険契約の最後に自分の名前を署名した。そのためロイズ・ネームとも呼ばれた）の責任は無限だった。現在の「賦課方式」で運営され、どの年の損失額でもカバーできるだけの保険料を徴収しておき、残り分を利益とした。保険事業に有限責任制度が導入されたのは、一七一〇年に設立された火災保険を専門とするサン・インシュアランス・オフィス、およびその一〇年後（南海泡沫事件の絶頂期）に設立された、終身保険および海上保険をおもに扱うロイヤル・エクスチェンジ・アシュアランス・コーポレーションとロンドン・アシュアランス・コーポレーションだ。だがこれら三社とも、相変わらず賦課方式で操業していた。ロンドン・アシュアランスの計算によると、保険料による収入はおおむね支払い分を上回っており、フランスとの戦争中はどちらも急増した。それというのも、一七九三年以前は、ロンドンの保険業者がフランスの商人に保険を売るのはごく普通のことだったからだ。平時になるとこの慣習が再開され、第一次世界大戦の直前、ドイツの多くの商船はロイズの保険に入っていた。

生命保険もまた、中世のころには存在していた。フィレンツェの商人ベルナルド・カンビの帳簿には、ローマ教皇（ニコラウス五世）や、ヴェネツィア共和国の総督《ドージェ》（フランチェスコ・フォスカーリ）、アラゴン（スペイン北東部に一一～一五世紀にかけて存在した王国）の国王（アルフォンソ五世）の生命にかけた保険に関する記述がある。だがこれらは、賭けとほとんど同じようなもので、カンビが競馬で払う掛け金と大差なかった。事実、このような保険の形態はすべて――最も洗練された海上輸送保険も含めて――ある種の賭博だった。補償すべきリスクを評価する、まっとうな理論的根拠はなかった。その後、一六六〇年ごろを皮切りにめざましい知識面における革新が続き、理論的な根拠が構築された。基本的には、以下の六つの重要な突破口が開かれた。

①確率

フランスの数学者ブレーズ・パスカルは、ポール＝ロワイヤル修道院のある修道僧

＊7　火災保険の歴史を見ると、「ウマが逃げ出したあとになって厩の戸を閉める」人間の性癖がよく表れている。一八三五年にニューヨークで大火災が起きたあとで、アメリカの各州は「保険会社は十分な資金源を確保すべきだ」と主張し始めた。また、一八四二年にドイツのハンブルクで大火災が起きてはじめて、大災害のリスクを保険会社同士が共有する方法として再保険制度が発達した。

による洞察「損害への恐れは単にその損害の大きさに比例するのではなく、損害が起こりうる確率にも比例するはずである」（『論理学、別名、思考の技法』で発表）から恩恵を受けた。パスカルと友人のピエール・ド・フェルマーは、長年にわたり確率の問題を熟考していたが、これは保険の進化にとって重要な転機になった。

②余命

『論理学、別名、思考の技法』が出版された一六六二年に、ジョン・グラントは『死亡調書の自然的および政治的観察』を発表した。これはロンドンの公式死亡統計をもとに、特定の原因で死亡する確率を計算しようとしたものだ。だがグラントのデータには死亡時の年齢が含まれておらず、したがってデータから合理的に推論できる点は限定された。グラントと同じく王立協会の会員だったエドマンド・ハリーは、シレジアの都市ブレスラウ（現ポーランドのブロツラフ）から協会に送られてきたデータを用いて分析し、突破口を開いた。一二三八人の出生記録と一一七四人の死亡記録に基づくハリーの生命表から、ある一年間に死亡しない確率が得られる。「二〇歳の人がこの一年で死ぬのは、一〇〇人に一人の割合だ。これに対して五〇歳の人の場合は三八人に一人の割合となる……」。これは、保険数理に一つの礎を築いた。

③確実性

数学者ヤコブ・ベルヌーイは一七〇五年に、「同様の条件の下では、将来におけるある事象の生起（あるいは不生起）は過去に観察されたのとまったく同一のパターンに従う」と提唱した。ベルヌーイの「大数の法則」によると、たとえば二種類の玉が入っている壺の中身について、サンプルに基づいて、一定の確実性をもって推論を導くことができる。それに基づいて、統計的有意性という概念や、一定の信頼区間における確率の定式化が導かれた（たとえば、九五パーセントの信頼水準で、壺のなかの白い玉が三〇〜四〇パーセントを占める場合、真の比率は九五パーセントの確率でその範囲内にあるという説明）。

④正規分布

アブラーム・ド・モアーヴルは、反復するプロセスの結果はどのような種類であっても、平均からの分散や標準偏差に基づいて分布する曲線で表すことができると示した。彼は一七三三年に、「偶然は不規則性を引き起こすが、これらの不規則性は時間が経過すれば、神の意志（Original Design）の結果としての規則性と折り合わない可能性がきわめて高い」と記した。第3章で触れた釣り鐘《ベル》曲線《カーブ》は正規分布を示しており、結果の六八・二パーセントは平均値から一標準偏差のなかに収まる。

⑤効用

スイスの数学者ダニエル・ベルヌーイは一七三八年に、「あるモノの価値（value）はそれについた値段（price）によって決まるのではなく、そのモノがもたらす効用（utility）によって決まる」と断じ、さらに「富の微量な増加から得られる効用は、それ以前にその人が保有していた財の量に反比例する」と論じた。言い換えれば、平均所得者にとっての一〇〇ドルは、巨額を動かすヘッジファンドのマネジャーにとってよりも価値が高いことになる。

⑥推測

トマス・ベイズは、論文「偶然論の問題解決に向けてのエッセー」（一七六四年、著者の死後に発表）のなかで、次のような設問を、自らに問いかけた。

「ある未知の事象が一定の回数で生起したりしなかったりしたとする。この際、たった一回の試行でこの事象が生起する確率が、任意に決められた二つの確率度数の間に位置する可能性を求めよ」

この問いに関する彼の結論は、こうだ。「いかなる事象の確率も、その事象が生起する期待に対して付与される価値と、その事象が実際に生起した場合の価値との比である」。これは、期待される効用とは、事象が生起する確率に、その事象が生起した場合に受け取る利得を掛けたものだ、とする現代の定式化を先取りしている。

要するに、現代の保険を創設したのは、商人ではなく数学者だった。ただし、理論を実践に移すためには、聖職者たちの助けが必要だった。

スコットランドの首都エディンバラ旧市街中心部の丘に建つグレイフライアーズ教会墓地が現在でも知られているのは、主人の墓から離れようとしなかった忠犬、スカイテリア種のグレイフライアーズ・ボビーと、解剖用の死体をエディンバラ大学の医学校に提供するため、一九世紀のはじめに墓地を荒らした墓泥棒、いわゆる「死体盗掘人」のためだ。だが、金融史におけるグレイフライアーズの重要性は、それより以前、この教会の牧師ロバート・ウォーレスと、その友人でトールブースの牧師だったアレグザンダー・ウェブスターがおこなった数学的な作業にある。エディンバラ大学の数学教授コリン・マクローリンとともに、商人の賭博のようなものではなく、正しい保険統計と金融の原理に基づく最初の近代的な保険基金を創設したのは、彼らの功績だった。

「煙臭い古都《オールド・リーキー》」——ひどい悪臭のため、エディンバラはこう呼ばれていた——に住むウォーレスとウェブスターは、人間が脆弱な存在であることに早くから気づいていた。彼ら自身は、それぞれ七四歳と七五歳まで長生きした。だがマクローリンは、一七四五年、ジャコバイト派が反乱を起こした際に彼らから逃げようとして落馬し、そのまま放っておかれたことがもとで、わずか四八歳で生涯を終えた。カトリック教徒のスコットランド高地人《ハイランダー》による侵攻は、一八世紀半ばのエディンバラの住人が遭遇した危険の一つに過ぎなかった。出生時の平均余命は、一八〇〇年代までイングランドではわずか三七歳だったが、スコットランドでそれより高かったとは思いがたい。スコットランドの首都が不衛生な状態で悪名高かった点を考慮すると、一八世紀の後半にロンドンは二三歳という記録を残しているから、エディンバラはそれと同じか、もっと短かった可能性もある。[8] ウォーレスとウェブスターの目には、ある集団はとりわけ早期死亡の影響を受けやすいように思えた。アン法（一六七・二年）によって、スコットランド国教会の牧師が亡くなった場合、残された夫人と子どもたちは、牧師が死亡した年に給料の半年分が支給されただけで、残された家族は極貧の生活を強いられた。そこで一七一一年にエディンバラの司教が救済策を講じたが、それは昔ながらの賦課方式だった。だがウォーレスとウェブスターには、これだけでは不十分であることが分かっていた。

スコットランドの聖職者は、どのように些細な罪にも天罰が下るという恐れで抑圧された「用心と倹約の権化」のようにみなされがちだ。だが実際には、ロバート・ウォーレスは数学の天才であると同時に大酒飲みで、ランケニアン・クラブ（往年のランケンズ・インで会合がおこなわれた）で、酒好きの仲間とクラレット（フランス・ボルドー産の赤ワイン）をがぶ飲みすることをこよなく愛していた。[9] アレグザンダー・ウェブスターのニックネームは「すばらしき《ボーナム》酒びん《マグナム》」だった。「ウェブスター博士の理解力や両足をふらつかせるほどの力は、酒にはない」と言われていた。だが寿命の計算になると、彼ほど素面《しらふ》で真剣な者はいなかった。ウェブスターとウォーレスが考え出した計画は独創的なもので、カルヴァン派の宗教改革の影響を受けたものであるとともに、一八世紀のスコットランドにおける啓蒙運動の産物でもあった。彼らは、牧師が死亡した場合に残された妻子を養うための年金を牧師に支払わせるだけでなく、これを軸に基金を創設し、この元手を有利に投資して運用できるようにすべきだ、と主張した。そうなれば残された妻子には、年金だけではなく、投資による収益からも支払いがおこなわれる。この計画を成功させるために必要なことは、将来、何人くらいの受給者が生じるのか、受給者を支えるためにどれほどのカネを生み出せるかを、正確に見

保険の精神。エディンバラで説教するアレグザンダー・ウェブスター
（Dawn Mcquillan）

積もることだった。ウェブスターとウォーレスがおこなった計算は、現代の保険数理士さえも驚くほど精度が高かった。

「夫の死後に未亡人が受け取る、適正な総額を決定するのは、経験ならびにすぐれた計算だ」とウォーレスは初期の草案に記している。「ただし最初は、夫が存命中に［毎年］支払って積み立てた額の三倍を与えてもよい……」。次にウォーレスは、ウェブスターとともにスコットランド中の教区から集めたデータに目を向けた。「存命中の牧師は、つねに九三〇人」という状況が定着しているように思えるため、次のように記した。

……二〇年の生活条件を調べて分かったことは、毎年［九三〇人中］二七人の牧師が死亡し、うち一八人が寡婦を残し、五人が寡婦は残さずに遺児たちを残し、寡婦を残した牧師のうち二人が、それ以前の結婚による一六歳未満の子どもを残した。次に寡婦のその後を調べると、三人の受給者が一六歳未満の子どもを残して死亡するか、もしくは再婚していた。

ウォーレスは当初、生存する寡婦が二七九人を超えることはない、と見積もっていた。だがマクローリンはこれを訂正し、寡婦はすべて同年齢ではないのだから、寡婦に対して一定の死亡率を想定するのは間違っている、と指摘した。正確でより信頼度の高い数字にたどり着くために、ウォーレスはハリーの生命表に目を向けた。

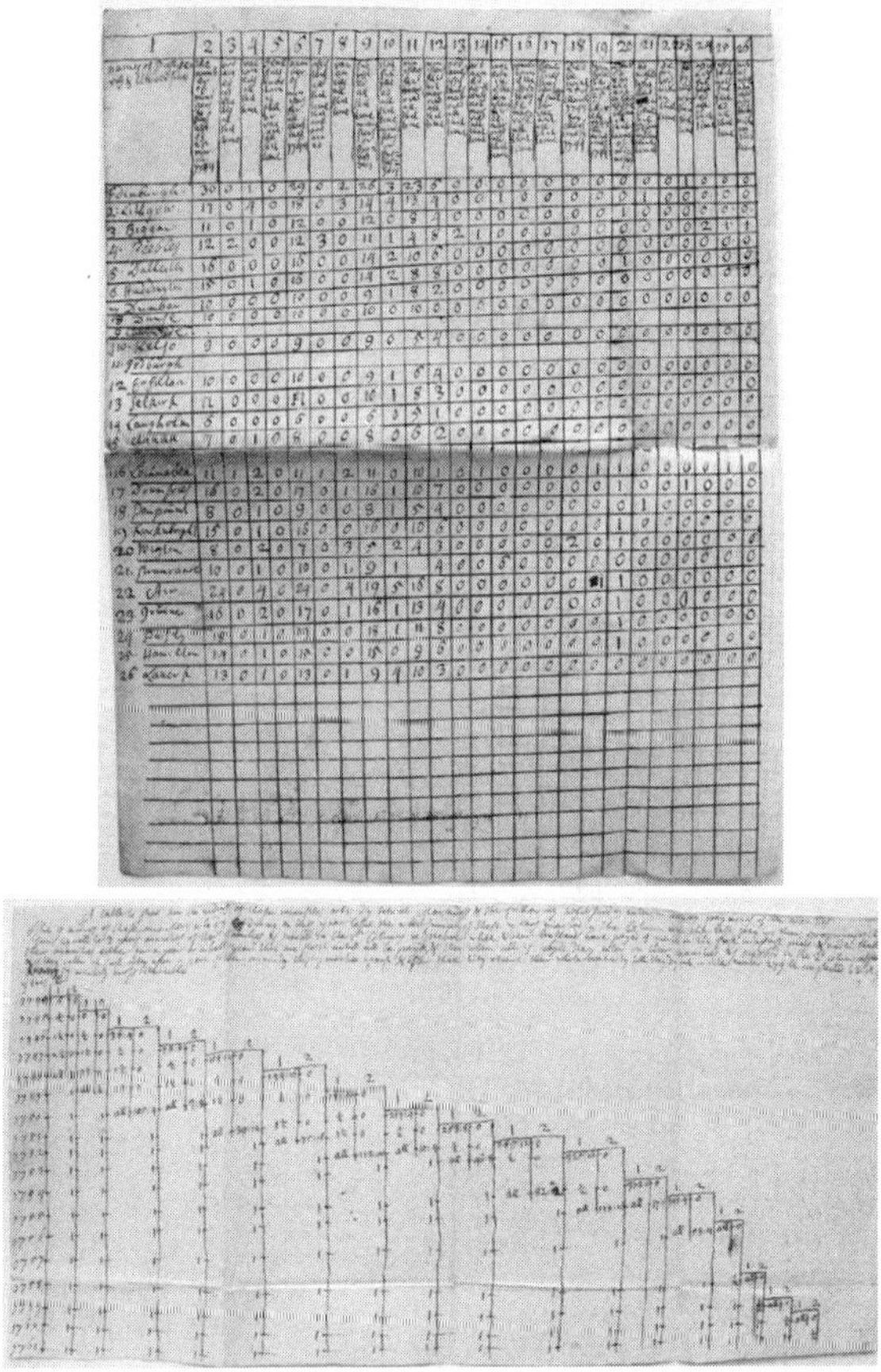

「スコットランド牧師の寡婦基金」のための計算草稿
（National Archives, Scotland）

彼らの計算の真価が実証されるまでには、時間が必要だった。最終的には、各牧師は二ポンド一二シリング六ペンスから六ポンド一一シリング三ペンスの年間保険料を支払うこととされた（四段階から選べた）。そしてこの収入をもとに基金を創設し、有利な投資をして儲け（当初は若い牧師への貸付）、新たな寡婦に、支払った保険料の段階に応じて、一〇ポンドから二五ポンドの年金を支給し、さらに基金の運営費も十分にまかなう計画だった。言い換えれば、この「スコットランド国教会牧師の寡婦および遺児に供与する基金」は、最大値原理に基づいて実行された最初の保険基金で、つまり、利子や保険料が年金および予測される費用の最大額を支払うのに十分になるまで資本を蓄積したのだった。もしこの予測が間違っていたら、基金はだぶついてしまうし、不足したらもっと困る。基金の成長率の予測修正を五回あまり試みた結果、ウォーレスとウェブスターは、一七四八年の開始時に想定した一万八六二〇ポンドから、一七六五年には五万八三四八ポンドに基金を増額した。彼らの予想は、わずか一ポンドずれただけだった。一七六五年時点で基金が保有していたのは、五万八三四七ポンドだった。ウォーレスもウェブスターも長生きし、自分たちの計算が正しいことを見届けた。

一九〇六年に、ドイツにおける保険の専門家アルフレート・マーネスは、保険を以下のように簡潔に定義した。

基金を供給する目的で設立された、相互依存の原理に基づく経済機関であり、その必要性は、起きる確率を予測できる偶然のできごとから生じる。

「スコットランド牧師の寡婦基金」はこの種の保険基金の草分けで、金融史にとっては画期的なできごとだった。スコットランドの聖職者にとっての福音であるばかりでなく、早期死亡に備えたいと切望する万人にとってのモデルを確立したからだ。基金が実施に移される前からすでに、エディンバラやグラスゴー、セントアンドルーズの各大学から参加したいという要望が来ていた。それから二〇年のうちに、英語圏のいたるところで同じモデルに基づく似たような基金が生まれた。たとえば、フィラデルフィア長老派牧師基金（一七六一年）やイングリッシュ・エクイタブル・カンパニー（一七六二年）、スコットランドの職人の寡婦に向けたユナイテッド・インコーポレーションズ・オブ・セントメリーズチャペル（一七六八年）などだ。一八一五年になると、保険の原理はかなり普及し、ナポレオン戦争で命を落とした兵士にまで適用されるようになった。ワーテルローの戦いで兵士が死亡する確率は、大まかに言って四人に一人だった。だがもし兵士が保険に入っていれば、たとえ戦死しても、

＊8　グレゴリー・クラーク『10万年の世界経済史』（久保恵美子・訳、日経ＢＰ社）

＊9　ウォーレスはエディンバラ哲学協会のメンバーでもあったが、この協会に、「古代と現代の人口に関する論文」を提出した。これはのちのトマス・マルサスの『人口論』をいくつかの点で先取りするものだった。

残された妻子が路頭に迷うことはないので安心できた。一九世紀の半ばまでには、保険に入ることは、日曜日に教会に行くのと同じくらい立派な行為になっていた。儲けにあまりこだわらない作家たちでさえ、これに加入した。サー・ウォルター・スコットは、自分が死んでも債権者がカネを取り戻せるよう、一八二六年に保険に入った。[10] もともとは数百人ほどのスコットランドの聖職者の寡婦《スコティッシュ・ウィドウズ》を支えるために考案された基金はしだいに成長し、現在スコティッシュ・ウィドウズとして知られる損害保険および年金基金になった。一九九九年にはロイズ銀行に吸収され、いまでは単なる金融サービス会社の一つに過ぎなくなったが、スコティッシュ・ウィドウズはいまもカルヴァン派の倹約主義の利点を思い出させてくれる。これは、金融史上、最も成功した広告の一つに負うところも少なくない。[11]

一七四〇年代にはだれも予想していなかったことだが、保険料を払う人数が継続的に増え、保険会社やその仲間である年金基金は拡大し、やがて世界でも最大規模の投資機関になった。今日、世界の金融市場を支配する、いわゆる機関投資家だ。第二次世界大戦後、保険会社が株式市場に投資できるようになり、一九五〇年代の半ばまでに、イギリス経済に食らいつき、イギリス大手企業のほぼ三分の一を手中にするまでになった。現在では、スコティッシュ・ウィドウズだけで一〇〇〇億ポンドを超える資金を運用している。先進国におけるGDPに対する保険料の比率は着実に上昇し、第一次世界大戦直前は約二パーセントだったが、今日では一〇パーセント近くにまで増えている。

ロバート・ウォーレスが二五〇年あまりも前に気づいたように、保険には規模の大きさが重要な意味を持つ。なぜかといえば、基金にカネを払う人が多ければ多いほど、「平均の法則」にしたがって、毎年、払うことになる金額を予想しやすくなるからだ。もちろん、だれかが亡くなる日を事前に知ることはできないが、ウォーレス、ウェブスター、マクローリンが最初に用いた原理を応用すれば、保険数理士は驚くほどの正確さで、個人が構成する大集

＊10　スコットは、中南米における最初の債務危機によって引き起こされた金融危機の犠牲者だった（第2章を参照）。不動産に対する自らの欲望の犠牲者だったとも言えるだろう。この作家は、こよなく愛したアボッツフォードに大邸宅を購入する費用を調達するため、自著を手がけた印刷所のジェイムズ・バランタイン社と、系列出版社ジョン・バランタイン社の出資者になった。さらに、このような株式保有による利益は従来の印税より割がいいと信じ、自著の出版社アーチボルド・コンスタブルにも投資した。だがこのようなビジネスへの関心は、民事高等裁判所の書記官および州治安判事としての自らの立場と相容れないと考え、内密にしていた。一八二五年にバランタインとコンスタブルの事業が失敗し、スコットは一一万七〇〇〇ポンドから一三万ポンドの負債を背負ったが、アボッツフォード邸を売らずに、執筆活動に励んで黒字に戻すと誓った。スコットは成功したものの、ひどく健康を損ない、一八三二年にこの世を去った。もっと早くに亡くなっていたら、債権者はスコティッシュ・ウィドウズ保険の受取人になっていたことだろう。

＊11　一九八六年の広告は、デイヴィッド・ベイリーの写真を使ったもので、俳優ロジャー・ムーアの娘デボラが、このうえなく色っぽいスコットランドの寡婦《スコティッシュ・ウィドウ》に扮している。

団の寿命を予測できる。保険会社は、保険契約者がどれくらい長生きしそうかという点だけでなく、集めた基金を投資してどれほどの収益が上げられるのかを熟知しておかなければならない。保険契約者が払った保険料をどこに投資すべきか。ヴィクトリア朝時代の権威だった、ロンドン・アシュアランス・コーポレーションの主任保険数理士A・H・ベイリーが勧めるような、割に安全な債券を買うべきなのか。それとも、リスクは大きいが、高いリターンが期待できる株式にすべきか。保険とは、いわば日常生活のリスクと不確実さが、金融界のリスクと不確実さと出会うところで成り立つ。たしかに保険会社は、保険数理のおかげで保険契約者よりも有利な立場に立てる。現代の確率理論が打ち立てられる前の保険会社は、ギャンブルをする側だった。ところが現在は、カジノの胴元のような存在になっている。汚名を着る前のディッキー・スクラッグスのように、いまや投資家や保険契約者は不利な立場に置かれている、と訴えることもできるだろう。だが経済学者のケネス・アローがかなり以前に指摘したとおり、私たちの多くは、わずかな利益を得る可能性が一〇〇パーセントあるが（年間の保険料を払わない）、大きな損失をこうむる可能性もある（災害を受けても保険金はもらえない）という状況よりも、わずかな損失をこうむる可能性は一〇〇パーセントあるものの（年間保険料を払う）、大きな利益が得られるわずかな可能性もある（災害後に保険金がもらえる）ギャンブルのほうを好むものだ。だからこそ、ローリング・ストーンズのギタリストであるキース・リチャーズは自分の指に、歌手のティナ・ターナーは自分の脚に保険をかけた。被保険者への支払いが不可能にならない限り、保険会社が「良心の呵責もな

SCOTTISH WIDOWS' Fund AND Life ASSURANCE SOCIETY
HEAD OFFICE No. 2. SOUTH St DAVID St EDINBURGH.
Whereas Sir Walter Scott of Abbotsford, Baronet
DISCHARGED
DISCHARGED

サー・ウォルター・スコットの生命保険証券　(Scottish Widows)

い、単なるケチ」といった批判を受けることなどないだろう。

それでも、疑問は残る。現代の保険の生みの親であるイギリス人が、世界で最も保険に入っている国民だという事実は、ある意味では当然かもしれない。イギリス人は、GDP比一二パーセントあまりを保険料として払い、その額はアメリカ人が保険に払う額のざっと三割ほど多く、ドイツ人の二倍近くになる。だが少し考えてみると、いったいどうしてなのか、と不思議になる。イギリスはアメリカと違って、極端な異常気象に見舞われることなどめったにない。私が過去の人生で遭遇したハリケーンに近い経験といえば、一九八七年一〇月に起きた嵐ぐらいだ。イギリスには、サンフランシスコのように断層線上に建つ都市は存在しない。それにドイツと比べると、スコティッシュ・ウィドウズの創立以降のイギリス史は、ほとんど奇跡といえるほど政治的に安定している。それなのに、なぜイギリス人はこれほどまでに保険に入りたがるのか。

その答えは、別の形でのリスクに対する防御、つまり福祉国家の盛衰にある。

戦争《ウォーフェア》から福祉《ウェルフェア》へ

スコティッシュ・ウィドウズのような民間基金がどれほど多く設立されても、保険に手が届かない人びとも必ずいた。万が一に備えての貯蓄ができないほど貧しいか、甲斐性に欠けて、意欲もない人びとだ。彼らの運命は、痛ましいほど過酷だった。民間の慈善団体に頼るか、貧民収容施設（救貧院）におけるみすぼらしい生活に甘んじた。ロンドンのノーサンバーランド・ストリートにある大型の救貧院セント・メリルボーン・ワークハウスでは、「歩行が困難で、無力で、年老いて、目の不自由な貧民」の数が、多いときには一九〇〇人にものぼった。天候がきびしいときには仕事が不足し、食料の値段が上がり、「カジュアル」と呼ばれる、臨時救済を受ける男女は、監獄暮らしのような毎日を強いられた。一八六七年の絵入り週刊新聞「イラストレイテッド・ロンドン・ニュース」に、次のような記事がある。

彼らは大量の湯と冷水と石けんで洗われ、夕食には六オンスのパンと一パイントの薄がゆが与えられた。その後、洗濯して燻蒸消毒するために衣服を脱がされ、暖かいウールの寝間着を与えられ、床についた。聖書朗読者が祈りを読み上げ、宿舎ではひと晩中、厳格な秩序と沈黙が守られる。……ベッドにはコイア（ヤシから取れる硬い繊維）を詰めたマットレス、くずウール入りの枕と上掛けが二枚、用意された。夏は朝六時、冬は七時に起こされ、仕事を命じられた。女たちは宿舎内を掃除するか、オーカムをほぐす作業、男たちは石を割る仕事に就かされるが、夕食と同じ種類と量の朝食を終えてから、四時間を超えて働かされることはない。彼らの服は消毒して害虫駆除され、朝には返される。ぼろぼろになった衣服をつくろいたい者には、針と糸と当て布が支給される。病気になると、ワークハウスの医務官が治療をし、具合が悪くて動けない者は、医務室に収容される。

この記事は、こう締めくくられている。「〝気楽な被救済者《アマチュア・カジュアル》〟にとっては、なんの不満もないはずだ。……〝善きサマリア人〟（聖書のなかで、ユダヤ人に蔑まれていたサマリア人がユダヤ人の旅人を助けたことから、「困っている人の真の友」という意）の理事会でも、これ以上のことはできまい」。だが一九世紀の後半になると、たとえ人生の敗者であっても、もっとましな待遇を受けるに値する、という感情が芽生えた。リスクの問題に対する新たなアプローチのタネがまかれ、この発想がやがて福祉国家へと成長していく。福祉国家の保険制度は、国民全員を文字どおり「ゆりかごから墓場まで」保障するために、究極的な規模の経済性を活用するよう企図されていた。

福祉国家は、イギリスが考案したものだと思われがちだ。しかも社会主義者か、少なくともリベラル派の発明だと思い込んでいる者が多い。だが実際には、国家の強制的な健康保険や老齢年金の制度を最初に導入したのは、イギリスではなくてドイツで、それから二〇年あまり経ってからイギリスがこの制度を取り入れた。しかも、左派が創造したものではなく、むしろその逆だった。プロイセンのオットー・フォン・ビスマルクが社会保険法を施行した目的は、「多数の無産階級の者たちの間に、自分には年金を受給する資格がある、という感情を呼び起こし、それに伴って保守的な愛国心を生み出す」ことにあったと、自らが一八八〇年に語っている。ビスマルクが見るところ、「年老いたときに年金を受けられる者は、その見込みがない者に比べれば、はるかに扱いやすい」からだという。ビスマルクに対抗する

1902年のロンドンの救貧院の風景２点。「オーカムをほぐす」とは、造船の際に隙間の詰め物に再利用するため、古い麻ロープの繊維をほぐす作業（Ramsay Macdonald Papers, National Archives）

リベラル派は驚いたのだが、ビスマルクは「これは国家社会主義的な思想だ。全体が無産階級を支えなければならない」と率直に公言した。だがビスマルクの動機は、愛他主義から発したものではなかった。「だれであっても、このような思想を主張する者こそが、支配権を握ることになるだろう」とビスマルクは述べた。[12] イギリスは一九〇八年になってようやくビスマルクを手本にし、自由党の蔵相デイヴィッド・ロイド＝ジョージが、年齢が七〇歳を超える国民を対象にした、世帯所得に基づいたささやかな国家年金制度を導入した。続いて一九一一年には、国民健康保険法が成立した。ロイド＝ジョージは左派ではあったが、選挙権が急速に拡大していくなかで、このような対策には集票効果があるという、ビスマルクと共通した見解を持っていた。貧困層は、富裕層を数で圧倒していた。ロイド＝ジョージは国民年金を払うために直接税を上げる際に、一九〇九年に自らが作った予算案を、「人民予算」と自画自賛した。

　福祉国家が政治の駆け引きで誕生したのだとしても、成長を遂げたのは戦時中だった。第一次世界大戦の余波を受けて、ほぼすべての分野で政府の活動範囲が拡大した。ドイツの潜水艦が総トン数七七五万九〇〇〇トンもの商船を海底に沈め、戦争のリスクは民間の海上保険会社で補償できるものではないことが歴然とした。標準的なロイズの保険はすでに修正され（一八九八年）、「戦闘や軍事行動の結果」は免責されていた（いわゆる「捕獲拿捕不担保約款」条項）。この免責約款を削除した契約もあったが、いざ戦争が勃発すると取り消された。アメリカの場合は国家が介入し、商船を事実上、国営化したため、保険会社は（当然

セント・メリルボーン・ワークハウスで食事をする男たち。収容者にとって、書かれた看板の文字とは裏腹に、神の正義や善は、あまり身近なものではなかったようだ　(Peter Higginbotham)

ながら）、一九一四年から一八年までの船舶のあらゆる損傷を戦争のせいだと主張できた。平和が訪れると、イギリスの政治家たちは、一九二〇年に失業保険計画を導入し、復員が労働市場に及ぼす影響を早急に和らげることができた。この手法は、第二次世界大戦中から戦後にかけても踏襲された。イギリスの社会保険は、社会保険および関連サービスに関する省際委員会が一九四二年に発表した報告書に基づいて、大幅に拡大された。経済学者ウィリアム・ベヴァリッジが議長を務めたこの委員会は、多様な国家事業を通じて、「窮乏、疾病、無知、不潔、怠惰」を撲滅する運動を奨励した。チャーチルは一九四三年三月の演説で、これらの計画を総括してこう述べた。「ゆりかごから墓場まで、あらゆる階級を対象にした、総合国民強制保険」であり、「均衡の取れた発展を促すため、状況に応じて開始や中止を命じられる権限を行使」する政府の方針によって失業を撲滅し、「国有および国営企業の領域を拡大」し、公共住宅を増やし、公的教育を改善し、保健福祉サービスの大幅な増大を図ることを目標にしている。

国民保険に関する議論は、単に社会的な公正さを目指すという目標を超えて広がりを見せた。第一に、国民保険は民間の保険会社が踏み込むのを躊躇する範囲まで介入できた。第二に、強制的な国民皆保険制度であるため、費用がかかる広告や販売活動は必要なかった。第三に、一九三〇年代にすでにこの道の権威が認めたように、「参加人数が多いほど、統計的には安定した平均値が得られる」。国民保険は、いわば規模の経済性のメリットを活用していた。したがって、可能な限り広範囲なものにしよう、という動きがあった。ベヴァリッジ報告はイギリスばかりでなく世界のいたるところで熱狂的に歓迎された。そのために、福祉国家は「イギリス製」だというイメージがいまだに強い。だが世界で最初に誕生した福祉超大国、もとよりこの原理を最大限に推し進めて大成功した国は、じつはイギリスではなく日本だった。日本ほど、福祉国家と戦争国家を緊密に連係させた国はない。

二〇世紀の前半、日本は相次いで災難に襲われた。一九二三（大正一二）年九月一日に、関東地方は巨大な地震（マグニチュード七・九）に襲われ、東京と横浜が大きく破壊された。一二万八〇〇〇戸あまりの家屋が全壊し、ほぼ同数の家屋が半壊し、九〇〇〇戸が海に流され、四五万戸近くが地震直後に発生した火事で焼失した。だが日本国民は、ほぼ保険に入っていた。一八七九年から一九一四年にかけて、保険業界はゼロからスタートして活発な経済部門に成長し、海難、死亡、火災、徴兵、交通事故、盗難などに対する補償を提供し、合わせて一三種類の保険が三〇社あまりの保険会社から販売されていた。たとえば関東大震災が起きた一九二三年に、日本人は六億九九六三万四〇〇〇円（三億二八〇〇万ドル）相当の生命保険を購入していて、平均保険額は一二八〇円だった。だが地震による損失額の合計は、四六億ドルほどにも達した。その六年後には大恐慌が襲い、飢餓寸前の状態に陥った地方もあった（当時、人口の七割が農業に従事し、うち七割の農民が一人当たりわずか六〇〇〇平方メ

＊12　ロタール・ガル『ビスマルク――白色革命家』（大内宏一・訳、創文社）。引用部分の訳文は、一部を修正。

ートルの耕作面積で農業を営んでいた）。一九三七（昭和一二）年に、日本は中国本土で、巨額の戦費を投じ、結果的には無益に終わった征服戦争に着手した。そして一九四一（昭和一六）年一二月に世界の経済大国アメリカとの戦争に突入し、最終的には広島と長崎において究極の犠牲を払った。日本は帝国を目指して無為な努力を続け、その間、三〇〇万人に近い命が失われたうえ、一九四五年の末までには日本の資本ストックは、アメリカ軍の空爆のおかげで無に帰してしまったかに思えた。アメリカ戦略爆撃調査資料によると、日本全国で六〇を超える都市の市街地の少なくとも四割が破壊され、二五〇万戸の家屋が失われ、八三〇万人が住む家を失った。ほぼ無傷で残った唯一の都市は、かつて皇室の都だった京都のみだ。京都はいまも近代以前の日本の精神を伝えていて、「町屋」と呼ばれる伝統的な木造の連棟式住宅が残っている数少ない場所だ。このように細長くつながった家屋の構造、引き戸や障子、磨き上げられた梁や畳を一見するだけで、日本の町がなぜこれほど火災に弱いかが理解できる。

　戦争当事国はほぼどこでも同じだが、日本も明らかな教訓を得た。つまり、民間の保険市場が立ち向かうには、この世界はあまりにも危険すぎる、という点だ（アメリカでさえ、戦争被害公社《ウォー・ダメージ・コーポレーション》を通して、連邦政府が戦争被害リスクの九〇パーセントを補償した。ただしアメリカ本土は戦場にならなかったため、歴史上、最も採算面で有利な公営企業の一つになった）[13]。どれほどがんばっても、だれもアメリカの爆撃から身を守ることなどできない。各国で取られた対策は、程度の差はあっても、政府がリスクを負う、つまり事実上、リスクを国営化することだった。日本が一九四九（昭和二四）年に全国民を対象にした福祉制度に着手するに当たって、社会保障制度審議会はイギリスを模範にしたことを認めている。国民皆保険を目指した近藤文二は、ベヴァリッジ報告の日本版を作るチャンスだと判断した。だが彼らの発想は、ベヴァリッジの意図したものを超えていた。審議会の報告によると、その目的は「疾病、負傷、分娩、廃疾、死亡、老齢、失業、多子その他困窮の原因に対し……直接、公の負担において経済保障の途を講じ、生活困窮に陥った者に対しては、国家扶助によって最低限度の生活を保障する……」という制度を作ることだった（『社会保障制度に関する勧告』総理府社会保障制度審議会、一九五〇年）。

この福祉国家・日本は、それ以後も現代生活の予測もつかないあらゆる変化に対して国民に保障を与えることになる。生まれながらの病気でも、国が治療費を払ってくれる。教育を受ける経済的な余裕がなくても、国が教育費を払ってくれる。仕事が見つからなくても、国が補助金を払ってくれる。病気で働けなくなったら、国が生活費を払ってくれる。退職したら、国が面倒をみてくれる。そして亡くなったあとは、扶養家族を養ってくれることになる。これは、戦後のアメリカによる占領の目的の一つにも、たしかに合致していた。つまり、「封建的な経済から福祉経済に切り替える」というものだ。だが、日本の福祉制度が、「外

＊13　この公社は、八〇〇万件の契約に基づいて保険料を徴収し、ほんのわずかな額の保険金しか支払わず、二億一〇〇〇万ドルもの収益を上げた。

国勢力に押し付けられた」と（戦後の多くの評論家たちのように）考えるのは間違いだろう。むしろ日本国民が、自分たちで福祉国家を築いたといえる。そしてそれは、第二次世界大戦の終戦よりはるか前から始まっていた。真の動機は、社会的な利他主義から出たものではなく、二〇世紀の半ばに、健康で丈夫な若い兵士や労働者を国が強く求めていたからだった。アメリカの政治学者ハロルド・D・ラスウェルが言うように、一九三〇年代の日本は軍事国家になっていた。だが同時に、「戦争福祉国家」の誓いを実行に移し、軍に奉公する見返りとして社会保障を充実させた。

一九三〇年代以前にも、日本には基礎的な社会保険が存在していた。たとえば、工場における事故の保険と健康保険（一九二七［昭和二］年に工場労働者に適用）だ。だが保険が適用されたのは、産業労働者の五分の二に満たなかった。意味深いことだが、一九三七年七月九日、日中戦争が勃発して二か月後に、日本に福祉を担当する厚生省を作る計画が帝国政府により承認された。厚生省がまずおこなったことは、産業被雇用者向けの既存プログラムを補足する全国民を対象にした健康保険制度の導入だった。一九三八年末から四四年末にかけて、この計画によって保障を受ける国民の数は、わずか五〇万人あまりから四〇〇〇万人を超えるようになり、ほぼ一〇〇倍に膨れ上がった。目的は明らかだった。一般国民が健康になれば、大日本帝国軍部に健康な新兵を提供できるからだ。「国民皆兵」という戦時スローガンは、「国民皆保険」につながった。そして普遍的な保障を確実におこなうために、医療界や製薬業界も事実上、国の傘下に置かれた。戦時になると、船員や労働者が加入を義務づけられる年金計画も導入された。国が費用の一〇パーセントを負担し、雇用主と被雇用者のそれぞれが後者の賃金の五・五パーセントを負担した。公共住宅の大規模な提供に向けて、最初の一歩も踏み出された。戦後、日本に起きたことは、おおむね戦争福祉国家の延長線上にあった。こんどは、「国民はみな年金制度に加入すべし」とする「国民皆年金」が施行された。さらに、不景気でも労働者に給料を払い続ける、初期段階の家父長的な慣習ではなく、失業保険が必要だった。一部の日本人が、国家主義的な観点に立って、福祉をいわば「平和時の国家増強モデル」と考えがちなのも不思議ではない。ところがイギリス式の提案が含まれた一九五〇年の報告書は、政府が取り上げなかった。アメリカによる占領が終わってかなり経った一九六一年に、ようやく提案の多くが採用された。一九七〇年代の後半になると、日本の政治学者・中川八洋は、日本が「福祉超大国」になったと誇らしげに述べるようになったが、それは、日本のシステムが西欧のモデルとは異なって（そしてより優れて）いたからだった。

ところが実際には、日本のシステムに制度上で独自の点は何もない。たいていの福祉国家は、全国民対象の「ゆりかごから墓場まで」の保障を目標としている。それでも日本という福祉国家は、奇跡的な効果を上げているかのように思われた。平均寿命に関して、日本は世界をリードしていた。教育の分野においても、先陣を切っていた。一九七〇年代の半ば、日本人の約九〇パーセントが高校を卒業していたが、イギリスではわずか三二パーセントだった。日本はまた、唯一スウェーデンを除き、西側諸国のどこよりもはるかに平等な社会だった。さらに、日本は世界で最大の国民年金基金を保有していたため、退職した日本人はだれもが、もらって当然の休息期間（おおむねかなり長期の）を通して、定期的な収入とともに寛大な特別手当をもらえることが期待できた。この福祉超大国はまた、奇跡的に少ない資金で実現されていた。一九七五年には、国民所得のわずか九パーセントが社会保障に充てられただけだった。スウェーデンでは、三一パーセントだった。税と社会福祉の負担は、イギリスに比べると、およそ半分だ。このまま進めば、日本という福祉国家は、完全に理にかなっているかのように思えた。日本は全国民に対する保障を達成し――つまりリスクを排除し――同時に経済も急速に成長し、一九六八年までに世界で二番目の経済大国にのし上がった。その前年に評論家のハーマン・カーンは、日本の国民一人当たりの所得は二〇〇〇年までにアメリカを追い抜くだろうと予測した。中川八洋は、福利厚生を考慮すると「日本の労働者の実質所得は［すでに］アメリカ人の少なくとも三倍を超えた」と述べていた。日本は戦争においては世界のトップには立てなかったが、福祉面では成功した。成功のカギは、外国の帝国を真似ることではなく、国内のセイフティーネットにあることが分かった。

しかし戦後の福祉国家の設計には、落とし穴というより、致命的な欠陥があった。一九七〇年代の日本では、福祉国家は順調に作動していたかもしれない。だが西側諸国の福祉国家については、そうは言えなかった。表面的には、日本とイギリスには地勢学的にも歴史的にも類似点はあるが（ともにユーラシア大陸沖にある列島で、過去に帝国主義を経験し、酒が入っていないときは礼儀正しい）、文化においてはまったく異なる。一見すると、両国の福祉制度は似ているかもしれない。従来の賦課方式による課税を財源とする国民年金、標準化された退職年齢、国民皆保険、失業手当、農家への補助金、きわめて規制の多い労働市場などだ。だがこれらの制度は、双方の国ではまったく違った機能を果たしていた。日本では、平等主義を理想の政策目標とし、社会的に体制順応主義の文化を擁するため、規則に従うことがよしとされる。対照的にイギリスの個人主義は、皮肉なことに国民が制度の裏をかく傾向を生む。日本では、企業も家族も福祉制度を支えるうえで大きな役割を果たす。雇用主は福利厚生を供与し、労働者を解雇するには二の足を踏む。またごく最近の一九九〇年代まで、六四歳以上の日本人の三分の二が、子どもと同居していた。ところがイギリスでは、雇用主は不況時にはためらいなく人員を削減し、国民は年老いた親を国民保健サービスに押し付ける率がはるかに高かった。日本は福祉国家になったことで、経済超大国にのし上がったかもしれないが、一九七〇年代のイギリスでは、逆の効果をもたらすかのように見えた。

イギリスの保守派によると、国民保険制度として出発したものが、経済的なインセンティブを激しく歪める補助金と没収課税の制度に堕落してしまったという。一九三〇年から八〇年までの間に、イギリスにおける社会移転（公的年金や公的医療保険の給付など）は、GDPのわずか二・二パーセントから一九六〇年に一〇パーセントに上昇し、一九七〇年に一三パーセント、そして一九八〇年には一七パーセント近くまで増え、日本より六パーセントあまりも高くなった。保健医療、社会サービス、社会保障の合計が政府総支出に占める割合は、防衛費の三倍を占めていた。それでも、結果は惨澹たるものだった。イギリスの福祉支出が増えるにつれて経済成長率は低下し、先進国の平均よりかなり高いインフレが進んだ。とくに問題だった点は、生産性が長期にわたって低迷したことで（被雇用者一人当たりの実質GDPの成長率は、一九六〇年から七九年にかけてわずか二・八パーセントにとどまった。この間、日本は八・一パーセント）、これはイギリスの労働組合のつむじまがりな交渉術（「道具を置く［ストライキ］」という露骨な手段よりも、「ゆっくり働く［サボタージュ］」という作戦が好んで用いられた）と緊密な関連があるように思える。また、収入やキャピタルゲインが高いと一〇〇パーセントを超える限界税率が適用されたため、それまで見られた貯蓄や投資の意欲を減退させた。福祉国家イギリスは、資本主義経済が機能するうえでなくてはならないインセンティブを奪ったように思えた。つまり、努力する者に与えられる「大金」という「アメ」、そして怠け者がこうむる「困窮」という「ムチ」が失われたのだった。その結果、「スタグフレーション」と呼ばれる不況下のインフレに陥った。同様の問題がアメリカ経済も苦しめており、保健医療やメディケア（高齢者保険制度）、所得保障、社会保障面の支出は、一九五九年のGDP比四パーセントから、七五年には九パーセントに上昇し、はじめて防衛費を上回った。アメリカでも生産性はほとんど伸びず、スタグフレーションが蔓延した。いったい、どうすべきなのだろうか。

だがある人物とその教え子たちは、自分たちにはその答えが分かっている、と考えた。もっぱら彼らの影響力のおかげで、過去二五年における最も顕著な経済動向の一つとして、西側の福祉国家が解体され、人びとはそれまで逃げのびたと思っていた「リスク」という予測不可能な怪物の前に、ふたたび身をさらすことになった。

南米チリの大寒波《ビッグ・チル》

一九七六年、シカゴ大学の小柄な教授がノーベル経済学賞を受賞した。ミルトン・フリードマンが経済学者として名声を築いたおもな理由は、インフレはマネーサプライの過度の拡大によるものだ、という考え方を復活させた点にある。すでに見てきた通り、フリードマンは、アメリカの金融政策に関する一冊の本としては、おそらくこれまでで最も重要な書籍の共著者であり、大恐慌が起きた責任はアメリカ連邦準備制度理事会（FRB）が犯した過ちにあると強く主張した。だが一九七〇年代の半ばにフリードマンが強い関心を抱いたのは、福祉国家のどこが間違っていたのか、という点だ。一九七五年三月、フリードマンはこの問いに答えるためにシカゴから南米のチリに飛んだ。

そのわずか一年半前の一九七三年九月に、マルクス主義者の大統領サルバドル・アジェンデの政府を転覆させるため、チリの首都サンティアゴを戦車が蹂躙《じゅうりん》していた。チリを共産主義国家にするというアジェンデの試みは経済の大混乱を招き、ついに議会が軍によるクーデターを要請した。空軍のジェット機が大統領官邸、通称「モネダ宮殿」を爆撃し、近くのカレーラ・ホテルのバルコニーでその様子を注視していたアジェンデの敵たちは、シャンパンで祝杯をあげた。宮殿のなかでは、大統領自らがＡＫ47——大統領が畏敬していた人物、キューバのフィデル・カストロからの贈りもの——で武装し、最後まで徹底抗戦を続けた。戦車群が轟音を立てて迫ってきたとき、アジェンデはすべてが終わったことを悟り、残骸と化した官邸の一角で、銃で自らの命を絶った。

　このクーデターは、戦後の福祉国家が世界中で危機に陥っていることを示す例で、それに対抗する経済システムとの間でせめぎ合いが強まった。チリでは生産活動が崩壊し、インフレが蔓延したため、万人向けの福祉手当や国民年金は破綻した。アジェンデが目指していたのは本格的なマルクス主義で、あらゆる経済活動を完全なソ連型に移行させようと試みていた。クーデターを起こした軍部の将校や支持者たちは、ソ連型経済が望ましくないことは分かっていたが、現状を持続できないことは明らかだったが、だからと言って方策はなかった。そこに登場したのが、ミルトン・フリードマンだった。講義やセミナーをこなすかたわら、フリードマンは新大統領アウグスト・ピノチェト将軍と四五分間にわたって会談し、のちにチリの経済状況の評価を将軍に書き送った。フリードマンはチリの天井知らずのインフレ——当時、年率九〇〇パーセント——の主要因だと見られる財政赤字を減らすよう説得した。フリードマンが訪問してからひと月後、チリの軍事政権は、「いかなる犠牲を払ってでも」インフレを阻止する、と宣言した。政府は歳出を二七パーセント削減し、札束を燃やした。だがフリードマンは、自らが信奉する通貨主義者《マネタリスト》的なショック療法以上のものを勧めていた。シカゴに戻ってから書いたピノチェトへの手紙のなかで、フリードマンは「［インフレとい

ミルトン・フリードマン　(University of Chicago)

う」この問題は、四〇年前からの社会主義への移行によって生じ、アジェンデ政権下において当然の——かつ恐ろしい——結末を迎えた」と断じた。のちにフリードマンは、こう回想している。

「私が取りたいと考えている路線は……現在の窮状が、四〇年にわたる集産主義や社会主義、福祉国家への傾向に、ほぼ全面的に起因している、という考えに基づく……」

さらに彼は、ピノチェトにこう請け合った。

「インフレが終結すれば資本市場が急速に拡大し、その結果、いまだ政府の管理下にある企業や活動の民間への移行が、大幅に促進されるだろう」

このような勧告をしたために、フリードマンはアメリカのマスコミから非難を浴びた。要するに、軍事独裁者ピノチェトは、疑わしい者も含め二〇〇〇人を超える共産主義者を処刑し、さらに三万人近くを拷問した張本人であり、フリードマンが、そのピノチェトに対してコンサルタントの役目を買って出たからだ。「ニューヨーク・タイムズ」紙は、こう疑問を投げかけた。

「……純粋なシカゴ学派の経済理論が、チリにおいて、弾圧という犠牲を払ってしか実行に移せないのであれば、提案者たちはなんらかの責任を感じるべきではないか」[14]

チリの新政権にシカゴ派が果たした役割は、ミルトン・フリードマンが一回、訪問しただけにはとどまらなかった。一九五〇年代から、サンティアゴにあるチリ・カトリック大学とのの交換プログラムによって、若くて優秀なチリの経済学者たちがシカゴ大学で学ぶために次々とアメリカを訪れていた。彼らは帰国すると、収支のバランスを取り、マネーリプライを引き締め、貿易を自由化する必要性を確信して実践した。彼らは、「シカゴ・ボーイズ」と呼ばれる、フリードマンの歩兵たちだ。ピノチェト政権の財務大臣で、のちに経済の「スーパー大臣」と呼ばれたホルヘ・カウアス、後任の財務大臣セルヒオ・デ・カストロ、労働大臣でのちに中央銀行総裁になったミゲル・カスト、そしてシカゴ大学で学んだ少なくともほかの八人が政府の要職に就いた。すでにアジェンデの失墜以前に、彼らは、資料が分厚いために「煉瓦《エル・ラドリージョ》」と呼ばれた詳細な改革計画を準備していた。だが最も革新的な対策は、シカゴではなくハーヴァードで学んだカトリック大学の一人の学生から生まれた。彼が思い描いていたのは、この時代の福祉国家に対する最も断固たる挑戦で、サッチャーやレーガンの構想を先取りしていた。福祉に対する反動は、チリで始まったのだった。

ピノチェトが権力を掌握すると、まだ二四歳だったホセ・ピニェーラは、ハーヴァードからチリに戻るよう持ちかけられ、苦しいジレンマに陥った。ピノチェト政権の性格を、彼は的確に把握していた。それでもニューイングランドに留学して以来、ずっと抱いていた構想

＊14　フリードマンが一九八八年に述べているところによると、中国政府に対してもほぼ同じようなインフレ対策の勧告をおこなったが、中国は「過去も現在も、チリの軍事政府より抑圧的である」にもかかわらず、「あのような極悪な政府に進んで忠告したために抗議が殺到したこと」はなかったという。

を実行に移せる好機だとも捉えた。彼の考えでは、解決のためには単にインフレを抑えるだけではダメだと思えた。アメリカで成功した資本主義的民主主義の試みの核を成す、財産権と政治的権利との結びつきを強めることも不可欠だった。そのためには、福祉国家を徹底的に見直すことが最も確実な方法だ、とピニェーラは信じていた。手始めは、国民年金などの給付に充てる資金を供給する賦課方式を見直すことだった。ピニェーラは、次のように考えていた。

大規模な保険制度として始まった制度は、単なる課税制度に転じてしまった。今日の保険料は、将来、使うための基金として貯めるのではなく、今日の給付を払うために使われる。この賦課方式により、倹約の精神が給付金制度に取って代わられた。……［だがこのアプローチは］人間がどのように行動するかについての、誤った考えに基づいている。個人のレベルでは、これは保険料と給付の結びつきをなくす。言い換えれば、努力と報酬の結びつきを断つことになる。このようなことが長期にわたって大規模に続いた場合、最悪の結果を生む。

一九七九年から八一年にかけて、ピニェーラは労働大臣（のちに鉱業大臣）として、チリにおける革新的な新しい年金制度を創設し、あらゆる労働者に対して、国民年金制度から脱退する機会を与えた。勤め人は所得税を払う代わりに、同等の額（給料の一〇パーセント）

をそれぞれの個人退職金口座に振り込み、口座は年金基金管理機関（ＡＦＰ）と呼ばれる自由競争に基づく民間会社が管理した。退職年齢に達すると、参加者は自らの退職金を引き出して年金を購入するために使うか、もしくは本人が望むなら、さらに働いて保険料を払い続けることもできた。この計画には、年金のほかに障害保険料および生命保険料も含まれていた。この仕組みの目的は、チリの労働者たちに、蓄えたカネは間違いなく自分たちの資産だ、という感覚を与えることにあった。エルナン・ビュヒ（ピニェーラが社会保障法案を起草するのを助け、保健医療改革の実行に着手した）は、こう語っている。

「社会プログラムには、個人の努力を奨励し、自らの運命に対して責任を負うように促すなんらかのインセンティブが必要だ。社会への寄生を奨励するような社会プログラムほど、お粗末なものはない」

　ピニェーラは、賭けに出た。労働者に選択権を与えたのだった。旧来の賦課方式を維持するか、それとも新しい個人退職金口座を選択するか。ピニェーラはひんぱんにテレビに登場し、労働者たちに「あなたがたのおばあさんの小切手（旧来の国民年金制度で支給されたもの）をだれも奪ったりはしませんよ」と安心させた。個人の労働者ではなく、この国の労働組合が、会員のＡＦＰを決定する責任を持つべきだと主張する案を、ピニェーラはするどく退け、断固として譲らなかった。ついに一九八〇年一一月四日に改革案は承認され、ピニェーラが皮肉に仕組んだとおり、翌年の五月一日、メーデーの日に施行された。人びとは、熱狂的に反応した。一九九〇年までに、労働者の七〇パーセントが民間のシステムに切り替えた。労働者はそれぞれ、出資金と投資収益を記録した新しい手帳を受け取った。二〇〇六年末までに、七七〇万人前後のチリ人が個人退職金口座を持ち、二七〇万人がISAPREシステムと呼ばれる制度に基づいて、民間の健康保険計画に加入した。このシステムのおかげで、労働者は国民健康保険制度から脱退して民間業者を選ぶことができるようになった。意外かもしれないが、ピノチェト政権下で施行されたシカゴ派に端を発したほかの改革とともに、これもマルクス主義者のアジェンデが一九七三年に計画したものと同じくらい大規模な改革だった。しかもこの改革は、経済的にきわめて不安定な時期――インフレという怪物が退治されたと思われた一九七九年にチリの通貨をドルに連動させるという誤った判断を下した結果――に導入せざるを得なかった。その直後にアメリカの金利が上昇したため、デフレ圧力によってチリは景気後退に陥り、「シカゴ＝ハーヴァード特急」は脱線するのではないか、という恐怖を呼んだ。一九八二年に経済は一三パーセント縮小し、フリードマンの「ショック療法」を批判した左派の正当性が立証されるかに見えた。だが一九八五年末に近づくにつれ、ようやく危機は去ったとみなされた。一九九〇年になると、この改革が成功したことは明白になった。政府支出はGDP比三四パーセントから二二パーセントに減少したが、その半分は福祉改革のおかげだった。

これは、価値ある変化だったのか。拷問もいとわない残忍な軍事独裁者と手を組むという、シカゴおよびハーヴァード・ボーイズが打った道徳上の大きなギャンブルは、やるだけの価値があったのか。このような経済改革が、チリにおいて持続可能な民主主義に戻る道筋をつけたと考えるかどうかによって、答えは違ってくる。一九八〇年、クーデターから七年後に、ピノチェトは一〇年をかけて民主主義に移行すると規定した新たな憲法を容認した。一九九〇年に、指導者としての自らの立場を問う国民投票で敗北したピノチェトは、大統領の座を退いた（ただし、その後八年にわたって陸軍を統括する責任者の立場を保持した）。民主主義は復活し、そのころには経済も奇跡的に復興し、民主主義の継続を支えるうえで役立った。年金改革は、退職後の自らの蓄えを持つ、新たな層の土地所有者を生み出しただけではなく、チリ経済にとって強力なカンフル剤になった。なぜかといえば、年金改革の影響で貯蓄率が大幅に増大したからだ（一九八九年までにはGDP比三〇パーセントまで上昇し、中南米で最高になった）。AFPが新たな年金基金の六パーセント（のちに一二パーセント）以上をチリ国外に投資するのを防ぐために、当初は制限が設けられた。チリの新たな貯蓄が、国内の経済発展に振り向けられるようにするためだった。二〇〇八年一月に私はサンティアゴを訪れ、チリ銀行でブローカーたちが、チリの労働者年金を株式市場でさかんに投資している様子を見た。この効用には、目を見張った。個人退職金口座にもたらされる年収益率は一〇パーセントを超え、チリの株式市場の右肩上がりの業績――一九八七年から一八倍も上昇――を反映している。

この制度にも、たしかに暗い影はあった。制度の運営費が高すぎる、と批判されることもある。また、だれもが常勤の仕事に就いているわけではなく、全員がこの制度に参加できるわけでもない。自営業者は個人退職金口座に入金する義務はなく、また臨時被雇用者も年金を払っていない。つまり人口のかなりの部分が年金に加入していないことになり、そのなかには、ラ・ビクトリアに住む多くの人びとも含まれている。かつてこのあたりはピノチェト政権に抵抗する人びとの温床で、いまでもチェ・ゲバラの顔が壁にスプレーで描かれているような場所だ。だが政府としては、貯蓄だけでは最低の年金も購入できない人びとのために、差額を補う用意ができていた。ただし、少なくとも二〇年は働いていることが必須条件だった。さらに、この条件を満たさない人びとに対しては、連帯基礎年金があった。総体的に言って、シカゴ・ボーイズの改革以降、チリの経済活動が改善していることについては、ほとんど議論の余地がない。フリードマンがやってくる前の一五年間、チリの成長率は〇・一七パーセントに過ぎなかった。だが次の一五年では三・二八パーセントで、二〇倍近くも上昇した。国民の貧困率は、ほかの中南米諸国が四〇パーセントであるのに比べ、チリはわずか一五パーセントへと劇的に減少した。現在のサンティアゴは、アンデス山脈に沿った輝ける都会で、南米で最も繁栄して魅力的な大都会の一つになっている。

チリの年金改革が南米全体で、いや世界中で模倣されていることは、チリが成功した証だ。ボリビアやエルサルバドル、メキシコはチリの計画を忠実に真似た。ペルーとコロンビアは、国民年金制度の代替策として個人年金を導入した。カザフスタンもまた、チリの例にならった。イギリスの議員でさえも、ピニェーラのもとに大挙して押しかけた。皮肉なことに、自由市場経済の中心地であるアメリカで試みられたどの改革よりも、チリの改革ははるかに革新的だった。そして福祉改革は、人びとが望むと望まざるとにかかわらず、北アメリカにも上陸し始めた。

ハリケーン・カトリーナがニューオーリンズを襲ったとき、多くの人びとが見て見ぬふりをしてきたアメリカの制度の現実が、白日のもとにさらされた。アメリカはなるほど福祉国家だったが、福祉制度が機能していなかった。レーガン政権もクリントン政権も、失業給付を減らし、受給期間を短縮して、革新的な福祉改革と思えるものを実行した。だがどれほど改革をおこなっても、アメリカ国民の高齢化や、個人医療費の急騰から制度を守ることはできなかった。

アメリカには、独自の福祉制度がある。社会保障によって、すべての退職者に最低限の国民年金を給付し、同時にメディケア制度により、高齢者や障害者の医療費をすべて保障する。所得補助や医療支出が、連邦福祉計画の総費用をGDP比一一パーセントにまで押し上げている。だがアメリカの保険医療は、大半が民間によって運用されている。最先端の医療を受けられることもあるが、治療費は決して安くない。さらに、退職前に治療を受けたければ、民間の保険に入る必要がある。だがこのような保険は、正社員しか利用できないことが多く、推定四七〇〇万人のアメリカ人は保険に入っていない。したがって、広範囲には行き渡らず、ヨーロッパの制度よりはるかに再分配されていないにもかかわらず、膨大な費用がかかる福祉制度になっていた。一九九三年から、社会保障は国家安全保障よりも高くつくものになった。教育面の公共支出はイギリスやドイツ、日本よりもGDP比で上回っている（五・九パーセント)。保険医療面の公的支出はGDP比約七パーセントでイギリスと同じだが、個人の保険医療費はさらに高い割合を占める(八・五パーセント。一方、イギリスでは一・一パーセントと少ない)。[15]

このような福祉制度では、受給者の急増に対処しにくい。だが、第二次世界大戦後に生まれたベビーブーム世代[16]が退職し始めたことによる受給者の急増こそ、まさにアメリカが直面している大問題だった。国連の調査によると、現在から二〇五〇年にかけて、アメリカ人男性の平均寿命は七五歳から八〇歳に延びる可能性が高い。今後四〇年で、六五歳以上のアメリカ人の割合は、一二パーセントから二一パーセント近くまで増加すると予想される。不幸なことに、退職を間近にした多くの人には、退職後の人生に対する十分な備えがない。二〇〇六年の退職意識調査によると、アメリカ人労働者の一〇人中六人が、退職に備えて貯蓄していると答えたが、実際にいくら貯蓄すべきか計算してみた人は一〇人のうちわずか四人だった。十分な貯蓄がない多くの人が、長く働き続けることによって埋め合わせできると考えていた。平均的な労働者は六五歳まで働く予定を立てているが、実際には、六二歳で退職するという結果が出ている。事実、アメリカ人労働者一〇人のうち四人ほどが、予定していたよりも早く職場を去っている。これは、連邦政府の予算に深刻な影響を及ぼす。なぜかといえば、このように予定外の行動をする者が、最後に納税者にあれこれとツケを払わせる可能性が高いからだ。今日、平均的な退職者が受給する社会保障や医療費の給付は、年間で二万一〇〇〇ドルにのぼる。この額に、現在の高齢者数三六〇〇万人を掛ければ、これらのプログラムがすでに巨額の歳出を強いている実情が分かる。これからも、この割合が上がることは避けられない。なぜかといえば、退職者の数が増え続けるだけでなく、メディケアなど医療給付コストには歯止めが利かず、インフレ率の二倍のペースで上昇しているからだ。二〇〇三年にメディケアが処方箋薬にも拡大されたため、事態はさらに悪化した。メディケアの役員で、その名もぴったりのトマス・R・セイヴィングの試算によると、メディケアの費用だけで二〇一九年までに連邦所得税収の二四パーセントを占めるだろう、という。また最近の数字を点検すると、連邦政府には公式データが示すよりもはるかに巨額の積立不足があることが見て取れる。アメリカ会計検査院による最新の予想では、今後、積立不足の社会保障費やメディケア給付費用から生じる潜在的な「エクスポージャー（リスク資産）」は三四兆ドルに達するだろうとみられている。これは、公式に発表された連邦債務のほぼ四倍に当たる。

皮肉なことに、高齢化の問題がアメリカよりさらに深刻な経済的影響を及ぼしている国が、一つだけある。日本だ。日本版の「福祉超大国」はあまりにもうまくいったために、一九七〇年代までに日本人の平均寿命は世界最長になった。だが同時に出生率も低下したために、

＊15　すべての数字は二〇〇四年のもので、世界銀行の世界開発指標データベースから得られたもの。
＊16　ローレンス・J・コトリコフ、スコット・バーンズ『破産する未来——少子高齢化と米国経済』（中川治子・訳、日本経済新聞社）などを参考にした。

世界最高齢の社会が誕生し、六五歳以上の人口がすでに国民の二一パーセントを超えている。シンクタンクの中前国際経済研究所によると、高齢者人口は二〇四四年までに労働人口と等しくなるだろうという。したがって日本はいま、福祉制度の深刻な構造危機に直面している。この制度は、日本人が「長寿社会」と呼ぶものに対処できるようには設計されていなかった。退職年齢を引き上げたにもかかわらず、政府は国民年金制度の問題をいまだに解決していない（多くの自営業者や学生――言うまでもなく、有名な一部の政治家さえ――が、義務づけられている社会保障を負担せずに、足を引っぱっている）。公的医療保険制度も、一九九〇年代の初期からは、赤字を出し続けている。[17] 日本の福祉予算は、いまや税収の四分の三に相当する。国の債務は一〇〇〇兆円を超え、GDPの一七〇パーセント前後になる。[18] 民間機関の経営状態もいいとはいいがたい。生命保険会社は一九九〇年に株式が暴落してから、悪戦苦闘を続けている。一九九七年から二〇〇〇年にかけて、保険の大手三社が破綻した。年金基金も、同じく苦境に立たされている。先進国の多くが同じ道をたどっている現在、「ターニング・ジャパニーズ」という一九八〇年代の古いポップスに新たな意味が加わった。大規模な世界の年金基金（日本、オランダ、カリフォルニア州公務員退職年金基金など）の資産は、いまや一〇兆ドルを超え、二〇〇四年から〇七年までの間に六〇パーセントも上昇した。だがその債務は最終的には膨大になりすぎて、このような巨額の資産でもまかなえなくなるのではないだろうか。

長生きできることは個人にとってはありがたい話だが、福祉国家にとって、また改革の必

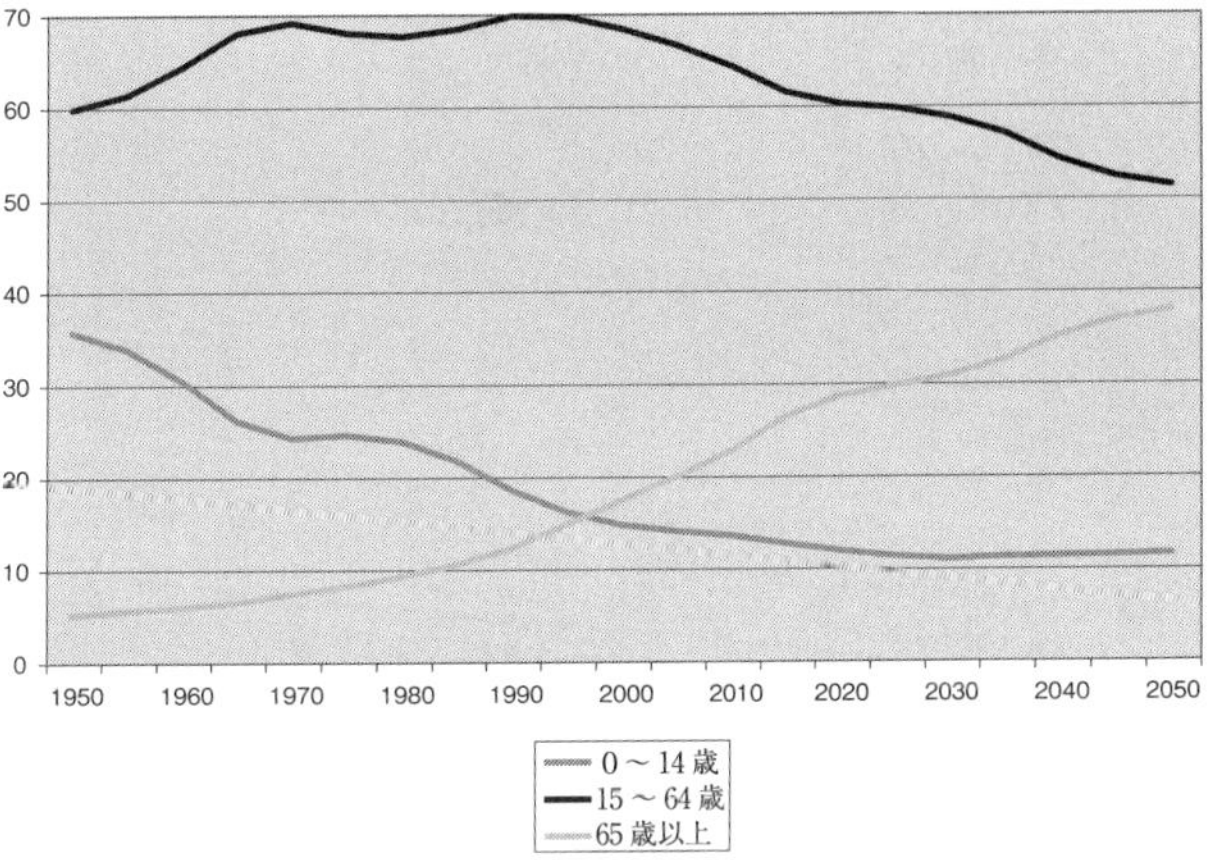

福祉危機に陥っている日本の人口統計、1950～2050年
（年齢区分別の人口割合%）

要性を有権者に説得しなければならない政治家にとっては、厄介な問題だ。さらに追い打ちをかける悪いニュースは、世界中の人口が高齢化するばかりでなく、世界そのものがますます危険になっていくおそれがある点だ。

「ヘッジあり」と「ヘッジなし」

もし国際テロが増え続け、さらに多くの人命を奪うようになったらどうなるのか。アルカイダは、いまも大量破壊兵器を入手

＊17　アレックス・カー『犬と鬼――知られざる日本の肖像』（講談社）
＊18　ガバン・マコーマック『属国――米国の抱擁とアジアでの孤立』（新田準・訳、凱風社）

しようと工作している。このような可能性を恐れる理由は、十分にある。二〇〇一年の同時多発テロが割に限られた影響を与えただけだと考えると、アルカイダには次に「核の9・11」を起こしかねない強い動機がある。アルカイダのスポークスマンは、その可能性を否定していない。それどころか、「四〇〇万のアメリカ人——そのうち二〇〇万人は子ども——を殺し、その倍の国民を故郷から追い出し、それよりも多数を負傷させて不自由な体にする」という野望を豪語してはばからない。これを、ただのハッタリだと片づけるわけにはいかない。ハーヴァード大学ベルファー・センターのグレアム・アリソン教授は、「もしアメリカその他の政府が、いまの行動をいたずらに続けていたら、二〇一四年までに主要都市への核によるテロ攻撃が起こる可能性が高い」と警告している。水爆の設計者の一人であるリチャード・ガーウィンによれば、すでに「アメリカの都市とヨーロッパの都市を含め、核爆発が起こる年間確率は二〇パーセント」もあるという。アリソンの同僚マシュー・バンの予測では、一〇年のうちに核テロ攻撃が起こる見込みは二九パーセントだとしている。[19] 一二・五キロトンの小型核爆弾でも、もしアメリカの平均的な都市で爆発すれば、八万人もの死者を出し得る。一・〇メガトンの水爆ならば、死者は一九〇万人にのぼるおそれもある。炭疽菌を用いた生物化学兵器を動員した場合にも、同程度の殺傷力を発揮できるだろう。

また地球温暖化によって、自然災害の発生頻度が上昇することも十分に考えられる。この面でも、不安材料がいくつもある。「気候変動に関する政府間パネル（IPCC）」の科学者によると、人類が引き起こした地球温暖化の影響によって、「ほとんどの地域で豪雨の発生頻度が増した」という。さらに、「一九七〇年ごろから北大西洋で強烈な熱帯低気圧の活動が増えている観測証拠」もある。IPCCが予測する海面上昇は、ハリケーン・カトリーナのような嵐による洪水被害を引き起こしやすくする。アメリカの大西洋沿岸でハリケーンの活動が増えている（アル・ゴアが映画「不都合な真実」で主張したように）という状況を、すべての科学者が受け入れているわけではない。だが、被害を受けやすい州においても住宅建設が増え続けていることを考え合わせると、これを事実でないと考えるのは明らかに軽率な過ちだろう。増え続ける福祉負担の重圧のため、すでに危機に瀕している政府にとって、大災害の頻度や規模が増大することは財政上、致命的になるおそれがある。9・11の同時多発テロによって生じた保険（ならびに再保険）の損失額は三〇〇億〜五八〇億ドルで、カトリーナによる保険損失額に近い。どちらの場合も、民間の保険会社が義務を履行するのを助けるために、アメリカ連邦政府が介入せざるを得なかった。9・11の事後には緊急の連邦テロ保険を提供し、メキシコ湾岸沿いの緊急援助と復興では、費用の大半を負担した。言い換えれば、二度の世界大戦のときと同じく、福祉国家アメリカは保険会社が悲鳴を上げたときに救いの手を差し伸べたのだった。だがこれは、自然災害においては皮肉な結果を生む。国内の割に安全な地域に住む納税者は、ハリケーンの被害を受けやすい地域に住むことを選ん

＊19　グレアム・アリソン『核テロ――今ここにある恐怖のシナリオ』（秋山信将ほか訳、日本経済新聞社）

だ納税者を援助していることになるからだ。この不均衡を是正する一つの方法は、大災害を補償する連邦再保険プログラムを作ることだろう。保険会社は大災害の勘定を納税者に押し付けるのではなく、可変保険料(ハリケーン区域の周辺には高い保険料)を請求し、政府を通じてリスクに再保険をかけることによって、カトリーナ級のハリケーンにふたたび襲われた場合のリスクを分散させることができる。だが、そのほかにも方法はある。

将来の思わぬ災難から保護してもらうためにカネであがなう方法は、保険と福祉だけではない。賢明な策は、掛け金を分散してリスクを回避《ヘッジ》することだ。シカゴを拠点にした、ケネス・C・グリフィンが率いるシタデルなどのヘッジファンドについて、今日ではだれもが耳にしたことがあるに違いない。いまでは世界で二〇位以内の実績を上げているヘッジファンド、シタデル・インベストメント・グループの創立者として、グリフィンは現在およそ一六〇億ドルの資産を運用している。なかには、いわゆる不良資産も少なくない。エンロンのように倒産した会社から、グリフィンは資産を安値で購入する。ケネス・グリフィンはリスクを愛していると言っても過言ではないだろう。彼は、不確実な世界に心血を注ぐ。ハーヴァード大学の学生寮で転換社債の取引を始めて以来、グリフィンは「ファットテール」で儲けてきた。シタデルのおもなオフショア・ファンドは一九九八年以降、二一パーセントの年間収益率を上げている。二〇〇七年に、ほかの金融機関が信用危機のあおりを受けて数十億ドルもの損失を出していたとき、グリフィンは一〇億ドルあまりを個人的に稼いでいた。シカゴのノース・ミシガン通りにある彼の高級ペントハウスを飾る美術品のなかには、彼が八〇〇〇万ドルで購入したジャスパー・ジョーンズの現代絵画「フォールス・スタート」や、六〇〇〇万ドルを投じたセザンヌの絵画がある。グリフィンは結婚したとき、ヴェルサイユ（イリノイ州にある同じ名前の小さな町ではなく、フランスの宮殿）で式を挙げた。ヘッジ取引は、リスクの多い世界では明らかにうまい商売だ。だがヘッジ取引とは、そもそも何か。そして、いったいどこから生まれたのか。

ヘッジ取引の起源は、当然といえるかもしれないが、農業にある。作物を栽培する農家にとって、作物の収穫後、市場で付けられる値段ほど、重要な意味を持つものはない。値段は、予想より低い場合も高い場合もあって安定しない。そのため、先物契約、つまり作物が市場に出たときに、作物のタネをまく時点で同意した価格で販売業者に購入してもらう約束をすれば、農家は自衛できる。出荷日に市場価格が予想より低い場合でも、農家は損失を免れる。農家と契約した販売業者は、当然ながら市場価格が高くなり、自らの利益が出ることを願う。アメリカ中西部の草原が耕作され、運河や鉄道で北東部のおもな工業都市と結ばれるようになり、中西部一帯はアメリカの穀倉地帯になった。だが需要と供給のバランスはきわめて不安定で、そのために価格も大きく変動した。一八五八年一月から六七年五月にかけては、南北戦争の影響もあり、小麦価格が一ブッシェル当たり五五セントから二・八八ドルに急騰し、そのあと一八七〇年三月には七七セントまで急落した。農家に対する初期の保護策は、先渡契約として知られるもので、売り手と買い手の二者間の契約だった。だがそこから発展した先物契約は、先物取引所が取り扱う標準化された商品で、したがって取引が可能だった。「未着の」商品を扱う先物契約が発達し、決済のルールが決まり、うまく機能する清算機関が生まれて、真の意味における先物市場が誕生した。生まれた場所は、風の都シカゴだ。一八七四年に常設の先物取引市場——現在のシカゴ・マーカンタイル取引所の前身であるシカゴ物産取引所——が設立され、アメリカの商品市場における「ヘッジ取引」の拠点が誕生した。

純粋な意味でのヘッジとは、価格変動を完全に避けることを指す。契約相手の投機家にリスクを肩代わりしてもらう方式だ。だが実際にヘッジ取引をおこなう人は、将来の価格変動から利益を得ようとして、いくぶん投機的な活動に従事することが多い。この点を不安がる人が多く——先物市場はカジノのギャンブルと大差ないと感じている——、そのため通貨や金利の先物取引が可能になったのは一九七〇年代になってからで、一九八二年にやっと株式市場における先物契約が可能になった。

グリフィンはシタデルに、数学者や物理学者、エンジニア、投資アナリスト、そして最新のコンピューター技術などを結集した。彼らがおこなっている業務には、ロケット科学の金融版と呼べそうなものもあった。だが、根底にある原理はシンプルだ。つまり、すべての先物契約は、原資産の価値から派生するために、「金融派生商品《デリバティブ》」の形態を取る。先物とは異なるが近い関係にあるのが、オプションと呼ばれる金融契約だ。要するに、コール・オプションの（買付選択権）の買い手は、オプションの売り手（ライターと呼ばれる）から、特定の商品または金融資産のあらかじめ同意した量を、一定期間（権利行使期限）内に特定の価格（行使価格）で購入する権利を持つ（義務ではない）。コール・オプションの買い手は言うまでもなく、商品や原金融商品の価格が将来、上がることを期待している。この価格が同意された行使価格を超えると、オプションは「利益が出る状況《イン・ザ・マネー》」になり、このオプションを買った賢い人も金持《イン・ザ・マネー》ちになる。プット・オプション（売付選択権）はその逆で、買い手には売り手に特定の量の商品を売る権利がある（義務ではない）。もう一つの種類のデリバティブはスワップで、これはたとえば金利の先行きに関する、二者間のいわば賭けだ。純粋な金利スワップでは、金利の支払いをすでに受けている二者がそれを交換することで、変動金利の支払いを受けている者が、金利が低下するリスクを避けるために固定金利と交換できる。一方クレジット・デフォルト・スワップは、企業が債務不履行《デフォルト》となるリスクから保護してくれる。だが、最も興味を引くデリバティブは、カタストロフィー債（自然災害債券＝ＣＡＴボンド）のような天候デリバティブだ。これは、いわゆるテール・リスクをファーマット・キャピタルなどのヘッジファンドに売ることによって、保険会社などが極端な気温の変化や自然災害の危険を分散できるようにするものだ。ＣＡＴボンドの買い手は、いわば保険を売っている形になる。債券に規定された災害が起きた場合、買い手は協定額を支払うか、あるいは元本を没収される。その代わり、売り手は魅力的な金利を払う。二〇〇六年の天候デリバティブの名目価値総額は、およそ四五〇億ドルに達した。

かつてデリバティブの多くは、シカゴ・マーカンタイルなどの取引所が生み出す標準化された商品だった。実際、天候デリバティブでの市場を切り拓いたのはシカゴ・マーカンタイルだった。現在ではかなりの商品がカスタムメイドになり、取引所を介さず店頭市場（OTC）で売られている。とくに、銀行がこのような商品を多く販売し、潤沢な手数料を手にしている。国際決済銀行によると、二者間で個別に交渉されるOTCデリバティブ契約における想定元本の総額は、二〇〇七年一二月には五九六兆ドルという驚くべき額に達した。だが時価総額は、一四兆五〇〇〇億ドルをわずかに上回るのみだった。[20] これらの商品が、ウォーレン・バフェットのような昔ながらの投資家たちから「金融の大量破壊兵器」と非難されたのは有名な話だが（ただしバフェット自身もデリバティブで儲けた）、二〇〇七年のシカゴでは、世界の経済システムが予測不可能なリスクに対してこれほど守られたことはないと考えられていた。ところがこの状況は翌年、突如として打ち砕かれた。この年、平均的なヘッジファンドは二一パーセントを超える損失を記録し、シタデルのファンドは五五パーセントも縮小した。

　だがこのような金融革命が、世界をある意味で二分したことは事実だ。つまりリスクを回避《ヘッジ》する（できる）者と、回避《ヘッジ》しない（できない）者だ。ヘッジするには、まず資金が必要だ。一般的に言うと、ヘッジファンドは少なくとも六、七桁を投資するよう要求し、客のカネの最低二パーセントの管理手数料（シタデルはその四倍を請求）と、収益の二〇パーセントを要求する。言い換えれば、多くの大企業は、金利や為替レート、商品価格の予期しない上昇に対して、リスクを回避する経済的な余裕がある。また望むならば、CATボンドなどのデリバティブを売ることにより、今後ハリケーンやテロ攻撃が起こっても、リスクを回避できる。だがほとんどの一般家庭ではリスクを回避する余裕はないし、その術も知らない。一般の消費者は、人生の予期しない災難から身を守るために、あまり効果は期待できないが、値段が高めの保険に頼るか、福祉国家が救いの手を差し延べてくれるのを待つしかない。

第三の、はるかに簡単な策も、もちろんある。万が一に備えて貯蓄しておく、従来のやり方だ。あるいは借金をしてでも、将来の評価が上がることを期待して、災害に備えてショックをやわらげてくれそうな資産を購入する方法もある。近年、多くの家庭は不確実な未来に備えて、住宅への投資（通常はローンを利用した、要するに負債による資金調達）というきわめてシンプルな方法を取っている。住宅の価値は、大黒柱が退職せざるを得なくなる日まで上がり続けると予想されるからだ。たとえ年金プランが不十分でも、気にすることはない。健康保険の契約が切れても、あわてなくていい。いつも変わらないマイホーム、楽しいわが家があるではないか。

だが保険や年金プランに代わる戦略としては、きわめて明白な欠点がある。不動産市場という単一の市場に、ヘッジもなく一方的に投資することになるからだ。次の章で見ていくが、家屋に賭けるのは、残念ながら「わが家のごとく安全《アズ・セイフ・アズ・ハウシズ》」とはほど遠い。それを身に沁みて感

＊20　つまり、すべてのデリバティブが決済された場合の想定元本は、各デリバティブの市場価値の合計である時価総額のおよそ四一倍になる。

じるために、ニューオーリンズに住んでみるまでもない。

第５章　わが家ほど安全なところはない

英語圏の人びとに大人気のマネーゲームといえば、なんといっても不動産だろう。金融の分野でこれほど人びとの想像力を掻き立てるものはないし、資産の投資先としても、これほどパーティの席で盛り上がる話題もない。不動産市場は、実にユニークだ。大人ならどれほどの経済オンチでも、不動産業界の今後の見通しに関して一家言を持っている。子どもでさえ、自分の自由になるカネを手にするはるか前から、不動産で成功する方法を教わる。[1] それは文字どおり、不動産ゲームを通してである。

「モノポリー」として知られるゲームは一九〇三年、急進的な経済学者ヘンリー・ジョージ

＊1　結果として子どもたちに、見果てぬ夢を抱かせる。一九七五年から二〇〇六年にかけて、イギリスの住宅価格は一五倍に跳ね上がったため、親から資金援助を期待できないほぼすべての新規購入者にとって、持ち家は手の届かないものになった。

を崇拝するアメリカ人女性エリザベス・〝リジー〟・フィリップスが考案したものだ。彼女にとっての理想郷は、土地の価格に対する課税だけが唯一の税金という社会だった。このゲームを作ったそもそもの動機は、ひと握りの地主が借地人から徴収した地代で儲ける、社会制度の不平等を暴くところにあった。最初は「地主《ランドローズ》ゲーム」と呼ばれたこのモノポリーの原型は、四角いマス目が周囲に続くルートや、角の「刑務所へ入れ」のマス目など、おなじみの特徴をすでに多く備えていた。だが複雑で教訓調が強すぎたため、ポピュラーにはならなかった。当初このゲームを試してみた者のなかに、二人の一風変わった大学教授がいた。ペンシルヴェニア大学ウォートン・スクールのスコット・ニアリングとコロンビア大学のガイ・タグウェルで、二人はゲームに手を加えて授業で使ってみた。このゲームを友人から教えてもらって、商品になりそうな可能性に目をつけたのは、チャールズ・ダロウという失業中の配管工だった。ダロウが最初に見たのは、ニュージャージー州の海浜リゾート、アトランティックシティの通りを模したバージョンだ。ダロウはボードゲームのデザインを改良し、不動産のマス目に鮮やかな色の太いラインを描き、プレーヤーが獲得したマス目に「建てる」ための、手造りの小さな家やホテルもこしらえた。ダロウは手先が器用だったし（ゲーム盤一枚を八時間で作成した）、そのうえセールスマンとしての「気骨」も持ち合わせていた。彼はペンシルヴェニア州フィラデルフィアにあるデパートのジョン・ワナメーカーと、玩具小売店F・A・O・シュワルツに掛け合って、自分でこしらえたゲームを一九三四年のクリスマスシーズン向けに買ってもらった。販売台数はすぐに、ダロウが自分ひとりで作れる量を上回った。一九三五年にボードゲーム会社パーカー・ブラザーズ（最初の地主ゲームのときは断っていた）が、ダロウからこのゲームの権利を買い取った。

不動産所有者を目指すゲームに衣替えしたこのゲーム盤を発売し始めたのが、世界大恐慌の最中だったというのは、タイミングが悪いと思えたかもしれない。だがひょっとすると、あの色とりどりのおもちゃの紙幣が、モノポリーの魅力の一つだったのだろう。一九三五年四月に、パーカー・ブラザーズは次のように発表した。

ゲームの名称からお分かりのように、プレーヤーはひと区画の不動産の独占権（モノポリー）を得て、ほかのプレーヤーから賃貸料をもらうことを目的にして、不動産や鉄道会社、公共企業の取引をおこないます。代用貨幣を用いて、住宅ローンや税金、共同基金、オプション（売買選択権）、賃貸料、利子、未開発の不動産、ホテル、アパート、電力会社の取引など、なじみのある問題に出くわすと、プレーヤーは興奮します。

このゲームは一大ブームを巻き起こし、一九三五年の末までに二五万セットが売れた。それから四年のうちに、イギリス版（筆者が最初に遊んだのは、ワディントン社のロンドン版だった）をはじめ、フランス、ドイツ、イタリア、オーストリアのバージョンも作られた――このゲームには、資本主義の本質がたっぷり盛り込まれていたが、ファシスト政権も取りあえずは目をつぶっていたようだ。第二次世界大戦が始まるころには広く普及していたため、イギリスの情報機関はドイツの収容所に捕らわれていたイギリス人捕虜に、赤十字社から支給されたモノポリーボードを利用して、脱出のための地図や本物のヨーロッパ通貨をこっそり届けることができた。アメリカ人の失業者もイギリス人の捕虜も、同じ理由からモノポリーを楽しんだ。現実の世界は辛くても、モノポリーで遊んでいるときは、通りをまるごと買い占める夢さえ見られる。このゲームが教えてくれるのは、最初の考案者が意図した点とはまったく逆で、「不動産を所有するのは賢い」ということだ。持てば持つほど、カネになる。とくに英語圏では、投資するなら家屋に勝るものはないことが、万人の認める真理になった。「わが家のごとく安全《アズ・セィフ・アズ・ハウシズ》」という表現から、なぜ世界中の人びとが持ち家を欲しがるのかがよく分かる。だが金融の世界では、この表現はさらに具体的な意味を持つ。つまり、不動産を所有する人にカネを貸すことほど安全なものはない、というセオリーだ。なぜかといえば、ローンの返済が滞れば、家を差し押さえればいいからだ。たとえ借り手が夜逃げしても、家は逃げ出せない。ドイツ人が言うように、土地も建物も「動かない」資産だからだ（ドイツ語で「不動産」は、「動かないもの」という意味の「イモビリエン（Immobilien）」で、日本の「不動産」も同じ。英語では、「実体のある財産（real estate）」と呼ぶ）。したがってアメリカでは、新規事業を立ち上げる際に起業家の持ち家を担保にしたローンが最も重要な資金源であることは、偶然ではない。しかも、不動産を買いたい人に金融機関が融資をおこなうに当たっての規制は、ますます緩和されてきた。アメリカでは一九五九年以降、住宅ローンの残高総額が七五倍にも膨らんでいる。二〇〇六年の末までに、アメリカで持ち家に住む人の借入金総額は、アメリカのGDPの九九パーセントに匹敵するほどになったが、五〇年前にはわずか三八パーセントだった。この借入金の急増によって住宅投資ブームが起き、住宅投資は二〇〇五年に過去五〇年間でピークに達した。ひところは新築住宅の供給状況が、加速する需要に追いつかないかのように見えた。二〇〇五年上半期におけるアメリカのGDP成長率のうち、およそ五割が住宅関連だった。

英語圏の人びとの不動産熱が起爆剤になって、新たな政治実験が導入された。全世帯の六五～八三パーセントが自分たちの住む家を所有する、本格的な「財産所有の民主主義」が、世界ではじめて誕生したのだった。(2) つまり、有権者の大多数が不動産の所有者になった。これは全世界が採用すべきモデルだ、と言う人もいる。近年、この傾向は急速に広まって、住

＊2　この分野ではアイルランドが先陣を切り、八三パーセントの世帯が自分が住む家を所有している。次いでオーストラリアとイギリス（ともに六九パーセント）、カナダ（六七パーセント）、アメリカ（六五パーセント）と続く。日本は六〇パーセントで、フランスは五四パーセント、ドイツは四三パーセントだ。だがこれらの数字は、二〇〇〇年のものだという点に留意していただきたい。これ以降、アメリカの住宅所有率は六八パーセントあまりに上昇した。また地域に格差がある点にも、気をつけてほしい。アメリカでは、西部や北東部の住人よりも、中西部や南部の人たちのほうが持ち家を所有する比率が大幅に高い（七二パーセント）。住宅は、中西部や南部のほうが手に入れやすい。ウェストヴァージニア州では七八パーセントが持ち家を所有しているが、ニューヨーク州はわずか四六パーセントだ。

宅価格の急騰は、「アングロサクソン文化圏」（オーストラリア、カナダ、アイルランド、イギリス、アメリカ）だけでなく、中国やフランス、インド、イタリア、ロシア、韓国、スペインでも見られる。経済協力開発機構（OECD）に加盟する一八か国のうち八か国で、二〇〇六年に名目住宅価格の上昇が一〇パーセントを超えた。アメリカでは二〇〇〇年から〇七年にかけては、顕著な住宅バブルを経験してはいなかった。住宅価格の上昇率は、むしろオランダやノルウェーのほうが高かった。

だが不動産は本当に、「わが家のごとく安全《アズ・セイフ・アズ・ハウシズ》」なのだろうか。不動産への投資は、すぐに崩れる「トランプ札の家《ア・ハウス・オブ・カーズ》」に似ているのではあるまいか。

不動産を所有する貴族階級

イギリスやアメリカで持ち家があまり普及していないのは、いまではグラスゴーのイーストエンドやデトロイトのイーストサイドなど、最も貧しい地域だけだ。だが歴史の大部分を通じて、持ち家は貴族階級だけが持てる特権だった。財産は父親から息子へ、称号や政治的な特権とともに受け継がれた。貴族以外はみな借地人に過ぎず、地主に借地料を納めていた。選挙の投票権さえ、もともとは財産を所有することに伴う特権だとされていた。一八三二年以前のイングランド農村部では、一五世紀に定められた法令にしたがって、年間四〇シリング以上を支払う自由保有不動産を所有する男性だけが、その州で投票する権利を与えられた。

その数はイングランドとウェールズでせいぜい四三万五〇〇〇人で、大半が富豪の地主と複雑につながり合って、保護されていた。一八〇〇年代の初期に、イングランドとウェールズを代表する下院議員五一四人のうち約三七〇人が、一八〇人近い地主のパトロンによって選出された。貴族の息子が、議員の五分の一を超えていた。

イギリスはある面では、その当時からあまり変わっていない。総面積約二四万平方キロのうち約一六万平方キロを、わずか一八万九〇〇〇家族が保有している。ウェストミンスター公爵はいまでもイギリスで三番目の金持ちで、推定資産は七〇億ポンドにのぼる。「金持ちランキング」の上位五〇位以内には、カドガン伯爵（二六億ポンド）やレディ・ハワード・ドゥ・ウォールデン（一六億ポンド）も入っている。昔と違うのは、貴族がいまでは政治体制を独占していないことだ。首相を務めた最後の貴族は第一四代ヒューム伯爵のアレック・ダグラス＝ヒュームで、一九六四年に首相の座を退いた（彼いわく、「第一四代ウィルソン氏に敗れた」）。上院を改革したおかげで、世襲貴族制度はイギリスの議会制度からようやく消えつつある。

政治勢力としての貴族が凋落した理由については、さまざまな説明がおこなわれてきた。だがその核心は、金融にある。一八三〇年代まで幸運の女神は上流階級の人びとに微笑み、三〇ほどの一族が、所有地から年間六万ポンドを超える総収入を得ていた。土地の価格はナポレオン戦争のさなかに急騰し、人口増の圧力と戦時インフレが重なって、小麦の価格は二倍に跳ね上がった。その後、産業化のおかげで、たまたま炭田の上や都会の不動産に暮らしていた人びとに思いがけない財産が転がり込み、さらに貴族は政治を支配していたから、民衆の懐から絶え間なくカネが流れ込んだ。貴族たちはそれでも足りないと言わんばかりに、自分たちの力を最大限に使って、とことんカネを借りまくった。そのカネで畑の水はけをよくして共有地を囲い込んで、自分たちの財産の「価値を高める」ために使う者もいれば、派手な浪費生活につぎ込む者もいた。たとえば歴代のデヴォンシャー公爵は、一九世紀の間に借金が厖大に膨れ上がり、年収の四〇〜五五パーセントを利子の支払いに充てていた。「公爵さまに足りないのは、ご自分を抑える力だけですね」と事務弁護士の一人は苦言を呈した。

問題なのは、不動産をどれほどたくさん持っていても、カネを貸す側にしか保証を与えられない点だ。一九世紀のイギリスの作家アンソニー・トロロープの小説『バーセット最後の年代記』のなかでミス・デモリンズが言うように、「土地は逃げ出せない」からだ(3)。だからこそ、地方の事務弁護士や民間の銀行、保険会社など一九世紀の多くの投資家が、一見リスクとは無縁に思える不動産担保債権に惹きつけられた。それとは対照的に、借り手が自分の不動産をカネの貸し手に取られないよう保証してくれる唯一のものが、借り手の収入だ。ところが不幸なことに、ヴィクトリア朝時代のイギリスの大地主が頼りにしていた保証が、突如として崩れ落ちた。一八四〇年代の終わりごろから世界中で穀物生産が増大したうえ、輸送費の急落や一八四六年の穀物法撤廃をはじめとする関税障壁の引き下げによって、地主の経済的な基盤がゆらいだ。穀物価格は一八四七年に一ブッシェル当たり三ドルという最高値を記録したが、一八九四年には五〇セントの底値まで下落し、農地からの収入も減少した。地方の不動産からの収益率は、一八四五年の三・六五パーセントから、一八八五年にはわずか二・五一パーセントにまで落ち込んだ。「エコノミスト」誌は、「イギリスの土地ほど絶対の信頼が置かれた保証はほかになく、また昨今、これほどまでに不幸にも困窮しているものは少ない」と報じた。アイルランドに不動産を持つ者にとっては、高まる政情不安が加わって問題はさらに増幅された。経済の衰退や落ち込みは、バッキンガムシャーにストウハウスを建てた一族の運命に如実に示されている。

ストウハウスは、見るものを威圧する。広々とした柱廊、サー・ジョン・ヴァンブラが設計した古代ギリシャ様式ふうな印象的なポルチコ（柱で支えられた屋根つきの玄関）、造園家ランスロット・"ケイパビリティ"・ブラウンが設計した快適な庭園を擁するこの邸宅は、現存

＊3
「人生はいつだって不確かなものですよ、ミス・デモリンズ」

「あなた、わたしのことからかっていらっしゃるのね。でも、シティのおカネはいつだって、あてにならないって思いませんか？　あんまり早く出たり入ったりするんですもの」

「出ることに関しては、どんなカネだって同じだと思いますよ」とジョニーは言った。

「でも、土地とか国債は違うわ。ママはおカネを全部はたいて、四パーセントの利子で第一級の不動産担保ローンを組んだのよ。だからとっても安心できるの！　だって、土地は逃げ出せないもの」

（第25章）

ストウハウス。極限まで借金した貴族の威厳　(National Trust)

する一八世紀の貴族建築のなかでも第一級だと言える。それでも今日のストウハウスには何かが足りない、というより、多くのものが失われている。大理石で造られた楕円形サロンのアルコーヴ（窪み）の一つ一つに、以前はロマネスク様式の彫像が飾られていた。大広間にあったジョージ王朝様式の豪華な暖炉は、ちんまりした安っぽいヴィクトリア朝様式の暖炉に取り替えられてしまった。最高級の家具で飾られていた部屋も、いまではどれも空っぽだ。いったいどういうわけか。その答えは、この家のかつての所有者が、近代になってはじめての不動産暴落で多大な犠牲を強いられたからだ。その人物とは、リチャード・プランタジネット・テンプル＝ニュージェント＝ブリッジズ＝シャンドス＝グレンヴィル、つまり第六代コーバム子爵、第二代バッキ

貴族の三世代
左上：リチャード・グレンヴィル、
　初代バッキンガム公爵
右上：リチャード・グレンヴィル、
　第二代バッキンガム公爵
左下：リチャード・グレンヴィル、
　第三代バッキンガム公爵
（Stowe House Preservation Trust: Stowe School photographic archives）

ンガム公爵だった。

ストウハウスは、バッキンガム公爵および彼の祖先たちが獲得した膨大な不動産王国の一部に過ぎない。一族は政治的な後援や政略結婚を駆使して、一二五年のうちに男爵から公爵にのし上がった。公爵はイングランドやアイルランド、ジャマイカに、合わせて約二七〇平方キロの土地を所有していた。これらの不動産は、公爵の豪華な暮らしを支えるうえで十分すぎると思えた。だが公爵はカネは使わなければ腐って使いものにならなくなる、とでもいわんばかりに派手に使いまくった。愛人や非嫡出子に与えたり、義父の遺言執行者を訴えたり、ガーター勲位（ナイトの最高勲位）をカネの力で手に入れるため、選挙法改正法案や穀物法撤廃に反対するため、つまりは「わが領土の公爵」および「わが地所の化身」としての立場にふさわしいと感じることすべてに、カネをつぎ込んだ。公爵は「いかなる政府が推し進めようと、農業の利益を損なうあらゆる手段に反対する」と意気ごんだ。穀物法の撤廃を支持することをあくまで拒み、サー・ロバート・ピール内閣で国璽尚書《こくじ》の大臣職を辞した。

だが一八四五年までには——一九世紀の半ばに穀物価格が急落する以前に——負債で首が回らなくなりかけていた。年収は総額七万二〇〇〇ポンドながら年間一〇万九一四〇ポンドを支出し、負債は一〇二万七二八二ポンドまで膨らんだ。収入のほとんどは利子の返済（負債の一部には、一五パーセントもの高利子が課せられていた）や生命保険料——債権者にとって、自分たちのカネを取り戻せる最後の頼みの綱——に吸い取られた。それでも公爵の愚行として、最後にもう一つ大物が残っていた。

一八四五年一月にヴィクトリア女王とアルバート殿下がストウハウスを訪問することになり、公爵は待ちに待った好機に備えて、ストウハウスを全面改装した。流行の先端をいく高級家具で、室内を埋めた。王室用のバスルームには、トラの毛皮を敷いた。ヴィクトリア女王は、鼻白んでこう言った。

「わたくしの二つの宮殿は、いずれもこれほどまでに豪華ではありません」

公爵はこれでもまだ十分ではないと思ったのか、義勇騎兵連隊の全員を（自費で）召集し、女王と夫君が自らの領地内に入る際に歓迎の祝砲を撃たせた。四〇〇人ほどの小作人が、二人を歓迎するために騎馬で整列し、さらに、よそゆきの服を着た労働者が数百人、ブラスバンドが三チーム、またこの日のためにロンドンから特別に出張してきた警官分隊が勢ぞろいして出迎えた。これが、公爵の出費に最後の一撃を加えた。一族が完全に没落するのを避けるため、バッキンガムの息子シャンドス侯爵は、成年に達したら直ちに父親の地所を自分で管理するよう忠告を受けた。法廷でさんざん争ったあげく、息子はついに勝利を収めた。一八四八年八月に、公爵にとっては悪夢のようなできごとだったが、ストウハウス内部の家財はすべて競売にかけられた。先祖代々、受け継いできた豪邸には、皿やワイン、陶磁器、美術品、希少本などを格安で競り落とそうとして人びとが殺到した。「エコノミスト」誌は、公爵が「破産した陶器販売業者」のようだったと冷笑した。収益は、総額七万五〇〇〇ポンドにのぼった。貴族の没落という新たな時代を、これほど象徴するできごともないだろう。

公爵はスコットランド人の妻――長く苦しみ、裏切られてばかりで、しまいには持っていた衣服いっさいをロンドンの執行吏に没収された——から離婚され、ストウハウスにも住めなくなり、借家住まいになった。会員だったロンドンのクラブ「ザ・カールトン」に入りびたり、かなり信じがたい内容の一連の回顧録を書き、女優や他人の妻を性懲りもなく追い回した。いくらでもカネを借りて暮らせる生活に慣れていた公爵は、ケチな息子を口ぎたなくののしって、こう慨嘆した。

「私ほどの地位にある者が必要とする額を提供するどころか、役人の賃金ほどの額さえ出し渋っている」

『グレンヴィル一族の没落』には、次のように息子が描写されている。

　自らの父親が失意の底にあったとき、息子は父を世間に放りっぱなしにし、父が無視され、見捨てられ、迫害されるままにさらしものにした。……継承した地所や財産を自らの手中に収めて、自分の損害や損失を埋め合わせ、名誉や正義にはそっぽを向き、さらに……父親の不名誉や零落ぶりを冷ややかに見つめた。

「私は毒を盛られて、強盗に襲われたんだよ」

公爵はカールトンで話を聞いてくれる相手を捕まえては、こう嘆いた。公爵は一八六一年に亡くなったが、晩年はパディントン駅に併設されたグレート・ウェスタン・ホテルで、息子に費用を負担してもらって暮らしていた。二人の立場を象徴するかのように、父親よりも締まり屋の息子は、当時ロンドン・アンド・ノースウェスタン鉄道の会長になっていた。これを見れば、近代以降では祖先から受け継いだ称号よりも、定職につくほうが重要であることが分かる。何エーカーもの土地を所有していようと、関係ない。

バッキンガム公の没落は、新たな民主主義時代の前ぶれだった。選挙法の改正が一八三二年、一八六七年、一八八四年と引き続きおこなわれ、イギリスの政治に残っていた貴族による統制がしだいに姿を消していった。一九世紀の末になると、年間一〇ポンドの賃借料を払っている者にも、不動産から年間一〇ポンドを稼ぐ場合と同じく正式な投票権が与えられた。有権者は五五〇万人を数え、成人男性の四〇パーセントに達した。一九一八年には、最後に残っていた経済的な資格がついに撤廃され、一九二八年からはすべての成人男女が投票権を得た。ただし普通選挙権が認められても、不動産の所有が一般に広まるわけではなかった。それどころか一九三八年になっても、持ち家はイギリス住宅の三分の一以下だった。本当の意味で最初の財産所有民主主義が現れたのは、大西洋を挟んだ向こう側のアメリカだった。しかもそれは、かつてないほど深刻な金融危機から誕生した。

住宅所有民主主義

イギリス人にとって、わが家は城であり、アメリカ人も（『オズの魔法使い』の主人公ドロシーのセリフのように）、「自分の家がいちばん」だと知っている。たとえ、どの家も似たりよったりだとしても、気持ちのうえでゆずりがたい。だがイギリスやアメリカに多い住宅所有願望は、文化的な背景であると同時に、政府の方針が決め手になっている。特権階級が土地を所有する古い階級制度がイギリスの特色であるのに対して、財産所有民主主義はアメリカで生まれた。

一九三〇年代以前は、アメリカで自分の家を持つ世帯は全体の五分の二強に過ぎなかった。農家でない限り、住宅ローンを借りるのはまれだった。一九二〇年代に借金して自宅を購入した少数の人びとは、大恐慌に襲われると深刻な苦境に陥った。おもな稼ぎ手が、失職して収入を絶たれた数百万人のうちの一人である場合は、なおさらだった。住宅ローンはたいてい三年から五年の短期契約で、割賦償還ではなかった。要するに借り手は利子は払うが、借りた元金はローンの返済期限が来るまで返済しないため、最終的にまとまった金額の支払いを迫られた。住宅ローンの金利と優良社債の利回りとのスプレッドの平均は、一九二〇年代は約二パーセントポイントだったが、過去二〇年では約〇・五パーセント（五〇ベーシスポイント）だった。そのうえ住宅ローンの金利には、地域によってかなりの差があった。経済が急降下すると、不安になった貸し手はローンの更新をあっさり拒否した。一九三二年から三三年にかけて、差し押さえられた物件は五〇万件を超えた。一九三三年の半ばになると、連日一〇〇〇件を超える抵当物件が処分されるようになった。住宅価格は、二割あまりも急落した。建設業界は破綻し、アメリカ経済の拡大が、成長の原動力として住宅投資にどれほど頼っていたかが明らかになった（二〇世紀の後半に景気後退が起きたときも同様だった）。

おそらく地方が大恐慌によって最も深刻な打撃を受け、土地の価格は一九二〇年のピーク時の半分以下に下落したが、アメリカの都市部の窮状も負けず劣らずだった。失業手当しかもらえない間借り人は、賃借料を払うのに四苦八苦した。デトロイトでは自動車産業の雇用者数が一九二九年の半分で、しかも給料は半減した。大恐慌の影響――失業者があふれる悲惨な状況や無料食堂《スープキッチン》の惨めさ、ありもしない仕事を求めての必死の放浪――は、今日ではほとんど想像もできない。一九三二年になると、大恐慌によって財産を失った人びとは、もう十分すぎるほどの辛酸をなめた。

一九三二年三月七日に、フォード・モーター社から一時解雇された失業中の労働者五〇〇〇人が、救済金の支払いを要求してデトロイトの中心部をデモ行進した。近郊のディアボーン市にあるリヴァー・ルージュ工場の四番ゲートに群衆が到着した時点で、乱闘が始まった。すると突然、工場のゲートが開いて、武装した警官と警備員の一団が飛び出し、丸腰の群衆に向けて発砲した。五人の労働者が殺された。その数日後に開かれた犠牲者たちの葬式で、六万人が「インターナショナル」（労働者の革命歌）を歌った。共産党の新聞は、会社の創業者ヘンリーの息子エドセル・フォードを、虐殺を許したとして次のように糾弾した。「芸術の擁護者で、アメリカ聖公会を支援しているあなただが、ルージュ工場のブリッジに立ち、労働者が殺されるのを黙認するだけで、手を上げて制止しなかった」

革命の様相を呈してきた状況を鎮めるために、何か打つ手はなかったのか。エドセル・フォードは和解の姿勢を大げさに示そうと考え、メキシコ人画家ディエゴ・リ

（上）1932 年 3 月、デトロイトでの失業者たちの飢餓デモ行進
（下）デモ行進者に、警官隊が催涙ガスを発射している
（Walter P. Reuther Library）

「フォードとマーフィー市長と警察が手を組んだ脅威を倒せ」。デモ行進者5人が死亡したのちの抗議集会　(Walter P. Reuther Library)

ベラに助力を求めた。リベラは、デトロイトの経済は階級闘争の場ではなく協調の場だという主旨の壁画を制作するために、デトロイト美術館から招待されてこの町に来ていた。作品のために選ばれた場所は、美術館のりっぱな庭園の壁だった。リベラはこの場所が気に入り、当初予定していた二枚のパネルだけでなく、二七枚のパネルすべてに壁画を描きたいと申し出た。リベラの下絵を見て感銘を受けたフォードは、約二万五〇〇〇ドルの費用をすべて提供すると申し出た。作業はリヴァー・ルージュ工場における衝突からわずか二か月後の一九三二年五月に開始され、翌年三月までにリベラは作品を完成させた。リベラが共産主義者（ただしメキシコ共産党から追放された、異端のトロツキー主義者）だということは、フォードも十分に承知していた。リベラの理想は、私有財産が存在しない社会、生産手段が共有されている社会だった。リベラから見れば、フォードのリヴァー・ルージュ工場は、まさに正反対だった。労働者が働き、労働者の努力による報酬を手に入れる経営者は、ただ立って眺めているだけという、資本主義の典型だった。リベラはまた、鉄鋼を作るのに必要な要素を擬人化して、デトロイトの目立った特徴である人種分断をも描き出そうとした。リベラはこの絵画の寓意を、次のように説明している。

黄色人種は砂で表すが、その理由は最も数が多いからだ。そして、この国に最初から住んでいた赤色人種［ネイティブ・アメリカン］は、鉄鋼を作るうえで最初に必要な鉱石に似ている。黒色人種は、石炭に似ている。なぜかといえば、生まれつき優れた美的感覚を持ち、古代の彫刻や天賦のリズムや音楽のなかに、感情や美が炎のごとく輝いているからだ。その美的感覚は炎のごとく、石炭中の炭素が鉄鋼に与える強靭さが、その労働に備わっている。白色人種は、石灰に似ている。白いからだけでなく、石灰は鉄鋼を作るうえで触媒の働きをするからだ。白色人種はさまざまな要素をまとめるため、世界の優れたオーガナイザーであることが分かる。

一九三三年に壁画が公開されると、市の高官たちは顔色を失った。メアリーグローヴ大学学長のジョージ・H・デリー博士は、こう語っている。

セニョール・リベラは、自分を雇った資本主義者のエドセル・フォードに、冷酷な悪ふざけをしでかした。リベラはデトロイトを表現するために雇われたのに、フォード氏や美術館に共産主義のマニフェストを押し付けた。空間に入ると最初に目を奪われる、中心になる壁画が象徴する共産主義の主題は、一連のシリーズに息を吹き込み、またこれだけで全体を説明している。デトロイトの女性たちは、自分たちをモデルに描かれた女性像が、険しい男勝りの性別不明の顔で、右側のけだるそうでやたら官能的なアジア系の女性に、希望と救いを求めるような熱いまなざしを送っているのを見て、いったいうれしく思うものだろうか。

ある市会議員は、壁画を水漆喰で白に塗りつぶすぐらいでは処分が甘い、と息巻いた。将来、はがすこともできるからだ。彼はリベラの作品は「デトロイトの精神を茶化したもの」と断じ、完全に取り壊すよう求めた。程度の差はあっても、同じことがリベラの次の仕事——ジョン・D・ロックフェラー・ジュニアの依頼で、ニューヨークのロックフェラーセンターに描いた壁画——でも起こった。リベラはレーニンの肖像画に加え、「帝国主義戦争を打倒せよ！」や「労働者よ、団結せよ！」などのスローガンを描き入れることにこだわり、「自由貨幣を！」などという共産主義のイデオロギーに至っては、人びとを仰大させた。これらは、ウォールストリートを行進するデモ参加者が掲げる類のものだった。呆れたロックフェラーは、壁画の取り壊しを命じた。

芸術の力はすばらしい。だが大恐慌によって二つに分断された社会をまとめるためには、芸術よりも強靭な力が明らかに必要だった。多くの国ぐにが、全体主義という極端な方向に走った。だがアメリカでは、ニューディール政策がその役目を果たした。フランクリン・D・ルーズヴェルト大統領の最初の政権では、衰弱したアメリカ経済の自信を回復させるために、政府が新たな機関を設置し、新しい構想を相次いで打ち出した。ニューディールといえば、TVAやNIRAなど頭文字で知られる数々の政策が有名だが、最も成功して長続きしたものは、住宅に関する政策だった。アメリカ人が自分の家を持てる機会を大幅に増やすことで、ルーズヴェルト政権は財産所有民主主義という発想の先駆けになった。これは共産主義革命に対する、完璧な対抗手段であることが立証された。

ニューディール政策はある意味で、市場原理が失敗した分野に政府が踏み込む試みだった。これを推進するニューディーラーのなかには、公共住宅の供給増大を主張する者もいたが、これは多くのヨーロッパ諸国が採用した政策だった。公共事業局は実際に、予算の一五パーセント近くを低価格住宅の供給やスラム街の一掃に使った。だがそれよりはるかに重要なのは、急落する住宅ローン市場に向けたルーズヴェルト政権の救済策だった。新たに作られた住宅保有者貸付公社が住宅ローンを買い取り、最長一五年の新たなローンを融資した。一九三二年には連邦住宅貸付銀行協会が設立され、貯蓄貸付組合（セイヴィングズ・アンド・ローンズ＝S&L。アメリカ貯蓄金融機関［スリフト］の一種）と呼ばれる地域色の強い住宅ローン金融機関を奨励して監督することになった。これはイギリスの住宅金融組合に似た共済組合で、集めた預金で住宅購入者にローンを貸し付けた。その当時、三年にわたって続いた銀行破綻のためにショックを受けていた預金者を安心させるために、ルーズヴェルトは連邦預金保険制度を導入した。つまり、S&Lに預金するほうが、住宅に投資するよりも安全だ、という誘いだ。なぜかといえば、もし借り手が債務不履行に陥っても、政府が肩代わりして預金者の損失を補償してくれるからだ。フランク・キャプラが監督した一九四六年の名作映画「素晴らしき哉、人生！」で、ジョージ・ベイリー（ジム・スチュワートが演じる）は、家族経営の金融会社ベイリー・ビルディング・アンド・ローンの取り付け騒ぎによる破綻を避けようと悪戦苦闘したが、このような取り付け騒ぎがS&Lに起きる可能性は、理論上はなくなったはずだ。

「なあ、ジョージ」と、父親が語りかける。

「私たちは、ささやかだが意味ある仕事をしてると思ってるんだ。人びとが必要なものを持てるようにしてるのさ。人間はだれしも、自分の家が欲しいと思うものだ。私たちはこの狭くて汚いオフィスで、そのために手を貸してやってるのさ」

ジョージは父親のことばを心に留め、父の死後、強欲な地主のポッターを相手に、次のように熱心に説得を試みる。

「私の父親は」自分のことなんて考えたこともありません。……むしろポッターさん、あなたの劣悪な貸家から、何人も救い出したんですよ。それのどこが悪いっていうんですか。それで彼らはいい市民に、いいお客になったじゃないですか。……あなた、おっしゃいましたよね。……家を買おうと思うなら、その前にまず待って、貯金しろと。待つって、いったい何を待つんですか？　子どもが独り立ちするまで？　年をとって、老いぼれて、しまいに……。働いて五〇〇〇ドル貯めるのに、どれだけの年月がかかるかご存じですか。これだけは覚えておいてくださいよ、ポッターさん。あなたが貧乏人と見下している人たちは……この土地でひたすら働いて、借金を返すだけで、死んでいくんです。そんな人生を送っている彼らが、風呂つきのささやかな家を持つのは、そんなにぜいたくなことですか。

このように住宅を所有する利点を積極的に推すメッセージは、それまでなかった。だが、アメリカの住宅購入者に具体的な変化をもたらしたのは、連邦住宅局（FHA）だった。FHAは住宅ローンの借り手に政府が支援する保険を提供し、高額で（購入価格の最高八〇パーセント）、長期（二〇年）の、完全に割賦償還される低金利ローンを普及させようと試みた。この施策によって住宅ローン市場はよみがえったばかりでなく、生まれ変わった。長期住宅ローンを標準化し、政府の査察や国家による評価制度を確立し、国内の流通市場の礎が築かれた。この市場が活気づいたのは、一九三八年に誕生した連邦住宅抵当公社（通称「ファニーメイ」）によってである。ファニーメイには、債券を発行し、その利益をもとに各地

「素晴らしき哉、人生！」。フランク・キャプラは、地域のＳ＆Ｌの役割を称えた。愛すべき住宅ローン会社の社長を、ジム・スチュワート（中央）が演じている（PA Images）

のＳ＆Ｌから住宅ローンを購入する権限が与えられた。Ｓ＆Ｌは地理的な条件（オフィスから八〇キロ以上離れた借り手には融資できない）と、預金者に提供できる金利の条件（低い上限を課した「レギュレーションＱ」）に関する規則によって制約を受けた。このような変更によって、住宅ローンの毎月の平均返済額が低下し、ＦＨＡはかつてないほど多くのアメリカ人に、持ち家を手の届く現実的なものにした。魅力的だが、どこに行っても代わり映えのしない典型的な郊外風景が広がる現代のアメリカは、このようにして生まれたと言っても過言ではない。

一九三〇年代以降、アメリカ政府は住宅ローン市場を下支えし、借り手と貸し手を結びつけた。この政策のおかげで、第二次世界大戦後に不動産の所有——そして住宅ローンによる負債も——が急増した。一九六〇年までに、住宅所有率は四〇パーセントから六〇パーセントに上昇した。だが一つ、落とし穴があった。アメリカ社会のだれもが、財産を所有する権利を授かったわけではなかったからだ。

一九四一年に一人の不動産開発業者が、デトロイトの八マイル地区を横切る高さ一八〇センチほどの壁を建てた。連邦住宅局から補助金付きローンの受給資格を得るために、壁を構築する必要があったからだ。壁を挟んで白人がおもに住む地区での建設に限って、ローンが供与されることになっていた。町のなかで黒人が圧倒的に多い地区には、政府の貸付が供与されなかった。なぜかといえば、アフリカ系アメリカ人は信用貸しができないとみなされていたからだ[4]。これは、理論上は信用格付けの形を取っていたものの、実際には肌の色によって町を分断するシステムの一環だった。つまり人種差別は自然発生したものではなく、政府の政策がもたらした必然的な結果だった。連邦住宅貸付銀行協会の地図では、デトロイト市で圧倒的に黒人が多い地区——ローワー・イーストサイド、ウェストサイドや八マイル地区の「集団居住地《コロニー》」と呼ばれる地域——は「D」と印が付けられ、赤く塗られていた。AやBやCの印が付いた地域は、おもに白人が住んでいた[5]。地区全体に低い信用格付けをおこなうことを、「赤線引き《レッド・ライニング》」と呼ぶのは、このためだ。Dエリアの住人が住宅ローンを借りたいと思ったら、AからCの区域の住人よりもはるかに高い金利を支払わなければならなかった。

一九五〇年代に、住宅ローンを借りた黒人五人に一人が、八パーセントを超える利子を払っていたが、白人で七パーセントを超える利子を払った者はいなかった。このように、公民権闘争には、金融面でも隠された部分があった。

デトロイトは、モータウン・レコードの創設者ベリー・ゴーディのような、成功した黒人起業家の故郷でもあった。モータウンは一九六〇年に最初のヒットを飛ばしたが、それはいみじくも、バレット・ストロングの「マネー」という曲だった。マーヴィン・ゲイなどのモータウンのスターたちは、まだこの町に住んでいた。だが一九六〇年代の間はずっと、黒人居住地区は信用リスクが高いとする偏見が支配的だった。このように経済的な差別に対する怒りが根底にあったため、一九六七年七月二三日にデトロイトの一二番通りで暴動が発生した。潜り酒場を警官が強制捜査したあと、五日にわたって騒乱が続き、四三人が殺害され、四六七人が負傷し、七二〇〇人あまりが逮捕され、三〇〇〇近くもの建物が略奪されたり燃やされたりした。いまだに自分たちを二級市民としてしか扱わない財産所有民主主義に対する、黒人たちの拒絶感を見せつけた象徴的なできごとだった。[6] 今日でも、空き地のまま残されている暴動の痕跡がある。当局は「暴動」と断定し、この騒動を鎮圧するために戦車や機関銃まで動員した正規の陸軍部隊が駆り出された。

＊4、5、6　トマス・J・スグルー『アメリカの都市危機と「アンダークラス」――自動車都市デトロイトの戦後史』（川島正樹・訳、明石書店）

一九三〇年代と同じく、暴力に訴える抗議は政治的な対応を引き出した。一九六〇年代の公民権法に続いて、住宅所有への門戸を広げるための新たな措置も講じられた。一九六八年に、ファニーメイは二つに分割された。一つは連邦住宅抵当金庫（ジニーメイ）で、退役軍人などの貧しい借り手の要求に応えるものだった。もう一つは、再認可されたファニーメイで、これは民間が所有する政府支援企業（GSE）になり、住宅ローンは政府保証型ばかりでなく従来型の購入も許可された。その二年後に、流通市場にいくらか競争をもたらすために、連邦住宅貸付抵当公社（フレディマック）が設立された。その目的もやはり住宅ローンの流通市場を拡大することで、少なくとも理論上は住宅ローンの金利を低下させることを目指した。言うまでもなく、人種差別に基づくレッド・ライニングが一夜にして撤回されることはなかったが、それでも連邦法に違反する犯罪になった。さらに一歩を進め、一九七七年の地域再投資法によって、アメリカの銀行は貧しいマイノリティ・コミュニティにもカネを貸すよう法的な圧力がかけられた。アメリカの住宅市場は、ファニー、ジニー、フレディなどの、いわば金融界のママやパパから支援を受け、財産所有民主主義に向けて政治的な追い風が吹いた。S&Lの経営者たちは、快適な三・六・三のルールで暮らすことができた。つまり預金に三パーセントの金利を払い、六パーセントの利子でカネを貸し、毎日午後の三時にはゴルフコースに現れる、という優雅さだ。

大西洋の向こう側では市民の代表権に住宅所有率が追いつくまでに、さらに時間がかかった。戦後のイギリスでは、労働党でも保守党でも、国が労働者階級に住居を提供するか、少なくとも補助金を支給すべきだ、と考えるのが一般的な通念になった。それどころか保守党のイギリス首相ハロルド・マクミランは、年間三〇万戸（のちに四〇万戸）の新築住宅を建設する目標を掲げ、労働党を出し抜こうとした。一九五九年から六四年にかけて、イギリスでは新築住宅のおよそ三分の一が地方自治体によって建設され、続く六年間の労働党政権下では、二分の一まで上昇した。現在、イギリス都市部を荒廃させている、醜悪で社会的な機能性に欠ける高層住居や団地などの〝財産〟は、両党に責任がある。右と左の唯一の違いといえば、保守党には、一般の地主を後押しするため民間の賃貸市場の規制緩和を進んでおこなう意思があったが、労働党には、家賃統制を復活させ、「ラックマニズム」（地主による搾取的な行動）を一掃するという、正反対の、やはり固い決意があった。ラックマニズムというのは、借家住まいの借り手が家賃の法外な値上げを拒んだ場合、脅しをかけて立ち退かせ、高い家賃を払わざるを得ない西インド諸島からの不法移民を代わりに入居させた大家のピーター・ラックマンから生まれたことばだ。一九七一年の時点でも、所有者が実際に住んでいるイギリスの住宅は、全体の半数以下だった。

アメリカでは公共住宅がそれほど重視されてこなかったが、住宅ローンの利子の支払いは一九一三年に連邦所得税が導入されてから、つねに課税控除の対象とされてきた。この税制優遇措置の妥当性について問われたロナルド・レーガン大統領は、住宅ローンの利子の課税軽減は「アメリカン・ドリームの一環だ」と述べた(7)。イギリスの税控除は、一九八三年まではたいした額ではなかったが、この年マーガレット・サッチャー首相が率いる急進的な保守政権が、条件を満たす住宅ローンの最初の三万ポンドに対し、住宅ローン利子源泉課税軽減（MIRAS）を導入した。サッチャー内閣のナイジェル・ローソン蔵相は控除を制限したいと考えたが（一件の不動産に対して複数の借り手がこの制度を利用できないようにするため）、すぐさま首相に反対され、「住宅ローンの利子の課税軽減をあくまで守ろうと情熱を傾ける、マーガレット［サッチャー］の厚い壁にはばまれた」と、自伝で回顧している。サッチャーが持ち家を奨励するうえで試みた政策は、MIRASだけではない。家の購入を熱望する労働者階級一五〇〇万世帯に格安価格で公共住宅を売却することによって、サッチャーは、多くのイギリス人男女がマイホームを持てるよう取り計らった。その結果、所有者が住む持ち家の比率は、一九八一年の五四パーセントから、一〇年後には六七パーセントに跳ね上がった。所有者が住む不動産物件は一九八〇年に一一〇〇万戸強だったが、今日では一七〇〇万戸強まで急増している。

一九八〇年代までは、家の購入を奨励する政府の手助け政策が、一般世帯にとっては大いに意味があった。一九六〇年代の後半から七〇年代にかけて、インフレ率が金利を上回る傾向にあり、負債や利子の返済額の実質価値が下落したため、借り手としては有利だった。一九七〇年代の半ばにアメリカで住宅を購入した人は、一九八〇年までにインフレ率が一二パーセントを超えると予測していたが、住宅ローンの貸し手は九パーセント以下で三〇年の固定金利ローンを提供していた。貸し手が借り手にカネを払って、自分たちのカネを借りてもらっていた時期さえある。一方、一九六三年から七九年にかけて、不動産の価格はおよそ三倍も高騰したが、消費者物価の上昇は二・五倍どまりだった。ところがここで、驚くべき転換が起きた。それまで「財産所有民主主義」を推進してきた同じ政府が、一転して価格の安定、あるいは少なくともインフレ抑制を重視するようになったのだった。そのために、金利を引き上げる必要が出てきた。その結果、図らずも生じたのが、不動産市場における歴史上、屈指の壮大なブームによるバブルと、その崩壊だった。

S&Lからサブプライムへ

テキサス州ダラスから州間高速道路30号線に沿って車を走らせると、建設途中で中断された住宅やコンドミニアムが何キロにもわたって続いている光景が、いやでも目に入る。この状況は、アメリカ史上まれに見る金融スキャンダルが残した具体的な痕跡の一つだ。これは、不動産は安全な投資だというコンセプトをあざ笑うかのような「ペテン行為」だった。次に述べる話は、「不動産《リアル・エステート》」に関するものというより、「超現実的な財産《シュールリアル・エステート》」についての話だと言ってもいい。

＊7　現在三七〇〇万ものアメリカの個人や夫婦が、最高一〇〇万ドル相当の住宅ローンの税控除を申請しているが、アメリカ財務省にとっては七六〇億ドルの負担を意味する。

アメリカの貯蓄貸付組合（S&L）――イギリスの住宅金融組合のアメリカ版――は、アメリカの財産所有民主主義を成立させるための礎だった。預金者が相互に所有し合うこの組合は、政府の規制という枠に守られると同時に、拘束もされていた。四万ドル以下の預金は、預金総額の一パーセントのわずか一二分の一の保険料で、政府が保証してくれた。だが、本社から約八〇キロ以内にある家の買い手にしか融資できなかった。一九六六年からはレギュレーションQの規制にしたがって、預金金利に五・五パーセントの上限が設けられたが、銀行が支払いを許可されている金利より〇・二五パーセント高かった。一九七〇年代後半の時点で、S&Lは二つの打撃を受けた。まずふた桁のインフレ――一九七九年には、一三・三パーセントまで上昇した――に襲われた。次に、新たに連邦準備制度理事会（FRB）の議長に就任したポール・ヴォルカーが、賃金と物価が追いかけっこで上昇していく悪循環を断ち切るため、通貨供給量の伸びを抑えようとして政策金利を急激に引き上げた。このダブルパンチは、致命的なダメージを与えた。S&Lはインフレによって長期固定金利住宅ローンで損失を出したし、高金利のマネー・マーケット・ファンドに預金を移す人が増えて大損害を受けた。首都ワシントンの反応は、カーター、レーガン両政権以降の各政府とも、市場原理が問題を解決すると信じて、税の優遇措置と規制緩和で乗り切ろうとした。(8) 新たな法案が通過したとき、レーガン大統領はこう自賛した。

「全体的に見れば、きっと大当たりするだろう」

なるほどたしかに、なかには大当たりした者もいた。

S&Lは長期の住宅ローンだけでなく、なんでも好きな対象に投資できる仕組みになった。商業用の不動産、株式、ジャンクボンド、どれでも許されたし、クレジットカードの発行までできた。それだけでなく、預金者に対する金利も自由に決められた。それでも、すべての預金は相変わらず事実上は保証され、上限は四万ドルから一〇万ドルに引き上げられた。さらに月並みな普通預金で満足できない場合には、S&Lは仲介業者から、ブローカー預金の形で資金を集めることもできた。仲介業者は一〇万ドルの大口定期預金証書「ジャンボ」にパッケージして販売した。S&Lの経営者は、突如として恐いもの知らずになった。経済学者が「モラルハザード」と呼ぶ典型的な状態だ。次に起きたことは、カリフォルニア州にあるS&Lの理事ウィリアム・クロフォードがはじめて世間に示した、金融に関する偉大な教訓の典型例だ。それは「銀行強盗をするための最善の条件は、自ら銀行を保有することだ」という、笑い話的なエピソードだ。S&Lのなかには、かなりうさんくさい事業に、預金者のカネを賭けるケースもあった。だが多くは、規制緩和によって法律はもう自分たちに適用されなくなったと言わんばかりに、単純にカネを盗んだ。このような習慣がどこよりも横行したのが、テキサス州だった。

ダラスの不動産カウボーイたちは、サウスフォークふうの牧場（サウスフォーク牧場は、アメ

＊8　とくに重要な立法は、一九八〇年の預金金融機関規制緩和・通貨管理法と一九八二年のガーン＝セント・ジャーメイン預金金融機関法だ。

リカの有名なテレビドラマ「ダラス」の舞台）で歓声を上げていないときは、ワイズ・サークル・グリルというレストランに集まって、商談にふけった。日曜のブランチで常連だったドン・ディクソンが所有するヴァーノンS&Lは、規制当局から「害虫《ヴァーミン》」とあだ名されていた。同じ常連に、サンベルトS&L（ニックネームは「ガンベルト」）を経営するエド・マクバーニーや、ステートS&LのオーナーCEOのティレル・バーカーらがいた。バーカーは不動産開発業者に、よくこう言ったものだ。「あなたがたが泥を持ってくれれば、私がカネを持ってくる」。泥とカネの両方を持ってきたのが、チームスターズ・ユニオン（全米トラック運転手組合）を顧客とするニューヨークのブローカー、マリオ・レンダだった。レンダはS&Lを利用して、マフィアの資金をマネーロンダリングしたと言われている。レンダは現金がさらに必要になったとき、「ニューヨーク・タイムズ」紙に次のような広告まで掲載した。

おカネ貸します。お客さまの地元銀行に資金を預金させていただくことで、借入における障害をなくします。これが、資金調達における新たな回転ドア式アプローチなのです。

不動産帝国《エンパイア》を造り上げたいのであれば、はっきり断言したほうがいい。ダラスの不動産開発業者の一団に、何もないところ――もしくは、平らなテキサスの大地――からひと財産をこしらえる絶好のチャンスを与えたのは、その名もエンパイアS&Lだった。超現実主義《シュールレアリズム》が始まったのは、エンパイアの会長スペンサー・H・ブレイン・ジュニアが、ガーランド市長ジェイムズ・トーラー、そして目立ちたがりで高校を中退して不動産開発業者になったダニー・フォークナーと手を組んだときからだ。フォークナーの得意技は、他人のカネを気前よく浪費することだった。資金になるカネは、仲介された預金の形で入ってきた。この預金に、エンパイアは魅惑的な高金利を支払った。ダラスから東に三〇キロあまり行った、レイ・ハバード湖と呼ばれる殺風景な人工湖の近くにあるフォークナーズ・ポイントは、のちにフォークナー・サークル、フォークナー・クリーク、フォークナー・オークス、さらにはフォークナー・ファウンテンズなどを包含する一大不動産帝国の最初の前哨基地になった。フォークナーがお得意のトリックは、「フリップ（土地転がし）」と呼ばれ、はした金でひと区画の土地を手に入れると、エンパイアS&Lからカネを借りた投資家に、その土地をかなり水増しした値段で販売する、という方法だ。フォークナーが三〇〇万ドルで購入したひと区画の土地は、わずか数日後に四七〇〇万ドルで販売された。ダニー・フォークナーは読み書きができないと自ら認めていたが、算数だけはちゃんとできたらしい。

一九八四年になると、ダラス地区の開発は野放図に広がって制御できなくなった。州間高速道路30号線に沿って何キロにもわたって、新たなコンドミニアムの建設が始まった。この町のスカイラインは、地元の人びとが「シースルー」のオフィスビル群と呼ぶ状況に様変わりした。なぜシースルーなのかというと、いまだにほとんどが空きビルだからだ。建設はひたすら続けられ、その費用は政府が保証する預金でまかなわれ、預金は開発業者の懐に直行

「フリップ（土地転がし）」の達人ダニー・フォークナーと、マイ・ヘリコプター　(Dallas Morning News)

した。少なくとも書類上は、エンパイアの資産はわずか二年あまりで一二〇〇万ドルから二億五七〇〇万ドルに成長した。一九八四年一月になると、三億九〇〇〇万ドルに達していた。だが多くの投資家には、自分たちの不動産を間近で見る機会さえなかった。フォークナーは投資家たちを自分のヘリコプターに乗せて上空を飛ぶだけで、決して地上には降りなかったからだ。だれもが、カネを稼ぎまくった。――フォークナーは四〇〇〇万ドルを投じて仕入れたビジネスジェット機で、トーラーは白のロールスロイスで走り回り、ブレインは四〇〇〇ドルのロレックスを腕に付けて。言うまでもなく不動産鑑定士や有名スポーツ選手の投資家、地元規制当局の取締官たちも甘い汁を吸った。男たちは金のブレスレットを付け、妻たちは毛皮のコートを身にまとった。関係者の一人は、次のように語っている。

「まるで、貨幣製造機みたいだったよ。すべては、ダニーが欲しいものを手に入れるためだったのさ。ダニーが新しい自家用ジェット機を欲しがれば、おれたちは土地の取引を仕掛けたもんだ。ダニーが新しい農場を買いたいと言えば、また取引する。ダニーは自分に都合のいいように、いっさいを取り仕切った。とことん細かいところまでね」

貯蓄金融機関《スリフト》と窃盗《セフト》を隔てるラインは、本来なら幅広いはずだ。だがフォークナーらは、それを髪の毛一本ぐらいまで細めた。

ネックはどう見ても、州間高速道路30号線沿いのコンドミニアムの需要は、フォークナーやブレインや取り巻き連中が建設した膨大な供給量に、とても見合いそうに思えなかったことだ。一九八〇年代のはじめごろ不動産業者の間で流布したジョークがある。「性病とコンドミニアムの違いといえば、性病は厄介払いできる点だ」。さらに、多くのＳ＆Ｌでは資産と債務の不釣り合いが壊滅的なまでに進行し、（部外者から）短期で借りたカネをもとに、（預金者に）長期の貸付をおこなった。一九八四年になって、規制当局が遅ればせながら行動を起こそうとしたころ、事態は収拾がつかないほどの状況になっていた。三月一四日に、連邦住宅貸付銀行協会の会長だったエドウィン・Ｊ・グレイは、エンパイアの閉鎖を命じた。Ｓ＆Ｌの預金を保証することになっていた連邦貯蓄貸付保険公社（ＦＳＬＩＣ）の負担は、三億ドルに達した。だがこれでも、まだほんの始まりに過ぎなかった。ほかのＳ＆Ｌに審査が入ると、議員たち――とくに、S&Lから多額の選挙資金を受け取っていた者――は心おだやかではいられなかった。[9] 議員たちが不安な日々を過ごしているうちに、焦げ付きのカネがますます増えた。一九八六年になると、FSLIC自体も返済不能が避けられなくなった。

二件の裁判（うち一件は、評決不能陪審に終わった）が結審し、一九九一年に、フォークナー、ブレイン、トーラーは詐欺的な土地取引を通じて、エンパイアなどのS&Lから一億六五〇〇万ドルを恐喝および略奪したとして有罪判決を受けた。三人がそれぞれ二〇年の禁固刑を言い渡され、数百万ドルの賠償金を支払うよう命じられた。ある捜査官はエンパイアは、これまで見てきたなかで「最も無謀で詐欺的な土地投資計画の一つ」と評した。S&L全体に関しても、同じことが言えるだろう。エドウィン・グレイはこれを「アメリカの銀行史上、最も無謀な詐欺行為が蔓延した時代の一つ」と呼んだ。全体で五〇〇社に近いS&Lが、破綻するか閉鎖に追い込まれた。混乱を収拾するために議会が創設した整理信託公社の庇護を受けて、ほぼ同数が合併によって姿を消した。当局の推定によれば、破綻した機関のほぼ半数が、「内部の者による詐欺行為や潜在的な犯罪行為」をおこなっていた。一九九一年五月までに、七六四人がさまざまな犯罪容疑で告発され、うち五五〇人が有罪になり、三二六人が禁固刑に処せられた。罰金の総額は、八〇〇万ドルに達した。一九八六年から九五年にかけて、S&L危機の最終的な損失は一五三〇億ドル（GDP比で約三パーセント）になり、うち一二四〇億ドルを納税者が払わされ、[10] 大恐慌以来、最もコストがかかった金融危機になった。テキサス州のいたるところに、この大混乱が残した遺跡――盗んだカネで安っぽく建てられ、その後ブルドーザーで壊すか焼き払われた住宅の廃墟――が見受けられる。それから二四年が過ぎたが、州間高速道路30号線沿いの大半は、いまでもテキサスの荒野ふうな光景をさらけ出している。

アメリカの納税者にとって、S&Lの崩壊は、思慮に欠けた規制緩和という危機のさなかで支払った、かなり高額な授業料だった。だがS&Lは自らが死にかけていながら、別のかなり異質のアメリカの機関を、金融巨人への「出世街道」に乗せてやった。ニューヨークの投資銀行ソロモン・ブラザーズの債券トレーダーにとって、ニューディール政策による住宅ローン制度の崩壊は、危機どころか絶好のチャンスだった。ソロモンの欲が深くて口も汚い自称「ビッグ・スウィンギング・ディック」たちは一九八〇年代のはじめ、金利が急激に変動する状況に便乗する方法に目をつけた。追い詰められたS&Lがなんとか生き延びようと

＊9　最も悪名高い例は、チャールズ・キーティングの一件だ。カリフォルニア州アーヴァインにある、キーティングが所有するリンカーンS&Lは、連邦住宅貸付銀行から圧力をかけられた際に、ジョン・マケインを含む五人の上院議員から支援を受けた。マケインはキーティングから政治献金を受け取ったこともあったが、上院倫理委員会が調査したところ、不適切な行動を取った疑いは見当たらない、という結論に達した。

＊10　この損失は当初、さらに大きいのではないかと懸念された。一九九〇年にアメリカ会計検査院は、損失額は最高で五〇〇〇億ドルになるかもしれない、と予測した。一兆ドルを超すという観測さえあった。

あがいて、住宅ローンを売り出したとき、ソロモンの住宅ローン主任トレーダー、ルイス（〝ルー〟）・ラニエリが接近してきた。ルーは言うまでもなく、住宅ローンを底値で買い占めた。太鼓腹に安物のシャツを着て、ブルックリン訛りのジョークを飛ばすラニエリ（ソロモンでは最初、郵便仕分け室で働いていた）は、ブルックス・ブラザーズのスーツにサスペンダー姿の投資銀行のプレッピーたちとは対照的な、新しいウォールストリートを具現していた。ラニエリの構想は住宅ローンを新たに作り変えようというもので、何千件もの住宅ローンをくくり直し、それを担保に従来の国債や社債の代替として販売できる魅惑的な新しい証券を作ろうとした。要するに、住宅ローンを債券に換える証券化の手法だ。ひとたびくくり直してしまうと、住宅ローンに対して支払うべき金利は、さまざまな満期や信用リスクを抱える「ストリップ（切れ端）」に分割できる。住宅ローンを担保にしたこの新種の証券（住宅ローン担保証券、CMOとして知られる）の第一号は、一九八三年六月に発行された。[11]これは、アメリカ金融界における新しい時代の幕開けだった。

　このプロセスは「証券化」と呼ばれ、ウォールストリートを根底から変容させた新たな手法だった。それまで活気がなくて眠っていた債券市場の埃を払ったうえ、匿名の取引が個人の関係よりも重要になる新たな時代を招来した。だがここでも、危機のコストを負担したのは連邦政府だった。なぜかといえば、大多数の住宅ローンが、ファニー、フレディ、ジニーという政府支援機関トリオから依然として暗黙の保証を享受し、このような住宅ローンを担保とする債券は実質的に国債と同等のものだと主張できたため、「投資適格」の評価が得られたからだ。一九八〇年から二〇〇七年にかけて、政府支援企業（GSE）が保証した住宅ローンを担保とする証券の売買高は、二億ドルから四兆ドルに膨らんだ。民間の債券保証会社が登場し、ソロモンなどは、政府支援企業の保証を得る基準に満たない、いわゆる「ノンコンフォーミング・ローン」まで証券化した。二〇〇七年になると民間の資本プールは、住宅ローン負債のうち二兆ドルを証券化するのに十分なほどになっていた。一九八〇年には、住宅ローン市場のわずか一〇パーセントしか証券化されていなかったが、二〇〇七年には五六パーセントにまで跳ね上がった。[12]

人間の虚栄だけが、一九八〇年代のウォールストリートの「かがり火」に点火したわけではなかった。映画「素晴らしき哉、人生！」で描かれたようなビジネスモデルの最後の名残も一因だった。ひところは住宅ローンの貸し手と借り手の間に、有機的な社会のつながりがあった。ジミー・スチュワートは、預金者と債務者の双方と知り合いだった。対照的に、証

＊11　当時の話は、以下に鮮明に綴られている。マイケル・ルイス『ライアーズ・ポーカー』（東江一紀・訳、早川書房）

＊12　二〇〇六年の末に、政府支援企業が住宅ローンの最も大きな部分を保有し、未払い負債総額の三割を占めていた。商業銀行が二二パーセント、住宅ローン担保証券（RMBS）や債務担保証券（CDO）などの資産担保証券が全体の一四パーセント、貯蓄機関が一三パーセント、州政府や地方自治体が八パーセント、生命保険会社が六パーセントを占め、残りは個人が抱えていた。

券化された市場では、（まるで宇宙空間にいるように）叫んだところでだれにも聞こえない。自分が住宅ローンで支払う金利を最後に手にするのは、自分の存在さえ知らない他人だからだ。このような変化が一般の住宅所有者にとって何を意味するか、その全貌が明らかになるのは、それから二〇年も経ってからのことだった。

英語圏で暮らす私たちは、不動産が一方通行の賭けだと思いがちだ。金持ちになるには、不動産市場で取引することが早道だ。ほかのものに投資するのは賢明ではないと思える。ところが驚くべきことに、真実と思えることが実際には偽りであると分かることも珍しくない。仮にあなたが一九八七年の第1四半期に、アメリカの不動産市場に一〇万ドルをつぎ込んでいたとする。連邦住宅企業監督局の指数やケース・シラー住宅価格指数で追っていくと、二〇〇七年の第1四半期には、あなたのカネはざっと三倍、つまり二七万五〇〇〇～二九万九〇〇〇ドルに増えていたことになる。だが、同額の資金をS&P500銘柄に投資し、さらに配当収入を同じ銘柄に再投資し続ければ、最終的に七七万二〇〇〇ドルが手に入っていたはずだ。住宅への投資で見込める額の、倍以上だ。イギリスでも、似たような差が見られる。一九八七年に不動産に一〇万ポンドをつぎ込んでいれば、ネーションワイド住宅価格指数によると、二〇年後には資金は四倍以上になっていたはずだ。だがFTSE総株式指数の銘柄に投資していれば、七倍近くもの大金を手にしていたと思われる。もちろん、住宅と株式市場指数には大きな違いがある。株式市場指数銘柄のなかで、人は暮らせない（一方、地域の

アメリカの株価と不動産価格の比較、1987年～2007年（1987年3月＝100）

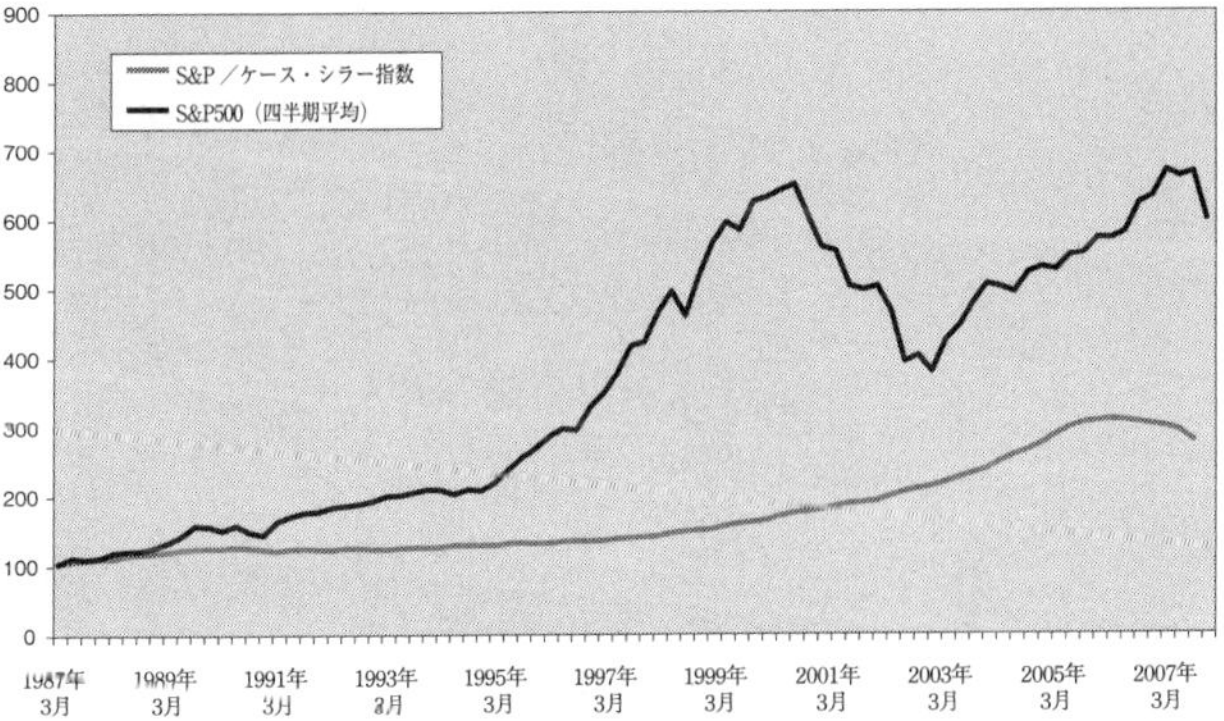

固定資産税はもっぱら金融資産ではなく不動産にかかる）。公平に比較するには、自宅を所有していることで節約できる家賃（不動産を二件、所有し、一件を貸している場合は、入ってくる家賃も）も考慮しなければならない。簡単な計算方法は、配当金と家賃の双方を単に差し引くことだ。そうすると、差はいくらか縮まる。一九八七年から二〇〇年の間に、S&P500銘柄は、配当金を除くと、五倍をやや上回る程度の上昇率を示したが、それでも住宅を大きく上回っていた。家賃収入を不動産ポートフォリオに加え、配当金を株式ポートフォリオに加えると、差は縮まるものの、完全になくなることはない。なぜかといえば、その間の家賃収入の平均は約五パーセントから、不動産ブームのピーク時にはわずか三・五パーセントに下がったからだ（要するに、標準的な一〇万ドルの不動産から毎月、得られる家賃収入の平均は、四一六ドル弱になる）。対照的にイギリスの場合は、アメリカと比べると株式市場の時価総額が上昇するのが早く、投資家に

とっては配当金がより重要な収入源になっていた。同時に、新規の住宅供給には制限（「グリーンベルト」地域を保護する法律など）が課せられ、家賃に上乗せされていた。したがって配当金や家賃を除いてしまうと、不動産に対する株式の強みを取り去ってしまうことになる。一九八七年から二〇〇七年にかけての純粋なキャピタルゲインでは、住宅（四・五倍の上昇）が株式（わずか三・三倍の上昇）を上回っていた。一九七九年までさかのぼらないと、イギリスの株が住宅を上回る状況はない(13)。

だが住宅をほかの形態の資本資産と比較するに当たっては、考慮すべき問題がさらに三点ある。まず一つは、価値の下落の問題だ。株は消耗しないし、住宅のように屋根を取り替える必要もない。二つ目は、流動性の問題。住宅を資産として考えると、現金に換えるためには株よりはるかに費用がかかる。そして三つ目の問題は、価格の変動性。第二次世界大戦以降、住宅市場は株式市場と比べて、価格の変動幅がはるかに小さかった（不動産市場では取引コストがかなりかかることが主な原因だ）。だが住宅価格も、安定した上昇傾向から大きくはみ出す時期がなかったわけではない。たとえばイギリスでは、一九八九年から九五年にかけて、住宅の平均価格は一八パーセント下落し、インフレを調整した実質価格では、三分の一（三七パーセント）あまり下がった。ロンドンでは、実際の値下がりは四七パーセント近かった。日本では一九九〇（平成二）年から二〇〇〇（平成一二）年にかけて、不動産価格が六〇パーセントあまりも下落した。そしてこの本を執筆している時点で、アメリカの不動産価格は――この三〇年ほどの間ではじめてのことだが――下落し続けている。アメリカの主要二〇都市の住宅価格を示すケース・シラー住宅価格指数は、二〇〇六年七月のピーク時から、二〇〇八年二月までに一五パーセントも下がった。前年同月比でみると、二月は一三パーセントの下落だが、これは一九三〇年代のはじめ以来、お目にかかったことのない数字だ。一部の都市——フェニックス（アリゾナ州）やサンディエゴ（カリフォルニア州）、ロサンゼルス、マイアミ（フロリダ州）——では、総下落率は五分の一から四分の一にまで達した。本書の改訂版を執筆している時点（二〇〇八年五月）で、多くの専門家が、さらなる下落を予測していた。

不景気に陥ったデトロイトでは、住宅の下落は二〇〇五年一二月には早くも始まっていた。二〇〇七年七月に私がこの町を訪れたころ、住宅価格はすでに一〇パーセントあまりも落ち込んでいた。私がデトロイトに取材に出かけた理由は、ここで起きていることが、全米に、さらにおそらく英語圏全体に広がる事態だと予感したからだ。過去一〇年のうちに、デトロイト——ニューオーリンズを除いて、アメリカの都市で住宅ストックが最悪だと思われる——の住宅価格は、五〇パーセント近くも上昇していた。全国的なバブル（住宅の平均価格が

＊13　イギリスの不動産市場に多額の借入をしてまで投資すること（妻のお気に入りの金融戦略）の愚かさについて、私は妻と延々と議論したが、こうしてみると大学の宿泊施設を借りて住み、イギリスの株式市場で投資したほうがよいと考えた私は、妻に負けたことになる。もちろん最適な戦略は、適度な借入率で調達した資金を元に、不動産と世界の株式の多様なポートフォリオを持つことだろう。

一八〇パーセントも上昇）とは比較にならないが、この都市の慢性的な経済不振を考えると、説明が付きにくい。私の解釈によると、真相は住宅取引のルールが根本的に変化したためだ。デトロイトのウェスト・アウター通りに起こったことが、この変化をよく表している。このあたりは、中流階級が住む雑然としているが環境のいい大通りで、広々とした芝生やガレージ付きの立派な一戸建てが建ち並ぶ。かつてモータウンのスターたちの故郷だった町だが、いまでは、一つの国のなかで無計画に広がるもう一つの大国という感じの、どこにでもある場所に過ぎない。言い換えれば、アメリカ国内に存在する途上国経済、またの名を「サブプライム地域《サブプリミア》」と呼ぶ場所だ。

「サブプライム」住宅ローンは、地元のブローカーが、信用履歴が良好ではないか不十分な世帯や地域住民をおもな対象として貸し付けたものだ。ジャンボ住宅ローンがファニーメイの認可（および間接的な政府保証）を得るには規模が大きすぎるように、サブプライム住宅ローンのリスクは高すぎる。だが貸し手を儲かりそうな気分にさせた理由は、まさしくリスクが高いためだった。これは、ニューディール政策で生まれた従来の三〇年固定金利住宅ローンではなかった。それどころか、かなりの割合が変動金利型住宅ローン（ARM）で、要するに、短期貸出金利の変動に応じて利率が変わり得るものだった。元本が抵当不動産の評価額と同額だったとしても、多くが割賦償還（元本の分割返済）ではなく、利子だけを支払うローンだった。さらにほとんどが、最初に「お試し《ティーザー》」期間を設けていて、金利の支払い――たいていは最初の二年間――は故意に低く抑えられ、ローンの返済額は後になるほど大きくなる仕組みだった。この方式は、借り手の債務返済の当初負担を軽減するのが狙いだった。だがサブプライムの契約書の細かい文字には、貸し手に大きな利益をもたらす条項が隠されていた。デトロイトのある悪質なサブプライムローンでは、最初の二年間の金利は九・七五パーセントだが、その後、銀行同士が互いにカネを貸し借りする際の短期金利の指標――通常はロンドン銀行間取引金利（Ｌｉｂｏｒ＝ライボー）――に、九・一二五パーセントポイントが上乗せされる。サブプライム危機が到来する以前でさえ、Ｌｉｂｏｒはすでに五パーセントを超えていて、ローンの三年目からは金利が大幅に跳ね上がることが目に見えていた。

サブプライムの貸付は、モノポリーの紙幣が雪崩《なだれ》を打つかのように、デトロイトに押し寄せてきた。ラジオやテレビ、ダイレクトメール、エージェントやブローカーの一群が町に殺到し、一見すると魅力的な取引をこぞって申し出た。サブプライムの貸し手は、二〇〇六年だけでデトロイトの二二の郵便番号区域に一〇億ドルあまりをつぎ込んだ。ウェスト・アウター通りの「五一〇〇ブロック」を含む郵便番号48235の区域では、二〇〇二年から〇六年にかけて供与された全貸付の半分あまりを、サブプライムローンが占めていた。五一〇〇ブロックでは、二六世帯のうち七世帯の割合でサブプライムローンを借りていた。特筆すべき点は、はじめてローンを利用する人がごくわずかしか見当たらない点だ。ほぼすべてがローンの借り換えで、借り手は自分たちの家を現金自動預払機でもあるかのように扱い、住宅の資産価値からローン額を引いた住宅純資産を現金に換えた。大部分の人がこの収入を利用してクレジットカードの負債を清算したり、家をリフォームしたり、耐久消費財を新たに購入したりした。[14] だがその他の各地では、長期金利の低下とかつてないほど魅惑的な住宅ローンとが絡み合って、新たな買い手が住宅市場に引き寄せられた。二〇〇五年になると、アメリカ全世帯の六九パーセントが住宅の所有者になったが、一〇年前は六四パーセントだった。この増加のほぼ半分は、サブプライムローンのブームに起因すると思われる。とくに目立つのは、サブプライムの借り手のなかでエスニック・マイノリティに属している者が、異常に多いことだった。デトロイトの町を車で走りながら、サブプライムとは「黒人」を意味する遠回しな表現か、と思ったほどだ。これは、単なる空想ではなかった。マサチューセッツ低価格住宅同盟の調査によると、広域ボストンで二〇〇五年に一戸建て住宅のローンを借りた黒人やラテン系アメリカ人の五五パーセントが、サブプライムローンを利用していたが、白人の借り手はわずか一三パーセントだった。ワシントン・ミューチュアル社から住宅ローンを借りた黒人やラテン系アメリカ人のうち、四分の三あまりがサブプライムの利用者だったが、白人の借り手はわずか一七パーセントだった。住宅都市開発省（HUD）によると、二〇〇二年から〇七年にかけてマイノリティの住宅所有は、三一〇万件も増加した。

たしかにこのころが、財産所有民主主義の頂点だった。新たな住宅ローン市場は、それまで信用調査機関や、半ば公然とした人種偏見によって金融市場の主流から締め出されていた何十万もの人びとに、家を持つというアメリカン・ドリームを実現させているかのように見えた。

のちにFRBのアラン・グリーンスパン議長は、在任した最後の数年に、住宅ローンの貸出を十分に規制しなかったという批判を浴びた。だが二〇〇四年のスピーチで、変動金利型住宅ローンを承認する悪評高い発言（のちに撤回されたが）をしたといっても、グリーンスパンは住宅所有拡大を強く支持したわけではなかった。また、近年の行き過ぎた行為をすべて金融政策のせいにすることも疑問だ。

「すべてのアメリカ人に、自分の家を所有してもらいたい」とジョージ・W・ブッシュ大統領は二〇〇二年一〇月に語った。ブッシュは二〇一〇年までに、五五〇万人のマイノリティに新たに住宅を所有させるよう貸し手を促し、二〇〇三年にアメリカン・ドリーム・ダウンペイメント（頭金）法に署名した。これは、はじめて住宅を買う低所得者を助成する目的で導入された法律だった。貸し手は、サブプライムローンの借り手に完璧な書類の提出を無理に求めないよう、政府から助言された。ファニーメイやフレディマックも、サブプライム市場を支援するようHUDから通達を受けた。ブッシュは二〇〇二年一二月に、「自分の家を持つ国民が増えれば、国益につながる」と述べた。異議を唱える者は、ほとんどいなかった。民主党の議員たちも、持ち家を拡大する構想にブッシュと同じく賛同していた。その点では、リベラル派の学者も同様だった。二〇〇七年一一月、「ニューヨーク・タイムズ」紙に寄稿

＊14　一九九七年から二〇〇六年にかけて、アメリカの消費者は住宅純資産から現金で推定九兆ドルを引き出した。二〇〇六年の第1四半期になると、住宅純資産からの引き出しは個人可処分所得の一〇パーセント近くを占めた。

したハーヴァード大学のアルフォンス・フレッチャー寄付講座教授で、W・E・B・デュボイス・アフリカ人およびアフリカ系アメリカ人研究所の理事長を務めるヘンリー・ルイス(〝スキップ〟)・ゲイツ・ジュニアも、この傾向を歓迎しているようだった。社会的に成功したアフリカ系アメリカ人二〇人(有名な女性テレビ司会者オプラ・ウィンフリーや女優のウーピー・ゴールドバーグも含まれていた)を彼が調査した結果、うち一五人が、「一九二〇年までに不動産をなんとか所有することのできた元奴隷の少なくとも直系」の子孫だと指摘した。数か月前に不動産バブルがはじけたのもおかまいなしに、ゲイツは「黒人の貧困や逆境《ディスファンクション》」の問題に驚くべき解決策を提案した。それは、「かつて〝財産〟と見なされていた人びとに〝財産〟を与えること」だとして、次のように述べた。

おそらくほかのだれよりも役に立つプログラムを提案したのは、マーガレット・サッチャーだった。サッチャーは一九八〇年代に、イギリスの公営住宅の住人一五〇〇万人を住宅所有者に変えた。これはサッチャー首相がおこなった最もリベラルな施策であり、おそらく進歩主義者は彼女を手本にすべきだ。……黒人の貧困問題に対する大胆で革新的なアプローチは……借家人を住宅所有者に変える方法を探ることだろう。……黒人の貧困層にとっての真の前進は、アメリカ社会で所有者という立場を得たときにはじめて実現できるのかもしれない。不動産を所有する人びとは、自分たちの未来や社会に対して満足感を得る。彼らは前向きに学び、貯蓄し、働き、努力し、選挙で投票する。だが借家文化に捉われた人びとはそのようなわけにはいかず……。

だがテネシー州メンフィスのフレイザー地区にある黒人コミュニティのリーダー、ビーニー・セルフは、ゲイツの主張に致命的な欠陥を見出して、こう語った。

「アメリカン・ドリームは住宅を所有すること――その夢自体はすばらしいのですが――私が心配しているのは、実のところ私たちにはまだその準備ができていない、という点です。実際は支払い能力がない人びとに住宅を押しつけることを、不動産業界や不動産鑑定業界、住宅ローン業界が推し進められるようになったという点を、人びとはまだ理解していないのです」

サブプライムローンはビジネスモデルとしては完璧に機能したが、それは低金利が続く限り、人びとが仕事に就いている限り、そして不動産価格が上がり続ける限り、という前提条件の下だった。言うまでもなく、そのような状況がいつまでも続く保証はない。とくにデトロイトのように低落傾向にある都市の場合は、なおさらだ。だがサブプライムローンの貸し手は意に介さず、一九八〇年代に大手住宅ローン会社が先鞭をつけた道をひたすら進んだ。自分のカネをリスクにさらすことがないよう、彼らは新規のローン契約を結ぶことによって多額の手数料を手に入れ、次にそのローンを大量にウォールストリートの銀行に転売した。すると銀行はローンを束ね直して高利回りの住宅ローン担保証券（ＲＭＢＳ）を作り上げ、世界中の投資家たちに売却した。だれもが、自らの資本に一〇〇分の数パーセントポイントでも多いリターンを得たがっていた。これらのサブプライムローン証券は、債務担保証券（CDO）としてくくり直されると、あてにならない借り手を対象にした高リスクのローンから、トリプルAの評価を受ける投資適格債に変身できた。そのために必要な条件は、ムーディーズかスタンダード・アンド・プアーズという二大格付け機関のどちらかに、これらの証券で少なくともトップランクにあるものは、債務不履行に陥る可能性が低いと保証してもらえれば十分だった。それより下に位置する「メザニン（中二階）」や「エクイティ」の段は、リスクが高くなることは確かだが、その代わり利子は高かった。

　この金融の錬金術におけるカギは、デトロイトの住宅ローンの借り手と、最終的に彼らの利払いを受け取る側との距離が、何千キロも離れているという点だ。したがって、リスクはアメリカの国民年金基金から、オーストラリアの公的医療ネットワーク、さらには北極圏の彼方にある町議会まで地球全体に広がって薄まった。ノルウェーでは、ラナやヘムネス、ハットフィエルダル、ナルヴィクなどの地方自治体が、納税者の税金およそ一億二〇〇〇万ドルを、アメリカのサブプライムローンを担保にしたCDOに投資した。当時、これらの「仕組み商品《ストラクチャード・プロダクツ》」の売り手は、金融の証券化は「リスクへの耐性が最も強い者」にリスクが向けられる特性を備えていると豪語していた。だがのちに判明したところによると、リスクについて最も理解できていなかった層に、リスクが配分されていた。サブプライムローンの危うさを最もよく承知していた者――つまり、借り手と直接交渉し、彼らの経済状態を熟知していた者――は最小のリスクを負うだけですんだ。彼らは融資比率一〇〇パーセントのきわめてリスクが高い「ＮＩＮＪＡ《ニンジャ》」ローン（収入も仕事も資産もない人びと向け《ノー・インカム・ノー・ジョブ・オア・アセッツ》）を作り上げ、即日、ＣＤＯを扱う大手銀行に売却した。そしてまたたく間に、リスクはフィヨルドの上まで飛んでいった。

　デトロイトではサブプライムローンが盛況になるにつれ、それに反比例するように、ただでさえ不振をかこつ自動車産業がさらに落ち込んで、二万人が失職した。これは、アメリカの景気後退がさらに拡大することを予感させた。それに加えて、ＦＲＢが短期金利を一パーセントから五・二五パーセントに引き上げて金融を引き締めたため、景気後退はほぼ避けられない状況になった。金利の引き上げは住宅ローンの平均金利に、大きくはないにしても無視できない影響を与え、利率は四分の一倍ほど上昇した（五・三四パーセントから六・六六パーセント）。たいしたことはなさそうに見えるこの信用状況における変化が、サブプライム市場に及ぼした影響は破滅的だった。低い利率のお試し期間が終了し、ローンがはるかに高い新たな利率で設定し直されると、デトロイトの何百という世帯でとたんにローンの支払いが滞り始めた。すでに二〇〇七年三月の時点でも、郵便番号４８２３５区域では、サブプライムローンの三件に一件は返済が六〇日以上も遅れ、差し押さえ寸前の状況になっていた。その結果、不動産バブルがはじけ、住宅価格は一九九〇年代の初頭以来、はじめて下落に転んだ。このような事態が進展し始めると、一〇〇パーセントの住宅ローンを受けていた人は、持ち家の価値が負債を下回ったことを知った。住宅価格が下落するにつれて、このようなネガティブ・エクイティ（物件の含み損）――一九九〇年代の初頭からイギリスではおなじみのことばだが――を抱える住宅所有者がますます増えた。こうしてみると、デトロイトのウエスト・アウター通りはアメリカ不動産市場に広がる危機の震源地であり、この危機はその後、西側諸国に波及して金融システムを根底から揺るがすようになった。

デトロイトからテネシー州メンフィスに着いたばかりの、金曜のうだるような午後、私はメンフィスの裁判所の階段で、五〇軒あまりの住宅が売りに出されている光景を目にした。どの物件も利子の支払いが滞ったために、住宅ローンの貸し手が所有者に対して担保権を行使したためだった。[15]メンフィスは、（第1章で見たように）アメリカで破産が多い都市として悪名が高いが、それだけでなく、二〇〇七年の夏になると急速に差し押さえ件数の多さでも注目される都市になりつつあった。過去五年の間に、この町の四世帯のうち一世帯が、差し押さえの警告通知を受け取っていたという。これもまた、サブプライムローンが根底にあった。二〇〇六年だけでサブプライムローンを扱う金融会社は、メンフィスの一四の郵便番号区域に対して四億六〇〇〇万ドルを貸し付けていた。私が目撃した状況は、差し押さえのまだほんの始まりだった。二〇〇七年三月に「責任ある融資のためのセンター」（住宅所有者を略奪的な貸付から保護する目的で設立されたNPO団体）は、差し押さえ件数が二四〇〇万件に達するだろう、と予想した。だがこの見積もりは低すぎたことが、やがて判明するかもしれない。本書の執筆時（二〇〇八年五月）におよそ一八〇〇万件の住宅ローンが債務不履行になっていたが、アメリカの推定九〇〇万世帯、あるいは一戸建て住宅一〇戸のうち一戸の住人が、すでにネガティブ・エクイティの状態に陥っている。変動金利型住宅（ARM）ローンの約一一パーセントが、すでに差し押さえを受けている。クレディ・スイス銀行によると、あらゆるタイプの住宅ローンにおける差し押さえの総件数は、今後五年のうちに六五〇万件に達する可能性があるという。そうなれば、アメリカの住宅所有者全体の八・四パーセント、あるいは住宅ローンを受けている所有者の一二・七パーセントが、自分の家を追い出されることになりかねない。

二〇〇七年の初夏にサブプライムローン市場の雲行きが怪しくなりかけると、全世界の信用市場に衝撃が広がり、一部のヘッジファンドが行き詰まり、銀行などの金融機関が数千億ドルの損害をこうむった。問題の核心はCDOで、二〇〇六年に五〇〇〇億ドルを超えるCDOが売りに出され、うち約半分にサブプライムのリスク要因が含まれていた。このようなCDOの多くは、サブプライムローンの債務不履行率を誤って見積もったために、ひどく高

＊15　アメリカの法律の重要な特徴として、多くの州（すべてではないが）で住宅ローンは通常、「ノー・リコース（償還請求権のない）」ローンとされている。つまり債務不履行になった場合、住宅ローンの貸し手は該当する不動産の価値を回収することしかできず、そのほかの財産（車や銀行預金）を差し押さえることはできないし、将来の給料に先取特権を行使することも不可能だ。そのため借り手側は簡単に債務不履行に走りやすい、と指摘する経済学者もいる。

い値がついていた。だがトリプルAの評価を受けていた証券でさえ債務不履行になり始めると、リスクが最も高いCDOトランシェ（債務担保証券などを、リスクの程度など、特定の条件で分割した小単位）を専門に購入していたヘッジファンドが、真っ先に被害をこうむった。問題の徴候は、二〇〇七年二月から現れていた。そのころイギリスの金融大手HSBCが、アメリカの住宅ローンで重大な損失を受けたことを認めた。しかし大部分のアナリストは、サブプライム危機の始まりをこの年の六月からだと考えている。このころ、アメリカの大手証券会社ベアー・スターンズの傘下にあるヘッジファンド二社が、メリルリンチから追加の担保差し入れを要求された[16]。メリルリンチは二社にカネを貸していた投資銀行だが、サブプライムを担保にした資産における両社の過度のリスク要因に疑念を抱き始めていた。ベアーはファンド一社だけを救済し、もう一社は破綻させた。翌月、格付け機関はRMBS・CDO（「住宅ローン担保証券・債務担保証券」の略語。この名称からも、この商品の複雑すぎる性質がうかがえる）の評価を下げ始めた。評価が下がると、このような証券を抱えていたあらゆる種類の金融機関は、自らが巨額の損失に直面していることを察知した。かけられていたレバレッジの規模によって、問題はさらに深刻化した。とくにヘッジファンドは、自分たちが生み出せる利益を増大しようとして、プライムブローカー（銀行）から多額のカネを借りていた。一方で銀行はサブプライム関連の資産を、「導管体《コンデュイット》」や「ストラクチャード・インベストメント・ビークル（SIV＝仕組み型投資主体）」と呼ばれる簿外会社に移すことで、自社のリスク要因を隠蔽していた。これらの会社は、市場でコマーシャルペーパーや翌日物の銀行間貸出などの短期借入で資金を調達していた。取引先のリスク（金融取引の相手方が倒産する危険性）について懸念が高まると、信用市場は凍り付いた。一部の批評家が少なくとも一年前から警告し続けていた流動性の危機が、二〇〇七年八月に襲ってきた。この月にアメリカン・ホーム・モーゲッジは破産申請し、金融グループＢＮＰパリバが三つの住宅ローン投資ファンドの解約を凍結し、カントリーワイド・ファイナンシャルは一一〇億ドルの貸出枠から目いっぱい引き出した。デトロイトやメンフィスなどの都市の低所得者層によるサブプライムローンの債務不履行が、これほど大規模な金融混乱をもたらすとは、だれも予想していなかった。[17] 国有化された銀行（ノーザンロック）もあれば、ＦＲＢの後押しによって競合社に投げ売りされた銀行（ベアー・スターンズ）もあった。多数のヘッジファンドが破綻した。銀行による「評価損」は少なくとも三一八〇億ドルにのぼり、推定損失額は一兆ドルを超えた。サブプライムというチョウが羽をひらつかせて舞い、世界的規模のハリケーンを引き起こしたのだった。

この危機の皮肉めいた点の一つは、財産所有民主主義の母である政府系機関のファニーメイに致命的な打撃を与えるかもしれないことだった。政府の方針が招いた状況として、ファ

＊16　うち一社は「高級仕組み信用戦略レバレッジ強化ファンド」という、ものものしい社名だった。
＊17　国際通貨基金（ＩＭＦ）がこの事態を「大恐慌以降、最大の金融ショック」と呼んだとき、異議を唱えた者はほとんどいなかった。

ニーメイや弟妹のフレディとジニーが抱える住宅ローンの割合が上昇した点が上げられる。同時に、かつてこのシステムの基幹だった本来の政府保証の重要性を低下させた。一九五五年から二〇〇六年にかけて、政府が保証する非農業部門ローンの割合は、三五パーセントから五パーセントに下落した。だが同じ期間に、政府が支援するこれらの機関が抱える住宅ローンの割合は、四パーセントから、二〇〇三年には四三パーセントとピークに達した。連邦住宅企業監督局は、ファニーやフレディに対し、自己資本比率を規制する法律を緩和することによって、もっと多くのRMBS（サブプライムを担保とする証券も含む）を購入するよう奨励してきた。だがこの二つの機関の自己資本は合わせて八四〇億ドルしかなく、貸借対照表上では資産一兆七〇〇〇億ドルのわずか五パーセントだ。さらに二兆八〇〇〇億ドルのRMBSまで保証していた。これらの機関が危機に陥るとしたら、政府による後援が実際には政府による所有に変わってしまい、連邦予算に深刻な影響を与えると考えるのももっともなことだろう(18)。

そのため、住宅は無類の安全な投資ではないことが明らかになった。住宅の価格は上がることもあれば、下がることもある。そしてこれまで見てきたように、住宅はきわめて非流動的な資産で、経済的に逼迫《ひっぱく》していてもすぐに売却することはむずかしかった。住宅価格は、下降を「渋る」。売り手が希望価格を下げるのを嫌がるからだ。したがって、売れ残りの物件がだぶつき、家を売って引っ越すはずが、自宅に掲げられた「売り家」の看板を眺め続ける人びとがあふれた。持ち家に固執するために労働力の移動が減り、経済の回復を遅らせる懸念もある。すべての借家人を住宅所有者に変えることは魅力的に思われたが、財産所有民主主義という発想にはこのような弱点があることも判明した。次の問いは、このリスクの高い政治モデルを世界に輸出してもよいものかどうか、という点だ。

主婦《ハウスワイフ》ほど安全なものはない

アルゼンチンの首都ブエノスアイレスの南の郊外に広がるスラム街キルメスは、首都の中心部の優雅な大通りから、まるで一〇〇万キロも離れているかのように思える。だがここで暮らす人びとは、見かけどおりにやはり貧しいのだろうか。ペルーの経済学者エルナンド・デ・ソトの分析によると、キルメスはみすぼらしい外観とは裏腹に、文字どおり何兆ドルもの潜在的な富を持つという。デ・ソトの計算では、世界中の貧困層が住む不動産の総額は、九兆三〇〇〇億ドルにのぼる。デ・ソトの指摘によると、これは世界の先進二〇か国における、全上場企業の株式時価総額にほぼ等しく、また一九七〇年から二〇〇〇年にかけて開発途上国が受けた海外援助のおおむね九〇倍に当たる。だが問題は、キルメスや世界中にある無数のスラム街の人びとは、自分たちの家に対して法的所有権を持っていない点にある。なんらかの法的所有権がなければ、不動産を担保にローンを借りることはできない。したがっ

＊18　本書を執筆したのちのできごとは、まさにこの記述を裏づけるものだった。

て、経済成長はスタートできない。デ・ソトはその理由を、借入ができない限り、事業を興す資本が集められないからだ、とする。企業家を目指しても挫折し、資本主義のエネルギーはしぼんでしまう。

問題の根源は、南米で法的所有権を確立するには、手続きが面倒だ、という点にある。世界銀行によれば、現在アルゼンチンで不動産を登記しようと思うと、三〇日前後もかかる。以前は、もっと長くかかった。一部の国――最悪なケースはバングラデシュやハイチ――では、三〇〇日近くかかる。デ・ソトらの研究者が、ペルーの国有地に施設を建てる法的許可を得ようとしたとき、六年と一一か月かかり、その間に、五二もの行政機関と交渉しなければならなかった。フィリピンでは最近まで、住宅所有の正式な許可を得るのに、五三の公的または民間の機関が関与する一六八段階の手続きを踏まなければならず、一三年から二五年がかかった。ところが英語圏の国ぐにでは、手続きはほんの二日で終わることもあり、三週間を超えることはめったにない。デ・ソトの目から見ると、法的な所有権の獲得を妨げるお役所仕事のせいで、貧しい人びとの資産がまったくの「資本が寝たまま……アンデスの高地の湖水のように、潜在的なエネルギーを秘めながら手つかずの状態」になっている。この休眠資本に息を吹き込むことが、ペルーのような国ぐにに豊かな未来をもたらすカギになる、とデ・ソトは訴える。財産権の制度が機能しさえすれば、住宅の価値は市場によって適切に確立される。財産を容易に売買でき、ローンの担保として法的に利用でき、所有者が将来ほかの取引をおこなう際にも役立つ。また貧困層を法的な財産所有権から締め出すと、彼らの一部が灰色もしくは暗黒の経済ゾーンに入ってしまって、国の規制が届かなくなる。これは、二重の損失を及ぼす。まず効果的な課税の実施を妨げるし、さらに一般国民から見た国の正当性を損なうからだ。要するに貧困国が貧しさから脱却できないのは、確かな財産権、つまり成功した経済の「隠れた構造」を持たないことが原因だと言える。

「財産法は、決して特効薬とは言えません」とデ・ソトは認める。「しかし、これがミッシング・リンクなのです。……財産法がなければ、ほかの改革を継続して成し遂げることはできませんから」

さらに、貧しい国ぐにでは、投資家である有権者が少ないために、民主主義国家として失敗する確率が高い。

「財産権は、民主主義につながっていくものなのです」と、デ・ソトは主張する。

「なぜかといえば、市場志向型の財産制度を維持するためには、民主主義の制度を持つことが不可欠だからです。これこそ、投資家を安心させられる唯一の道なのです」

デ・ソトは悪者だから亡き者にしようと考えた毛沢東主義のテロリスト集団「輝ける道《センデロ・ルミノソ》」は、一九九二年に爆弾テロに訴えて三人を殺害した。またデ・ソトは、失脚したペルーの元大統領アルベルト・フジモリの背後にいた〝ラスプーチン〟だと非難する評論家もいた。一方、デ・ソトは財産所有民主主義を世界に広めようと努力したと見て、彼を英雄視する人たちもいた。ビル・クリントン元大統領はデ・ソトを「おそらく、現在生きている最も偉大な経済学者」と呼び、ロシアの大統領ウラジーミル・プーチンはデ・ソトの業績を「類まれなもの」だと評価した。二〇〇四年に、アメリカのリバタリアン派のシンクタンクであるケイトー研究所は、デ・ソトの「自由の精神と実践を例証する」業績に対し、二年ごとに授与されるミルトン・フリードマン賞を贈った。デ・ソトと彼が所長を務める自由民主主義研究所は、エジプトやエルサルバドル、ガーナ、ハイチ、ホンジュラス、カザフスタン、メキシコ、フィリピン、タンザニアなどの政府に助言をおこなってきた。だがもちろん重要な問題は、彼の理論が実際に機能するかどうかだ。

キルメスは、デ・ソトが「資本の神秘」を本当に解き明かしたかどうかを見きわめる「天然の実験場」になった。この地で一九八一年に、一八〇〇世帯の家族から成る集団が一帯の荒れ地を占領し、当時アルゼンチンを支配していたホルヘ・ビデラ大統領の軍事政権に反旗を翻した。民主主義が復活したのち、地方政府は元の地主たちから土地を取り上げ、不法居住者たちに家の法的所有権を与えた。だが一三人の地主のうち、補償の条件を呑んだのはわずか八人で、ほかの地主（うち一人は一九九八年に和解）は延々と法廷闘争を続けた。いずれにしても、キルメスの不法居住者の一部は、ごくわずかな賃貸契約料を一〇年間、払うことで完全に合法的な所有権を手に入れ、財産所有者になった。だが一方で、不法居住者のまま留まった者もいた。今日、所有権の持ち主が住む家は立派な塀で囲まれ、壁のペンキも塗り替えられているため、ほかの家とすぐに区別がつく。対照的に、所有権争いが続いている家はみすぼらしい掘っ建て小屋のままだ。だれもが（デュボイス研究所の〝スキップ〟・ゲイツを含めて）知っていることだが、持ち家であれば、借家人よりもていねいに家の手入れをするものだ。

キルメスでは、家を持つことで人びとの姿勢は間違いなく変化した。最近の研究によると、財産の所有権を獲得した人は、いまだに不法居住している人より、はるかに個人主義的で物質主義的になった。たとえば、「おカネは幸せになるために重要だと思うか」と尋ねられると、財産所有者は不法居住者よりも、そのとおりだと答える率が三四パーセントも高い。それでも、この理論には欠陥があると思われる。なぜかといえば、自分の家を所有したところで、キルメスの人びとがカネを借りやすくなったわけではないからだ。不動産担保ローンを利用できたのは、わずか四パーセントに過ぎなかった。デ・ソトの母国ペルーでも、所有権だけでは寝ている資本を生き返らせるのに十分ではないようだ。たしかにデ・ソトの提案をペルー政府が一九八八年に受け入れ、不動産登録にかかる時間が大幅に短縮され（わずか一か月）、手続きにかかる費用も九九パーセント削減された。一九九六年に「土地の不法居住承認委員会」が設立されたのちに一層の努力が払われ、四年のうちに都市部の一二〇万戸の建築物が合法化された。それでもデ・ソトが約束したような経済発展は、うんざりするほど遅かった。一九九八年から九九年にかけて土地所有権を得た首都リマに住む二〇万あまりの世帯のうち、二〇〇二年までになんらかのローンを受けられたのは、わずか四分の一ほどだった。デ・ソトの方法が試みられたそのほかの地域――とくにカンボジア――では、都市の不動産に法的所有権を認めたために、無節操な開発業者や投機家が貧しい居住者を買収するか追い払うのを手助けしたに過ぎなかった。

あなたに保証を与えるのは不動産ではない、という点を覚えておいていただきたい。不動産を所有していても、単に債権者に保証を与えるだけだ。本当の意味での保証は、一八四〇年代にバッキンガム公爵が、また現代ではデトロイトの住宅所有者が気づかされたように、安定した収入を得ることで確保される。したがって開発途上国の企業家のだれもが、住宅を抵当に入れて資金を調達する必要はないかもしれない。それどころか、住宅を所有することが裕福になるためのカギにはならない場合もある。

ボリビアの首都ラパスの隣（というより高地）にあるエルアルトという町の街頭市場で、雨の降る月曜の朝に、私はベティ・フローレスに会った。マイクロファイナンス機関プロ・ムヘル（女性のため、の意）のオフィスに向かう途中だったが、高地のために疲れを覚え、ちょっとひと休みしてコーヒーでも飲もうと思った。そこで、彼女に出会った。せわしなくコーヒーを沸かしては、とびきり濃いボリビア・コーヒーの入ったポットやカップを、市場の買いもの客や露天商に出していた。元気あふれる陽気な彼女の様子に、私は目を見張った。ボリビアのおおかたの先住民女性とは違って、彼女は、一見して外国人と分かる人間と話すことにまったく抵抗がないように見えた。彼女は、プロ・ムヘルの利用者の一人であることが分かった。ローンを利用して、コーヒー屋台を拡充していた。機械工の夫には、できなかったことだった。商売は、繁盛していた。休む間もなく働くベティの様子を見ているだけで、明らかだった。もっと店を広げる計画はあるのだろうか。もちろん、その予定だという。この商売のおかげで、娘たちを学校に通わせることもできるようになった。

一般論でいえば、ベティ・フローレスは、決して信用があるとはいえない。貯金はささやかなものだし、持ち家もない。それでも世界中の貧困国で、ベティのような何千人もの女性たちが、プロ・ムヘルのような機関からローンを借りている。女性の起業能力を思う存分に発揮させようという、革新的な試みの一つだ。ボリビアのような国ぐにで、マイクロファイナンスの運動は驚くべき事実を掘り起こした。それは、ローンの担保にする持ち家があるかないかにかかわらず、女性は男性よりもじつは信用があるという点だ。女性は金遣いの荒い買いもの客だという従来のイメージとは正反対だ。女性は男性よりカネを貸す信用に欠けるという、一九七〇年代になるまで何世紀も続いてきた偏見にも反している。たとえばアメリカでは、既婚女性はたとえ自分自身が定職に就いていても、夫が働いていない場合は信用貸しを拒否されたものだった。夫に捨てられるか離婚された女性に対する扱いは、さらにひどかった。私が育った時代でも、信用貸しは圧倒的に男性のみを相手にしていた。だがマイクロファイナンスを見ると、信用が置けるのはむしろ女性の特性かもしれない、と感じる。

マイクロファイナンス運動の創始者で、ノーベル賞を受賞したムハマド・ユヌスは、母国バングラデシュで農村の貧困を研究しているときに、女性たちに小規模の貸付をおこなうことの将来性に気づいた。一九八三年にバングラデシュのジョブラという村で設立され、ユヌスが共同で所有するグラミン銀行は、七五〇万人に近い借り手にマイクロローン（小口融資）をおこなってきたが、ほとんどの借り手が担保を持たない女性だった。借り手は五人グループ（コータ）のメンバーとして融資を受け、グループは週一回ほど集まり、ローンの返済に対する責任を仲間同士で分担する。発足以来、グラミン銀行は三〇億ドルあまりに相当するマイクロローンを融資してきた。当初は支援機関からの資金で運営費をまかなっていたが、いまでは十分な預金（二〇〇七年一月の時点で六五〇〇億ドル近く）を集め、完全に独立採算で運営し、利益も出ている。[19] リン・パターソンとカルメン・ベラスコによって一九九〇年に創立されたプロ・ムヘルは、グラミン銀行の南アメリカ版として屈指の成功を収めている。[20] 融資は、約二〇〇ドルを三か月間、という条件でスタートする。ほとんどの女性が借りたカネで自分たちの農場の家畜を購入するか、ベティのように小規模事業の資金にし、トルティーヤからタッパーウェアまで、ありとあらゆるものを販売している。

ベティのコーヒー屋台から重い腰を上げたところ、エルアルトにあるプロ・ムヘルのオフィスは、すでに活気に満ちていた。数十人のボリビア人女性が、ほぼ全員、伝統衣装を身にまとい（だれもが、小さな山高帽をかっこよく斜めに傾け、ピンで留めている）、定期的なローンの返済のために並ぶ光景を見て、私は大いに感銘を受けた。彼女たちが自らの経験を語り合っている姿を見ているうちに、「わが家のごとく安全《アズ・セイフ・アズ・ハウシズ》」という常套句は「主婦のごとく《アズ・セイフ・アズ・ハウ》安全《スワイヴズ》」に変えるべきかもしれないと思い始めた。私がボリビアで目にしたのと似たような機関が、ナイロビ（ケニア）のスラム街からインドのウッタル・プラデーシュ州の村まで、世界中の貧しい国ぐにに存在している。しかも、開発途上国だけではない。マイクロファイナンスは先進国のなかに孤立して存在する貧困地域でも、効果を発揮できる。たとえばグラスゴーのキャッスルミルクでは、ヤミ金融業者（第１章で述べたようなもの）による略奪的な貸付への対抗手段として、信用組合と呼ばれる貸付機関のネットワークが設立された。キャッスルミルクでも、融資を受けるのは地元の女性たちだ。エルアルトでもキャッスルミルクでもよく耳にしたのは、男たちは利子の支払いに気を配るより、パブや賭けで給料を使ってしまうほうがはるかに多い、というグチだ。また女たちは夫よりカネの管理が上手だということも、繰り返し聞かされた。

もちろんマイクロファイナンスが、世界の貧困問題を解決してくれる特効薬だと決め込むのは間違いだろう。エルナンド・デ・ソトの財産権という処方薬にも、同じことが言える。現在、世界人口のざっと五分の二が事実上、金融システムから締め出され、銀行口座も持てず、まして貸付を受けられる状況ではない。だが、担保を求めるか否かは別にしても、彼らに融資を与えるだけでは、貧困を一掃することはできないとユヌスも言っている。またマイクロファイナンス事業に携わる人のなかには、貧困を終わらせるためでなく、カネ儲けを目的とする者がいることも忘れてはいけない。一部のマイクロファイナンス会社は、融資に年

＊19　全収益は法人所得税の控除を受ける代わりに、緊急事態に対処するために作られた再生基金に積み立てられる。

＊20　ビル・ゲイツと妻メリンダはプロ・ムヘルにいたく感銘を受け、二人の財団はこの組織に三一〇万ドルを寄付した。

率八〇パーセント、なかには一二五パーセントもの高利を請求していることを知ると、いささかショックを受ける。まるで、ヤミ金融業者なみの高利貸しだ。膨大な数の小口融資をおこなうコストを考えると、これが利益を上げる唯一の方法だ、というのがその言いわけだ。

私と同じスコットランド人のアダム・スミスが、自由市場を支持し、新時代を画した著書『国富論』を一七七六年に発表してから、グラスゴーは大きな成長を遂げた。デトロイトと同じく、産業化時代の波に乗って発展した。だが金融の時代はこの町にそれほど寛大ではなかった。南北アメリカや南アジアと同じく、グラスゴーの人びとも同じ教訓を学んでいる。金融の無知が世界的にはびこっていても、なぜか経済の一部門、つまり不動産市場に関してはだれもが専門家を自任する。不動産は一方通行の賭けだ、とだれもが知っていたが、現実はそうではなかった（二〇〇七年の第4四半期に、グラスゴーの住宅価格は二・一パーセント下落した。ただ慰めとしては、エディンバラでは五・八パーセントも下落したことだ）。世界中の都市の住宅価格は、賃貸料収入と建設費からみて妥当と思われる額を、はるかに超えて上昇していた。アメリカの経済学者ロバート・シラーが述べたように、「住宅はすばらしい投資だという認識が広く行き渡り」、それが、ジョン・ローの時代から株式市場にますます広く影響を与えてきたフィードバック・メカニズムによって、「典型的な投機バブル」をもたらした。要するに住宅や、その予想される値上がり益について、「根拠なき熱狂」が生じたのだった。

この認識には、これまでも見てきたように、もともとは政治的な側面もあった。住宅の所有を奨励すれば、資本主義の支持者を増やすうえで役立つかもしれないが、人びとに対し、家に全財産を賭けるよう強いることで資本市場を歪めることにもなる。金融理論家たちが、「ホームバイアス」に警告を発する場合、投資家が自国で生産された資本に自分たちのカネを投入する傾向を指している。だが本当の意味の「ホームバイアス」とは、自分たちのほぼ全財産を、自分の家に投資する傾向のことだ。なんと言っても、住宅はアメリカの標準世帯の資産ポートフォリオの三分の二を占め、ほかの国ぐにではその割合はさらに高くなる。バッキンガムシャーからボリビアまで、経済的な安定のカギは、適切に多様化した資産のポートフォリオを持つことに違いない[21]。そのためには、将来の値上がりを見越して投資すべきだ、とだれもが教わる。だがリスクと無縁とは言いがたい不動産市場で、高いレバレッジでいっさいを賭けるような投資は避けるべきで、軽率にしてはならない。借入のコストと投資のリターンの間には、つねに差があるべきであって、債務と収入の間もつねにバランスが保たれるべきだ。

言うまでもなく、これらのルールは住宅に限ったことではない。国家の経済にも当てはまる。最後に残った問いは、私たちがグローバル化と呼ぶようになったプロセスの結果、世界最大の経済大国は、どれほどこのルールを無視する誘惑に駆られてきたのか、という点だ。

＊21　ロバート・J・シラー『新しい金融秩序──来たるべき巨大リスクに備える』（田村勝省・訳、日本経済新聞出版社）

サブプライム超大国は、要するにどれほどの代償を払ったのか。

第6章　帝国からチャイメリカへ

一九九七年から九八年にかけてアジアで通貨危機が広まったころ、金融危機が起きるのは世界経済の外縁地域に限られる、と考えるのが一般的だった。東アジアやラテンアメリカなどの、新興市場《エマージング・マーケット》（かつては開発途上国と呼ばれていた）だ。ところが二一世紀に入り、グローバルな金融システムを大きく揺るがせたのは、辺地どころか中心地だった。アメリカの株式市場では、二〇〇〇年八月にシリコンバレーのドットコム・バブルが頂点に達し、その二年後には半値近くまで急落した。スタンダード・アンド・プアーズ社の五〇〇種株価指数（S&P500）の上位企業に投資した人びとが損失から回復したのは、やっと二〇〇七年五月になってからだ。それから三か月が経ったとき、新たな金融危機の嵐が吹き荒れた。今回は株式市場ではなく、信用市場だった。これまで見てきたように、この危機も震源地はアメリカで、そもそもは何百万世帯ものアメリカ人が、数十億ドル規模のサブプライム住宅ローンを返済し切れないことが発端だった。かつては、アメリカでそのような危機が起これば、グローバルな金融システム全体が、不況とまではいかないにしても、景気後退を起こしたものだった。だがアジア諸国は二〇〇八年末に至るまで、アメリカで起きた信用収縮の影響をほとんど受けずにすんでいるように見えた。事実、ゴールドマン・サックスのグローバル経済調査部長ジム・オニールなどのアナリストは、アメリカ以外の国ぐには好景気に沸く中国に導かれ、アメリカ経済から「離脱《デカプリング》」しつつあると論じたほどだ。

オニールの論旨が正しいとすれば、私たちは現在、金融というパワーのグローバルな均衡が、かつてないほど劇的にシフトする時代に生きている。世界経済における金融のテンポは、一世紀あまり前から、まずイギリス人、次いでアメリカ人というように英語圏の国ぐにが決めてきたが、ついに一つの時代が終わる気配だ。中国経済はこのところ三〇年にもわたってめざましく成長し、一人当たりのＧＤＰの年平均成長率は八・四パーセントを記録している。しかも近年、その勢いに拍車がかかっている。オニールが率いる調査チームは、ＢＲＩＣｓ（ブラジル、ロシア、インド、中国、あるいは「急速に工業化が進む大国《ビッグ・ラピッドリー・インダストリアライジング・カントリーズ》」の頭文字）のＧＤＰ予測をはじめて算出したとき、中国がアメリカを超えるのは二〇四〇年前後だと割り出した。だが最新の予測では、その時期をさらに二〇二七年にまで前倒ししている。中国が間違いなくぶつかる課題、とくに共産党政権のきびしい一人っ子政策によって人口構成に仕掛けられた時限爆弾や、東アジアの急速な産業革命が環境にもたらす影響などを、ゴールドマン・サックスのエコノミストたちが見過ごしているわけではない。二〇〇七年の株価急伸や、二〇〇八年の食糧価格の高騰などに見られるような、中国のインフレ圧力にも気づいている。それでも全体としての評価は、驚くほど前向きだ。ごく単純に言えば、私たちが生きているこの時代に歴史が方向性を変えたことを示している。

三〇〇〜四〇〇〇年前ごろ、一人当たりの収入に洋の東西でほとんど差はなかった。北米の平均的な入植者の生活水準は、中国の平均的な小作人のそれより際立ってよかったわけではない、と言われている。たしかに明朝の中国文明は、入植初期のマサチューセッツ州よりもさまざまな面で洗練されていた。何世紀も前から世界最大の都市だった北京に比べれば、ボストンは見すぼらしかったし、一五世紀はじめの鄭和の豪華な船団に比べれば、クリストファー・コロンブスが新大陸に向かったときの船サンタ・マリア号はまったくちっぽけだ。生産性を向上させるための画期的な技術革新が起きるとすれば、揚子江デルタかテムズ川流域だったと思えるほどだった[1]。ところが一七〇〇年から一九五〇年にかけて、東洋と西洋の生活水準は「大きな分岐点」を通過した。この期間に、中国は一人当たりの所得が絶対的に減少する苦しみを味わったが、世界の北西部に位置する国ぐに——とくにイギリスおよびその植民地——は、主として産業革命のおかげで未曾有の成長を遂げた。アメリカの一人当たり

＊1　K・ポメランツ『大分岐——中国、ヨーロッパ、そして近代世界経済の形成』（川北稔・訳、名古屋大学出版会）より。アンガス・マディソン『経済統計で見る世界経済2000年史』（金森久雄、政治経済研究所・訳、柏書房）は、一七〇〇年の中国に対し、より懐疑的な見方をしている。

の所得は、一八二〇年までに中国の約二倍になった。一八七〇年までには五倍近く、一九一三年までには一〇倍弱。一九五〇年になると、二二倍近くにまで広がった。一八二〇年から一九五〇年の、アメリカの一人当たりのGDPの成長率は、年率で平均一・五七パーセントだった。同じ時期の中国は、マイナス〇・二四パーセントに終わった。一九七三年の時点で、中国人の平均所得は、多く見積もってもアメリカ人の二〇分の一だった。市場為替レートに基づいて国際ドルに換算すると、その差はさらに広がる。この方法で計算すると、アメリカと中国の一人当たりの収入の差は、二〇〇六年になってもいぜんとして二二・九対一だ。

一七〇〇年代から一九七〇年代までの中国では、何がうまくいかなかったのだろうか。一説によると、一八世紀に世界の北西部が大きく飛躍した時期に欠かせなかった、マクロ経済的な二つの幸運の波を、中国が逃したことが原因だという。一つ目の幸運とは、西洋が南北アメリカを征服し、とくにカリブ海の島々を砂糖生産用の植民地として「ゴースト・エーカー（消費を支えるために必要な、国外における生産農地）」に変えたことだ。そのおかげで、ヨーロッパの農業システムは収益の低下という重圧から逃れることができた。そのような状況がなければ、中国と同じように苦しんだ可能性がある。二つ目の幸運とは、産業の発展に適した場所の近くに、炭鉱があった点だ。帝国が拡大したことによって、エネルギーや木材、羊毛、綿を安く調達できるようになった以外にも、思いがけない経済的な恩恵がもたらされた。軍事面でも有効な技術――時計や銃、レンズ、航海用具――の発達が促され、それが産業機械の進展という大きな波及効果を生んだ。(2) 東洋と西洋の分岐点については、当然ながらさまざまな説がある。たとえば地形や資源の差異、文化の相違や科学・技術に対する姿勢の違い、人間の進化の違いまで。(3) だが中国は、資源関連だけでなく、金融面でも大きな問題があったという、それなりに説得力のある説もある。一つには、中国が連続して統一国家であったことが逆に妨げになり、ルネサンス期とその後のヨーロッパで金融革新の推進力になった財政上の激しい競争が生じなかったためだ。もう一つには、中国は財政赤字に陥っても簡単に紙幣を増刷できたから、ヨーロッパ式の資本市場が出現しにくかった、という理由もある。中国は西洋との貿易収支が黒字だったから、硬貨もヨーロッパより多く供給されていた。つまり中国では、商業手形や債券や株式を発達させるインセンティブがはるかに弱かったといえる。一九世紀の末になって、近代的な金融機関が中国に上陸したが、西洋の帝国主義の一部としてもたらされたため、あとで述べるように、外国の影響を嫌う愛国的な反撃の矢面に立たされた。

＊2　ポメランツ『大分岐』

＊3　この問題に関して、最近の最も重要な研究としては、次のような著作がある。E・L・ジョーンズ『ヨーロッパの奇跡――環境・経済・地政の比較史』（安元稔、脇村孝平・訳、名古屋大学出版会）、デビッド・S・ランデス『「強国」論――富と覇権の世界史』（竹中平蔵・訳、三笠書房）、Joel Mokyr, *The Gifts of Athena: Historical Origins of the Knowledge Economy* (Princeton)、クラーク『10万年の世界経済史』

グローバリゼーションを、商品や製造業、労働、資本の国際市場を急速に統合すること、と捉えれば、グローバリゼーションは決して新しい現象だとは言えない。第一次世界大戦が始まる一九一四年までの三〇年間に、世界全体の生産高に貿易が占めた比率は、現在までの三〇年のそれに匹敵する。当時は現状ほど国境がきびしく管理されていなかったから、国際移民は、世界の人口比にすれば、間違いなくもっと多かったと思われる。外国生まれのアメリカ人は、一九一〇年には国民全体の一四パーセント強だったが、二〇〇三年には一二パーセント弱になっている。総額で見れば、世界の海外投資はGDP比で、一九九〇年代のほうがその一〇〇年前よりも大きかったが、純額の海外投資額——とくに豊かな国から貧しい国への——は前世紀のほうがはるかに多い。一世紀あまり前、欧米の先進的なビジネスマンたちは、アジア全域には目がくらむようなチャンスが潜在していると考えた。一九世紀の半ばには、産業革命のおもな技術はどこへでも移転できるようになった。国際的に海底ケーブル網が敷かれ、情報交換は速やかにおこなわれるようになった。資本は潤沢にあったし、後述するように、イギリスの投資家たちはリスクを冒して遠方の国ぐにに投資する意欲が十分にあった。設備は手が届く金額になり、エネルギー源は容易に入手でき、労働力もありあまっていたから、中国やインドの織物工業は膨大な利益を生み出すビジネスになるはずだった。(4)ところが、西洋の資金を一〇億ポンドあまりも投資したにもかかわらず、ヴィクトリア時代のグローバリゼーションの芽は、アジアのほぼ全域でうまく根づかず、今日、植民地搾取として記憶される、苦い遺産だけが残った。二〇世紀の半ばになると、グローバリゼーションに対する反動があまりに大きかったため、アジアで最も人口が多い中国とインドの二か国は、一九五〇年代から七〇年代にかけてグローバルな市場との接触をほとんど断ってしまった。

　しかも前回のグローバリゼーションは、無残な形で終わった。いまから一〇〇年ほど前の一九一四年の夏、静かに消え去るどころか、耳をつんざく轟音とともに吹き飛んだのだった。グローバル経済の恩恵を最も受けた人びとが、かつてないほど破壊的な戦争に乗り出したからだ。一九一四年以前のアジアで、なぜ国際資本が自力で成長し続けられなかったのかを、私たちは承知しているつもりでいる。では、グローバルな経済統合の影響と、第一次世界大戦の勃発の間にも、何か因果関係があるのだろうか。最近では、第一次世界大戦け、グローバリゼーションに対する一種の反動だと捉える見方もある。一九一四年までの一〇年間に関税が上がり、移民が制限された点が戦争の発端だ、とする見解だ。そして戦争を最も熱烈に支持したのは、農産物価格が下落し、地方の余剰労働力が新世界に移民したために、数十年にわたって衰退し続けたヨーロッパの豪農たちだったと、ロンドンでリスクマネジメントにたずさわるデイヴィッド・M・ロウは、論文「グローバリゼーションがいかにして第一次世界大戦を引き起こしたか」(5)で述べている。「ポスト・アメリカ」ともいえる現在の新しい世界を手放しで歓迎する前に、今回のグローバリゼーションでは、思いもよらない反動によって、地政学的な面で足元をすくわれないようにしなければならない。

＊4　クラーク『10万年の世界経済史』

グローバリゼーションと最後の大決戦

新興市場《エマージング・マーケット》には不測の事態《エマージェンシー》が付きものだと、昔からよく言われてきた。遠くの国ぐにに投資すれば儲かるかもしれないが、一つ間違えると一気に破産に追い込まれかねない。第2章で紹介したように、ラテンアメリカにおける最初の累積債務危機は、早くも一八二〇年代から始まった。また一八九〇年、ベアリング家を破産寸前にまで追い込んだのも、アルゼンチンで起きた別のエマージング・マーケット危機だった。それから一〇五年後、こんどはシンガポールで、やはり悪名高い先物トレーダーであるニック・リーソンが、ついにベアリングス銀行の息の根を止めた。一九八〇年代のラテンアメリカの累積債務危機や一九九〇年代のアジア通貨危機は、前代未聞のできごとではない。金融史をひもとけば、現在のエマージング・マーケットの多くは、再興市場《リエマージング・マーケット》と呼ぶほうがふさわしいことが分かる。(6) 最近の例でいえば、究極のリエマージング・マーケットは中国だ。ジム・ロジャーズなど親中国派の投資家たちは、中国ではいくらでも金儲けができると豪語している。(7) だが世界最大の人口を誇る中国の有価証券に、海外の投資家たちがこぞってカネをつぎ込んで一攫千金を夢見たのは、今回がはじめてではない。前回のブームでは、香港名物の仕立屋たちがひと月に縫い上げられるシャツの数と同じくらい身ぐるみはがれた投資家たちがいたことを、覚えておいたほうがいい。

現在も当時も、海外投資で最も問題になるのは、海を一つも二つも隔てた遠方にいる外国の政府や海外駐在員たちの思惑が、ロンドンやニューヨークにいる投資家たちには計りがたいという点だ。さらに、ほとんどの非西洋諸国では、ごく最近まで法制度が整っておらず、会計基準も西洋とは異なっていた。外国の貿易相手が債務不履行を決め込んでしまえば、地球の裏側にいる投資家には、ほとんど打つ手がなかった。第一次グローバリゼーションの時期には、このような事態に対して恐ろしいほどシンプルで効果的な手を打った。ヨーロッパのルールを押し付けたのだった。

ウィリアム・ジャーディンとジェイムズ・マセソンはともに野心的なスコットランド人で、一八三二年、中国南部の港湾都市である広東（現・広州）に貿易会社を設立した。主な取引の一つは、イギリス政府の国策会社である東インド会社が栽培させたアヘンを、インドから

＊5　たとえば、ファリード・ザカリア『アメリカ後の世界』（楡井浩一・訳、徳間書店）や、パラグ・カンナ『「三つの帝国」の時代――アメリカ・EU・中国のどこが世界を制覇するか』（玉置悟・訳、講談社）を参照。

＊6　「エマージング・マーケット」ということばが最初に使われたのは一九八〇年代で、命名者は世界銀行のエコノミスト、アントワン・ファン・アフトマール。現在は、民間のファンド・マネジャー。

＊7　ジム・ロジャーズ『ジム・ロジャーズ　中国の時代』（林康史、望月衛・訳、日本経済新聞出版社）

中国へ輸出することだった。ジャーディンは東インド会社で船医として働いていたが、彼が中国に持ち込んだアヘンはどう見ても医療用ではなかった。アヘンは中毒による社会的なダメージが大きいため、一〇〇年あまりも前の一七二九年に、清の雍正帝が禁令を出していた。一八三九年三月一〇日、清の道光帝にアヘン貿易の根絶を命じられた林則徐という廷臣が、広東にやって来た。林が広東のアヘン倉庫を封鎖すると、イギリス人商人たちもいったんは折れた。最終的に、量にしておよそ二万箱分、金額にして二〇〇万ポンド相当のアヘンが押収された。それらは再利用できないように異物を混ぜ、文字どおり海に投げ捨てられた。中国側はさらに、中国に居住するイギリス人に中国の法に従うよう迫った。ジャーディンにとっては、承服しがたい。中国側から「鉄の頭の老いた鼠」と呼ばれたジャーディンは、騒動が起こったときにはヨーロッパにいたため、急ぎロンドンに戻ってイギリス政府にロビー活動を始めた。外務大臣のパーマストン卿と三度にわたって会談し、イギリスは強さを見せつける必要があり、「中国の海戦用ジャンク船はパワーが足りない」から「しかるべき」イギリス軍を派遣すれば楽勝できる、と彼を説得したようだ。一八四〇年二月二〇日、パーマストンは出兵を命じた。同年六月には、海軍の準備はすべて完了した。清朝は、歴史上で最も成功した麻薬国家とでも呼べるイギリス帝国の底力を、まざまざと見せつけられることになった。

ジャーディンが予言したとおり、中国政府はイギリスの海軍力には歯が立たなかった。広東は封鎖され、舟山諸島は占拠された。一〇か月間の攻防が続いたあと、イギリス海軍は、

「鉄の頭の老いた鼠」——ジャーディン・マセソン商会の共同設立者のひとり、ウィリアム・ジャーディン　(Jardine, Matheson)

香港と広東の間を流れる珠江の河口を守る砦を攻略した。一八四一年一月に穿鼻《せんぴ》仮条約が調印され（その後、皇帝が無効にした）、香港はイギリス領になった。その後に再開された戦闘でもイギリス側が圧勝し、翌一八四二年八月に南京条約が調印された。香港の割譲が確認され、広東、厦門《アモイ》、福州、寧波、上海の五つが条約港となり、アヘン貿易が自由におこなえるようになった。イギリスは治外法権も勝ち取り、イギリス人はこれらの都市では、中国の法に縛られずに行動できるようになった。

　中国側から見ると、第一次アヘン戦争は屈辱の時代の幕開けだった。アヘン中毒が蔓延した。キリスト教の宣教師たちが、伝統的な儒教の教えを揺さぶった。そして太平天国の乱——キリストの弟を名乗る男（洪秀全）の指揮の下、信用が失墜した清朝を倒そうとする農民の反乱——による混乱が続き、二〇〇〇万人から四〇〇〇万人が命を落とした。だがジャーディンとマセソンは、香港で土地の獲得に奔走し、香港の東角《イースト・ポイント》に本社を移して、ヴィクトリア時代のグローバリゼーションの絶頂期を迎えた。香港島で最も標高が高い場所のひとつ、渣甸山《ジャーディンズ・ルックアウト》は、かつてジャーディン・マセソン商会が見張りを常駐させた場所だ。彼らはここで、ボンベイ（現ムンバイ）やカルカッタ（現コルカタ）やロンドンから自社の快速帆船《クリッパー》が接近する状況を見守っていた。香港が貨物の集散拠点として栄えるようになると、ジャーディン・マセソン商会の取り扱い品目もアヘン一辺倒ではなくなった。一九〇〇年代のはじめまでには、自前の醸造所や紡績工場、保険会社、フェリー会社、一九〇七年から一一年にかけて敷設された九龍と広東を結ぶ鉄道路線まで所有するようになった。

ジャーディンとともにアヘン貿易にたずさわった、ジェイムズ・マセソン（Jardine, Matheson）

一方ロンドンでは、外国投資のチャンスは無限にあった。N・M・ロスチャイルド＆サンズ銀行の台帳を見ると、この状況が歴然としている。ロスチャイルドのパートナーたちは、数百万ポンド規模のポートフォリオのなかに、信じられないほど多様な証券を抱えていた。あるページを開いただけでも、チリやエジプト、ドイツ、ハンガリー、イタリア、日本、ノルウェー、スペイン、トルコの国債など二〇種類もの有価証券や、一一種類もの鉄道証券が並んでいる。うち四つはアルゼンチン、二つはカナダ、一つは中国の鉄道だ。しかも、このように多様な国際投資ができるのは、金融界のエリートだけの特権ではなかった。早くも一九〇六年には、イギリスの投資家たちはヘンリー・ローウェンフェルドの著書『投資――科学の真髄』を二シリング六ペンスという手ごろな値段で買うことができた。著者はこの本のなかで、「資本を各地域に平均的に分散した健全な投資」を勧めている。そうすれば「投資における投機的な要因を最小限に食い止められる」からだ。ジョン・メイナード・ケインズが『平和の経済的帰結』の有名な一節で振り返っているように、ロンドンの中流階級は、それほどの努力もせずに「自分の富を世界の好きな部分の自然資源や新事業に投資し、なんらの労働も心労すら払わずに、その将来の果実や利益の分け前にあずかることができた」(『ケインズ全集第二巻　平和の経済的帰結』早坂忠・訳、東洋経済新報社から引用)。

当時、世界にはおよそ四〇か所に外国証券取引所があり、うち七か所の情報が定期的にイギリスの経済紙に掲載された。ロンドン株式市場は、五七もの政府や植民地政府が発行した債券を取り扱っていた。ロンドンから世界へ向けたマネーの流れをたどってみると、この第一次金融グローバリゼーションがどれほどの広がりを持っていたかがよく分かる。イギリスの対外投資のうち、およそ四五パーセントがアメリカ、カナダ、オーストラリア、ニュージーランドへ、二〇パーセントがラテンアメリカへ、一六パーセントがアジアへ、一三パーセントがアフリカへ、そして六パーセントがその他のヨーロッパ諸国へ向けられた(8)。一八六五年から一九一四年にかけて、証券の公募で調達したイギリス資本総額の大部分が、海外に投じられている。イギリス本国への投資は、三分の一にも満たなかった。一九一三年には、全世界に推定一五八〇億ドルの有価証券があったが、うち二八パーセントに当たるおよそ四五〇億ドルが、国際的に取引されたものだった。一九一三年にロンドン株式市場で売買された有価証券のうち、半分近い四八パーセントが外国債券だ。一九一三年の時点で、イギリスの海外総資産はGDPのおよそ一五〇パーセントに相当し、年間の経常黒字はGDPの九パーセントにも達した──現在の用語で言えば、イギリスは貯蓄過剰の状況だった。重要な点だが、一九一四年の第一次世界大戦前は、昨今に比べて割に貧しい国へ輸出される資本の比率が、かなり高かった。一九一三年には、全世界の海外投資の四分の一が、一人当たりのGDPがアメリカの五分の一にも満たない国ぐにに投資された。一九九七年には、その比率がわずか五パーセントに減っている。

イギリスの投資家たちは、資本が不足している地域に投資すれば高い収益が期待できるという単純な理由で、国外の市場に惹かれたのかもしれない。あるいは金本位制が広まったことや、外国の諸政府が財政責任を持つようになったために、勇気が出たという要素も考えられる。だが大英帝国の権勢が強くなければ、一九一四年以前にそれほどまでに対外投資が伸びることはなかったと思われる。イギリス対外投資総額の五分の二から半分ほどが、イギリスが統治する植民地に向けられた。アルゼンチンやブラジルなど、イギリスが裏でかなりの影響力を持つ国ぐににも、多額の投資が向けられた。またイギリスの対外投資は、ロンドンが政治的な影響力を持つような資産に集中していた。国債をはじめ、鉄道や港湾設備、鉱山に融資する有価証券などだ。植民地証券の安全が保証されていたことも、安心できる要因だ

＊8　マディソン『経済統計で見る世界経済2000年史』

った。植民地証券は、植民地融資法（一八九九年）や植民地株式法（一九〇〇年）により、指標となるイギリス政府の永久公債であるコンソル公債と同等の信用が与えられ、信託貯蓄銀行の投資対象に選ばれるようになった。(9) だが、植民地証券の本当の魅力は、表立った面ではなく、隠れたところにあった。

ヴィクトリア時代の政治家たちは、一連の特別な制度を植民地に導入し、それが投資対象としての植民地の魅力を高めたものと思われる。これらの制度は、グラッドストン首相らが唱えた健全な資金、バランスの取れた財政、自由貿易という三つの理念の枠を超え、法の支配（とくにイギリス式の財産権）やあまり腐敗していない政権の樹立にまで及ぶ。これは一九世紀末のリベラルな帝国主義において、最も重要な「公共財」の一つだ。借り手が植民地である場合、債務契約は当然ながら独立国家との契約に比べて、いざというときに強制執行に訴えやすい。だからこそ、ケインズがのちに指摘したように「南ローデシア——白人は二〇〇〇〜三〇〇〇人程度、黒人は一〇〇万人弱のアフリカ中央部にあるイギリスの植民地［現ジンバブエ］——は、保証もつけず、わが国［イギリス］の戦時国債とそれほど変わらない条件で融資を受けられる」のだから、投資家たちが「ロンドン・アンド・ノースイースタン鉄道の社債より……［イギリス政府の保証がついていない］ナイジェリアの株式を」好んでもおかしくなかった。イギリスの法制度を押しつければ（一八八二年にエジプトを保護国化したときのように）、実質的に「債務不履行なし」の保証をつけたも同然だった。投資家たちが直面する不確実な要素といえば、イギリスの支配がいつまで続くか、という見通しだけだった。一九一四年以前は、アイルランドやインドなどの植民地でも民族主義運動が高まったが、政治的な独立となると、属国の人びとの大部分にとってはまだ夢物語だった。当時は、白人入植者が中心の主な植民地でも、政治的な自治権は限られていた。なかでも、香港ほど独立に縁遠いと思える植民地はほかになかった。

一八六五年から一九一四年にかけて、イギリスの投資家たちは少なくとも七四〇〇万ポンドを中国の有価証券につぎ込んだ。一九一四年までのイギリス対外投資の総額四〇億ポンドのなかでの比率は低いが、貧しい中国から見れば巨額だ。またイギリスは、香港を直轄植民地として支配したほかにも、一八五四年以降は中国海関（上海にある海上貨物の通関）を通じて中国の輸入関税システム全体を掌握し、中国の港で徴収する税金の一部を、イギリスが保有する債券の利払いに充てることにした。この点は、投資家たちを安心させたに違いない。だが風に揺れるイギリス国旗《ユニオン・ジャック》の下で大班《タイパン》（外国商館の支配人）がジントニックをするような条約港の共同租界にも、危険は内包されていた。イギリス人が香港をいくらきびしく取り締まっても、中国の清王朝が崩壊に向かう流れは止められなかった。中国ではまず一八九四年から九五年にかけて日清戦争に巻き込まれ、次いで一九〇〇年の義和団の乱、そして最終的に一九一一年に清王朝を倒した辛亥革命を通じて、混乱の度合いが深まった。自国経済の

＊9　ジョン・メイナード・ケインズ『対外投資と国民の利益』。『ケインズ全集第一九巻　金本位復帰と産業政策——1922-29年の諸活動』（西村閑也・訳、東洋経済新報社）に所収。

大部分を外国に牛耳られ、各地の中国人が怒りを抱えていたことも、革命が激化した一因だった。このように政治面における大変動はいずれも、海外の投資家たちの最大の泣きどころで彼らのふところを直撃した。以後に起きた危機でも同様だが――一九四一年の日本軍の進攻や、一九九七年の中国への香港返還も――香港の投資家たちは、中国の債券や株の価格が急落する状況を目の当たりにした[10]。第一次グローバリゼーションが戦争や革命に弱かったのは、中国に限った現象ではない。世界の経済システム全体もまた、同じようにもろかった。

国際投資にかかわる人びとにとって、一九一四年までの三〇年間は文字どおり黄金時代だった。まず海外市場との通信事情が、めざましく改善された。一九一一年には、ニューヨークからロンドンまでわずか三〇秒で電報を送ることが可能になり、費用も一八六六年当時のわずか〇・五パーセントでこと足りた。ヨーロッパでは一九〇八年までに、ほぼすべての中央銀行が金本位制を採用した。言い換えれば、ほぼすべての銀行が金準備を心がけ、正貨（あるいは正金、本位貨幣）が流出した場合には金利を上げるか、あるいは介入をすることになった。この単純さのおかげで、少なくとも為替レートが大きく変動するリスクは減ったため、投資家の不安は軽減された。一八七〇年代と八〇年代のデフレ局面を抜けた一八九〇年代の半ばからは、ゆるやかなインフレ傾向になり、各国政府は実質的に債務が減り、財政状況が好転したように見えた。経済成長率が高くなれば、税収も増える。しかも、長期金利の水準は低かった。たしかに一八九七年から一九一四年にかけて、目安になるコンソル公債の利回りは一パーセントポイントあまり上昇したものの、それ以前の利回りは史上最低の二・二五パーセントだった。一八七〇年代と九〇年代には大規模な累積債務不履行という事態が発生したものの、現在エマージング・マーケット・スプレッドと呼ばれる新興国との金利格差は、大幅に縮まった。見通しが甘いギリシャやニカラグアで発行された有価証券を除けば、一九一三年にロンドンで取引された国債や植民地債で、利回りがコンソル公債を二パーセントポイントも上回るものはなく、大半はもっと低かった。つまり、たとえば一八八〇年に外債のポートフォリオを購入しておけば、かなりのキャピタルゲインを得られた。

一八八〇年以降、ロンドンで取引される外債のほぼ半分を占めた列強の債券利回りや予想変動率《ボラティリティ》もジワジワと低下し、政治リスクプレミアムも下落した。一八八〇年以前は、オーストリアやフランス、ドイツ、ロシアの国債価格は、政治ニュースに反応してかなり大幅な変動を繰り返しがちだった。だが一九一四年までの一〇年間、モロッコやバルカン諸国などでさまざまな外交上の混乱があったにもかかわらず、ロンドンの債券市場にそれほど大きな影響はなかった。イギリスの株式市場は、一八九五年から一九〇〇年に起きた南アフリカの金鉱株バブルが崩壊してからは停滞状態が続き、収益の変動率は小さくなっていった。一方、長期的には流動性が高まっていた。それには、金の生産量が増え、さらに、株式銀行が金準

＊10　一八七〇年から一九四〇年までの上海株式市場の変動に関しては、きわめて便利な株式市場インデックスのサイトとして、次のものがある。http://icf.som.yale.edu/sse/

備の量にかかわらずバランスシートを拡大し、貯蓄銀行が中・下流の一般家計の貯蓄を大きく取り込むなど、金融革新が進んだことが明らかに関係している。

このような経済トレンドのすべてが、楽観主義を助長した。多くの実業家――帝政ロシアの鉄道王イヴァン・ブロッホからアメリカの鉄鋼王アンドリュー・カーネギーなどを含めて――にとっては、大規模な戦争が起きれば資本主義システムが壊滅的な打撃を受けることは、自明の理だった。ブロッホは一八九八年に『将来の戦争』と題する全六巻の大著を出版し、技術の進歩によって兵器の破壊力が高まったため、戦争をしても必然的に未来はないことを論じ、大規模な戦争を仕掛ければ、「国家の破産」に終わるのがオチだ、と断じた。カーネギーが「カーネギー国際平和財団」を設立した一九一〇年に、イギリスの左派ジャーナリスト、ノーマン・エンジェルは『大いなる幻影――国家の軍事力と経済・社会的利益の関係の研究』を著し、大国間の戦争は経済的に不可能になった、と論じた。その根拠は、「私たちが築き上げた信用に基づく金融が、微妙なバランスを取りながら互いに依存しているから」だという。一九一四年の春、ある国際的な委員会が、一九一二年から一三年にわたって起きた二度のバルカン戦争における蛮行についての報告をまとめた。委員長は、これが全国民を巻き込む極限状態の戦争であった証拠を委員とともに目の当たりにしていたにもかかわらず、報告書の序文で、ヨーロッパの列強は（バルカン半島の小国とは異なり）「戦争が起きれば、最も豊かな国が最大の損失をこうむるという自明の真実に気づき、どの国も何よりも平和を求めている」と記した。委員の一人でイギリス人のヘンリー・ノエル・ブレイルスフォード

──独立労働党の忠実な支持者で、軍事産業を痛烈に批判した『鉄と金の戦争』の著者──は、次のように明言している。

ヨーロッパにおいては、征服の時代は終わった。そして、バルカン諸国や、おそらくオーストリア帝国やロシア帝国の周辺は除くとしても、政治的に各国の国境線がようやく定まったことは確かだ。私見だが、六大国の間では、もはや戦争は起きないだろう。

一九一四年六月二八日、ボスニアの首都サライェヴォで、オーストリア皇太子フランツ・フェルディナンド大公がガヴリロ・プリンツィプに暗殺された。だが金融市場は当初、気にも留めなかった。バルカン危機が拡大して経済的な脅威になるかもしれない、と経済紙が深刻な懸念を報じたのは、ようやく七月二二日になってからだ。だが投資家たちが、本格的なヨーロッパ戦争が始まるかもしれない、と遅ればせながら気づいたときには、流動性などというものは、風呂の底が抜けたように世界経済から消えていた。最初に金融危機の兆しが現れたのは、オーストリアがセルビアに最後通告を突き付けたことを受けて、運送保険料が値上がりしたときだった（オーストリアはこの最後通告のなかで、オーストリア政府の高官がセルビアに赴き、同国が事件に関与していた証拠を探すことを許可するよう迫った）。先を読んだ投資家たちが、資産を現金化して流動性を高めようと動き始め、債券や株の価格は急落した。手持ちのロシア有価証券をいち早く手放しにかかったのはヨーロッパの投資家たちで、アメリカ人がそれに続いた。国外の債権者たちが資金を自国に送金しようとやっきになったために、為替レートは乱高下した。ポンドとフランが高騰し、ルーブルとドルは暴落した。七月三〇日には、ほとんどの金融市場がパニックに陥った。ロンドンで最初に危機の波をかぶったのは、借入金で株を買っていた証券取引所のブローカーたちだった。売り注文が殺到した結果、持ち株の時価が借入額を下回り、多くの企業（デレンベルク商会がその好例）が破産した。同じくもろに波を受けたのが、ロンドンの商業手形仲買業者《ビル・ブローカー》だ。その多くは、ヨーロッパ大陸の取引先にかなりの金額を貸していたが、相手方が送金できなくなったか、あるいは送金する気をなくしたためだ。彼らが苦境に陥ったため、次には手形を引き受けていた大手の商業銀行に衝撃が及んだ。彼らは商業手形を引き受けていたわけだから、外国人が債務不履行に陥れば、真っ先に影響を受ける。銀行が破綻すれば仲買人も共倒れになり、さらに規模の大きな株式銀行もあとに続くという悪循環に陥る。こちらは日常的に、手形割引市場で何百万ポンドもの資金を短期的に貸し出していたからだ。株式銀行が貸付金の回収を決定するに至って、現在でいう信用危機が深まった。だれもがわれ先に資産を売って流動性を高めようとしたために、株価は下落し、株を担保に融資を受けたブローカーなどが危機的な状況に追い込まれた。国内の預金者は、銀行危機が起きるのではないか、と不安を抱き始めた。イングランド銀行には、紙幣を金貨と交換しようとする人びとが列をなした。国際的な信用の中心地としてのロンドンの機能が実質的に一時停止したため、金融危機はヨーロッパから世界へと広まった。

一九一四年の危機で最も目立った特徴は、世界のおもな株式市場が、最長で五か月も閉鎖されたことだといえるだろう。最初に閉鎖されたのはウィーン市場で、七月二七日のことだった。七月三〇日までには、ヨーロッパ大陸の取引所はすべて閉鎖された。その翌日には、ロンドンとニューヨークの取引所も追随せざるを得なくなった。ロンドン株式市場では、決済日こそ一一月一八日に遅ればせながらおこなわれたものの、市場は一九一五年一月四日まで再開しなかった。一七七三年にロンドン株式市場が設立されて以来、このような事態ははじめてだった。ニューヨーク市場は一部の取引（現金と債券の引き換えのみ）に限り一一月二八日に再開したが、無条件の取引は、一九一五年四月一日までできなかった。この危機を受けて閉鎖したのは、株式市場だけではない。アメリカの商品取引所やヨーロッパの外国為替市場も、ほとんどが取引を中断した。たとえばロンドン王立取引所は、九月一七日まで閉鎖していた。市場を閉ざさなければ、最悪の場合、株価は一九二九年の大恐慌なみに暴落していたことだろう。国家が関与したテロのなかで、一九一四年にガヴリロ・プリンツィプが起こした暗殺事件ほど、金融界に大打撃を与えたものはなかった。

ほぼ世界的に金本位制度が採用され、これは投資家に好都合だと思われた時期もあった。だが一九一四年の危機では、流動性の危機を深める結果につながった。危機の初期に、実質的に金利を引き上げた中央銀行（イングランド銀行が好例）もあった。外国人が自国に送金し、そのために保有する金が流出する動きを阻止しようという試みだったが、あまり効果はなかった。開戦前には、緊急事態への備えとして金準備はどこまであれば十分だといえるのほぼ唯一のテーマだったと言える。だが金本位制は、現在アジアや中東の国ぐにが採用しているような非公式なドルとのペグと同じく、それほどきびしい拘束力はなかった。戦争という非常事態になると、ドルとのペッグと同じく、ロシアをはじめ多くの国ぐにが、金と自国通貨の交換をあっさり打ち切ってしまった。イギリスとアメリカでは、表向きは交換性が維持されたが、必要とあればいつでも中断できた（イングランド銀行は、銀行の金準備と紙幣の発行量を連動させるよう規定した一八四四年の銀行法を、一時的に停止する権限を与えられたが、正貨の決済を停止したわけではなかった。金準備が少なくても維持できたからだ）。英米とも、流動性の危機を受けて銀行券を緊急発行せざるを得なくなった。イギリスでは一ポンド紙幣と一〇シリング紙幣、アメリカでは一九〇八年のオルドリッチ・ヴリーランド法で発行権を与えられた緊急紙幣だ。現在と同じように、当局は紙幣を増刷して流動性危機に対応した。

打つべき手立ては、これだけではなかった。ロンドンでは、八月三日の月曜日が銀行休日だったが、それが六日の木曜日まで延長された。為替手形の支払い期日が、政府の通達によって一か月も延期された。そのほかの支払い（給与、税金、年金などは除く）についても、一か月の支払猶予期間が次々と法令集に追加された（これらの猶予期間はのちに、為替手形は一〇月一九日、その他の支払いは一一月四日まで延期された）。八月一三日、大蔵大臣はイングランド銀行に対し、八月四日（イギリスの参戦日）までに引き受け済みの手形を、遡求権なしですべて割り引くなら、銀行がかぶるかもしれない損失はすべて大蔵省が負担すると保証した。これによって、政府の救済は割引金融機関にまで届いた。割引を求める手形が銀行になだれ込み、マネタリー・ベースが急速に拡大するきっかけになった。九月五日、援助の手は手形引受銀行にも伸びた。国によって手順は異なるものの、市場の一時的な閉鎖、負債の支払猶予、政府による緊急の紙幣増刷、脆弱な機関に対する緊急援助など、応急対策はどこでも似たようなもので、規模も前代未聞の広がりを見せた。これらを総括してみると、当局はそれまでの単純な金融危機に対する対策より、はるかに踏み込んで対処していたことが分かる。これより前に起きた「世界的な戦争」（たとえば、一世紀あまり前のフランス革命やナポレオン戦争など）と同じく、一九一四年の第一次世界大戦も特異な緊急事態だという認識で、平時では考えにくい手段も正当化された。（ある保守党の貴族が指摘したように）「銀行家たちを……すべての責任から解放するような」手段さえ含まれていた。

　株式市場が閉鎖され、流動性を取り戻させようとする政府の介入があったため、資産の投げ売りという壊滅的な状況は、ほぼ確実に回避できた。ロンドン株式市場では、取引が中断された年、開戦前の時点ですでに株価が七パーセントも下落していた。債券取引に関する断片的なデータ（株式市場が閉鎖していた期間は、文字どおり路上で取引されていた）を集めてみると、当局の懸命の努力もむなしく、投資家たちが味わった喪失感の一端を垣間見ることができる。一九一四年の末までにロシア国債は八・八パーセント、イギリスのコンソル公債は九・三パーセント、フランスの長期国債《ラント》は一三・二パーセント、オーストリア国債は二三パーセントも下落した。ベアリングス銀行のパトリック・ショー＝スチュアートのことばを借りると、「金融制度が誕生して以来、ロンドンが経験した最悪の事態の一つ」と言える。だがこれは、まだほんの序曲に過ぎなかった。「短期戦」で終わるという幻想（軍事産業より金融業界で広まった観測）とは裏腹に、大量殺戮の状況はそれから四年も続き、経済的な損失はさらに長く尾を引いた。政府が発行した金色に縁取られた有価証券（コンソル公債や新たに発行されたイギリスの戦時特別債）にしがみついた、読みの浅い投資家や愛国者たちは、一九二〇年までにはインフレ調整ずみで平均すると四六パーセントもの損失をこうむったことになる。イギリスの株の収益でさえ、実質的にはマイナスだった（マイナス二七パーセント）。フランスのインフレやドイツのハイパーインフレにいたっては、さらに強烈な痛手を与えた。一九二三年になると、フランやマルクを大量に抱えた軽率な投資家たちに、さらに強烈な痛手を与えた。一九二三年になると、どのような種類であっても、ドイツの有価証券を持っていた人はすべてを失った。もっとも、その後の平価切り上げによって、元本の一部だけは回復できた。ハプスブルク家やオスマン王朝、ロマノフ王朝が全面戦争の波に呑まれて崩壊すると、オーストリアやハンガリー、オスマン帝国、ロシアの国債を大量に持っていた人びとも――これらの通貨が金本位制だったというのに――大損した。とくにロシア国債の場合は損失が突然に訪れたうえ強烈だった。一九一八年二月、ボルシェヴィキ政権が債務不履行を宣言したからだ。この当時、一九〇六年に発行された利率五パーセントのロシア国債は、額面の四五パーセント未満の価格で取引されていた。一九二〇年代の間は、国外の債権者に対してなんらかの手打ちがおこなわれるのではないか、という期待感が投資家たちの間に漂っていて、国債は額面の二〇パーセント前後で取引されていた。だが一九三〇年代になると、すべて紙切れと化した。

銀行家たちは、ドイツの賠償金支払いという見込みのない目的などのため、根気よく起債を続けていたが、資本が自由に動けた古きよき時代の秩序を、二つの大戦の間には回復できなかった。通貨危機や債務不履行、賠償金や戦争債務をめぐる議論に加え、世界恐慌が始まると、多くの国が為替や資本に規制を加え、保護主義的な関税などの貿易規制を課すようになった。だが外貨をあきらめてでも国家の富を保持しようという努力は、無駄骨に終わった。たとえば中国政府は一九二一年一〇月一九日、破産を宣告し、中国が負っているほぼすべての対外債務の不履行に踏み切った。この手法は、上海からサンティアゴ、モスクワからメキシコシティへと広がり、世界中で繰り返された。一九三〇年代の末までには、政治的な自由を保った国も含め、世界中のほとんどの国が、当然であるかのように貿易や移民や投資を規制した。なかには、グローバリゼーションから離脱した社会という理想を実現し、ほぼ完全な自給自足経済（アウタルキー）をなしとげた国もあった。意図したかどうかは別にして、一九一四年から一八年にかけて導入された経済規制が、平時にもすべての政府で採用されるようになった。

開戦直後から、第一次世界大戦を引き起こしたさまざまな原因が、しだいに解明されていった。戦争が勃発すると、ボルシェヴィキの指導者レーニンは、この戦争が帝国主義の相争う当然の結末として避けられない運命だったことに気づいた。アメリカのリベラル派は、秘密外交やヨーロッパ内の複雑な合従連衡が衝突の大きな原因だった、と気づいた。イギリス人やフランス人は当然のようにドイツ人を責め、ドイツ人はイギリス人やフランス人を非難した。歴史学者たちは、これらの議論をかれこれ九〇年あまりにもわたって練り上げては修正する作業を繰り返してきた。戦争の発端を一八九〇年代の海軍の軍拡競争にまでさかのぼって論じた者もいれば、一九〇七年以降にバルカン半島で起きた一連の事件が発端だと主張する者もいる。

いまになって振り返ってみれば戦争の原因はいくらでも見つかり、しかも歴然としているのに、なぜ当時の人びとは悲劇的な戦争が起きる直前まで、それらの点に気づかなかったのだろうか。一つには、流動性が豊富だったことと時間の経過による忘却があいまって、視界が曇っていたからかもしれない。世界の統合が進み、金融革新がおこなわれたおかげで、投資家たちは安全感を高めた。さらに、普仏戦争(一八七〇年に、プロイセンとフランスの間で起こった戦争)という直近の大規模なヨーロッパ戦争から四四年が経っていたし、ありがたいことに前回の戦争は短期間で終わっていた。ただし地政学的に言えば、世界はまったく安全な場所ではない。イギリスの「デイリーメール」紙を読んでいれば、ヨーロッパの軍拡競争や帝国主義の対立が、やがて大規模な戦争に発展するに違いない、と気づいたはずだ。実際、架空の英独戦争を扱った大衆小説のれっきとしたサブジャンルまであったほどだ。それでも崩壊する前夜まで、金融市場の信号は、赤くはならずに青いままで光っていた。

これは、現代にも活かせる教訓かもしれない。第一次金融グローバリゼーションは、達成するまでに少なくとも一世代かかった。だが崩壊に要した時間はほんの数日。そして、一九一四年八月に始まった戦争でこうむった損失から回復するには、二世代あまりもかかった。

エコノミック・ヒットマン

一九三〇年代から六〇年代の末まで、国際金融、そしてグローバリゼーションという概念は眠ったままだった。死んだ、と考えた人さえいる。アメリカの経済学者アーサー・ブルームフィールドは、一九四六年に次のように記した。

現在、学界でも銀行業界でも同じように高く評価されているドクトリンは、次のようなものだ。――これから数年だけのことではなく長期的にも、個人資本の動き（とくにホットマネーと呼ばれる動き）を直接的に規制する手法は手堅く、ほとんどの国にとって望ましい。……このようなドクトリンに方向転換したのは、二つの戦争の間に破壊的な動きがあって、幻滅が広まったためだ。

一九四四年七月、勝利を目前にした連合国が、ニューハンプシャー州のホワイト山地にあるブレトンウッズに集まり、戦後の世界の新しい金融体制を編み出した。この新体制下では、貿易の自由化は推し進めるものの、資本の移動に対する規制は残る。金本位制と同じように為替レートは固定されるが、アンカー——国際準備通貨——は、金ではなくドルになる（ただし、ドルそのものは概念的には金との交換性を保つ。移動はできないものの、ケンタッキー州フォートノックスの軍事基地には大量の金が象徴的に蓄積されていた）。ブレトンウッズ体制の立役者の一人であるジョン・メイナード・ケインズは、「資本移動の規制は、戦後体制の特徴として永続するだろう」と述べた。政府が自国の通貨を交換できないと感じれば、観光客でも少量の通貨しか国外に持ち出すことはできない。大量の資金が国境を越えて移動したのは、荒廃した西ヨーロッパの復興を一九四八年から五二年にかけて支援したマーシャル・エイド（マーシャル・プランに基づく、ヨーロッパに対するアメリカからの援助）[11]のように、政府間の場合だけだった。この新体制の守護神となる姉妹機関が、「自由な世界」の首都でもある、アメリカの首都ワシントンに設立された。国際通貨基金（ＩＭＦ）と、のちに（国際開発協会と合わせて）世界銀行と呼ばれる、国際復興開発銀行（ＩＢＲＤ）だ。世界銀行のロバート・ゼーリック総裁は、こう言明している。

「ＩＭＦの役割は、為替レートを規制することだった。やがて世界銀行に発展する機関の役割は、戦争で荒廃した国ぐにの再建を助けることだった。自由貿易は復活するだろうが、資本の自由な移動は禁じられる」

このようにして、各国政府はそれから四半世紀にわたって、次の三つの政策オプションのうち二つだけを選ぶことができるという「トリレンマ」の状態を解決した。

①国境を越えた資本移動の完全な自由化。
②固定為替レート。
③国内の目標を実現するための、独立した金融政策。

ブレトンウッズ体制の下で、西側諸国は②と③を選んだ。そして資本規制のトレンドは、ゆるむどころか時間とともにむしろ強まっていった。一九六三年にアメリカ議会で可決された利子平衡税法がその好例で、これはアメリカ人が外国の有価証券に投資する意欲をそぐために立案されたものだった。

だがブレトンウッズ体制には、持続しがたい部分がつねにあった。いわゆる第三世界にしてみれば、国家間の援助計画を通じてマーシャル・プランを再現しようとするさまざまな試みはまったく期待はずれに終わった。アメリカの援助はしだいに、必ずしも被援助国のため

＊11　マーシャル・プランの下での支出総額は、ジョージ・マーシャル将軍が提案演説をした一九四七年のアメリカGNPのおよそ五・四パーセントに相当する。対外援助法が議会を通過した一九四八年四月から、最後の支出がおこなわれた五二年六月までの、計画の全期間における年平均で見ると、GNPの一・一パーセントになる。マーシャル・プランが二〇〇三年から〇七年におこなわれたとすれば、五五〇〇億ドルの出費に相当する。それに対し、ブッシュ政権下の二〇〇一年から〇六年におこなわれた実際の対外経済援助は、総額で一五〇〇億ドルに満たず、平均するとGDPの〇・二パーセント以下だった。

にならない政治的あるいは軍事的な条件がつくようになったからだ。そうでなくても、ウォルト・ロストウなどアメリカの経済学者が思い描いたような資本注入のやり方で、アフリカやアジア、ラテンアメリカ諸国の経済問題を解決できるかどうかは疑わしかった。[12] 貧しい国ぐにに多額の援助がおこなわれたが、その大部分はムダに使われたり、盗まれたりした。[13] ブレトンウッズ体制が西ヨーロッパの復興を促したことは確かだし、新たな富も生み出したが、投資家たちはアメリカ寄りのホームバイアスがかかりすぎている点にリスクを感じ取り、いらだちを感じていた。また各国とも、完全雇用を通貨政策の目標としたものの、トリレンマの②と③に潜在的な矛盾が生じた。一九六〇年代の末、アメリカの公共部門の赤字は現在と比べれば取るに足りないものだった。だがフランスから見れば我慢しがたいところがあり、アメリカ政府はドルが国際準備通貨だという立場に乗じてドルを増刷し、外国の債権者たちから通貨発行差益《シニョレッジ》を巻き上げている、と非難してきた。まるで、中世の君主が鋳造権を独占的に行使して、通貨の価値を落とした状況と似ているという。一九七一年、ニクソン政権がついに金本位制と決別する（ドルと金の互換性を停止する）ことを決め、ブレトンウッズ体制は終わりを告げた。一九七三年、第四次中東戦争が勃発し、アラブ諸国が石油の輸出を禁じたために痛手を受けると、ほとんどの中央銀行はオイルショックの対策として金融緩和政策を取り始め、フランスのドゴール将軍の顧問、ジャック・リュエフが懸念したようなインフレ危機を招いた。

一九七〇年代になると通貨が変動制に戻り、ユーロ債（発行通貨の国内市場以外の市場で発行された債券で、EUの通貨ユーロとは関係がない）市場などのオフショア市場が盛況になり、民間組織による資本輸出が復活した。とくに欧米の各銀行は、石油輸出国で急増する余剰資金を環流させせようと奔走した。銀行家が中東のオイルダラーを貸し付ける先に選んだ地域は、昔からお気に入りの場所だった。ラテンアメリカでは一九七五年から八二年にかけて、対外債務が七五〇億ドルから三一五〇億ドル超へと、四倍に膨れた（東欧諸国も、負債資本市場に加わった。これは、共産圏の崩壊が迫っている状況を示していた）。そして一九八二年八月、メキシコは、これ以上は利払いができない、と宣言した。南アメリカ大陸全体が、破産宣告の瀬戸際に立たされて揺れ動いた。だが外国の政府が不作法な行動を取ったときには自国の政府が砲艦を送り込んで救ってくれる、と投資家たちが頼れる時代は終わりを告げていた。金融を監視する役割は、非武装の二つの銀行組織、IMFと世界銀行が担わなくてはならなかった。これらの組織の新しいモットーは「条件付き」だった。つまり、改革を進めなければ

＊12　ロストウは、『経済成長の諸段階――一つの非共産主義宣言』（木村健康ほか訳、ダイヤモンド社）の著者で、一九六〇年代に民主党の二代にわたる政権に、ほぼ同じ程度の経済的・戦略的な助言をした。彼は、リンドン・ジョンソン政権では国家安全保障担当補佐官に相当する立場にいて、ベトナム戦争の泥沼化に深く関わった。

＊13　ウィリアム・イースタリー『エコノミスト　南の貧困と闘う』（小浜裕久ほか訳、東洋経済新報社）

ば金は貸さない、という方式だ。彼らは、構造調整プログラムという仕組みを好んだ。そして債務諸国が取らなければならない政策は、ワシントン・コンセンサスとして知られるようになった。これは一〇項目からなる経済政策の望ましい方向性で、一〇〇年前のイギリス帝国主義政権の中核が喜びそうな方針ばかりだった。(14)最大の眼目は、赤字を是正するための財政規律だ。そのほか、税基盤を拡大して課税率を下げる。金利と為替レートは市場が設定する。貿易を自由化し、重要な点として、資本の流れも自由化する、などの項目が並んだ。ブレトンウッズ体制で禁止されたホットマネーが、たちまちまたホットになって復活した。

だが一部の批評家から見れば、世界銀行とIMFは、相変わらずアメリカ帝国主義の手先に過ぎなかった。IMFや世界銀行からの融資はすべて、アメリカ企業からアメリカ製品を買うためにのみ使われている、と指弾された。――容赦ない独裁者や、腐敗した寡頭政治の支配者たちの権力を維持する道具として使われたことも多い。「構造調整」のコストは、あわれな国民が担う。そして第三世界の指導者たちで、この路線から外れた者は、たちどころにトラブルに巻き込まれる。このような議論は、国際的な会合の場でつねに反グローバリゼーションの声が上がるようになった一九九〇年代に、大きく広がった。西側の太った若者の一群がプラカードに大書し、シュプレヒコールでやかましく訴えているくらいなら、無視できる状況だった。だが同じ批判でも、元関係者がブレトンウッズ体制の両機関に批判を浴びせたとなると、精緻に分析する必要が出てきた。

ジョン・パーキンスは、ボストンに拠点を置く国際的なコンサルタント企業、チャス・T

・メイン社の元チーフ・エコノミストだ。在任当時の仕事は、IMFや世界銀行からエクアドルやパナマなどの国に融資されたマネーが、アメリカ企業が供給する品々の支払いに充てられるように仕向けることだったと告発した。パーキンスによれば、自分のような「経済的《エコノミック》な刺客《ヒットマン》は、アメリカ帝国を築くために訓練を受けた。……そしてできるだけ多くの資金がこの国に、ひいてはわが国の企業、わが国の政府に流れ込むような状況を作ることが目的だった」という。

この帝国は、世界史に登場するどの帝国とも違い、主として経済の操作やペテンや欺瞞を通じて、そして人びとを自分たちの生活スタイルに引き込むような誘惑や、エコノミック・ヒットマンを通じて、築き上げられたのです。……私の本当の仕事は……ほかの国に融資することでした。それも返済できないほどの巨額を……。このようにして巨額の融資をし、そのほとんどはアメリカに還流します。当の債務国には負債と多額の不払い利息が残り、彼らは基本的にわれわれの僕《しもべ》、つまり奴隷になるのです。これが、帝

＊14　国際経済学者ジョン・ウィリアムソンの、一九八九年の原案に基づく概要は以下のとおり。①財政規律の強化、②税制改革、③金利の自由化、④保健と教育分野への支出増加、⑤財産権の保障、⑥国営企業の民営化、⑦市場の規制解除、⑧競争原理に基づく為替レートの採用、⑨貿易障壁の撤廃、⑩外国の直接投資に対する規制撤廃。

国の実態です。紛れもなく、巨大な帝国です。

パーキンスの著書『エコノミック・ヒットマン——途上国を食い物にするアメリカ』(古草秀子・訳、東洋経済新報社)によれば、ラテンアメリカの二人の指導者、エクアドルのハイメ・ロルドス・アギレーラ大統領、およびパナマのオマール・トリーホス将軍が、一九八一年に暗殺されたのは、「グローバル帝国の構築をもくろむ、企業と政府と銀行のトップへの盟友入り」と彼が呼ぶものに反対したからだ、という。だが正直に言えば、彼の話にはやや腑に落ちない点もある。アメリカは、エクアドルやパナマにそれほどの大金を貸したわけではない。一九七〇年代の融資総額は、エクアドルに九六〇〇万ドル、パナマに一億九七〇〇万ドルで、アメリカの補助金や融資総額の〇・四パーセント弱に過ぎない。エクアドルやパナマは、アメリカの主要な輸出先でもない。一九九〇年のアメリカの輸出総額に占める割合は、対エクアドルが〇・一七パーセント、対パナマが〇・二二パーセントだ。暗殺するほどの数字だとは、とても思えない。世界銀行のロバート・ゼーリック元総裁が指摘しているように「IMFと世界銀行が融資するのは、危機に陥った国ぐにに対してであって、アメリカ株式会社に膨大なチャンスを与える国に対してではない」。

だが、アメリカは新帝国主義を振り回している、という批判はいっこうに収まらない。一九九七年から二〇〇〇年まで世界銀行でチーフ・エコノミストを務め、ノーベル賞を受賞した経済学者、ジョゼフ・スティグリッツによると、一九八〇年代のIMFは、「熱心にマー

エクアドルのハイメ・ロルドス　アギレーラ大統領（上）と、パナマのオマール・トリーホス将軍（下）。ともに、「エコノミック・ヒットマン」の犠牲者だと言われる　(Getty Images)

ケット至上主義を擁護した」ばかりでなく、自らの役割を「いくぶん帝国主義的な視点で捉えていた」という。さらに、「IMFが押しつけた政策の多く、とくに未熟な資本市場を自由化させる政策は、世界的に不安を引き起こした。……雇用が、組織的に破壊された。……資本市場を自由化したあとにはホットマネーの流出入が起こりやすく、その後遺症として大混乱をもたらしかねない。……わずかに成長を遂げた国でさえ、利益を受けるのは富裕層、しかも超富裕層に吸い上げられただけだ」[15]。スティグリッツは、IMF（とウォールストリート）を敵視するあまり見過ごしているが、一九八〇年代に資本移動の自由化を再開したいと望んだのは、これらの金融機関だけではなかった。自由化への道を照らし出したのは、むしろ経済協力開発機構（OECD）であり、（ジャック・ドロール元欧州委員会委員長やミシェル・カムドシュ元IMF専務理事など、フランスの社会主義者たちが転向したあとの）欧州委員会や、欧州理事会があとを引き継いだ。実のところ、ワシントン・コンセンサスの前にパリ・コンセンサスがあったという説もある（ただしこれは多くの点で、以前から存在した、自由な資本勘定を支持するボン・コンセンサスを土台にしたものだった）。ロンドンでもマーガレット・サッチャー政権が、アメリカにそそのかされたわけではなく、資本勘定の自由化を一方的に推し進めた。むしろレーガン政権のほうが、サッチャーに追随したといえる。

IMFに対してスティグリッツが何より不満に感じたのは、一九九七年のアジア通貨危機に際して対応を誤ったことだった。IMFは、困難に陥った国ぐにに総額九五〇億ドルを融資したものの、ワシントン・コンセンサス流の条件（金利を上げ、財政赤字を減らす）を付けたために、危機が深まってしまった、と彼は評する。このような見方は、たとえば経済学者でコラムニストでもあるポール・クルーグマンも共感を寄せている。[16] 一九九七年から九八年にかけて危機が深刻だったことは、疑いの余地がない。インドネシア、マレーシア、韓国、タイなどの国ぐには、一九九八年に深刻な不況に見舞われた。ところが通貨が変動相場制を取り続け、政府の赤字が増えるなかで、どのようにしたら標準的なケインズ学派の論理に沿いながら東アジア危機にうまく対応できたのかについて、スティグリッツもクルーグマンも納得のいく説明をしていない。アジア危機が収まったあとにIMFのチーフ・エコノミストになったケネス・ロゴフから、スティグリッツに宛てた公開書簡には、次のように手きびしい指摘が列挙されている。

負債の買い手が見つからず、自国の通貨の価値が落ちている場合、政府はたいていIMFに資金援助を求める。ところがスティグリッツ式の対応策では、……国庫の赤字を増やすだけだ。いたずらに負債を増し、紙幣を増刷することになる。あなたは、困窮し

＊15　ジョゼフ・E・スティグリッツ『世界を不幸にしたグローバリズムの正体』（鈴木主税・訳、徳間書店）
＊16　ポール・クルーグマン『世界大不況への警告』（三上義一・訳、早川書房）

た政府が通貨の発行量を増やせば、市民は突然、その通貨の価値が上がったと思うようになる、とお考えのようだ。投資家たちが国債を買いたくないと考えたときは、国債の供給量を増やしさえすれば、飛ぶように売れる、と信じておられるように思える。地球という惑星に住む私たちはかなりの経験を積んでいて、事態は逆のように感じられる。地球私たち地球上の生きものは、経済的に困窮した国家が紙幣を増刷して窮地を脱しようとすれば、ときに制御できないほどのインフレを引き起こすことを知っている。……あなたがお住まいのガンマ宇宙領域では、経済法則が違うのかもしれない。しかしこのあたりでは、破産寸前の国家が財政赤字の見通しを制御できなくなると、一般的に事態はよくならず、悪化する。

マレーシアでは一九九七年に一時的に資本規制を設けたが、これが危機当時の経済に大きく影響したのかどうかも、定かではない。危機を引き起こした責任の大半は、短期でドルを借り入れた一方で、長期で現地通貨を（多くの場合、政界指導部に）貸し出した東アジアの金融機関にあることは、クルーグマンも少なくとも認めている。だが大不況がまたやってきたという彼の主張は、いまにしてみれば大げさだった。東アジアでは、大不況は起きなかった（日本では起きたとも言えるかもしれないが、IMFの失策による犠牲者だとは認めがたい）。一九九八年にショックを受けたものの、ダメージを受けた各国の経済はすべて急成長に転じた。あまりにも急成長を遂げたため、二〇〇四年には一部の経済評論家たちは、ブレトンウッズ体制から生まれた「二つの姉妹機関」の、国際的な資金の貸し手としての役割はもう終わったのではないか、といぶかったほどだ。

現実には、一九八〇年代になるとまったく異質なエコノミック・ヒットマンが台頭した。これは、パーキンスが描いたものよりはるかに恐ろしげなタイプだった。彼らは、目的を達成するために暴力に訴えることも必要なかった。新世代のヒットマンにとってのヒットとは、一度の投機で一〇億ドルを稼ぎ出すことだ。冷戦が終わりに近づくなかで、これらのヒットマンは、アメリカ帝国主義の意向に従う気などまるでなかった。しかも彼らは、政治的には保守派よりリベラル派が多い。そして、IMFや世界銀行などの公的機関のために働くわけでもなかった。逆に、完全に私的な企業形態で、株式上場さえしていなかった。つまり、第4章でリスク管理の一形態として紹介したヘッジファンドと呼ばれるものだ。中国も急速に台頭したが、ヘッジファンドはさらに成長速度が速く、第二次世界大戦後のグローバル経済で起きた最大の変化の一つだ。ヘッジファンドは、大恐慌[17]が始まってからブレトンウッズ体制の終焉にかけてマネーの流れが滞ったのち、規制がゆるくて機動性に富んだホットマネーが復活した好例だ。そのような新しいエコノミック・ヒットマンの名高い大ボスは、ジョージ・ソロスだ。一九九七年八月にマレーシアの通貨リンギットが打撃を受けた通貨危機で、マレーシアのマハティール・ビン・モハマド首相が自分以外に責める相手として、「ならず者」となじったのは、IMFではなくてソロスだったが、これは偶然ではない。

ジョージ・ソロスはハンガリー出身のユダヤ人で、ロンドンで教育を受けたのち、一九五六年にアメリカに移住した。彼は、かの有名なアーノルド・アンド・S・ブレイクロウダー・アドバイザーズ（かつてビスマルクの資金を管理していたベルリンの民間銀行の流れを汲む）で、まずはアナリストとして、次いでリサーチ部門の責任者として頭角を現した。中部ヨーロッパ出身の知識人にふさわしく――物理学者ヴェルナー・ハイゼンベルクの不確定性原理に敬意を表して、自らのファンドをクォンタム・ファンドと名づけた――ソロス本人は、自分はヒットマンではなく哲学者だと自任している。著書『ソロスの錬金術』（ホーレイU・S・A・訳、総合法令出版）の冒頭で、彼は経済学の前提を大胆に批判している。若いころ、哲学者カール・ポパーから知的な薫陶を受けたことの表れだ。ソロスが得意とする「再帰性」理論によれば、金融市場は完全に効率的だとは言えない。なぜかといえば、価格は何百万人もの投資家たちの、ときに不合理な、無知や先入観を反映しているからだ。ソロスはこう論じる。

投資家は偏った先入観を持って行動するだけでなく、彼らの先入観に基づいた行動が、実際の相場の将来に影響を及ぼす。このことから、市場は将来を正確に反映するという考えが生まれるのだろうが、しかし正確には、将来の出来事が現在の予測に反映されているのではなく、現在の予測が将来の出来事に影響を及ぼしているのだ。(18)

ジョージ・ソロス——ヘッジファンドの大ボスであり、再帰性の達人　(Soros)

＊17　アルフレッド・ウィンズロー・ジョーンズが一九四九年に設立したロングおよびショート・ファンド（アメリカの株式市場で、買い持ちと売り持ち双方のポジションを取った）を説明するために、一九六六年にはじめて「規制がゆるい（lightly regulated）」という表現が使われた。それ以来、ほとんどのヘッジファンドが、有限責任事業組合（LLP）の形を取っている。そのためにこれらの組織は、レバレッジや空売りに関してミューチュアル・ファンドや投資銀行のオペレーションを制限した、一九三三年の証券法や一九四〇年の投資会社法の制約を免れている。

＊18　ロバート・スレイター『ソロス——世界経済を動かす謎の投機家』（三上義一・訳、早川書房）

ソロスが再帰性と呼ぶのは、フィードバック効果だ。投資家のバイアスが市場のなりゆきに影響を与え、それによって投資家のバイアスも変わり、それを受けてふたたび市場のなりゆきが変わる。著書で、彼は次のように記している。

　市場は、経済理論が仮定するような均衡点には、決して到達しない。認知したものと現実の間には相互に再帰的な関係があり、そのために最初は自己強化のプロセスに始まるものの、やがて自己破綻につながる暴騰と暴落のプロセス、要するにバブルに至る。バブルはいずれもトレンドと誤解から成り立ち、両者は再帰的に相互作用している。[19]

ヘッジファンドはもともと、ある有価証券の価格が下がると儲かるという空売り《ショート》のポジション[20]を持つことによって、市場リスクをヘッジするために開発された。これは、ソロスが再帰的な市場について洞察し、それを活用するうえでは、うってつけの手段だった。ソロスが買い持ち《ロング》のポジションで稼ぐ方法も知っていた点も、特筆すべきだ。これは、将来の値上がりを期待して資産を買っておくことだ。一九六九年、彼は不動産でロングを狙った。三年後、彼は銀行株の値上がりを予測した。一九七一年には日本でロングし、一九七二年になると石油でロングした。その一年後、これらの賭けですでに利益を上げていたが、第四次中東戦争（一九七三）でアメリカが供給した武器の質についてイスラエルが苦情を訴えたため、アメリカの防衛関連産業に集中的な投資が必要になると推測した。そこで、防衛関連株もロングにした[21]。これで、五回連続のヒットを飛ばした。だがソロスが成功した最大の根源は、勝者を言い当てたというより、敗者を特定することによってもたらされた。たとえば一九八五年に、ファックスの普及によって事業を脅かされた電報会社ウェスタン・ユニオンや、一九八五年九月二二日の五か国蔵相会議のプラザ合意後に、当然ながら低迷したアメリカドルなどが好例だ[22]。その年はソロスにとって〃すばらしい年〃で、彼のファンドは一二二パーセントも成長した。だが彼が仕掛けたなかでも最大規模の空売りは、イギリスの金融史上、最も重大な意味を持つ賭けになった。

一九九二年九月一六日（水曜日）のできごとは、実は私自身にも利害関係があった。当時、私はケンブリッジ大学で講師を務めるかたわら、新聞の論説委員として副収入を得ていて、ソロスのような投機家は、いざ勝負をかければイングランド銀行にさえ勝てる、と確信するに至った。単純な計算で、分かることだった。外国為替市場では毎日、一兆ドルが取引されている状況だったが、イングランド銀行の外貨準備高が乏しかったからだ。ソロスは、東西

＊19　ジョージ・ソロス『ソロスは警告する　超バブル崩壊＝悪夢のシナリオ』（徳川家広・訳、講談社）

＊20　アメリカ証券取引委員会によると、空売り（ショート）とは厳密には、「売り手が所有しない証券の販売、または売り手が借りた証券、あるいは売り手の負担で借りた証券を受け渡すことによって完了する販売」を指す。

＊21、22　スレイター『ソロス』

ドイツの統一にかかるコストが上昇しているから、金利は上がり、やがてドイツマルクも高くなるだろう、と読んだ。そうなれば、ドイツマルクに連動するというイギリス保守党政権の政策——一九九〇年にイギリスがヨーロッパ為替相場メカニズム（ERM）に参加したときにまとまった——は、維持できなくなる。金利が上がれば、イギリス経済は落ち込む。イギリスは遠からずERMから離脱し、ポンドは下落するだろう。ポンド安になると確信したソロスは、一連の取引で最終的に自らのファンドの全資本を上回る一〇〇億ドルを賭けた。彼はイギリスでポンドを借り、九月一六日以前の一ポンド当たり二・九五ドイツマルク前後の為替レートでドイツ通貨に投資した。[23] 私も同じように、ポンドの価値は下がると確信したが、私が賭けられるのはカネではなく、論説委員としての信用性だけだった。あいにく、私が仕事していた新聞の経済部長とは意見が一致しなかった。編集長を交えた論説委員の会議で、朝から激しくやり込められた日の夜、私はイングリッシュ・ナショナル・オペラが上演するヴェルディの歌劇「運命の力」を観に行った。まさにぴったりの演《だ》しものだった。幕間にだれかが、イギリスがERMから離脱したことを告げた。だれもが、大喜びした——そして、私ほど大声を上げて喜んだ者はいない（おそらくジョージ・ソロスは別として）。彼のファンドは、ポンドが下落すると——最後には二〇パーセントも——借り入れたポンドを新たな安い為替レートで返済して差益を懐に収め、一〇億ドルあまりを稼ぎ出した。この取引は、その年の利益のちょうど四〇パーセントを占めた。[24]

　クォンタム・ファンドの成功は、驚くべきものだった。ソロスが一九六九年に二つ目のフ

運命の力。1992年9月16日、イギリスのノーマン・ラモント蔵相は、ヨーロッパ為替相場メカニズム（ERM）からポンドが離脱すると表明した　(PA Images)

ァンド（ダブルイーグルという名称で、のちクォンタムに改称）を設立したとき、彼に一〇万ドルを投資し、配当金をすべて再投資していれば、一九九四年には一億三〇〇〇万ドルを手にしていた可能性がある。年間の平均成長率は、三五パーセントに達する。[25] 新旧のエコノミック・ヒットマンの本質的な違いが、二点ある。一つは、新しいヒットマンが冷静で計算高く、どの国にも忠誠心を持たないことだ。――ドルでもポンドでも、だれに罰されることもなく、空売りできる。二つ目は、新しいヒットマンたちが扱うマネーのスケールの大きさだ。かつてソロスは、パートナーだったスタンリー・ドラッケンミラーに「君のポジションはどれくらい大きいのかね？」と尋ねた

＊23、24、25　スレイター『ソロス』

ことがある。「一〇億ドル」と、ドラッケンミラーが答えた。「その程度で、ポジションと言えるか」と、ソロスは冷ややかに言い返したという[26]。ソロスにしてみれば、一九九二年にポンドに仕掛けたときと同じくらい勝算があるなら、最大限のレバレッジを利かせて一発勝負する。彼のヘッジファンドは、ファンドの自己資本をはるかに超えた投機的なロング、あるいはショートのポジションを取るために、投資銀行から資金を借りるテクニックを編み出した。

そうはいっても、ヘッジファンドの力には限界がある。あるレベルでは、ソロスや彼の同業者たちは、市場はどこの国の政府や中央銀行よりも強いことを証明した。だが、ヘッジファンドがつねに市場を支配できるわけではない。ソロスは、「電脳投資家集団」が進む方向について、大胆なひらめきのおかげで成功した。だがソロスのひらめき（背中がけいれんするような痛みで分かることが多いという）にしても、間違いは起こり得る。彼自身も認めるように、再帰性は特殊なケースであり、一年中つねに市場を支配しているわけではない。では、ひらめきをなんとかして数値化できたらどうだろうか。ふた桁の収益を上げるような、絶対に確実な方程式を書くことができたら。世界の反対側――あるいは金融という銀河系宇宙の反対側――では、その公式が発見されたかのように思えた。

「ショートターム・キャピタル・ミスマネジメント」
――LTCMの皮肉な結末

地球とは別の惑星を想像していただきたい。——主観的でときに不合理な面がある人類は、複雑な摩擦を引き起こしがちだが、それがまったくない架空の天体だ。そこの住人はなんでも知っていて、完璧に合理的。新しい情報はすべて取り入れ、利益を最大限に得るために活用する。そして彼らは、ひとときも取引をやめない。市場には連続性があり、摩擦はなく、完全な流動性がある。この惑星の金融市場は「ランダム・ウォーク」（株価変動の不規則性、予測不可能性を説明する理論）に従って動き、ある日の株価は前日の株価とほとんど関係がないが、手に入る関連情報すべてを反映している。この惑星の株収益を図示すれば、普通は釣り鐘形の正規分布を描く（第3章を参照）。ほとんどの年は平均値の近くにかたまり、全体の三分の二は平均値から一標準偏差のなかに収まる。そのような世界で、大量売りによる急落《セルオフ》が起きて「六標準偏差」も動く確率は、私たちの世界で身長が五〇センチほどの人間と同じくらい珍しい。四〇〇万年も取引をして、たった一度あるくらいだ。[27] これは、現代の最も優秀な金融エコノミストたちが想像した惑星だ。その惑星とは、地球上で最も穏やかな場所ともいえる、コネチカット州グリニッチのような場所だったとしても驚いてはならない。

＊26　スレイター『ソロス』
＊27　ニコラス・ダンバー『LTCM伝説——怪物ヘッジファンドの栄光と挫折』（グローバル・サイバー・インベストメント・訳、東洋経済新報社）

一九九三年、数学に強い二人の天才が、すごいアイデアを持ってグリニッチを訪れた。スタンフォード大学のマイロン・ショールズは、ゴールドマン・サックスのフィッシャー・ブラックとともに研究し、オプション価格の決め方に関する革新的な新理論を確立した。そのショールズと、三番目に登場する経済学者ハーヴァード・ビジネススクールのロバート・マートンは、ブラック・ショールズ・モデルをカネ儲けの方程式に仕立て上げたいと考えていた。学問の世界で二人がおこなった研究の出発点は、オプション契約として知られる、昔ながらの金融の手段だった。この契約は(第4章で紹介したように)、次のような仕組みだ。ある株が、たとえば現在一〇〇ドルの価値があり、一年後には二〇〇ドルまで値上がりすると信じたとする。将来のその日にその株を、たとえば一五〇ドルで買うオプションがあれば、すばらしいではないか。予想が当たれば、利益が出る。当たらなかった場合でも、これはオプションに過ぎないのだから、なかったことにすればいい。経費はオプションの価格だけで、これは売り手の取り分だ。ここで大きな問題にぶつかる。オプションの適正な価格はいくらなのだろうか。

博士号を持ち、数学に長けたアナリストたちを「クォンツ」と呼ぶが、彼らはオプションの価格決定に使うブラック・ショールズ・モデルを、ときにブラックボックスにたとえる。この特殊な箱の内部を、ちょっと覗いてみよう。繰り返すが、これは、ある株を将来のある日に買うというオプションの価格をどうやって決めるか、という問題だ。しかも、行使日までに起こり得る、予想もできない株価の変動も考慮に入れておかなければならない。当て推量に頼るのではなく、このオプション価格を正確に算出できれば、「金融工学の専門家《ロケット・サイエンティスト》」の称号に値する。ブラックとショールズは、オプションの価値は次の五つの要因に左右されると考えた。①その株の現在の市場価格（S）、②オプションを行使するときの、合意に達した将来の価格（X）、③オプションの満期日（T）、④経済全体での無リスク利子率（r）、⑤最も重要な変数である、株の年間予想変動率だ。⑤は、購入日と満期日までの、価格の振れの予想（ギリシャ文字のσ《シグマ》）を指す。すばらしい数学魔法を使い、ブラックとショールズはオプションの価格（C）を、次の公式に組み立てた。

$$C=SN(d_1)-Xe^{-rT}N(d_2)$$

ただしこのとき、

$$d_1=\frac{\log(\frac{S}{X})+(r+\frac{\sigma^2}{2})T}{\sigma\sqrt{T}}\qquad d_2=d_1-\sigma\sqrt{T}$$

いささか、ひるむだろうか。この代数についていくのは、たいへんかもしれない。正直なところ、私も目がくらむ。だがクォンツたちは、ひるまなかった。この洞察に基づく方程式を使って稼ぐ前提条件として、オプションの価格をどう決めるべきかなどまったく分からず（正確に予測できることなどまずあり得ない）、ひらめきに頼る人が、市場にあふれていなければならない。コンピューターによる膨大な計算力も必要だが、これは一九八〇年代のはじめから、金融市場に変化をもたらしていた。ここまで条件が出そろえば、あとは市場で才腕を振るえるパートナーさえいれば、教職員クラブからトレーディング・フロアへ飛び込んでいける。フィッシャー・ブラックはがんで倒れたため、そのパートナーにはなれなかった。その代わりにマートンとショールズが目を付けたのは、ソロモン・ブラザーズの債券アービトラージ・グループの元責任者、ジョン・メリウェザーだった。メリウェザーは、一九八〇年代末のS&L危機のさなかにひとヤマ当てたことがある。一九九四年に彼らが立ち上げた会社は、ロングターム・キャピタル・マネジメント（LTCM）と名づけられた。

このグループは、ドリームチームのようだった。なにしろ、学界でいまをときめく二人のクォンツが、ソロモン出身のスーパースター、連邦準備制度理事会（FRB）の元副議長デイヴィッド・マリンズ、ハーヴァード大学元教授のエリック・ローゼンフェルド、そしてソロモン出身のトレーダーたち（ヴィクター・ハガニ、ラリー・ヒリブランド、ハンス・ハフシュミット）とチームを組んだのだから。LTCMが自分たちのファンドに呼び込んだ投資家は大手銀行が中心で、ニューヨークの投資銀行メリルリンチや、スイスの民間銀行ジュリアス・ベアも含まれていた。のちには、同じくスイスの銀行UBSも加わった(28)。出資額は最低で一〇〇〇万ドル。報酬として、パートナーたちは預かり資産の二パーセントと、利益の二五パーセントを得る（現在、ほとんどのヘッジファンドは、資産の二パーセントと利益の二〇パーセント）。投資家たちは、三年間は資本を引き揚げることができない。そして、もう一つのウォールストリートの投資銀行ベアー・スターンズは、LTCMが望む取引をすべて実行に移せるよう、態勢を整えていた。

LTCMが運用するファンドは、最初の二年間に巨額の利益を上げ、収益は（高額の手数料を差し引いても）一年目が四三パーセント、二年目が四一パーセントだった。一九九四年三月にLTCMに一〇〇〇万ドルを投資していれば、四年後の価値は四〇〇〇万ドルを超えていたことになる。一九九七年九月には、ファンドの資本は六七億ドルに達した。パートナーたちの持ち分は、一〇倍あまりに増えていた。言うまでもなく、運用する資産プールが増え続けるなかでこの巨額の収益を上げるために、LTCMもジョージ・ソロスと同じように、資金を借りる必要があった。このようにしてレバレッジがかかると、彼らは自己資本より多くを賭けることができる。一九九七年八月の末、ファンドの資本は六七億ドルだったが、バランスシート上の負債（借入による資金調達）は一二六四億ドルで、資産に対する自己資本の比は一対一九だった。一九九八年四月には、バランスシートは一三四〇億ドルに達した。ギアを上げると言うと、たいていの学者は自転車を思い浮かべる。だがマートンとショールズのLTCMでは、取引に使う資金の大半を借り入れる、という意味だった。負債のヤマを前にしても、二人は怖気づかなかった。彼らの数学モデルによれば、リスクはほぼゼロに等しい。なぜかといえば、一つには彼らは相関がない複数の取引戦略を同時に実行していたからだ。彼らはおよそ一〇〇の戦略を使い、合わせて七六〇〇の異なるポジションを扱ってい

＊28　ダンバー『LTCM伝説』

た。一つか二つは外すことがあっても、このように多種の異なる賭けが、すべて同時に外れるわけがない。これこそが、分散投資の利点だった。分散投資は、現代の金融理論の中核をなすもう一つの手法だ。シカゴ大学を出てランド研究所のエコノミストになったハリー・M・マルコヴィッツが一九五〇年代のはじめに公式化し、ウィリアム・シャープの資本資産評価モデル（CAPM）でさらに発展した(29)。

LTCMは、いくつもの市場で価格の矛盾を突いて稼いだ。たとえば、アメリカの固定金利タイプの住宅ローン市場、日本やヨーロッパの国債市場、さらに複雑な金利スワップ市場(30)などだ――はっきり言えば、彼らのモデルを使って異常な値付けが見つかるところなら、どこでもよかった。ファンダメンタルにはまったく同じ二つの資産あるいはオプションに、わずかに異なる価格がついている場合が狙い目だ。だがこの会社が手がけた取引のなかで最大の規模を誇り、ブラック・ショールズの方程式に最も忠実に則《のっと》っていたのは、欧米の株式市場で長期のオプションを売る商売だった。言い換えれば、将来の株価に大きな変動があったときに行使できるオプションを、広く販売したのだった。一九九八年にこれらのオプションが売れた値段をもとに、ブラック・ショールズの方程式を使って将来のボラティリティを算出すると、年率二二パーセントという異常に高い数値を示していた。LTCMは、実際のボラティリティは、そのころの平均である年率一〇パーセントから一三パーセントに収まると信じ、これらのオプションを大量に安く売った。高いボラティリティ――たとえば、一九八七年のような株式市場の急落など――から身を守りたい銀行が、喜んで買った。LTCMはそのようなオプションをあまりにも大量に売ったため、「ボラティリティ中央銀行」と呼ばれて茶化された。[31] ピーク時には、アメリカの株価が一パーセントポイント変動するごとに、四〇〇〇万ドルが動いたといわれる。[32]

リスクなんて、ありそうに思えるだろうか。LTCMのクォンツたちは、リスクなどないと信じていた。つまり主要な株式市場や債券市場、為替市場で大変動が起こっても、影響を受けない、という意味だ。ダイナミック・ヘッジングという手法では、特定の株価指数のオプションを売る一方で、指数そのもののエクスポージャー（直接的に関わる特定のリスクにさらされる資産がポートフォリオに占める割合）は取らないですむ。おまけに、ファンドは新興市場にはほ

＊29　金融理論における効率的市場仮説の歴史については、ピーター・L・バーンスタイン『証券投資の思想革命――ウォール街を変えたノーベル賞経済学者たち』（青山護、山口勝業・訳、東洋経済新報社）を参照。

＊30　スワップ取引は、デリバティブの一種。契約当事者の一方が相手に概念上の数値に対する固定金利を払い、その代わりに変動金利（通常はＬｉｂｏｒと呼ばれるロンドン銀行間取引金利）を受け取る。

＊31　ダンバー『ＬＴＣＭ伝説』

＊32　ロジャー・ローウェンスタイン『天才たちの誤算――ドキュメントＬＴＣＭ破綻』（東江一紀、瑞穂のりこ・訳、日本経済新聞社）

とんど縁がなかった。ＬＴＣＭは本当に別の惑星にあり、地球上の金融の世俗的なアップダウンを遠くから眺めているかのように思えた。パートナーたちは、自分たちはリスクを十分に味わっていないのではないか、と心配し始めたくらいだった。彼らは、リスクのレベルを資産の二〇パーセント（年間の標準偏差）に収めることを目標にした。実際の運用実績では、その半分ほどしかリスクがなかった。

ロジャー・ローウェンスタインによれば、この会社が一年で全資産を失うには、一〇シグマ（一〇標準偏差）ものハプニングが必要だと思えた。そのようなできごとが起きる確率は、一〇の二四乗分の一だ――実質的にゼロだといえる。クォンツたちが用いた「バリューアットリスク（ＶａＲ＝保有資産リスク）」モデルによれば、この会社は不滅のはずだった。

一九九七年一〇月、ＬＴＣＭがホンモノの究極的な頭脳集団であることを証明するかのように、マートンとショールズがノーベル経済学賞を受賞した。二人をはじめとするパートナーたちは自らを過信するあまり、一九九七年一二月三一日に、外部の投資家たちに二七億ドルを返してしまった（自分たちのカネの投資に力を集中したかったことを、強く示している）。まるで、知性が直観に勝り、ロケット科学がリスクを伴う行動に勝ったかのようだった。魔法のブラックボックスを手元に備えたＬＴＣＭのパートナーたちは、ジョージ・ソロスさえ想像できそうにないほどの財産をひねり出しそうに思えた。ところがそれからほんの五か月後、ノーベル賞受賞者たちのブラックボックスのふたを吹き飛ばしそうな事態が起きた。これといって明らかな理由もなしに、株式市場が落ち込み、ボラティリティが小さくなるどころか拡大したのだった。そしてボラティリティが大きくなればなるほど——六月には、指標はLTCMの予想の二倍を上回る二七に達した——損失も増えた。一九九八年五月は、LTCMにとってそれまでで最悪の月だった。ファンドが、六・七パーセントも下落したからだ。だが、これはまだ端緒に過ぎなかった。六月には、一〇・一パーセントも下落した。そしてファンドの資産価値が減れば減るほど、レバレッジ比——負債と資本の比率——は高くなる。六月には、レバレッジ比は三一対一に達した。(33)

生物の進化においてけ、大規模な絶滅現象は、小惑星が地球に衝突するなど、外部からのショックが原因で起きることが多い。一九九八年七月、巨大な隕石がグリニッチを直撃した。ソロモン・スミス・バーニー（ソロモン・ブラザーズはトラヴェラーズ・グループに買収され、社名が変更されていた）が、アメリカ債券アービトラージ・グループを閉鎖することになった。ここは、メリウェザーがウォールストリートで鳴らしたころに働いていた古巣で、LTCMの取引戦略をそっくり真似ていた。五月から損失が続き、新しいオーナーは明らかにいらついていた。さらに一九九八年八月一七日の月曜日、こんどは巨大な小惑星が追い討ちをかけた——これは宇宙空間から飛来したものではなく、地球上で最も不安定な新興市場の一つから飛んできた。以前から病んでいたロシアの金融システムが、政治的な動乱や、石油収入の減少、民営化の失敗などを受けて弱体化し、崩壊したのだった。死にもの狂いの□

＊33　ローウェンスタイン『天才たちの誤算』

シア政府は、債務不履行（ルーブル建ての国内債券も含む）に踏み切らざるを得ず、それが世界中の金融市場のボラティリティの火に油を注いだ[34]。前年にアジア危機があったばかりだし、ロシアの債務不履行は、ほかの新興市場や一部の先進国の市場にまで波及した[35]。クレジット・スプレッド（債務不履行リスクに伴う上乗せ金利）が急上昇した。株式市場が暴落した。リスクを示すエクイティ・ボラティリティは、二九パーセントに達した。ピーク時には四五パーセントにまで上昇したが、これは向こう五年間、指数が毎日三パーセント動くことを意味している。LTCMのリスク・モデルでは、このような事態は想定していなかった。クォンツたちは以前、LTCMは一日に四五〇〇万ドル以上を失うことはないだろう、とたかをくくっていた[36]。ところが、一九九八年八月二一日の金曜日、LTCMは五億五〇〇〇万ドルを失った。──これは全資本の一五パーセントに相当し、レバレッジ比は四二対一に高まった。グリニッチのトレーダーたちは、口をぽかんと開けて、呆然とした表情でコンピュータの画面に見入った。起きるはずがないことが、起きてしまった。突然、LTCMが関与するさまざまな市場がすべて同調した動きを見せ、分散投資による保護手段の意味がなくなった。専門用語で言えば、相関が一に達した。八月末には、LTCMの資産価値は四四パーセント下落した。損失総額は、一八億ドルを超えた。

金融市場は、八月はいつも商いが薄い。ほとんどの人が、都会を離れているからだ。ジョン・メリウェザーは地球の裏側にある北京にいた。メリウェザーとパートナーたちはあわてて帰国し、自分たちを救ってくれる白馬に乗った騎士はいないかと、死にもの狂いで探し回った。彼らはネブラスカ州オマハにいるウォーレン・バフェットに出資を打診した――ほんの数か月前、LTCMはバフェットの投資持ち株会社バークシャー・ハサウェイに、攻撃的な空売りを仕掛けたばかりだったため、バフェットには断られた。八月二四日には、気が進まないながらも、ほかでもないジョージ・ソロスとの会合を取り付けようとした。[37] これは、究極の屈辱だった。金融惑星から来たクォンツたちが、非合理的で、数量化のできない再帰性を唱える、地上の預言者に救いを求めて頭を下げるのだから。ソロスは当時を回想して、次のように語っている。

「メリウェザーに、こう言ってやったよ。ほかからも五億ドルを集められるなら、五億ドルを都合してもいい、とね。とても、できそうには見えなかったが……」

JPモルガンは、二億ドルを申し出た。ゴールドマン・サックスも、援助を申し出た。だがほかの金融機関は手を引いた。トレーディング・デスクたちが、危険な臭いを嗅ぎ取ったからだ。LTCMが破綻するなら、自らを守るほうが急務で、LTCMを助ける気などなかった。それに、ボラティリティが天井を突き抜けようが、いっこうに動じなかった。最終的

＊34、36、37　ローウェンスタイン『天才たちの誤算』
＊35　たとえば、アメリカ財務省証券に対するJPモルガンのエマージング・マーケット・ボンド・インデックスのスプレッドは、一九九七年一〇月の三・三パーセントから、一九九八年七月には六・六パーセントに上がり、一九九八年九月一〇日には一七・〇五パーセントまで上昇した。

にはニューヨーク連邦準備銀行が、LTCMが破綻してウォールストリート全体が大混乱に陥ることを恐れて仲介に乗り出し、ウォールストリートの銀行一四行に総額三六億二五〇〇万ドルの緊急援助を働きかけた。だが設立当初からの投資家たち――銀行もあれば、ピッツバーグ大学など小規模な投資家もあった――の財産は、彼らの目の前で、四九億ドルからわずか四億ドルに激減した。一六人のパートナーたちの手元には、合わせて三〇〇〇万ドルしか残らなかった。目指していた一攫千金どころか、スズメの涙に終わった。

いったい、何が起きたのだろうか。ソロスがなぜこれほどうまくいき、LTCMの優秀な頭脳集団がこれほど悲惨な結果になったのだろうか。問題の一端は、地球外にいたLTCMの創設者たちが、一気に地上へ戻ってきた点にある。ブラック・ショールズの方程式の根底にある、前提条件を覚えておいでだろうか。効率的市場仮説によると、株の値動きは予測できない。市場には連続性があり、摩擦はなくて、完全な流動性がある。そして株の収益は、通常の正規分布を描く、というものだった。議論の余地はあるが、トレーダーたちがブラック・ショールズの公式を活用できるようになるにつれて、金融市場はたしかに効率的になるだろう(38)。だがかつてジョン・メイナード・ケインズが指摘したように、危機になると「市場は、支払い能力がついていけないほど長い間、非合理的に動くこともある」。長い目で見れば、この世界も〝金融惑星〟のように、つねに徹底して論理的になるのかもしれない。だが短期的には、ここは昔ながらのおなじみの地球で、貪欲から恐怖へと一気に転じる感情的な人間が住んでいる。損失が重なり始めると、多くの参加者たちはあっさり市場から離れ、L

ＴＣＭの手元に残されたのは、叩き売ろうとしても売れない、ほぼ流動性のない資産だけだった。そのうえ、地球はかつてないほど統合が進んでいるため、ロシアが債務不履行を起こせば世界中のボラティリティが波及効果で刺激される。

マイロン・ショールズは、あるインタビューの席で考えながらこう語った。

「ＬＴＣＭの誤りは、時とともに世界はどんどんグローバル化していたのに、それに気づかなかったことでしょうね」

メリウェザーも、似たような見方をしている。

「世の中の状況が変わっていたのに、私たちはそれに気づいていなかった」

多くの企業がＬＴＣＭの戦略を真似し始めていたから、雲行きが怪しくなったときに痛手をこうむったのは、ＬＴＣＭだけではなかった。巨大なポートフォリオ全体が、出血しているかのようだった。人びとは出口を求めて殺到し、大手銀行の幹部は、いくら経費がかかってもいいからポジションを閉鎖せよ、と命じた。一瞬にして、すべてが同時に崩壊した。ロンドンの有力なヘッジファンドのマネジャーは、のちにメリウェザーに次のように語った。

「ジョン、君が相関の発端だったんだ」

だがＬＴＣＭが失敗した原因は、もう一つある。彼らのＶａＲモデルによれば、ＬＴＣＭ

＊38　ピーター・Ｌ・バーンスタイン『アルファを求める男たち――金融理論を投資戦略に進化させた17人の物語』（山口勝業・訳、東洋経済新報社）

が八月にこうむった損失は、世界の終末まで決して起きるはずがないほど、考えられない規模のものだった。だがそれは、モデルに五年分のデータしか用いなかったためだ。このモデルがせめて一一年前までさかのぼっていれば、一九八七年に起きた株式市場の暴落を捉えることができたに違いない。八〇年前までさかのぼっていれば、一九一七年のロシア革命後に起きた、前回のロシアの大規模な債務不履行を捉えることもできたはずだ。一九四七年生まれのメリウェザーは、残念そうにこう述懐した。

「大恐慌を生き抜いていれば、一連のできごとをもっとよく理解できたでしょうけれどね」

端的に言えば、ノーベル賞受賞者たちは数学は熟知していたが、歴史にはうとかった。彼らは、金融惑星のすばらしい理論は理解できていたが、地球の混乱した過去が見えていなかった。そしてごく単純化すれば、だからこそロングターム・キャピタル・マネジメントは、最後には「ショートターム・キャピタル・ミスマネジメント」と茶化される結末を迎えた。

LTCMの手ひどい失敗を受けて、大量のヘッジファンドが金融界から消えたと考えるのが当然だろう。だが彼らの失敗は、規模こそ強烈だったものの、とくに異例なものではなかった。一九八九年から九六年の間に立ち上げられた一三〇八社のヘッジファンドのうち、三分の一あまりの三六・七パーセントは九六年までに消えた。その間、ヘッジファンドの平均寿命はわずか四〇か月だ。だが、正反対の現象も起きていた。これまでの一〇年、各種のヘッジファンドは減るどころか、数の面でも預かり資産の面でも爆発的に増えている。ヘッジファンド・リサーチによると、一九九〇年には六〇〇社強のヘッジファンドが三九〇億ドルの資産を運用していた。だが二〇〇〇年になると、三八七三社が四九〇〇億ドルの資産を運用するようになった。二〇〇八年第1四半期時点で、七六〇一社のファンドが一兆九〇〇〇億ドルの資産を運用している。一九九八年からは、ヘッジファンドに投資しようとする人が、顕著に増加している（複数の投資信託を投資対象としてまとめた「ファンド・オブ・ファンズ」も人気がある）。ヘッジファンドは、かつては資金が潤沢な個人や投資銀行の領域だったが、いまでは年金基金や大学基金などを惹きつけ、その数は増える一方だ。ヘッジファンドの生存率はいまだに低いのだから、このようなトレンドには驚かされる。一九九六年に届け出があった六〇〇社のファンドのうち、二〇〇四年末に残っていたのはわずか四分の一だ。二〇〇六年には、七一七社のファンドが取引を停止した。二〇〇七年の最初の九か月で、四〇九社が営業をやめている。数多くのヘッジファンドが、投資家たちの期待に沿うことができずに潰れている事実は、あまり広くは知られていない。

　ヘッジファンドがこのように爆発的に増える理由として明確なのは、ボラティリティが低く、ほかの投資手段との相関が低いため、割に資産運用実績がいい点が上げられる。だがヘッジファンド・リサーチによると、ヘッジファンドの収益は一九九〇年代には一八パーセントもあったが、二〇〇〇年から〇六年は七・五パーセントに落ちている。さらに、ヘッジファンドの収益は本当に、「ベータ値（さまざまな指数を適切に組み合わせて捉えられる、市場一般の動きとの連動）」ではなく「アルファ値（資産を運用する手腕）」を反映しているのだろうか、という疑いの声も高まっている。また別の切り口で考えると、ヘッジファンドは、運用している限り、マネジャーたちを独自の魅力的な方法で儲けさせてくれることも、人気を呼ぶ理由の一つだ。二〇〇七年に、ジョージ・ソロスは二九億ドルを稼ぎ、シタデル・インベストメント・グループのケネス・グリフィンや、ルネサンス・テクノロジーズのジェイムズ・シモンズを上回った。だがサブプライムローンの破綻に賭けて、なんと三七億ドルを稼ぎ出したジョン・ポールソンには及ばない。イギリスのエコノミスト、ジョン・ケイが指摘するように、ウォーレン・バフェットがバークシャー・ハサウェイの投資家たちから「運用資産の二パーセントと利益の二〇パーセント」を徴収していたとすれば、これまでの四二年間に彼の会社が株主のために稼ぎ出した六二〇億ドルのうち、五七〇億ドルが彼の手元に残った計算になる。ソロスやグリフィンやシモンズは、いかにも例外的なファンド・マネジャーだ（もちろん、バフェットほどではないが）。だからこそ、彼らのファンドはほかの優れたファンドとともに、ここ一〇年で桁外れに成長したといえる。現在、預かり資産が一〇億ドルを超えるファンドは、およそ三九〇社ある。うち上位一〇〇社が、ヘッジファンドの全資産の七五パーセントを運用している。そしてさらに上位一〇社だけで、三二四〇億ドルを運用している。だが経済学者のディーン・P・フォスターとH・ペイトン・ヤングによると、凡庸な詐欺師でも、ヘッジファンドを立ち上げ、投資家たちを口車に乗せて一億ドルをかき集め、できる限り単純な以下のような戦略に沿って運用すれば、かなりのカネを稼ぐことができる。

①利回りが四パーセントで、償還期間が一年のアメリカ財務省短期証券に、集めた一億ドルを投資する。
②これに一ドル当たり一〇セントを乗せ、一億ドルのカバードオプション（原資産とオプションを組み合わせて保有すること）を売ることができる。スタンダード・アンド・プアーズの五〇〇種株価指数（S&P500）が一年以内に二〇パーセントあまり下落することがあれば、これを支払う。
③オプションの売り上げのうち一〇〇〇万ドルで、さらに財務省短期証券を買う。それによってまた一〇〇〇万ドルのオプションを売り、一〇〇万ドルを稼ぐことができる。
④そして、長い休暇を取る。
⑤一年が経った時点で、S&P500が二〇パーセント下落していない確率は九〇パーセントあるから、彼はオプションの保有者に支払う義務はない。
⑥稼いだ金額を合計すると――オプションの販売で得た一一〇〇万ドルと、一億一〇〇〇万ドルの財務省短期証券の利回りである四パーセント――経費を差し引く前の段階で一五・四パーセントという立派な収益になる。
⑦預かり資産の二パーセント（二〇〇万ドル）と、たとえば四パーセントというベンチマークを上回った分の収益の二〇パーセントをちょうだいすると、総額は四〇〇万ドルを超える。

⑧S&P500が二〇パーセント下落せず、この調子で五年を超えてファンドを順調に運用できる確率は、六〇パーセント近い。その場合、新たな資金がファンドに流入しなくても、ポジションにレバレッジをかけなくても、一五〇〇万ドルが稼げる。

それから一〇年が経った現在、LTCM型の危機は再来するだろうか。——これほどの規模だと、今回は数多くのインチキなヘッジファンドを巻き込むことが避けられないだろうから、とても救済できなくなるのだろうか。欧米の銀行は現在、一九九八年当時と比べると、さらに多くのヘッジファンドの損失や、それに関連するカウンターパーティリスク(取引相手の破綻によって取引できなくなるリスク)にさらされているのだろうか[39]。もしそうだとすれば、いったい次にはだれが救済してくれるのだろうか。これらの問いに対する答えは、別の惑星にあるのではなく、地球の裏側にある。

チャイメリカ

多くの人にとって、金融史とはとっくの昔に流れ去った過去の話だと思われるのではないだろうか。——帝政中国の歴史のように、大昔の歴史だとも言える。金融市場は、ごく最近のことしか覚えていない。現役の若いトレーダーの多くは、一九九七年から九八年にかけてのアジア通貨危機さえ経験していない。二〇〇〇年以降に金融業界に入った人は、七年間も絶頂期を過ごしてきた。世界中の株式市場が、ブーム状況に沸いた。債券市場も商品市場もデリバティブ市場も盛況で、すべての資産分野が沸いていた——高いボーナスが支払われ、年代もののボルドーワインから豪華なクルーザーまでが大いに売れた。だがこのブームの時代は、謎の時代でもあった。短期金利が上昇し、極端な貿易不均衡が目立ち、経済的に重要な意味を持つ、石油の輸出地域で政治リスクが高まっていたにもかかわらず、市場だけは沸いていた。このように一見、矛盾した状況のカギを握っていたのは、中国だった。

褐色の水が力強く流れる長江。それをはさんで起伏に富んだ両岸に広がる都市が、重慶だ。ここは中国のまさにど真ん中にあり、たいていの西洋人が訪れる東部沿岸の工業地域から一六〇〇キロあまりも内陸に入っている。だがこの大都会で暮らす三二〇〇万人の市民は、香港や上海の市民たちと同じように、現代経済の魔法に囚われている。重慶で急速に進む都市化と工業化は、あるレベルでは共産党の計画経済の最後にして最大の偉業だ。三〇本の橋、一〇本の軽便鉄道、そして中央集権の一党独裁国家の威力を示す記念碑のように、スモッグの彼方に浮かび上がる無数の高層ビル。だが重慶の発展は、開放された私企業がもたらした結果でもある。呉亜軍は、多くの面で、中国が新たに手に入れた富を体現したような人物だ。

＊39　二〇〇七年の夏に、信用収縮《クレジット・クランチ》が始まる予兆になったのが、ベアー・スターンズとゴールドマン・サックスが運用していたヘッジファンドの損失が報じられたことだったのは、もちろん偶然ではない。

彼女は重慶の代表的な不動産ディベロッパーの一人で中国の最富裕層に属し、九〇億ドルあまりの資産を持つ――一世紀前に香港でひと財産を築いたスコットランド人たちを、いまの時代から見返している。もう一人の例は、尹明善だ。尹は、文化大革命の間は投獄されていて、中国経済が自由化されたのち、一九九〇年代のはじめに天職を見つけた。そしてわずか一五年で、年商九億ドルの会社を育て上げた。二〇〇七年、彼が経営する力帆グループは、一五〇万台あまりのオートバイ用のエンジンや完成バイクを売った。現在では、欧米へも輸出している。呉や尹は、現代の中国が擁する、三四万五〇〇〇人を超える一〇〇〇万ドル長者のうちの、ほんの二人に過ぎない。

中国は、帝国時代の過去をはるか後方に置いてきたばかりではない。これまでのところ、世界で最も成長が速い経済であり、ほかの新興市場を繰り返し襲ってきた危機を、なんとか避けてきた。一九九四年に人民元を切り下げ、経済改革の過渡期にも資本に対する規制を維持したため、一九九七年から九八年の間も通貨危機に見舞われずにすんだ。中国が外国資本を呼び込みたいときは、直接投資の形を取るよう強く要望している。つまり、ほかの多くの新興市場のように、欧米の銀行に融資をしてもらって産業を発展させるのではなく、外国人が中国の工業地区に工場を建てるよう仕向けた――危機が起きても、おいそれとは撤収できない、大きくて、かさばる資産だ。だが決定的な特色は、中国への投資の大半が、中国自体の（そして海外在住の華商の）貯蓄でまかなわれてきたという点にある。中国の一般家庭は、不安定な時代が続いたために警戒心が強いうえ、西側諸国のようにしっかりした信用取引に慣れていないため、増え続ける所得のうちから、尋常とは思えないほど高い比率を貯蓄に回している。ここ数年、ほとんど貯蓄をしていないアメリカ人とは、びっくりするほど対照的だ。さらに大きな割合で、中国の企業は急増する利益を内部留保している。あまりにも貯蓄性向が高いために、資本の流れが西から東ではなく、数世紀ぶりに東から西へと変わった。しかも、その流れは力強い。二〇〇七年に、アメリカはおよそ八〇〇〇億ドルを世界の国ぐにから借りる必要に迫られた。毎営業日当たり、四〇億ドルを超す。それとは対照的に、中国は経常勘定で二六二〇億ドルの黒字を記録し、これはアメリカの赤字の四分の一あまりに相当する。そしてその黒字の驚くほど大きな比率が、最終的にアメリカに貸し付けられている。要するに、中華人民共和国は、アメリカの銀行になってしまったといえる。

このような話を聞くと、最初は奇妙に思えるかもしれない。現在、アメリカ人の平均年収は三万四〇〇〇ドルを超える。呉亜軍や尹明善のような富裕層がいても、中国人の平均年収は二〇〇〇ドルに満たない。それではなぜ、中国は二一倍も豊かなアメリカにカネを貸したがるのだろうか。それはごく最近まで、中国の巨大な人口の雇用を確保する最善の方法が、浪費性向がやたらに強いアメリカ人に、製品を輸出することだったためだ。これらの輸出品を、つい手を出したくなるほど安くしておくためには、文字どおり、世界の市場から何十億ものドルを買い付け、中国の通貨である人民元がドルに対して強くならないように工作する必要があった。これは、一部の評論家がブレトンウッズII体制と呼ぶ、アジア通貨がドルに事実上ペッグしている状況の一環だ。中国のドル保有高は二〇〇六年に、ほぼ確実に一兆ドルを超えた（注目すべきことだが、中国の外貨準備高の純増分は、アメリカの財務省証券や政府関係機関債の総発行高とほぼ一致する）。一方アメリカ側としては、数年来の好景気を持続させる最善の方法は、安い中国製品を輸入することだった。アメリカの企業は同時に、製造部門を中国にアウトソーシングして、安い労働力の恩恵にもあずかってきた。そして、決定打は、中国人民銀行に何十億ドルもの債券を売ることで、アメリカは本来あり得ないほど安い金利を享受することができた点だ。

　このようにして、すばらしい連合国「チャイメリカ」――チャイナとアメリカをつないだ造語――ができ上がった。この両国を合わせると、世界の陸地面積の一〇分の一強、世界の人口の四分の一、ＧＤＰの三分の一、そして過去八年のグローバルな経済成長の半分以上を占める。しばらくの間、これは幸せな結婚であるかのように見えた。東チャイメリカ人（中国）は貯蓄する。西チャイメリカ人（アメリカ）は消費する。中国からの輸入品が、アメリカのインフレを抑えた。中国の貯蓄が、アメリカの金利を抑えた。中国の安い労働力が、アメリカの賃金を抑えた。その結果、カネは驚くほど安く借りられるようになり、企業を経営すれば思いがけない利益が出た。チャイメリカのおかげで、グローバルな実質金利――インフレ調整済みの借入コスト――は、それまでの一五年間の平均と比べると、三分の一あまり下がった。チャイメリカのおかげで、二〇〇六年のアメリカ企業の利益がＧＤＰに占める割合は、同じく平均と比べて三分の一ほど上昇した。だがここには、ワナが潜んでいた。中国がアメリカにカネを貸そうとすればするほど、アメリカは喜んで借りたがる。言い換えれば、

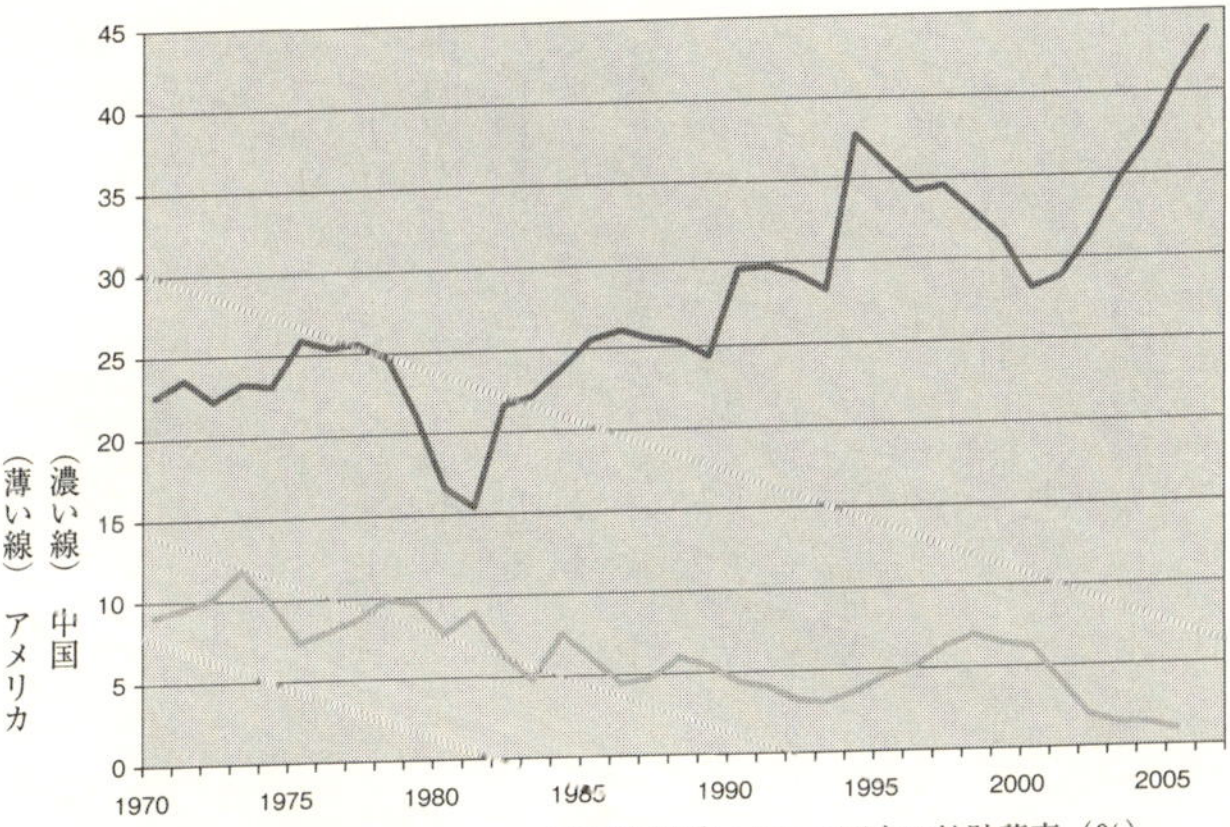

1970年から2006年までの、国民総所得に占める国内の純貯蓄率（%）

チャイメリカの存在は以下のすべての事象の根底にある原因だった。二〇〇〇年以降に金融惑星で銀行の貸出や債券発行や新手のデリバティブ契約が急増したこと。ヘッジファンドが爆発的に増えたこと。プライベート・エクイティ・パートナーシップが、レバレッジド・バイアウト（LBO）の資金調達のために、どこからでもカネを借り入れられたこと。FRBのベン・バーナンキ前議長は、チャイメリカをアジアの「貯蓄大国」と呼んだ。チャイメリカの存在は、アメリカの住宅ローン市場が二〇〇六年に金余り状況に陥り、収入も仕事も資産もなくても、一〇〇パーセントのローンが組めた事態の根底にあった。

これまで見てきたように、二〇〇七年のサブプライムローン危機は、それほど予測困難な現象ではなかった。はるかに予測しがたかったのは、アメリカ国内の〝新興〟市場で、住宅ローンの不履行が奔流となって激震が起こり、それが西側の金融システム全体を揺るがす金融の地震へと発展した過程だった。サブプライムローンが不履行になることで、債務担保証券（CDO）など奇妙で新しい、資産を担保にした商品の価値が崩壊することを理解していた人は、それほど多くなかった。これらの損失が膨れ上がると、銀行間の貸出は止まり、短期のコマーシャル・ペーパーや社債を発行する企業に対する金利が急上昇し、民間部門のあらゆる借り手がきつく絞り上げられることを予測していた人も、やはり多くなかった。この信用収縮を受けて、イギリスの一銀行が一八六六年以来はじめての取り付け騒ぎを起こし、ついには国有化されることを予見できた人も、決して多くなかった。危機が始まる前の二〇〇七年七月、アメリカのあるヘッジファンド・マネジャーは、これから五年以内にアメリカで景気後退が起きない確率は七対一だ、と私に語ったものだ。

「ボクは前に、世界は終わったりなんかしない、と言ったけど」と、彼は半年後につぶやき、「ボクたちの負けだよ」と認めた。

たしかに、二〇〇八年五月末には、景気後退はすでに始まっていたようだった。だが、世界の終わりとはやや大げさだ。

二〇〇八年五月の時点では、中国（もちろんほかのBRICs諸国も）がアメリカの景気後退の影響をまったく受けないなどということは、あり得ないように思われた。アメリカはいぜんとして中国の最大の輸出先であり、中国輸出総額のおよそ五分の一を占めていた。一方ここ数年、中国の成長に対する純輸出額の重要度は、かなり低くなった。そのうえ、潤沢な外貨準備高のおかげで、北京は悪戦苦闘するアメリカの銀行に資本注入できるくらい強い立場に立てた。ヘッジファンドの台頭は、一九九八年にグローバルな金融の方向性が変わってからの変遷の一部に過ぎない。さらに重要なのは、政府系投資ファンドの成長ぶりだった。これは巨額の貿易黒字を運用して、膨れ上がる富を運用するために、各国が設置したファンドだ。二〇〇七年の末に、政府系投資ファンドはおよそ二兆六〇〇〇億ドルの預かり資産を持つに至った。世界中のヘッジファンドの運用総額よりも多く、政府の年金基金や中央銀行の準備金とそれほど違わない規模だ。モルガン・スタンレーは、政府系投資ファンドの資産は、一五年のうちに二七兆ドルに達するだろうと予測したが、これは世界全体の金融資産の九パーセント強に当たる。二〇〇七年にはすでに、アジアと中東の政府系投資ファンドは、西側の金融機関に投資し始めていた。投資先はバークレイズ、ベアー・スターンズ、シティグループ、メリルリンチ、モルガン・スタンレー、UBS、そしてプライベート・エクイティ企業のブラックストーンやカーライルなどだ。西洋の金融を世界全体で救済する役割を、政府系投資ファンドが担うかに見えた時期さえあった。そうなれば、金融史においては、究極的な役割の逆転が起きることになる。ジョージ・ソロスがけなした「市場原理主義」を提起した者たちにとって、これは手痛い例外だった。今回の危機で大勝した者のなかに、国有機関が名を連ねていたからだ。[41]

だが、アメリカの危機を克服するに当たり、エレガントそうに見えるチャイメリカという期待のエースが問題の解決に貢献できなかった理由はいくつかある。一つには、危機が始まったばかりのころに中国がアメリカの金融株に手を出し、さんざんな結果に終わった事実がある。(41) 西洋の銀行が最悪の事態に見舞われるのはむしろこれからなのかもしれない、と北京が恐れるのも無理はない。とくに額面上は六二兆ドルにも達する未決済のクレジット・デフォルト・スワップが、アメリカの景気後退によってどれほど衝撃を受けるのか、まったく分からないのだから。それに加えて、チャイメリカの心臓部で、いまや深刻な政治的な緊張が高まっている状況があることも見逃せなくなっている。アメリカ議会ではしばらく前から、中国が通貨を操作し、不平等な競争をおこなっている、という不満が高まっていた。アメリカの景気が悪化するにつれ、抗議の声はさらに高まる気配だ。だが二〇〇七年八月からは、アメリカのほうも金融緩和をおこない、金利をほぼゼロにまで急落させ、各種のオークション・ファシリティ（FRBによる短期金融市場への資金供給策）などの手段を通じて金融システムに一兆ドルあまりを注入した。これは通貨の操作に相当すると言うこともできる。危機が始まった当初、ドルはおもな取引通貨に対しておよそ二五パーセント下落し、人民元に対しても九パーセント下がった。さらに同じ時期に、ほぼすべての商品市場で需給のアンバランスが生じたために、食糧や燃料、原材料の価格が急騰した。商品価格が上がれば、こんどは中国でインフレ圧力が高まり、価格統制や輸出禁止を打ち出さざるを得なくなるし、アフリカなどで度を越した天然資源の争奪戦を繰り広げる要因になり得る。これは、西側から見れば、信じがたいほど帝国主義的な様相を帯びているように思えた。二〇〇八年の末になってこれらのトレンドが逆転し、ドルが回復して商品価格が崩れても、米中両国の摩擦は減らなかった。中国の対米輸出が急減しても、アメリカは「通貨を操作している」と非難を繰り返した。おそらく名前からも連想できるように、チャイメリカはキメラ――ライオンとヤギとドラゴンを合体させた古代伝説に登場する架空の獣――に過ぎなかったのかもしれない。

思い返してみると、私たちはこれまでにも似たような経験をしてきたような気がする。一〇〇年前の第一次グローバリゼーションのころ、多くの投資家たちが、世界の金融の中心地であるイギリスと、ヨーロッパ大陸で最もダイナミックな産業経済には、これと同様な共生関係があると考えた。その産業経済とは、ドイツだった。そして現在と同じく、共生と競争は紙一重だった。一九一四年の世界大戦のような、グローバリゼーションを破滅させる引き金を引く要因はあるのだろうか。最もあり得そうな事態は、アメリカと中国の政治的な関係

＊40　政府系投資ファンドのなかには、割に長い歴史を持つものもある。クウェート投資庁は一九五三年、シンガポールのテマセク・ホールディングスは一九七四年、アラブ首長国連邦のアブダビ投資庁（ADIA）は一九七六年、シンガポールの政府投資公社（GIC）は一九八一年にそれぞれ設立された。

＊41　中国投資有限責任公司（CIC）は二〇〇七年一二月、モルガン・スタンレーに五〇億ドルを出資して九・九パーセントの株主になったが、董事長の楼継偉はこのチャンスを、農民の目の前に現れたウサギにたとえた。「太った大ウサギを見たら、撃ちたくなるだろう」と彼は言った。だが（その後にモルガン・スタンレーの株価が下落したことに触れて）「われわれがモルガン・スタンレーに撃たれた、という見方もあるが」と付け加えた。

が悪化することだ。争点の発端は貿易かもしれないし、台湾やチベットの問題、あるいはほかのまだ顕在化していない問題が起爆剤になるかもしれない。このようなシナリオは、信じがたいかもしれない。だが後世の歴史家たちが歴史を振り返るとき、このような展開になった経緯を説明しようとして、一連の因果関係をどうそれらしく組み立てるのかは容易に想像できる。仮に米中戦争が起きた場合、〝戦争責任〟をなすり付けたい人びとは、中国の強引さを責めるだろうし、疲れ果てたアメリカという巨人の怠慢の罪を嘆く人びともいることだろう。国際関係の学者たちは、戦争の構造的な原因は自由貿易の崩壊、天然資源をめぐる争奪戦、あるいは文明の衝突だと主張するに違いない。歴史学の視点で解説してみると、一九一四年に起きたような大火は、いまの時代でもぞっとするほど起こり得るような気がしてくる。二〇〇三年から〇八年にかけての商品価格の高騰は、衝突が起きるのではないかと市場が無意識に警戒したことを反映していた、と言う人がいてもおかしくない。

歴史からは、大切な教訓を得ることができる。一つは、経済のグローバリゼーションが高度に進み、英語圏の帝国の覇権がかなり安泰に見えたときでさえ、大規模な戦争が起こり得た、という点だ。二つ目は、大規模な衝突がない世界が長続きすると、衝突のシナリオは想像しにくくなることだ（そのため、衝突は起こりやすくなるのかもしれない）。最後の第三点は、現状に満足した投資家たちが危機に襲われると、百戦錬磨の投資家が主役であるときよりも市場は激しく崩壊するということだ。これまで繰り返し見てきたように、本当に大規模な危機はごくまれにしか起きないから、現役の銀行の幹部やファンド・マネジャー、トレーダーたちの記憶には残っていない。ウォールストリートのＣＥＯの平均的なキャリアは二五年あまりで、アメリカの銀行システムのトップは、一九八三年――石油や金の価格が急騰した最後の時期から一〇年後に当たる――より前のできごとは、直接には体験していない。この事実ひとつを取っても、金融史を学ぶことがいかに大切かを、如実に物語っている。

終章　マネーの系譜と退歩

現在の金融市場の姿は、四〇〇〇年にも及ぶ経済の進化が作り上げたものだ。マネー——債務者と債権者の関係が結実した成果——は銀行を生み出し、そこでますます大規模な貸し借りがおこなわれるようになった。一三世紀以降は利払いを証券化した国債が登場した。その間に、債券市場では、市場に規制があるほうが証券の取引や価格が安定する、というメリットが明らかになった。一七世紀になると、企業の株もほかの品々と同じように売買できるようになった。一八世紀からは、保険基金、次いで年金基金が規模の経済性を活かし、平均への回帰という法則を活用して、予測可能なリスクを金融面で保護できるようになった。一九世紀以降は、先物取引やオプション取引など、さらに専門的で高度な手法が編み出された。そして最初のデリバティブが登場した。二〇世紀になると、政策的な理由から一般家庭もレバレッジを高め、資産における不動産の比率を大いに高めるようになった。

これらの制度的なイノベーション——銀行、債券市場、株式市場、保険や不動産の所有——

—をすべて組み込んだ経済は、それらがなかった時代の経済形態より長期的にはうまく機能するようになった。金融を扱う機関を通せば、封建制度や計画経済に比べて資源を有効に活用できるからだ。したがって西洋の金融モデルがまず帝国主義の形を借り、次いでグローバリゼーションの形で世界中に広まったのも、納得がいく。(1)つまり、古代メソポタミアから現代の中国に至るまで、人類が進歩する裏側にはマネーの進化という原動力があった。自給自足型の農業という単調でつらい仕事や、マルサスの人口論が示すみじめな状況から解放されるためには、人類には科学の進歩や法の普及と同じくらい、金融革新や仲介業務や統合などの複雑なプロセスが不可欠だった。フレデリック・ミシュキン連邦準備制度理事会（FRB）元理事のことばを借りれば、こうなる。

「金融システムは経済の頭脳だ。……経済活動の血液である資本の配分を調整し、企業や家庭における生産性を最大化させるように図る。資本が誤った使い方をされたり、資本の流れが停滞したりすれば、経済効率は悪化し、究極的には経済成長も鈍化する」

だがこれまで、マネーの進化がスムーズに運んだためしはなく、今後も同じことの繰り返しだろうと思われる。金融史はジェットコースターのようにアップダウンし、バブルが生じてははじけ、熱狂とパニック、ショックと暴落を繰り返してきた。最近のある研究によると、

＊1　グローバリゼーションの限界については、パンカジ・ゲマワット『コークの味は国ごとに違うべきか――ゲマワット教授の経営教室』（望月衛・訳、文藝春秋）を参照。

一八七〇年以降のGDPと消費のデータを入手できる範囲で調べたところ、特定の国のGDPが累計で少なくとも一〇パーセントあまりも減少した金融危機は一四八回を数え、消費が一〇パーセントあまりも落ち込んだ危機は八七回ある。これを別の角度から計算したロバート・J・バーロとホセ・F・ウルスアのデータを援用すると、各年に金融危機が起きる確率は三・六パーセントになる。かつてないほど洗練された金融機関と商品を誇る現在でも、金融の世界は相も変わらず危機に弱いことが露呈されている。人知の限りを尽くしても「まぐれな状況に翻弄され[2]」、異例な「ブラック・スワン[3]」に振り回されている。ひょっとすると、現在はジョージ・ソロスが言うように、数十年にも及ぶ「スーパーバブル」後のデフレというつらい時期に突入しているのかもしれない。[4]

金融がこのような動きを示す理由は、根本的に三つある。一つ目は、未来——未来は一つではなく、いくつもの形を取り得る——が予測可能なリスクではなく、不確実性の領域にある点だ。経済学者のフランク・ナイトが一九二一年に述べているように、「不確実性は、決して正しく分離されなかったところの危険の慣用的な概念とはある意味で徹底的に性質が異なるものと考えねばならない。……測定し得る不確実性あるいは私どもが今後用いてゆくであろう〝危険〟なるものは、測定し得ないものとははるかに異なる。後者は実際には全然不確実性ではない」（フランク・ナイト『危険・不確実性および利潤』奥隅栄喜・訳、文雅堂銀行研究社から引用）。

簡単に言えば、人生で起きることの大半は、さいころゲームのような確率論では判断できない。次々に起きるできごとは、どれも「まったくユニークでほかに例がないため、現実の確率について納得のいく推論を引き出すことはできない、あるいは十分なサンプル数がないため、一般化できない」。一九三七年に似たような論旨をこのように的確に表現したのが、ジョン・メイナード・ケインズだ。ケインズは『雇用、利子および貨幣の一般理論』への批評に対する回答として、次のように述べた。

「不確実な」知識ということで、……確実に知られていることとただ可能性があることとの間を単に区別しようとしているわけではない。この意味において、ルーレット・ゲームは不確実性の対象ではない……。私がこの言葉を用いる場合の意味は、ヨーロッパ戦争の見通しが不確実であるとか、今から二〇年後の利子率のことを指している。……これらすべての事柄に関して、何らかの計算可能な確率を形成するための科学的基盤は一切存在しない。われわれには、全くわからないのである」(5)

（ピーター・バーンスタイン『リスク――神々への反逆』青山護・訳、日本経済新聞社から引用）

＊2　ナシーム・ニコラス・タレブ『まぐれ――投資家はなぜ、運を実力と勘違いするのか』（望月衛・訳、ダイヤモンド社）

＊3　ナシーム・ニコラス・タレブ『ブラック・スワン――不確実性とリスクの本質』（望月衛・訳、ダイヤモンド社）

＊4　ソロス『ソロスは警告する』

ケインズはさらに、投資家が「そのような環境で合理的な経済人としての面目が立つように行動する」原理について、次のような仮説を立てた。

①過去の経験を仔細に振り返って得られる未来の予想図よりも、現在を見据えて描いたほうが、よほどあてになる、と思われる。言い換えれば、人びとはまったく知らないことに対しては、おおむねその性質がこれからどのように変わっていく可能性があるかを無視する。

②現在の価格や生産物の性質に反映されている見解には、根底において未来予測が正しく投影されているはずだ、と考えがちだ。

③個人の判断力はあてにならないことが分かっているので、自分より情報を持っていると思われる人びとの判断に依存する。そのため、多数派の行動や平均的な行動に努めて合わせることになる。

ケインズが、投資家たちの行動原理を正しく解釈したかどうかは不明だが、考え方はたしかに間違っていなかった。金融市場の変動が起きる過程では、個人の経験《ヒューリスティクス》則から生じるバイアスが間違いなく重要な役割を果たすからだ。

金融システムが不安定になりがちな二つ目の理由として、人間の行動原理がある。これまで見てきたように、どの金融機関も、熱狂から失意へと急変しやすい人間の本性や、起さる確率は低いが影響力が大きな「テールリスク」からはいくら経験を積んでも身を守れず、どうしても過去の歴史から学べないという人間の性質に翻弄される。行動経済学者のダニエル・カーネマンとエイモス・トヴェルスキーは、金銭に関する単純な選択を迫られたとき、人間は確率を見誤りやすいことをいくつもの実験で実証した、有名な論文を残している。まずサンプル集団の一人ひとりに、一〇〇〇イスラエル・ポンドを与える。次に、ⓐ五〇パーセントの確率でさらに五〇〇ポンドを勝ち取るか、またはⓑ一〇〇パーセントの確率でさらに一〇〇〇ポンドを勝ち取る、の二つの選択肢を与える。ⓐを選択したのは一六パーセントだけで、残り八四パーセントはⓑを選んだ。次に、同じ集団に二〇〇〇ポンドをもらったと仮定してもらい、ⓒ五〇パーセントの確率で一〇〇〇ポンドを失うか、またはⓓ一〇〇パーセントの確率で五〇〇ポンドを失う、のいずれかを選んでもらう。このときは大多数の六九パ

＊5　経済評論家のピーター・バーンスタインが言うように、「われわれは、過去のデータを利用する。……しかし過去のデータは……連続したできごとからなるもので、確率の法則を引き出す際に必要な、独立した観察データを寄せ集めたものではない。歴史から得られる資本市場のサンプルはたった一つの例証であり、何千もの独立したランダムな数字の分布ではない」。金融史より進んだ歴史科学である地質学においても、同じ問題――サンプルが実質的に一つしかない――がつきまとうと、イリノイ大学経済学部のラリー・ニール教授は考察している。

ーセントがⓒを選び、ⓓを選んだのは三一パーセントだけだった。ところが、受け取る金額はどちらも同じだ。最終的に一〇〇〇ポンドを受け取る確率と二〇〇〇ポンドを受け取る確率がそれぞれ五〇パーセントになるか（ⓐとⓒ）、確実に一五〇〇ポンドで終わるか（ⓑとⓓ）である。これらの実験を通じて、カーネマンとトヴェルスキーは驚くべき非対称性を見出した。人間はポジティブな見通しではリスクを回避する傾向を示すが、ネガティブな見通しではリスクをものともしない。額が同じでも、失うほうが獲得する場合の約二倍半のインパクトがある、と感じるという。

「不変性の失敗」は、数あるヒューリスティクスによるバイアス（思考や学習の過程で生じるゆがみ）の一形態だが、このようなバイアスがあるために、現実の人間は新古典派の経済理論でいう経済人間《ホモエコノミクス》、つまり入手できるすべての情報や期待できる効用に基づいて合理的に判断する人間にはなりきれない。ほかの実験からは、人間は次に上げるような認知上のワナに引っかかりやすいことが分かる。

①可用性バイアス。本当に必要とするデータではなく、簡単に思い出せる情報に基づいて判断を下してしまう。

②後知恵バイアス。ある事象が起こると（事後）、起こる前（事前）よりもその事象が起こる確率は高かった、と思い込んでしまう。

③帰納の問題。情報が十分ではないにもかかわらず、一般法則を導いてしまう。

④連言錯誤。九〇パーセントの確率で起こる七つの事象はすべて起こると思いがちな一方、一〇パーセントの確率で起こる七つの事象のうち少なくとも一つが起こる確率は低く見積もりがちだ。
⑤確証バイアス。最初の仮説を覆す証拠よりも、それを裏づける証拠にばかり目がいく。
⑥混入効果。近似している情報は、たとえ関連性がなくても決定に影響する。
⑦感情のヒューリスティクス。あらかじめ頭にある価値判断が、コストや効果の評価に影響する。
⑧範囲の無視。規模の異なる被害を避けたい場合に、払うべき犠牲を規模に応じて調整できない。
⑨測定の過信。信頼区間を、狭く取ってしまう（たとえば、「最良」のシナリオと「最も確率の高い」シナリオをない交ぜにする）。
⑩傍観者の無関心。集団になると、個人としての責任を放棄しやすい。(6)

これでもなお、本質的に間違いを犯しやすい人間の性向が納得できないとすれば、次の問題を考えていただきたい。バットとボールが合わせて一ポンド一〇ペンスし、バットはボー

＊6　マイケル・J・モーブッシン『投資の科学――あなたが知らないマーケットの不思議な振る舞い』（早稲田大学大学院応用ファイナンス研究会・訳、日経BP社）などを参照。

ルより一ポンド高いとする。それではボールはいくらか。およそ二人に一人は誤った答えを出す。一〇ペンスだ、と。正解は五ペンス。二つの条件を満たすのは、一ポンド五ペンスのバットと五ペンスのボールだけだからだ。[7]

金融市場の動向を理解するに当たり、私たちの認識を根底から覆すような学問分野があるとすれば、急速に発展しつつある行動経済学だと思われる。[8] この理論が突きつける挑戦に、効率的な市場仮説から導かれた研究がどれだけ耐えられるかは、まるで見当がつかない。「群衆の知恵」[9]を信じる人びとは、大集団のほうが少数の専門家と思われる人びとより正しい評価を下せる、と言っているに過ぎないからだ。さらに言えば、「マクロ経済学者たちは最近の五つの景気後退のうち、九つまでをみごとに言い当てた」という古いジョークがあるが、経済予測はむずかしいという落胆させられる真実を前にしては、笑ってばかりもいられない。一方、人間心理学を突き詰めれば、大規模な集団は賢くもあり、愚かでもあることに思い当たる。[10] 二〇〇七年の前半ごろ、大規模な流動性危機はもう起こらない、という錯覚が投資家たちの間にほぼ世界的に広まっていたのは、まさにその好例だろう（「はじめに」参照）。人工知能のためのシンギュラリティ研究所のエリエゼル・ユドコウスキー研究員は、次のように鮮やかにまとめあげた。

人間は、自信過剰で楽観的すぎるのかもしれない。未来についてはほとんどの可能性に目をつぶり、過度に具体的なシナリオに固執するのかもしれない。過去に起こったこと［流動性危機］を思い出さないのかもしれない。過去には予測が当たっていたと思い込むあまり、これから突発的に何かが起きる可能性を甘く見積もるのかもしれない。後になってみなければ［流動性危機に］備えることがいかにむずかしいか、気づかない可能性もある。賭け率が高ければ、賭け金の額を無視して、ギャンブルに出たがるのかもしれない。ある金融技術［たとえばクレジット・デフォルト・スワップ］の恩恵を述べたポジティブな情報と、それに伴うリスクを述べたネガティブな情報をない交ぜにしてしまうとも考えられる。［金融システムが］最終的に救われる映画を見て、判断に影響が出るのかもしれない。……あるいは、［流動性危機が起これば］どん底に落ちること

＊7　マーク・ブキャナン『人は原子、世界は物理法則で動く――社会物理学で読み解く人間行動』（阪本芳久・訳、白揚社）

＊8　入門書としては、アンドレイ・シュレイファー『金融バブルの経済学――行動ファイナンス入門』（兼広崇明・訳、東洋経済新報社）を参照。実践用にはリチャード・H・セイラー、キャス・R・サンスティーン『実践行動経済学――健康、富、幸福への聡明な選択』（遠藤真美・訳、日経BP社）を参照。

＊9　ジェームズ・スロウィッキー『「みんなの意見」は案外正しい』（小高尚子・訳、角川書店）、イアン・エアーズ『その数学が戦略を決める』（山形浩生・訳、文藝春秋）を参照。

＊10　チャールズ・マッケイ『狂気とバブル――なぜ人は集団になると愚行に走るのか』（塩野未佳、宮口尚子・訳、パンローリング）

を恐れるあまり、［流動性の枯渇は］起こらないという意見を必死に探し求める一方、起こるはずだという主張はあまり真剣に探さないのかもしれない。しかし「なぜもっと多くの人がなんらかの処置を講じないのか？」という質問に焦点を絞るなら、だれもがまさに同じ質問をしているからだ、と言える。だれかが行動を起こしていないかと周囲に目を走らせ……そのくせ自分は取り乱しもせずに落ち着いているそぶりを見せる。

人間の認知がゆがむのは、おそらく進化した結果だ。金融史がスムーズに進まない三つ目の理由も、進化論に関係する（比喩としてだが）。金融にはダーウィンの進化論的な性質がある、とよく言われる。「適者生存」は攻撃的なトレーダーが好んで使うフレーズだし、前述したように、投資銀行マンは「卓越性の進化」などと名づけた会議を開くほどだ。だが二〇〇七年にアメリカで危機が発生すると、このような表現はいっそうひんぱんに使われるようになった。二〇〇七年後半の状況を金融淘汰の波になぞらえて語るのは、アンソニー・W・ライアン元財務次官補ばかりではない。マサチューセッツ工科大学金融工学研究所のアンドリュー・ロー所長は先頭に立って、市場は適応可能なシステムだと再定義する努力を重ねている。金融サービスの発展を歴史的に長い期間で分析しても、自然界と同じような進化の力が金融業界でも働いていることが分かる。

経済に進化論的なプロセスが働くという考え方そのものは、目新しいものではない。進化経済学は一つの学派として確立しており、一六年にもわたって専門の学会誌を発行している。(11)

経済学者のソースタイン・ヴェブレンが「なぜ経済学は進化科学ではないのか？」（つまり、本当は進化科学だという主張）という問いをはじめて投げかけたのは、一八九八年にさかのぼる。ヨーゼフ・シュンペーターは『資本主義・社会主義・民主主義』の有名な一節のなかで、産業資本主義は「進化のプロセス」だと特徴づけたが、これはまさに金融にも当てはまる。

この発展的性格は……ただ単に社会的、自然的環境が変化し、それによってまた経済活動の与件が変化するという状態のなかで経済活動が営まれる、といった事実にもとづくものではない。この事実もなるほど重要であり、これらの変化（戦争、革命、等）はしばしば産業変動を規定するものではあるが、しかもなおその根源的動因たるものではない。さらにまたこの発展的性格は、人口や資本の準自動的増加や貨幣制度の気まぐれな変化にもとづくものでもない。これらについても右とまったく同じことがいえる。資本主義のエンジンを起動せしめ、その運動を継続せしめる基本的衝動は、資本主義的企

＊11　*The Journal of Evolutionary Economics*。この分野における重要な研究として、A. A. Alchian, "Uncertainty, Evolution and Economic Theory", *Journal of Political Economy*, 58（邦訳なし）および、R・R・ネルソン、S・G・ウィンター『経済変動の進化理論』（角南篤ほか訳、慶應義塾大学出版会）がある。

業の創造にかかる新消費材、新生産方式ないし新輸送方法、新市場、新産業組織形態からもたらされるものである。……内外の新市場の開拓および手工業の店舗や工場からUSスチールのごとき企業にいたる組織上の発展は、不断に古きものを破壊し新しきものを創造して、たえず内部から経済構造を革命化する産業上の突然変異——生物学的用語を用いることが許されるとすれば——の同じ過程を例証する。この「創造的破壊」(Creative Destruction)の過程こそ資本主義についての本質的事実である。

(ヨーゼフ・シュンペーター『資本主義・社会主義・民主主義』中山伊知郎、東畑精一・訳、東洋経済新報社から引用)

現代の経済においてどれほどの破壊が進行しているのかについては、最近の研究から手がかりが得られる。アメリカでは毎年、およそ一〇社に一社が消える。正確には一九八九年から九七年にかけて、合わせて五七三万社のうち毎年平均六一万一〇〇〇社が消え去った。一〇パーセントという数字は、あくまで平均であることに注目していただきたい。業界によっては、ひどい年には二〇パーセントもの企業が消えたこともある(S&L危機の真っただなかにあった一九八九年の首都ワシントンにおける金融業界など)。イギリス貿易産業省によると、納税した実績のある企業でも、三〇パーセントは三年以内に消えるという。さらにほとんどの企業は、最初の数年は大成功を収めても、やがては倒産する。一九一二年当時の世界の大企業トップ一〇〇社のうち、一九九五年までに二九社が破産し、四八社が消滅し、トップ一〇〇社の圏内にとどまっていたのはわずか一九社だ。銀行や株式市場の役割のかなりの部分が企業の資金を調達することなのだから、金融業界にも似たような創造的破壊のパターンがあっても驚くことではない。ヘッジファンドの生存率が低いことは、前にも述べた。銀行がそこまで減らない理由は後述するが、倒産しないよう政府が陰に日向に保護しているからにほかならない。

では、金融業界と本物の進化システムに共通する特徴は何か。次の、六つの要素が考えられる。

①ある種のビジネス習慣が、生物学でいう「遺伝子」と同じ働きをし、「組織のメモリー」に情報を蓄積し、個人から個人へ、あるいは新しい企業ができれば企業から企業へと伝え残される。

②自発的に突然変異をする可能性がある。経済界では通常これをイノベーションと呼び、技術革新が中心だが、つねにそうだとは限らない。

③同業種内で資源をめぐる競合があり、その結果が寿命や増殖度合いを決める要因として働き、どの企業が生き残るかが決まる。

④資本と人的資源を市場がどう配分するかによって、適者生存的な自然淘汰のメカニズムが働き、業績が悪いと消滅する可能性がある。

⑤種が分化して、新たに形成される余地がある。まったく新しい金融機関を創設するこ

とによって、多様性が維持できる。
⑥絶滅の可能性がある。ある種が絶滅することもある。

金融史というものは、基本的には金融機関の突然変異や自然淘汰の繰り返しだ。ランダムな「浮動《ドリフト》」（自然淘汰とは無関係に生じる技術革新・突然変異）と「フロー」（たとえばアメリカの商慣習が中国の銀行に取り入れられたときに生じる技術革新・突然変異）が、その一翼を担う。また別種の金融機関が共同作業をしていくうちに適応していく、「共進化」の例（たとえばヘッジファンドと大口ブローカー）もある。だが主な推進力は、市場による淘汰だ。金融組織は、限りある資源をめぐって競争する。特定の時間と場所では、ある種が市場を席巻するかもしれない。だが競合する種が技術革新をしたり、まったく新しい種が登場したりすれば、あるヒエラルキーやモノカルチャーだけがいつまでものさばっていることはない。大きく捉えれば、適者生存の法則が当てはまる。傾向としては、自己複製や自己永続化が巧みな「利己的な遺伝子」が、増殖して存続しやすい[12]。

だからといって、進化しても完璧な生物が現れるわけでもない。「まあまあのレベルの」突然変異でも、しかるべきときに適正な場所で起きた場合、市場を席巻できる。進化プロセスでは、初期状態が微妙に影響してくるからだ。つまり初期段階でいくらか有利であれば、必ずしも最適ではなくても独占状態が長続きできる。また、これまでは進化はつねに前進だと考えられてきたが（社会進化論を提唱したハーバート・スペンサーの信奉者など）、実はそうでもない。目に見えないほど小さな原核生物がいまだに地球上の生物種の大半を占める一方、高利貸しなどの原始的な金融形態もいぜんとして消滅していない。複雑に進化したところで、生物も企業も絶滅は免れない――これはほとんどの動植物がたどる運命だ。

進化になぞらえる見方は、たしかに完璧だとはいえない。自然界では、ある生物がほかの生物を食べる行為にそれ以上の意味はないが、金融サービス業界では、合併や買収が突然変異の引き金になることもある。だが金融機関には、生物界の生殖に当たるものがない（性的な業界用語は、ある種の金融取引を指す場合によく使われるが）。金融界で起きる突然変異の大半はランダムな変化ではなく、計画性があって、意識的な技術革新だ。実際、企業はその一生のうちに周囲の変化に順応できるので、金融の進化は（文化の進化と同じく）本質的にはダーウィンの進化論に似ているというより、博物学者ジャン・バティスト・ラマルクの用不用説（後天的に獲得した性質が遺伝することで生物は進化していくという学説）に近い。そのほかの大きな二つの相違点については、次に論じる。それでもなお、進化論ほどうまく金融の変化を説明するモデルはない。

九〇年前、ドイツの社会主義者ルドルフ・ヒルファーディングは、金融資本という用語を作り、その金融資本に所有権が集中する動きは避けられまい、と予測した[13]。これまで金融の

＊12　リチャード・ドーキンス『利己的な遺伝子』（日高敏隆ほか訳、紀伊國屋書店）を引き合いに出している。

発展は、生き残りに成功した大手企業の視点から見下ろす形で描かれてきた。たとえばシティグループの公式の系譜を見ると、無数の小企業——一八一二年に設立されたシティバンク・オブ・ニューヨークにまでさかのぼる——が時代を経るにつれて寄り集まり、現在のコングロマリットに当たる太い幹になる経緯が分かる。だが金融の進化を長い期間で捉えると、正反対の発想で、太い幹こそが始まりだと考えるほうが正しい。新しい銀行などの金融機関が進化すると、周期的に枝分かれしていく。たしかに拡大する過程で小さな企業をむさぼって成功を収める企業もあるが、これは重要ではない。自然界の進化の過程では、動物が互いに捕食するからといって、それが原因で突然変異が起きたり、新種や亜種が現れるわけではない。金融史で言えば、規模の経済性がつねに進化を推し進めるわけではない。真の推進力はむしろ、種が分化する過程——まったく新しいタイプの企業が創設されるとき——と、弱い企業が滅びるという、やはり繰り返し起こる創造的破壊の過程だといえる。

かなり多様な形態を持つ、小口金融と商業銀行の例を見てみよう。北アメリカや一部のヨーロッパ市場には、シティグループやバンク・オブ・アメリカなどの巨大組織と並んで、割に小規模なリテール・バンキングと呼ばれる小口金融がまだ残っている。近年、最も大きな変化に見舞われたのは貯蓄貸付組合（S&L）で、整理統合が急ピッチで進み（とくに一九八〇年代のS&L危機に際して）、大半の組織が株式会社に移行した。この流れのなかで考えてみたとき、民営化の波が世界を襲った先進国でただ一つ絶滅寸前の銀行形態は、国有銀行であるように思われた。ところが、金融危機で状況は一変した。ノーザンロック銀行の国有化に始まり、国有銀行が驚くべき復活を遂げたのだった。ペーパーバック版に向けてこの終章に手を入れている現時点では、アメリカ政府も重い腰を上げてシティバンクやバンク・オブ・アメリカなど破産寸前の銀行の救済に乗り出さざるを得ない状況だ。

もう一つ別の点として、近年は種分化の一例として新たなタイプの金融機関が進化システムに沿って急増している。たとえば新たな「モノライン（金融保証保険）」と呼ばれる金融サービスを提供する企業が、とくに消費者金融業界で数多く現れた（クレジットカード大手の「キャピタル・ワン・ファイナンシャル」など）。プライベート・バンキング（裕福な個人客を対象としたサービス）市場では数多くの新しい「ブティック」と呼ばれる企業がサービスを提供している。ダイレクト・バンキング（電話やインターネットを通じたサービス）も、割に新しいが急成長している。投資銀行部門でも企業の巨大化が進んでいるが、ヘッジファンドやプライベート・エクイティ・パートナーシップなど、小回りが利く新たな業態も進化し、増えている。さらに第6章で見たように、工業製品やエネルギー資源の輸出によって国際通貨の保有高が急増した輸出国は、次世代を担いそうな政府系投資ファンドを生み出している。

増えたのは、新しい形態の金融機関ばかりではない。金融資産や金融サービスも、同じく増えている。二〇〇七年以前の投資家の目はもっぱら、住宅ローンなど資産を担保にした証

＊13　ルドルフ・ヒルファーディング『金融資本論』（岡崎次郎・訳、岩波書店）

券にばかり集中していた。デリバティブの利用も激増したが、大部分は公開された取引所を介さない「店頭」売買だった。この方式だとたしかに売り手は儲かるが、制度そのものが標準化されておらず、ひとたび危機が起これば訴訟に発展する可能性があり、取引に不快な思いをするだけでなく、計算違いの結果に終わりがちだった。

進化論の用語とたとえを使えば、金融サービス部門は二〇年あまりの間に、あたかもカンブリア紀の生命大爆発を経て、生き残った種が繁栄を謳歌し、新種も増加したような感じだった。自然界と同じく、巨大企業が進化を妨げることはなく、小さな企業も存続した。自然界も金融業界も、大きさだけがすべてではない。実際、上場企業が巨大化して複雑になると、経営はむずかしくなる。大企業になれば官僚的な側面が増えるなどマイナス面が生じるし、四半期ごとの決算報告も負担だ。そこで、新たな形態の未上場企業にチャンスが生まれる。進化にとって重要なことは、ある程度の大きさでもなければ、複雑さでもない。生き残ることができるか、自分の遺伝子をうまく複製できるかに尽きる。これを金融業界に当てはめると、自己資本をもとに利益を生むことができるか、同様のビジネスモデルを真似た企業があとに続くかどうか、ということになる。

金融業界では、突然変異や種の分化はたいてい、環境の変化や競争に対する反応として現れ、新しい特徴のどれが広まるかは自然淘汰によって決まる。また進化のプロセスは、地政学的なショックや金融危機という形で、ときには自然界と同じように破綻することもあった。自然界と金融業界の間には、言うまでもなく違いがある。巨大な隕石の落下（白亜紀末に種の八五パーセントが滅んだ原因）は外因性のショックだが、金融危機け金融システムに内在した点が異なる。一九三〇年代の世界大恐慌と一九七〇年代のグレート・インフレーションの時代にはとくに破綻ないし断絶の度合いが大きく、一九三〇年代には銀行パニックが発生し、一九八〇年代にはS＆Lの失敗による〝大量絶滅〟が起きた。

これと似たようなことが現在、確実に起きている。二〇〇七年の夏に信用状態が急速に悪化し、資産価値が激減すると、多くのヘッジファンドが深刻な問題を抱えるようになり、投資家たちの買い戻しに耐えられなくなった。金融危機が始まったころには好調だった企業（たとえばケネス・グリフィンが率いるシタデル・インベストメント・グループが好例）も、二〇〇八年には深刻な損失を抱えるようになった。だが今回の金融危機でさらに特筆すべき特徴は、銀行が破滅的といえるほどのインパクトを受けた点だ。IMFの試算によると、アメリカの資産を担保にした証券やその他の高リスクの負債によって、世界中で二兆二〇〇〇億ドルの損失が出たという。この終章を執筆している二〇〇九年二月の時点で、すべての金融機関をひっくるめて一兆一〇〇〇億ドル前後の帳簿上の評価損が計上されたが、逆に言えば損失の半分程度しかまだ明るみに出ていないことになる。金融危機が始まって以来、アメリカの銀行は四九四〇億ドルの評価損を計上しているが、四四八〇億ドル前後の資本を新たに調達しているから、資本は差し引き五〇〇億ドル弱が不足したことになる。銀行は通常、資産に対する自己資本の比率を一〇パーセント以下に保つことを目標にしているから、バランスシート上の資産は五〇〇〇億ドルほど縮小しなければならない。しかし、ストラクチャード・インベストメント・ビークル（SIV）や導管体《コンデュイット》など、連結対象外のいわゆる影の銀行システムが崩壊し、それらの資産や負債を本体のバランスシートに戻さざるを得なくなったため、資産規模の縮小はきわめてむずかしくなった。さらに、金融関係者ではない顧客が自分たちの資産の流動性を高めようと規定の信用限度を枠いっぱいまで利用してきたため、銀行の資産はさらに増加した。

この危機により、銀行の自己資本比率を規定した国際統一基準（バーゼルIおよびII）[14]の根本的な欠陥が露呈した。たとえばヨーロッパの平均的な銀行の自己資本は現在、資産の一〇パーセントを大きく下回る（おそらくわずか四パーセント程度）が、二〇世紀のはじめごろは二五パーセント前後はあった。別の見方をすれば、金融危機が起きる以前は、レバレッジはいくらでも高騰させることができた。たとえば二〇〇八年九月まで、バンク・オブ・アメリカのレバレッジは七三・七倍（自己資本は資産のわずか一・四パーセント）だった。連結対象外の取引も含めれば、レバレッジはなんと一三四倍にも達した。負債は経済全体で爆発的に膨れ上がっていて、一九七四年にはGDPの一六〇パーセント強だった負債総額（金融、企業、家計、政府の合計）は、二〇〇八年には三五〇パーセント超に上昇した。ジョージ・W・ブッシュ政権時代のアメリカの実質的な経済成長率は、住宅ローンで引き出した資金で消費が押し上げられた部分を除くと、年率一パーセント程度だったが、このことからも一般家庭の負債が増加したために経済が深刻な影響を受けた様子がうかがえる。レバレッジがもてはやされた時代は、いまや終わりを迎えつつある。

さらに、リスクを抱えた組織を切り離し、バランスシートの体裁を整えれば、金融システム全体のなかでうまくリスクを分散できる、と信じていた人びとは、今回の金融危機で希望を打ち砕かれた。それどころか、金融システムの中心に膨大なリスクが集約され、まさに正反対のことが起きたように思える。そのうえ、証券化のシステム――ピーク時には信用創造の五分の一近くを占めていた――は意外にモロいことも判明した。

進化論の用語を使うと、今回の危機ではメジャーな種がすでに絶滅した。ウォールストリートを牛耳るアメリカのいくつもの投資銀行は、かつて花形プレーヤーだった。破産したもの（たとえばリーマン・ブラザーズ）、商業銀行に買収されたもの（ベアー・スターンズと

＊14　一九八八年に合意したバーゼルⅠによると、銀行の資産は信用リスクの程度によって五つのカテゴリーに分類される。〇パーセント（たとえば自国の国債）から一〇〇パーセント（社債）まで、リスクの段階に応じた分類だ。国際業務をおこなう銀行は、リスク含みの資産に対して八パーセントの自己資本を持たなければならない。バーゼルⅡは二〇〇四年に発効したが、まだようやく採用が広まりつつある段階だ。この規制はさらに複雑なルールを定めていて、信用リスクとオペレーショナルリスクと市場リスクを区別し、市場リスクにはバリューアットリスク（VaR）モデルを使うよう命じている。皮肉なことに、二〇〇七年から〇八年にかけて、流動性リスクは「その他のリスク」とともに「残留リスク」の一項目としてまとめられた。このような規制は当然ながら、自己資本を最小化することで、自己資本利益率（ROE）を上げようとする銀行のインセンティブと対立する。

メリルリンチ）、あるいは生き残りをかけて銀行持ち株会社に業態を変えざるを得なかったもの（ゴールドマン・サックスやモルガン・スタンレー）などさまざまだ。債券保証会社も、消える運命にあるようだ。その他の金融部門では、待ったなしの絶滅はなく、プレーヤーの数が減少する程度ですみそうだ。今回の危機では、大西洋を挟んだ欧米の商業銀行同士で、割に強い銀行が弱い銀行を合併したり買収したりという状況は、避けがたいと思われる。実際、バンク・オブ・アメリカのケン・ルイス会長兼CEOは二〇〇八年、アメリカにある八五〇〇もの銀行のうち、この危機を乗り越えられるのは半数のみだろうと予測した。だがメリルリンチを買収したのちケン・ルイスが悩んでいる姿を見れば、金融機関の買収を密かに狙っていた企業も尻込みするに違いない。ヘッジファンドに至っては、弱いものは投資家に見放されるか、強い企業に吸収されるかして、少なくとも三分の一ほどに減ると思われる。[15]危機後には、形態がまったく異なる新しい金融機関が芽生える可能性もある。アンドリュー・ローは「山火事のあとのように、市場には信じられないような植生が現れるだろう」と語っている。昔ながらのマーチャント・バンクを立ち上げる絶好のチャンスなのかもしれない。つまり取引業務より人的関係を優先させ、既存の銀行の多くが失った信用を回復することに焦点を絞る。

自然界と金融界には、もう一つ大きな違いがある。生物が進化する場である自然環境では、変化は本質的にランダムに起きる（したがって、リチャード・ドーキンスは盲目の時計職人《ブラインド・ウォッチメイカー》をイメージした）が、金融サービスは、規制の枠内で進化し——反進化論を掲げる創造論者のことばを借りると――「インテリジェント・デザイン（神のような知的な存在によって生命や宇宙が設計されたとする説）」がひと役買っている。規制環境の急速な変化は、自然界の環境変化によく似たマクロ経済環境の変化とは異なる。ここでも、違いは内生性にある。それというのも、取り締まる責任者は、民間部門の仕組みを熟知していて、密猟者が狩猟管理人になったような立場の人びとだからだ。だが最終的な効果は、生物学的な進化に気候の変化が影響を与えるのと同じような効果をもたらす。つまり、新しいルールや規制ができると、それまではよいとされてきた特徴か、突然、不利に働くことがある。たとえばS＆Lの興亡は、アメリカの規制環境の変化が主な原因になっている。今回の金融危機の初期段階でおこなわれた規制の変化は、同じくらい予期できない結果をもたらすかもしれない。

たいていの規制措置は、金融サービス部門の安定を維持することによって、銀行の顧客である消費者や、金融業界が支える「実体」経済の安定を図るものだ、と当局は表明している。金融業界以外の企業は、経済全体に対してシステム上は重要度が低く、消費者の生活にも大きな影響は与えないと見なされている。大手の金融機関、とくに小口の顧客が預金している機関が崩壊するような事態は、規制する側（そして政治家たち）からすればなんとしてでも

＊15　マサチューセッツ工科大学のアンドリュー・ローは、次のように言っている。「ヘッジファンドは、金融業界のガラパゴス諸島だ。……技術革新、進化、競争、適応、誕生と死など、進化の過程でみられるあらゆる現象がとてつもない速さで起きている」

避けたい。二〇〇七年八月以来、昔ながらの問題が頭をもたげてきた。陰に陽に銀行への緊急援助を保証すると、モラルハザード（責任感・倫理観の欠如）が起きるのではないだろうか。潰すには大きすぎる――政治的な影響が大きく、あるいはほかの企業を巻き込んで倒産に導く可能性が高すぎる――とみなしてもらえれば、つまり破産を防ぎ、債務超過の状態を改善するために国が介入してくれるのなら、金融業者は逆に過剰なリスクを取るようになってしまうかもしれない。だが進化論的な視点に立つと、問題はやや違って見える。たとえば、「潰すには大きすぎる」という考え方は好ましくないのかもしれない。ときに創造的破壊という過程を経なければ、進化のプロセスが妨げられるからだ。一九九〇年代の日本の例は、業績の悪い金融機関を支えたり、不良資産を帳消しにしないでいたりすると、銀行部門全体が経済の足を引っぱる結果になることを立法府や行政府に警告している。従来の考えに基づけば、リーマン・ブラザーズは二〇〇八年九月に潰すべきではなかった。だが当時、メリルリンチとリーマン・ブラザーズの双方を救済するうまい手立てがなかなか見つからなかった。アメリカ財務省が、リーマンが破産した際のインパクト、とくに外国の債券保有者に対するインパクトの大きさを甘く見積もっていたことは間違いない。だが一方、リーマンが倒産したのち、金融危機があそこまで悪化しなければ、財務省は七〇〇〇億ドルもの不良資産救済プログラムを議会に通す道筋をとうていつけられなかったことだろう。

　金融システムが衝撃を受ければ、犠牲は避けられない。放置しておけば自然淘汰によって最も弱い組織が真っ先に市場から消され、成功した企業に呑み込まれてしまう。だが危機が起きれば、当局は急いで金融システムを安定させて消費者や有権者を保護しようと図るから、新たなルールや規制が導入される。ここで重要なことは、危機を未然に防ごうとするあまり必要以上に予防的な規制を強化し、絶滅の可能性を排除してはいけないし、すべきでもないという点だ。ヨーゼフ・シュンペーターが七〇年あまりも前に、次のように書いている。「絶望的なほど適応不能なものに結びついた人々の完全な破滅という最後の非常手段を否定しては成り立ちえないのである」[16]。つまり、シュンペーターによれば、「生存に不適合な者」は消える運命にある。

二〇〇八年九月以降、西側の政府は次々と思い切った方策を繰り出してきたが、これらは期待したとおり金融システムの全面的な崩壊を防ぐことができるのだろうか。それとも、実際には金融が進化するプロセスを邪魔しているだけなのだろうか。結論はまだ出ていない。アメリカではFRBが、金利を事実上ゼロにまで切り下げた。さらに財務省や最大限まで業務を拡大した連邦預金保険公社と連携し、金融機関に融資・資本注入・保証など合わせて八兆ドル相当を提供した。FRBのターム物資産担保証券貸付制度（TALF）にいたっては、ローンの証券化プロセスを復活させるために、最大一兆ドルを拠出する準備を整えた。それでも、二〇〇九年二月に発表された官民投資ファンド（PPIF）は力不足のようで、銀行

＊16　J・A・シュムペーター『経済発展の理論――企業者利潤・資本・信用・利子および景気の回転に関する一研究』（塩野谷祐一ほか訳、岩波書店）

の資本再編や完全国有化に追加資金が必要であることは疑いようがない。金融システムの安定化を目指して投入されたこれらさまざまな手段と比較すると、オバマ政権が発表した年間七八七〇億ドルの財政出動は、きわめて控えめだ。

国による救済の代償は国による支配であり、すでにアメリカの銀行は経営幹部への報酬や外国人の雇用に関して自由裁量が認められなくなった。これは、世界大戦中を最後に消えた、政府による金融統制の再来になるのだろうか。たしかに金融危機のために、一九四〇年代に舞い戻った一面もある。危機関連の支出が急増して政府の赤字が膨張し、二〇〇九年にはGDPの一二パーセント、別の視点で見れば政府の総支出の四四パーセントを占める見通しだ。支出と税収の差額がここまで広がったのも、第二次世界大戦以来、はじめてだ。この章を手直ししている時点ではまだ不明確なのだが、新たに発行される一兆七五〇〇億ドルものアメリカ国債を、いったいだれが購入するのだろうか。チャイメリカの忠実なるパートナー、中国なのだろうか。それとも、アメリカの一般家庭が急に倹約家に変身して購入するのか。あるいは、紙幣を増刷できるFRBなのだろうか。

本書を執筆するに当たり、題名を付け間違えたのではないか、と何回もただされた。『マネーの進化史』では、大恐慌以来といわれる深刻な経済危機にさからった、楽観的すぎる表題に見えるからだろう（とくに、ブロノフスキーの『人類の進化』のもじりだと気づかない人びとにとっては）。それでも、ここまで読んだ方には、はるか昔のメソポタミアで金貸しが誕生して以来、金融システムがどれほど高くまで進化の階段を上ってきたか、お分かりいただけたことと思う。たしかに、金融システムが大きく後退した時期もあったし、縮小したり瀕死の状態になったこともある。だがどれほど最悪の事態に見舞われても、永久に足踏み状態だったことはない。金融史は、のこぎりの歯のようなアップダウンを繰り返してはいるが、長期にわたる軌跡は疑いようもなく上向きになっている。

そうは言っても、これまでの話はたしかに進化論的なところもあるので、チャールズ・ダーウィンにも等しく敬意を表してこの本は『マネーの堕落』（*The Descent of Finance*）（ダーウィンの『人間の由来』（*The Descent of Man*）のパロディ。「デセント」には「末裔」や「堕落」の意味もある）と改題してもいいかもしれない。ATMで紙幣を引き出したり、月給の一部を債券や株式に投資したり、車に保険をかけたり、住宅ローンを借り替えたり、あるいは新興国の金融市場に乗り換えてホームバイアス（自国資産を選好する傾向）を捨てたりする場合、私たちの動きは、多くの歴史を下敷きにしている。

国家が金融市場に取って代わったと考え、「資本主義は死んだ」とか「自由市場の終焉」などと言う人もいる。すでに明らかになったと思うが、実際には国家と金融市場は歴史的につねに共生してきた。もし国家財政が窮地に立たされなければ、中央銀行や債券市場、株式市場を生み出した金融革新は起きなかったことだろう。金融という種の起源を完全に理解しなければ、マネーにまつわる根本的な真実は決して理解できないと、かつてないほど私は確信している。マネーとは、ドイツのホルスト・ケーラー元大統領が少し前にこぼしていたような、「もとの場所に戻しておくべき怪物」ではない。金融市場は人間を映す鏡であり、私たちが自分自身や自分たちを取り巻く資源をどのように評価しているかをつねに示している。人類の欠点が、美徳と同じようにあからさまに映ったとしても、それは鏡のせいではない。

解　説

歴史的事例でマネーの魔術を解き明かす

早稲田大学ファイナンス総合研究所顧問
野口悠紀雄

マネーほど重要で、しかも分かりにくいものはない。白状すれば、私自身も「いくら勉強しても、本質が分からない」という思いにいつも悩まされている。

マネーが何であるかは、誰でも知っている。少なくとも、そのつもりになっている。毎日使っているからだ。

そして、マネーは重要だから、誰もそれを忘れたり無視したりできない。外出時に財布を忘れたら、かなり困る。それだけでなく、マネーは我々の生活を支配している。誰しもマネーがほしいと思う。マネーのために働かされていると感じている人も多いだろう。ビートルズは、「マネーで愛情は買えない」と歌っているが、「あれだけ稼いだ人たちに言われてもナア」という気がする。

人類の歴史は、崇高な理念というよりは、マネーを中心にして回ってきた。少なくともそう考えれば、歴史上のさまざまな事件をよく理解できる。

マネーについてどういう制度を作り、どういう政策をとったかが、国の命運を左右してきた。マネーは、人間の英知の産物であるとともに、人間の愚かさと貪欲さの象徴でもあるのだ。

しかし、マネーの理解は容易でない。テレビや新聞のニュースには、毎日のように「金融緩和」という文字が躍る。第二次安倍晋三内閣になってからは、とくにそうだ。では、金融緩和をすれば、本当に経済がよくなるのだろうか？　なぜそうなるのか？　いくら説明を聞いても、どうしても胡散臭い感じを追い払えない。

金融緩和が本当に日本のためになっているかどうかは、現在の経済政策を評価する際のもっとも重要な点である。それにもかかわらず、金融政策が技術的に簡単でないために、理解されていない。また、世界経済は、アメリカの金融政策によって大きく動く。だが、理解が難しい。

これほど日常的なものであるのに、マネーの本質には魔術的なところがあるのだ。つまり、マネーは、たいへん重要なものであるにもかかわらず、その正体を暴こうとすると、本当に難しいのである。

本書の著者ニーアル・ファーガソンは、アメリカ随一の金融史学者。マネーという魔物に、抽象的理論ではなく、豊富な歴史的事例を用いて立ち向かった。かみ砕いて書かれていて、興味深い。金融に関する専門的知識なしでも読めるようになっているが、問題の本質を捉えた議論がなされている。歴史的事例で理論を説明するというこの手法は、経済学のさまざまなテーマを説明するために、もっと使われてよいと思った。

マネーとは信用であって貴金属ではない

第1章では、「マネーとは信用であって貴金属ではない」ことが強調される。この命題からしてすでに、実に深遠で、実に分かりにくい。

「本当のマネーとは金貨であり、いつも使っている紙幣がその代用品」

多くの人は、こう考えていたのではないだろうか？　いまでもそう考えている方は、この第1章を繰り返し（5回くらい）読んでいただきたい。ここは大変難しく、また一番重要な個所である。

マネーはマジックであると右に述べた。そうは言っても、人類の歴史でマネーが金貨だけだった時代には、さほど魔術的ではなかったのである。魔法が始まったのは、中世イタリアの両替商が、帳簿上だけで決済を可能にし始めたときだ（ここで著者は、ボッティチェリの「東方三博士の礼拝」がメディチ家の人々を描いたものであると指摘している。興味深いエピソードだ）。そして、マネーはそれから進化の過程を歩んだ。

17世紀に部分準備制が発明されると、魔法はがぜん複雑さを増した。そして、普通の人には、すぐには理解できないものになった。このあたりは、本書でも一番理解が難しい部分だ。

その結果、現代社会におけるマネーの大部分は、金貨でも紙幣でもなく、銀行預金になっているのである。貴金属の裏付けもないし、国の資産が担保してくれるわけでもない。まさに、「信用」だけがその価値を支えているのだ。

第1章では、興味深くしかも理解が難しいテーマが、他にも取り上げられている。たとえば、スペインが南米に世界最大の銀山を発見したにもかかわらず、結局は没落したのはなぜか？ 「貴金属を掘り出せば豊かになれると誤って信じていたからだ」というのがその答えだが、これを理解するにも、第1章を熟読しなければならない。

第2章のテーマは公債だ（念のため。公債は「マネー」ではない。この章以降のテーマは、金融ではあるが、マネーではない。そのため、第1章に比べると、理解は容易だ。ただし、第3章の「ローのシステム」では、再びマネーが現れる。このため、分かりにくいとともに、非常に面白い）。

公債による資金調達が戦争の帰趨を決めたことが、ナポレオン戦争とロスチャイルドの活躍を例にとって説明されている。アメリカ南北戦争でも、公債による資金調達が重要な意味を持った。南部の公債は綿花に頼ったものだったが、新しい供給源が出てきたため価格が下落。南部が資金調達できなくなったのが、南軍敗北の大きな原因だと著者は指摘している。ドイツの超インフレや、アルゼンチンの破綻などの問題も取り上げられている。

量的金融緩和政策の父、「ローのシステム」

第3章では、株式会社が論じられる。ここで取り上げられている非常に興味深い話題は、「ローのシステム」だ。これは、18世紀のはじめ、ジョン・ローという男が、フランス財政危機を救うという触れ込みで、中央銀行を創出して紙幣を大量に増発した事件だ。このメカニズムも、理解するのが難しい。

彼が描いたアイディアは、独占的な貿易権を持つ会社（ミシシッピ会社と呼ばれた）と、紙幣を発行することができる国営銀行（バンク・ジェネラール）の2つを合体させることだった。税はこの銀行の紙幣で支払われなくてはならないという法令が公布された。バンク・ジェネラールは、中央銀行である王立銀行になった。ミシシッピ会社には、新大陸のフランス植民地（フランス領ルイジアナ。ミシシッピ川流域から中西部に及び、現在のアメリカ合衆国の約4分の1を占める）との通商を独占する権利が与えられた。

巨額の資本金がこの会社に与えられ、フランス国債によってこの株を買うことが推奨された。ミシシッピ会社は巨額の資金を王室に貸し付け、王室はそれによって債務を償還する。会社の利益は、将来植民地からもたらされるはずの利益だ。植民地は沼沢地にすぎなかったのだが、バラ色の未来を持つ土地とされ、それを表すためミシシッピ川の河口に町が作られた。それが現在のニューオーリンズである。

株価は急騰し、投機が広がった。仮にこの投機がいつまでも続いたなら、フランス国債はミシシッピ会社の株式に変わってしまい、フランス王室は国債の重圧から解放されたことだろう。

しかし、投機は長く続かず、会社の株価は暴落した。インフレも加速した。人々は当然のことながら、金や銀への転換を望んだ。

だが、フランス王室とローは、紙幣を法定通貨とし、金や銀の保有を禁じた。民衆から怒りの声が上がった。銀行の窓が投石で割られ、銀行は閉鎖された。ローは解任され、国外に逃亡した。

こうして、ローの魔術は破綻した。フランスの財政危機は何も解決されず、それがフランス革命の遠因となったのである。金融システムも大きな痛手を受けた。フランス人がいまに至るまで金に執着して紙幣を信用しないのはこのためだ、と言われる。

ファーガソンは、「これは現代にも意味がある」としている。重要な指摘だ。実際、現在日本で行われている異次元金融緩和は、驚くほどローのシステムに似ているのである。正確には同じものではないが、国債を中央銀行の債務に転換しようとするものだ。日本人はマネーのマジックにだまされてはならない。そのためにも、ローのシステムがもっと知られて然るべきだと思う。なお、本章では、1990年代末にアメリカで起きたエンロン破綻事件も取り上げられている。

第4章では、リスクに対処する手段としての保険（損害保険と生命保険）、福祉国家の保険制度、そして、先物やデリバティブが論じられる。ハリケーン・カトリーナのような巨大な自然災害に対しては、民間の損害保険がきかなかったことが指摘される。

本章の重点は、社会保険制度にある（このテーマは、マネーとはかなり離れている）。ここで日本が取り上げられている。戦時中から政府による社会保険制度の整備が進められた。戦後にそれが拡充され、それが日本の経済成長をもたらしたと評価している（そうだろうか？）。

チリのピノチェト軍事独裁政権による福祉施策改革（それまであった国民年金から、民間の個人退職金口座に切り替える。それによって経済改革に成功した）の事例は興味深い。

先物やデリバティブに多額の資金を使える大企業は、リスクを回避できる。しかし、一般の人々は、そうした手段が使えないと著者は指摘している。

第5章のテーマは不動産だ。不動産所有者に金を貸すほど安全なことはない。しかし歴史の長い間、持ち家を持っていたのは貴族だけだった。アメリカでは、ルーズヴェルトのニューディール政策で、S&Lという地域金融機関を創設し、持ち家を促進した。住宅ローンの流通市場も作った。

第6章では国際投資がテーマだ。19世紀、アヘン戦争などを通じて、イギリスの中国植民地化が進んだ。19世紀から20世紀初めにかけて、イギリスは貯蓄過剰の状態にあった。ヨーロッパでは1908年までに全ての中央銀行が金本位制を採用した。戦争は起きないだろうと考えられていた。国際投資の黄金時代が1914年まで続いた。

しかし、第一次世界大戦が勃発して、世界の金融市場は混乱した。30年代から60年代末まで、グローバリゼーションは眠ったままだった。

第二次大戦後、国際金融のブレトンウッズ体制が確立された。「国際金融のトリレンマ」

とは、（1）国際間の資本の完全な移動の自由、（2）固定為替レート、（3）独立した金融政策のうち、2つだけを選ぶことができるというものだ。ブレトンウッズ体制は、（2）と（3）を選んだ。資本規制はむしろ強まった。利子平衡税がその典型だ。これは、アメリカ人が外国の有価証券に投資する意欲を削ぐためのものだった。1970年代、通貨が変動制になる。

最終章のテーマは、「マネーは本当に進化しているのだろうか？」ということだ。

金融の歴史はバブルと暴落の歴史だ。金融の世界は、ブラック・スワンに振り回される。これは、テールリスクとも呼ばれるもので、確率は低いが影響が大きい不確実性だ。

ただし、ファーガソンは、悲観主義者ではない。変化はアップダウンを繰り返すが、長期的には上向きになっている。そして、金融市場は人間を映す鏡であり、そこに映った人間の姿が醜いとしても、「それは鏡のせいではない」と言う。私は、この考えに賛成したい。

マネーがあるから人間が貪欲になるのではない。人間が貪欲だから、それがマネーの挙動に現れるのだ。「マネーがなくなればユートピアが実現する」などという考えは、単に幼稚であるばかりでなく、危険なものである。「進化史」という本書の表題には皮肉も含まれているかもしれないが、決して皮肉ばかりではない。

アメリカ金融危機とその後遺症

本書の原著が刊行されたのは２００８年11月で、アメリカの金融危機がまさにピークに達した時点だった。したがって、執筆期間では、金融危機はまだ完全には表面化していなかったことになる。

このため、本書では金融危機についてのまとまった記述はなく、いくつかの個所で分散して触れられている。

まず、「はじめに」で、公的資金注入にいたる経緯が簡単に書かれている。これは09年にペーパーバック版が出版されたときに追加されたものだ。

第6章の最後では、金融危機の原因となったサブプライムローンとその証券化が説明されている。さらに、金融危機の状況も簡単に述べられている。

また、最終章の最後でも、金融危機に触れられている。これが書かれたのは09年2月で、金融機関の損失額がようやく明らかになったときだ。この時点では、まだ現実の金融市場が大荒れの状態であり、落ち着いた評価が下せるような状態ではなかった。

こうした事情があるので、本書では、金融危機に関する本格的な叙述はなされていない。現実の世の中では、その後アメリカが量的緩和政策を導入し、中国で大規模な景気刺激策が実行された。その後遺症は、09年以後も継続した。アメリカは量的緩和を継続し、日本やヨーロッパでも量的緩和政策が導入された。それが先進国やヨーロッパ、そして原油などの商品市場でのバブルをもたらした。

２０１４年の秋にアメリカが金融緩和政策の終了を宣言したものの、金融危機の後遺症はまだ続いており、世界はまだ「リーマン・ショック後のニューノーマル」に至っていない。
これについてのファーガソンの考えを是非聞いてみたいものだ。

二〇一五年九月

本書は、二〇〇九年十二月に早川書房より単行本
として刊行された作品を文庫化したものです。

REWORK

小さなチーム、大きな仕事

――働き方の新スタンダード

ジェイソン・フリード＆デイヴィッド・ハイネマイヤー・ハンソン
黒沢健二・松永肇一・美谷広海・祐佳ヤング訳

ハヤカワ文庫ＮＦ

ビジネスの常識なんて信じるな！
いま真に求められる考え方とは？

「会社は小さく」「失敗から学ぶな」「会議も事業計画もオフィスもいらない」「けんかを売れ」――。世界的ソフトウェア開発会社「37シグナルズ（現・ベースキャンプ）」の創業者と開発者が、常識破りな経営哲学と成功の秘訣を明かす、全米ベストセラー・ビジネス書。

100年予測

The Next 100 Years

ジョージ・フリードマン

櫻井祐子訳

ハヤカワ文庫ＮＦ

各国政府や一流企業に助言する
政治アナリストによる衝撃の未来予想

「影のＣＩＡ」の異名をもつ情報機関が21世紀を大胆予測。ローソン社長・玉塚元一氏、ＪＳＲ社長・小柴満信氏推薦！　21世紀半ば、日本は米国に対抗する国家となりやがて世界戦争へ？　地政学的視点から世界勢力の変貌を徹底予測する。解説／奥山真司

続・100年予測

The Next Decade
ジョージ・フリードマン
櫻井祐子訳
ハヤカワ文庫ＮＦ

中原圭介氏（経営コンサルタント／『２０２５年の世界予測』著者）推薦！
『100年予測』の著者が描くリアルな近未来

「影のＣＩＡ」の異名をもつ情報機関ストラトフォーを率いる著者の『100年予測』は、クリミア危機を的中させ話題沸騰！　続篇の本書では２０１０年代を軸に、より具体的な未来を描く。３・11後の日本に寄せた特別エッセイ収録。『激動予測』改題。解説／池内恵

ファスト&スロー（上・下）

——あなたの意思はどのように決まるか？

Thinking, Fast and Slow

ダニエル・カーネマン

村井章子 訳

友野典男 解説

ハヤカワ文庫NF

心理学者にしてノーベル経済学賞に輝くカーネマンの代表的著作！

直感的、感情的な「速い思考」と意識的、論理的な「遅い思考」の比喩を使いながら、人間の「意思決定」の仕組みを解き明かす。私たちの意思はどれほど「認知的錯覚」の影響を受けるのか？　あなたの人間観、世界観を一変させる傑作ノンフィクション。

訳者略歴　翻訳家。1936年東京生まれ。上智大学新聞学科卒。朝日新聞社で雑誌編集などに携わる。ニーアル・ファーガソンの『憎悪の世紀』（早川書房刊）および『文明』の邦訳を手がけるほか、リチャード・フロリダ『グレート・リセット』，ダイアン・ヘイルズ『モナ・リザ・コード』など訳書多数。

HM=Hayakawa Mystery
SF=Science Fiction
JA=Japanese Author
NV=Novel
NF=Nonfiction
FT=Fantasy

マネーの進化史《しんかし》

〈NF448〉

二〇一五年十月二十五日　発行
二〇二一年二月　十五日　三刷
（定価はカバーに表示してあります）

著者　ニーアル・ファーガソン
訳者　仙《せん》名《な》紀《おさむ》
発行者　早川浩
発行所　株式会社　早川書房
郵便番号　一〇一 - 〇〇四六
東京都千代田区神田多町二ノ二
電話　〇三 - 三二五二 - 三一一一
振替　〇〇一六〇 - 三 - 四七七九九
https://www.hayakawa-online.co.jp

乱丁・落丁本は小社制作部宛お送り下さい。
送料小社負担にてお取りかえいたします。

印刷・三松堂株式会社　製本・株式会社明光社
Printed and bound in Japan
ISBN978-4-15-050448-9 C0133

本書は活字が大きく読みやすい〈トールサイズ〉です。